böhlau

Farid Hafez / Raoul Kneucker /
Paul Zulehner (Hg.)

Religion, Politik, Kultur

Festschrift für Anas Schakfeh

Böhlau Verlag Wien Köln

Veröffentlicht mit der Unterstützung durch:
Zukunftsfonds der Republik Österreich
Gemeinnützige Privatstiftung Anas Schakfeh

Bibliografische Information der Deutschen Bibliothek:
Die Deutsche Nationalbibliothek verzeichnet diese Publikation in der
Deutschen Nationalbibliografie; detaillierte bibliografische Daten
sind im Internet über https://dnb.de abrufbar.

© 2023 Böhlau, Zeltgasse 1, A-1080 Wien, ein Imprint der Brill-Gruppe
(Koninklijke Brill NV, Leiden, Niederlande; Brill USA Inc., Boston MA, USA;
Brill Asia Pte Ltd, Singapore; Brill Deutschland GmbH, Paderborn, Deutschland;
Brill Österreich GmbH, Wien, Österreich)
Koninklijke Brill NV umfasst die Imprints Brill, Brill Nijhoff, Brill Hotei, Brill Schöningh,
Brill Fink, Brill mentis, Vandenhoeck & Ruprecht, Böhlau, V&R unipress und
Wageningen Academic.

Alle Rechte vorbehalten. Das Werk und seine Teile sind urheberrechtlich geschützt.
Jede Verwertung in anderen als den gesetzlich zugelassenen Fällen bedarf der vorherigen
schriftlichen Einwilligung des Verlages.

Umschlaggestaltung: Michael Haderer, Wien
Korrektorat: Kornelia Trinkaus, Meerbusch
Satz: le-tex publishing services GmbH, Leipzig
Druck und Bindung: BALTO print, Vilnius
Printed in the EU

Vandenhoeck & Ruprecht Verlage | www.vandenhoeck-ruprecht-verlage.com
ISBN 978–3–205–21758–9

Inhalt

Farid Hafez, Raoul Kneucker, Paul Zulehner
Einleitung 7

Begegnungen

Peter Stöger
Vom Danke-sagen – ein Essay 17

Wolfgang Schüssel
Handschlagqualität, Besonnenheit, Toleranz und Brückenbauer 43

Hannes Swoboda
Dialog in der (post-)säkularen Gesellschaft 47

Gerhard Weißgrab
Prof. Anas Schakfeh: „Das Gesicht des Islams in Österreich" 51

Selma Turgut
Die Gemeinnützige Privatstiftung findet zu ihrem Namensgeber 55

Carla Amina Baghajati
Öffentlichkeitsarbeit in der Ära Schakfeh. Die Herausforderung,
Außen- und Innendiskurse zusammenzubringen 59

Omar Al-Rawi
Von der Regionalliga in die Champions League 75

Religion, Politik, Kultur

Richard Potz
Der Einfluss des Islam und der Islamischen Glaubensgemeinschaft
auf das österreichische Religionsverfassungsrecht 85

Farid Hafez
Die Islamische Glaubensgemeinschaft in Österreich als politische Akteurin .. 103

Susanne Heine
Symbole, Zeichen und Riten verstehen. Einige Reflexionen über
Sprache als Beitrag zu einem fairen christlich-muslimischen Gespräch 119

Edith Riether
Weltethos und Islam... 137

Medina Velić
‚Religiöser Fanatismus' im deutschsprachigen Film 155

Die Europäischen Imamekonferenzen

Amena Shakir
Das Frauenbild der Imame-Konferenzen im Spiegel
zeitgenössischer islamtheologischer Diskurse 179

Eva Kepplinger
Die Europäischen Imame-Konferenzen im Kontext moderner
muslimischer Debatten: eine ideengeschichtliche Untersuchung 201

Wolfgang J. Bauer
Verortung und Reflexion der theologisch-methodischen
Grundlagen der Abschlusserklärungen der Europäischen
Imamekonferenzen 215

Amani Abuzahra
Identität & Zugehörigkeit. Eine Untersuchung der Europäischen
Imamekonferenzpapiere 235

Anhang

Fahrplan für die Befriedung Syriens & Verfassungsprinzipien 249

Autor*innenverzeichnis.. 255

Farid Hafez, Raoul Kneucker, Paul Zulehner

Einleitung

Anas Schakfeh ist ein bekanntes Gesicht in der österreichischen Religionspolitik und prägte das Bild des Islams im Lande für mehr als ein Jahrzehnt als Präsident der Islamischen Glaubensgemeinschaft in Österreich (IGGÖ). Viele im interreligiösen Bereich lernten ihn bereits in den 1960er Jahren kennen. Der am 6. März 1943 in Hama, Syrien, geborene Anas Schakfeh kam 1964 nach Österreich. Seine politische Sozialisation in Syrien gaben ihm wichtige Lehren im Hinblick auf Staat, Gesellschaft und Recht mit. Er selbst besuchte seine Heimat von 1964 bis 1976 alljährlich, bis er auf bis heute nicht geklärte Art und Weise auf eine Liste gesetzt wurde, die ihm de facto keine Einreise mehr erlaubte. Erst 2006 und dann 2011 konnte er seine ursprüngliche Heimat wieder besuchen. In vielerlei Hinsicht dienten seine Jugendjahre vor der Einheit Syriens mit Ägypten im Jahre 1958 als Referenzpunkt für eine funktionierende Demokratie in Syrien. Und die Jahre danach stellten das Gegenteil dessen dar, wie ein staatlicher Apparat funktionieren sollte. Dementsprechend stark war sein Bekenntnis zu Demokratie und Rechtsstaatlichkeit in seiner neuen Heimat Österreich, die ihn den Unterschied zum de facto Einparteiensystem der Republik Syrien umso mehr zu schätzen lernen ließ. Dies widerspiegelt sich nicht zuletzt auch in dem 2013 von Anas Schakfeh ausgearbeiteten Fahrplan für die Befriedung Syriens und der Präsentation von Verfassungsprinzipien, die aus seiner Sicht unbedingt in einer zukünftigen Verfassung enthalten sein sollten (siehe den Anhang in dieser Festschrift). Diese nach dem Arabischen Frühling so wichtige Phase wollte auch Schakfeh mitprägen, was seine Verbundenheit mit seiner Heimat abseits der beinahe ein Drittel Jahrhundert währenden Abwesenheit zeigt. In diesem Dokument definiert er Syrien als „eine souveräne, demokratische, rechtsstaatliche, pluralistische, und föderative Republik", der er einen föderativen Charakter anrät und deren Minderheiten (explizit erwähnt werden Kurden, Aramäer [Soryan, Assyrer, Chaldäer], Turkmenen sowie ein Infinitum an Minderheiten) besondere Rechte im Hinblick auf Sprachgebrauch, Bildung und Kultur zugesprochen werden. Die Initiative geht darauf zurück, dass der damalige US-Präsident Barack Obama im August 2012 eine militärische Intervention im Falle der Verwendung von Chemiewaffen durch das Assad-Regime signalisierte, was wiederum Letzterem ein mögliches Ende gesetzt hätte. Für die darauffolgenden Genfer Friedensgespräche mit der Beteiligung Russlands und der USA zur Beendigung des Krieges verfasste Schakfeh diesen Fahrplan, den er verschiedenen PolitikerInnen zukommen ließ. Die Gespräche sind aus unterschiedlichen Gründen letztendlich nach zwei Verhandlungsrunden ergebnislos beendet worden. Diese jüngere Episode seines Lebens ist wenigen bekannt und Schakfeh ging damit nie in die Öffentlichkeit. Für die meisten BeobachterInnen war er ein langjähriges Gesicht des Islams.

Schakfeh, der Dolmetsch studierte, engagierte sich bereits bald nach seiner Ankunft in Österreich in studentischen Kreisen im interreligiösen Dialog sowie in der wachsenden muslimischen Gemeinschaft. 1971 waren nach Angaben des Österreichischen Statistischen Zentralamts eine verschwindend kleine Anzahl von lediglich 8.000 Menschen AnhängerInnen des Islams. In dieser überschaubaren Situation war Schakfeh beteiligt an der Gründung der Muslimischen Studentenunion im Jahre 1968, welche aus einem muslimischen Netzwerk im Afro-Asiatischen Institut in Wien heraus entstand. Später war er am Aufbau der IGGÖ, welche sich auf das Islamgesetz von 1912 berief, beteiligt. Er war nicht nur ehrenamtlich in den Organen der Vertretung der MuslimInnen tätig, sondern diente ihr auch als Religionslehrer.

Als 1997 der erste Präsident der IGGÖ erkrankte, übernahm er zuerst die Leitung interimistisch und wurde dann von 1999 bis 2011 deren zweiter Präsident. Schakfeh prägte die IGGÖ und damit das Schicksal der MuslimInnen, die bis 2011 auf eine geschätzte halbe Million angewachsen war, maßgeblich. Noch 1998 gründete er die Islamisch-Religionspädagogische Akademie in Wien, die später zum Studiengang für Islamische Religion an Pflichtschulen wurde und heute in Form des Instituts für Islamische Religion an der Kirchlich-Pädagogischen Hochschule Wien/Krems weiter existiert.

Die Anschläge der Al-Qaida im Jahr 2001 läuteten eine der herausforderndsten Zeiten für MuslimInnen global ein. Anas Schakfeh positionierte sich mit den drei österreichischen Imamekonferenzen sowie der österreichischen Imamekonferenz sehr deutlich zu zentralen Fragestellungen, die auch in dieser Festschrift aus unterschiedlichen Perspektiven diskutiert werden (siehe Überblick weiter unten). Es war auch diese Phase der IGGÖ, in welcher die Institution in der äußeren Wahrnehmung aktiv in den öffentlichen Diskurs einstieg und Debatten mitzuprägen begannen (siehe insbesondere den Beitrag von Amina Baghajati). Schakfeh baute Institutionen innerhalb der IGGÖ, expandierte bestehende Institutionen und ließ insbesondere den islamischen Religionsunterricht weiterentwickeln und arbeitete auch an einer neuen Verfassung der IGGÖ, nach deren Reform er schließlich abtrat.

Mit dem Ende der Präsidentschaft Schakfehs endete einerseits zurückblickend eine goldene Ära für die IGGÖ, die von nun an einer erstarkenden rechten Politik ausgesetzt war (siehe insbesondere die Beiträge von Richard Potz sowie Farid Hafez in dieser Festschrift). Andererseits sollte das Wirken von Schakfeh nicht beendet sein. Weiterhin engagiert(e) Schakfeh sich in der nach ihm benannten Privatstiftung (siehe den Beitrag von Selma Turgut) sowie insbesondere im interreligiösen Bereich (siehe den Beitrag von Edith Riether).

Den ersten Teil dieser Festschrift eröffnet der Religionspädagoge Peter Stöger (Universität Innsbruck), der auch jahrelang am Studiengang für Islamische Religion an Pflichtschulen mitgearbeitet hatte und damit auch gleichzeitig ein Kenner einer wichtigen Bildungseinrichtung der IGGÖ ist. In seinem Essay „Vom Danke-sagen" erschließt er unterschiedlichste Dimensionen des Danke-sagens. Anschließend folgen mehrere kürzere Beiträge von Personen, von denen manche Anas Schakfeh gut, andere nur peripher kannten, aber wo es immer wieder zu Überschneidungspunkten in den Tätigkeiten kam. Der ehemalige Bundeskanzler Wolfgang Schüssel (ÖVP), den Schakfeh für seine Kooperation mit der IGGÖ Zeit seiner Kanzlerschaft enorm respektiert hatte, gibt Einblicke in die Perspektive eines Staatsmannes. Die für Schakfeh goldene Ära der IGGÖ, die von Kooperation und gemeinsamem Interesse an sozialem Frieden gekennzeichnet war, trotz und vielleicht sogar wegen der Anschläge vom 11. September 2001, war auch gleichzeitig eine Zeit der Kooperation mit den staatlichen Behörden. Im März 2022 verstarb leider der ehemalige Vizekanzler und Wissenschaftsminister (1991–1995) Erhard Busek, der zugesagt hatte, für diese Festschrift einen Beitrag zu leisten. Gerhard Weißgrab, der Präsident der Österreichischen Buddhistischen Religionsgesellschaft, für den Anas Schakfeh das Gesicht des Islams in Österreich schlechthin war, erinnert sich in seinem Beitrag an erste Begegnungen und fortlaufenden Dialog, was wiederum ein Ausfluss des Systems der hereinnehmenden Säkularität der Republik darstellt. Das Kooperationsmodell des Staates gegenüber Kirchen und Religionsgemeinschaften hat nicht zuletzt auch zu einer Bekanntschaft und Kooperationen zwischen Kirchen und Religionsgesellschaften, seien sie nun theistisch oder nicht, geführt. Edith Riether von der Stiftung Weltethos, die Schakfeh und die IGGÖ als langjährige Kooperationspartnerin im Bereich des interreligiösen Dialogs kennt, thematisiert in ihrem Beitrag die Rolle des Islams für die Herausbildung eines Weltethos und geht insbesondere auf Schakfehs Beitrag in diesem Vorhaben ein, die er als Person insbesondere nach Ende seiner Präsidentschaft mitprägte. Selma Turgut von der Gemeinnützigen Privatstiftung Anas Schakfeh spricht in ihrem Beitrag ebenso über die Rolle Schakfehs in dieser 2010 geschaffenen Institution.

Drei weitere Beiträge entstammen einer Innenperspektive, einmal der langjährigen Wegbegleiterin von Anas Schakfeh in der IGGÖ, Carla Amina Baghajati, die lange Zeit an der Seite Schakfehs als Medienreferentin für die IGGÖ tätig war. Sie erzählt in ihrem Beitrag über erste Bekanntschaften mit Anas Schakfeh und reflektiert über ihre Arbeit als Stimme der IGGÖ und was es bedeutete, als Frau in so einer exponierten Position diese Institution zu repräsentieren. Sie zitiert Anas Schakfeh mit den Worten „Mein Team ist weiblich", welche dieser gegen Ende seiner Präsidentschaft gesagt habe. Und wie sie sagt, ist das auch heute noch „gesamtgesellschaftlich wie innermuslimisch […] alles andere als selbstverständlich". Ein besonderes Augenmerk legt Baghajati in ihrem Beitrag auf die Herausforderung, „Außen- und Innendiskurse zusammenzubringen". Auch der seit 2002 für die SPÖ im Wiener Landtag und Gemeinderat aktive Mandant Omar Al-Rawi erzählt in seinem Beitrag über seine erste Bekanntschaft mit Anas Schakfeh und wie es dazu kam, dass er zeitgleich Integrationsbeauftragter der IGGÖ wurde.

Der Beitrag des Religionsrechtlers Richard Potz (Universität Wien) behandelt die Rolle des Islams im österreichischen Religionsrecht. Dabei zeigt er einerseits auf, wie mit Verweis auf einberufene quasi-politische Ausnahmezustände wie die Fluchtbewegungen 2014 und die Tötung von Unschuldigen im November 2020 das IslamG 2015 vermehrt unter sicherheitspolitischen Erwägungen verhandelt und novelliert wurde, „was zu einem grundsätzlichen Wandel in der österreichischen ‚Islampolitik' von der traditionell ‚islamfreundlichen' zu einer ‚islamkritischen' Politik führte", wie Potz in seinem Beitrag hier schreibt. Er zeigt gleichzeitig auf, wie „mit dem Islamgesetz 2015 […] vielfach neue religionsrechtliche Wege beschritten" wurden. Diese neue Islampolitik zeichne sich, so Potz, dadurch aus, dass die türkise politische Führung der Neuen ÖVP einerseits den Islam in den Fokus verschiedener diskriminierender Politiken stellte, gleichzeitig aber versuchte, unzulässige Gleichheitsverletzungen zu umschiffen, was nicht immer gelang, wie die Aufhebung des Kopftuchverbotes durch den VfGH etwa zeigt. Nicht zuletzt die letzte Novellierung des IslamG 2015 im Jahr 2021 als Teil des sogenannten Anti-Terrorpaketes der türkis-grünen Regierung zeigt, wie die Regierung Religionspolitik im Sinne staatskirchenhoheitlicher Anschauungen des 19. Jahrhunderts betreibt, wo es um mehr staatliche Aufsicht über Religionsgemeinschaften geht. Dass diese Politik auch auf andere Religionsgesellschaften überschwappt, zeigt etwa die Novellierung des Bekenntnisgemeinschaftengesetzes 1998, die ebenso mehr staatliche Aufsicht über Religionsgemeinschaften brachte oder die Novelle des VereinsG zur angeblichen Bekämpfung von „staatsfeindlichem Extremismus" und „staatsfeindlicher Radikalisierung" und trotz der massiven Kritik im Begutachtungsverfahren umgesetzt wurde.

Die IGGÖ als Religionsgesellschaft der MuslimInnen ist unweigerlich aufs Engste mit der Person Anas Schakfeh verbunden. Schakfeh war bereits als junger Student im Vorfeld der Errichtung dieser im Jahre 1979 aktiv, diente dieser als Lehrer für den islamischen Religionsunterricht, den diese Institution zu verantworten hatte, und war ab 1997 als geschäftsführender Präsident tätig, bis er im Jahr 2000 ins Amt gewählt wurde (Hafez 2012: 77), welches er bis 2011 innehatte. Es sind also mehr als drei Jahrzehnte, in denen er der IGGÖ aufs Engste verbunden war. In seinem Beitrag über die IGGÖ als politische Akteurin unternimmt der Politikwissenschaftler Farid Hafez (Williams College) den Versuch, die Entwicklung der IGGÖ als Einrichtung der MuslimInnen zu beleuchten. Hier wird insbesondere die Beziehung dieser zu den vielen unterschiedlichen muslimischen Vereinigungen thematisiert. Besonderes Augenmerk erhält der Wandel, dem die IGGÖ hier im letzten Jahrzehnt unterlaufen ist. Sodann widmet er sich der Rolle der IGGÖ im breiteren politischen System Österreichs. Hafez setzt sich dabei mit dem Vertretungsanspruch der IGGÖ auseinander, der einerseits die politische Bedeutung respektive fortschreitende Bedeutungslosigkeit dieser kennzeichnet. Es wird auch das Agieren der unter veränderten politischen Rahmenbedingungen im Zuge einer sich neuformierenden Religionspolitik, wie sie auch Potz aufzeigt, diskutiert.

In ihrem Beitrag ‚Symbole, Zeichen und Riten verstehen. Einige Reflexionen über Sprache als Beitrag zu einem fairen christlich-muslimischen Gespräch' diskutiert die evangelische Theologin zu grundsätzlichen Voraussetzungen des Dialogs im Allgemeinen und des christlich-muslimischen Dialogs im Speziellen. Die Theologin, die selbst auf jahrelange Erfahrung und Arbeit im interreligiösen Dialog zurückblickt und mit der muslimischen Gemeinschaft verbunden ist, regt an, über Arten und Formen religiöser Sprache und Rede nachzudenken, um Missverständnisse aufzulösen und die christlich-muslimische Verständigung zu fördern.

Die Kultur- und Sozialanthropologin Medina Velic (Universität Graz) untersucht in ihrem Beitrag die drei deutschsprachigen Filme *Womit haben wir das verdient*, *Die Neue* und *Die Freischwimmerin* als historische Quellen, kulturelle Artefakte und kommunikative Plattformen, die Auskunft über gesellschaftliche Verhältnisse zu machen erlauben. Ihr Augenmerk legt sie dabei auf Narrative über Fanatismus, wie sie im Zusammenhang mit Konvertitinnen und Moscheen reproduziert werden. Ihre Untersuchung thematisiert damit eine wichtige diskursive Formation zu zentralen Themen, die mit dem Diskurs über den Islam verbunden sind: Vermeintliche Radikalisierung und Extremismus im Zusammenhang mit einer zentralen religiösen Einrichtung, dem Gebetshaus oder der Moschee. Der Diskurs über eine sogenannte Radikalisierung ist dabei ein wichtiges Dispositiv, das in einem größeren Bilde den gesellschaftlichen Ausnahmezustand herbeireden lässt und – wie in Österreich am Beispiel der Debatte über den sogenannten politischen Islam es sich gezeigt hat – schwerwiegende Eingriffe in die Grundfreiheiten ermöglicht hat, wie etwa die Operation Luxor im November 2020 oder das im Juli 2022 beschlossene Anti-Terrorpaket zeigen.

Ein zweiter Abschnitt dieser Festschrift behandelt die Imamekonferenzpapiere, die direkt auf das Wirken von Anas Schakfeh zurückzuführen sind. Schakfeh organisierte mit der neu geschaffenen Institution der Europäischen Imamekonferenz in Kooperation mit dem österreichischen Außenministerium mehrere Konferenzen, in welchen sich Hunderte von Imame, SeelsorgerInnen sowie EntscheidungsträgerInnen muslimischer zivilgesellschaftlicher Einrichtungen zu verschiedenen Themengebieten positionierten. Die Abschlusserklärungen der drei europäischen sowie von der IGGÖ ausgetragene österreichische Imamekonferenz sind Gegenstand von vier weiteren Beiträgen: Der erste Beitrag stammt aus der Feder der Islamwissenschaftlerin Amena Shakir (Sigmund Freud Privatuniversität). In ihrem Beitrag werden die Abschlussdokumente der europäischen und österreichischen

Imame-Konferenzen im Spiegel zeitgenössischer islamtheologischer Diskurse unter besonderer Berücksichtigung des Frauenbildes erörtert. Sie versucht einerseits die Imamekonferenzabschlusserklärungen gesellschaftspolitisch zu verorten, um in einem weiteren Schritt das Frauen- und Rollenverständnis in diesen Dokumenten zu untersuchen. Sie argumentiert, dass Inhalte und Struktur der Europäischen Imamekonferenzabschlusserklärungen sukzessive aufeinander aufbauten und sich die Konferenzen inhaltlich und strukturell deutlich weiterentwickelten und konstatiert mit dem abrupten Ende dieser eine Lücke eines österreichischen und europäischen innerislamischen Austauschs.

Die Islamwissenschaftlerin Eva Kepplinger (Friedrich-Alexander Universität Erlangen-Nürnberg) verortet in ihrem Beitrag zu den Abschlusserklärungen der Europäischen Imame-Konferenzen, welche von der gleichnamigen Vereinigung von Anas Schakfeh gegründet und initiiert wurden, diese Konferenzen in die Ideengeschichte moderner muslimischer Debatten ein. Vor dem Hintergrund der Herausforderung, wie muslimische TheologInnen mit den Herausforderungen der Moderne umgehen sollen, diskutiert sie, inwiefern die „Europäischen Imame-Konferenzen" (EIK) in den Kontext dieses globalen Versuchs muslimischer Intellektueller thematisch eingeordnet werden können. Die Autorin argumentiert, dass die Analyse der Papiere der EIK an bisherige Diskussionen anschließen und damit eine klare Einbettung in muslimische ideengeschichtliche Diskurse der Moderne festgestellt werden kann. Dies wird u. a. anhand der Themenwahl in den Papieren der EIK deutlich, aber auch an den vorgeschlagenen Methoden, welche die Erarbeitung von einem zeitgemäßen Islamverständnis ermöglichen sollen. Um die Einbettung zu veranschaulichen, werden aus den Papieren der EIK bestimmte Themen ausgewählt und in Dialog gesetzt mit wichtigen muslimischen Stimmen und relevanten Publikationen zu zentralen islamisch-ideengeschichtlichen Diskursen der Moderne.

Der muslimische Theologe Wolfgang Bauer (Institut Islamische Religion an der Kirchlich-Pädagogischen Hochschule Wien/Krems) diskutiert in seinem Beitrag eine Verortung und Reflexion der theologisch-methodischen Grundlagen der Abschlusserklärungen der Europäischen Imamekonferenzen. Dabei beleuchtet er die „theologischen Mittel", auf welchen in den Abschlusserklärungen explizit oder implizit Bezug genommen wird. Er beleuchtet vor allem die Relevanz, Stringenz und Innovation der Argumentationen in den Abschlusserklärungen, indem er die Argumente und Positionen einer vor dem Hintergrund allgemeiner Orientierungsmaßstäbe in der Islamrechtsfindung diskutiert. Dies betrifft insbesondere die drei Aspekte Islamrechtsprinzipien, Islamrechtstheorie und Maxime der Scharia. Zudem diskutiert er die Abschlusserklärungen im Zusammenhang mit theoretischen Regeln in Bezug auf islamische Normen, prinzipielle Fragen des sogenannten *Iğtihād* (eigenständigen Ab- und Herleitung islamischer Bestimmungen aus den Quellen durch fachlich befähigte Personen) und des *Taqlīd* (Befolgens von Gelehrtenmeinungen in der Religionspraxis ohne eigenständige Herleitung aus den Quellen).

Die Philosophin Amani Abuzahra setzt sich aus der Perspektive der Fragen nach Identität und Zugehörigkeit mit den EIK auseinander. Dabei attestiert sie den EIK-Abschlusserklärungen zum einen eine Haltung, wonach muslimische Geistliche sich „selbstbestimmt mit drängenden gesellschaftspolitischen, religiösen, globalen Fragen" auseinandersetzen. Sie diskutiert diese Positionierung aber nicht nur vor dem Hintergrund der Innenperspektive der MuslimInnen, sondern auch der Fremdbilder und Erwartungen der Dominanzgesellschaft.

Begegnungen

Peter Stöger

Vom Danke-sagen – ein Essay

Zum Anfang

Das Danke-sagen will Wahrhaftigkeit. Verbundenheit darf ein Motor sein. Ich beschränke mich auf den Pädagogen Prof. Anas Schakfeh. Hier gehört Dank für sein Wirken als Professor an der Islamischen Religionspädagogischen Akademie (Wien), deren Promotor und Protektor er all die Jahre war. Schakfeh beteiligte sich initiativ bei Lehrplänen und Unterrichtsmaterialien für den Islamunterricht. Es war ihm auch angelegen, dass der Anteil der Kinder mit nichtdeutscher Muttersprache an Schulen begrenzt werde, anders könne ihre umfassende Integration nicht gewährleistet sein. Betont sei sein dialog- wie friedenspädagogisches Anliegen, das in der „Wiener Erklärung" (2006) Ausdruck fand. Dank gebührt ihm, dass es mit seiner Stiftung eine Plattform gibt, die zahlreiche Aktivitäten für den interkulturellen, respektive interreligiösen Dialog promoviert.

„Thanksgiving" ist einer der höchsten Feiertage in den USA, eng verbunden mit einem Truthahnessen. Einen Truthahn kann ich in das Buch schwerlich einpacken. Somit der Dank als festschriftliches „Thanksgiving".

Der Dank umfasst alle Facetten von Menschsein. Besonders deutlich zeigt er sich literarisch, künstlerisch und religiös. Es gibt ihn als Reverenz an Länder und Menschen, die darin wohnen, so in Heinrich Bölls *Irisches Tagebuch* (2009 [1957]), bei Tschingis Aitmatow und seinem Kirgisien, bei Anton Wildgans und seiner Kindheit in Wien oder bei Laurens van der Post und seinen Buschmännern. Alexis Sorbas tanzt seinen Dank inmitten von Niederlagen.

Wenn die Masken tanzen, so werden bei den Dogon in Westafrika Totentänze zu Dankestänzen. Oft mischen sich in die Dankweisen Sehnsucht und Bitte. Litaneien, Gospels und Reggae tragen sie. Sandbilder und Ikonen sind ausgestreuter, gemaltgeschriebener Dank an Göttliches. Nicht zuletzt gibt es den Dank als Ehrerweisung der Schöpfung gegenüber. Es gibt Vertrauen wie Dank *rück*bindende Zeremonien: Dazu gehört die Tränenabwischzeremonie bei den Lakota, eine Zeremonie, um Dank an die Kraft der Ahnen zweifach zu „begießen", trauernd, aber auch hoffendahnend. Klaus Kuppelwiesers Gedanke ist ähnlich: „Meine Tränen helfen mir, im Fluss zu bleiben, nämlich im Fluss des Lebens" (zit. in: Meine Trauer …, 2021: 10; vgl. a. Offb. 21, 4). Die Tränen sind die traurige, aber auch die befreiende Seite des Dankens und haben religionsübergreifend ihren Ausdruck, so beim hl. Franziskus oder bei Seraphim von Sarow. Der „Fluss der Tränen" führt therapeutisch oft zu einer befreienden Stufe, Bitterkeit oder blinde Wut in eine konstruktive Art mit Leid umzugehen zu verwandeln.

Oft war und ist der Geehrte in der Doppelbesetzung von Dank und Hilfe zu nennen. Darin zeigt sich die Fülle: in der hilfreichen Geste Dank an das Leben zurückzuerstatten und dies zugleich hilfegebend tun zu dürfen. Dann gilt auch der Dank als Hilfe zu je neuen Positionierungen im Eigenen, was für Dankende wie für Bedankte gilt.

Friederike Neumann (2018: 1) macht, bezugnehmend auf Aristoteles, auf die antike Kommutative Gerechtigkeit aufmerksam: Dank „als Gegenleistung im Sinne einer gerechten Tauschgerechtigkeit (…) (vgl. χάριν διδόναι charin didonai; gratiam referre)" (dazu: vgl. a. Wolfram Winger, 2009: 18). Winger zeichnet den theologischen Diskurs nach, dass die Dankbarkeit als „gratia Dei" ein „durch keine menschl. Gegenleistung aufwiegbares Geschenk" sei und demnach außerhalb „jeder Verrechenbarkeit" stehe (ebd.).

Das Danken hat etwas Aktives und etwas Passives an sich, etwas Gebendes und Empfangendes. Gebend empfangen und empfangend zu geben, davon wissen Schenkende wie Beschenkte. Die den Dank Gebenden sind ja in diesem Geschehen oft ungleich mehr die Beschenkten. Manche, in Strukturen der Arroganz verfangen, empfinden die Dankbarkeit eher als bürgerliches Relikt. Sie sei auf alle Fälle nahe einer religiös-konservativen-normativen Denkform. Sie mache Menschen zu Dankschuldigen, entlasse sie nicht aus der Schuld, verforme sie. Dies ist einer der Gründe, warum der Begriff Dankbarkeit seit den Fünfzigerjahren in großen pädagogischen Lexika als eigenständiges Thema nicht mehr auftaucht (vgl. Kurt Haase, 1952). Dieses Schicksal erlitten viele „weiche Begriffe" (oder sie tauchen nur mehr in der Notation zu Missbrauch auf). Es illustriert eine entkernte Bildung.

1. Von der leiblichen und geistigen Dimension

Bei der Wahrnehmung dieser Dimension ist eine gleichermaßen selbstreflexive wie fühl-denkende Haltung gefragt. Sie erwächst leichter in einer „Kultur des Dankes".

1.1 Leiblich

Der Mensch hätte Programme zur Vertrauensgewinnung dem Körper gegenüber in all seinen mentalen, geistig-spirituellen Bereichen. Leibesübung kann Vertrauen stark machen, wenn Muskeln sich dankbar wieder erinnern dürfen, dass sie (a) da sind und (b) für ein Ganzes gebraucht werden. Anspannung und Entspannung liegen eng an der Balancierung der Gedankenkräfte. Leibesübung bestünde in ihrem Wesen darin, den physischen Part des Menschseins daran zu erinnern, dass das

Weltklima (Klima, in des Wortes doppelter Bedeutung) auch die Resultante aus der Fähigkeit ist, Demjenigen zu danken, von dem die Leibeskräfte kommen. Der Dank an den Körper wurde über lange Epochen weder in Konzepten der Leibesübung noch in solchen der Religionsdidaktik gewürdigt. Im Falle Letzterer hat sich das, vor allem in der Rückbindung zum Geistig-Spirituellen, sexualpädagogisch fatal ausgewirkt. So manche leibesüblichen Didaktiken waren (sind?) eher unbarmherzig. Unbarmherzig im Lichte des Konkurrenzierungsprinzips von „Schneller-schneller", aber auch religionspädagogisch lange unbarmherzig in Hinblick auf die Reinerhaltung der Seele durch „Keuschheit", ohne eine anthropologisch reife Wegbegleitung (speziell Pubertierenden gegenüber).

Angstauslösende, autoritäre, „Didaktiken" und Erziehungsmethoden in verschiedensten Unterrichtsfächern, respektive aber in Sport und Religion, waren zweifach indiziert. *Einerseits* durch das Prinzip des besagten „Schneller-schneller", bei dem es immer nur dieselben Verlierer gab, und *andererseits* durch eine, speziell in christlichen Lehrtraditionen dogmatisch unterstützte Eingrenzung der Anvertrauten auf sexuelles Fehlverhalten. Wie lange brauchte es doch, das Kind als Wesen der sexuellen Reifung zu begreifen! Dabei ginge es darum, den spirituellen Wert der Innerlichmachung, als Kern des dankbaren Er-Innerns auch im leiblichen Sinne bewusst und fühlbar zu machen: Der Leib darf ein transgenerativer Ort sein, dem schon deshalb eine prinzipielle Würde zusteht.

In den meisten Bildungsanstalten ist der Dank an den Körper kaum zu finden. Was ist davon zu halten, wenn Sportler, noch nicht einmal volljährig, als lebende Reklametafeln von Kopf bis Fuß (wortwörtlich) herumlaufen müssen, um, freilich bestbezahlt, ihren Sponsoren zu „danken"? Hier stellt sich die Frage: Wem danke ich? Wem verdanke ich mein sportliches Leben? Wer bin ich? Oder doch besser: Was bin ich? Redbull? A 1? Bärenbatterie? Oder doch Römerquelle? Vergessen jene, die im Sportunterricht dem Prinzip des „Schneller-schneller", dem Prinzip der Konkurrenz, nicht folgen konnten.

Körperstyling und Beautykommerz karikieren ein Besser-besser, Schöner-schöner. Gibt es eine kindgemäße „investmentfreie" Anthropologie des Sports? Gibt es eine kritische „leibesübliche Konsumerziehung" (ein STOP, den Körper einer Ausbeutung im Dienst des Marketings frei zu geben! ein STOP, den Körper der Schau freizugeben)?

Um einen globalen ökosophischen Bogen zu schlagen: Die Vertrauenskrise gegenüber dem Erdkörper ist auch eine Dankeskrise. Sie spiegelt im Großen ja nur die Vertrauenslosigkeit dem eigenen Körper gegenüber. Ausbeutung mit Verletzungspotential hier wie dort: Ausbeutung durch Verletzung der Eingeweide der Erde via Mineralienraubbau, Ausbeutung des menschlichen Körpers durch kalkulierte Dauerverletzungen im Spitzensport und Idolatrie des Körpers im Schönheitswettbewerb. Kein Wunder, wenn wir das Vertrauen in die Selbstregulierung der Natur, „Natur Natur sein zu lassen", weitgehend verloren haben. Das Körpergedächtnis kennt das Vergessen nicht, es weiß, wann das Zutrauen verloren ging (schlimmstenfalls schon im pränatalen Raum) und meldet es beispielsweise als Störung, etwa in Form von späteren Verkrampfungen, Panzerungen, Defenshaltungen.

1.2 Geistig

In manchen sich gebildet gebenden Kreisen ist Dank eher ein Wort der Schwächlinge, jedenfalls ein Wort ohne Nützlichkeitswert. Es steht auch all jenen im Weg, die Spott und Hohn als (Selbstverteidigungs-)Mechanismen gebrauchen, um andere klein zu halten. Die Literaturgeschichte zum Motiv „Beziehungsfeld Schule" (stellvertretend seien nur Bertold Brecht und Hermann Hesse genannt) kennt diese Variante gut. Spöttische, zynische, sarkastische oder auch „nur" ironische LehrerInnen benötigten diese Attitüden als Exitmöglichkeiten, ihrer psychischen Verelendung zu entfliehen. Sie zerstören das, wofür sie gerufen sind und bezahlt werden.

Danke sagen ist intra- wie transgenerativ ein Erziehungsauftrag. Wenn also Fend (2008: 229) schreibt, dass Schulen „gestaltete Lebensräume, Orte vielfältiger kultureller und sozialer Erfahrungen" seien, so kommt das an kritischen Überlegungen zur Dankfähigkeit als einem bildenden Auftrag nicht vorbei. Wir finden gut nachgezeichnete Wege, die die Entfremdung zum Thema haben, von der „alienatio" des Mittelalters bis herauf zur Frankfurter Schule. Undank findet sich in der Vermietung seiner selbst – was in der Regel einer Ausmietung des Menschen aus sich gleichkommt. (So sprach schon der hl. Chrysostomos vom Menschen, der sich vermieten müsse. Er sei nur mehr „Mietling", Worte, die schon 1500 Jahre vor Karl Marx gefallen sind [vgl. Emmanuel Jungclaussen, 1974: 54]).

Helmut Fend spricht von Schule als „Wertegemeinschaft" (2008: 174). Das klingt schön, lässt aber den Zielparagraphen „2" des Österreichischen Schulunterrichtsgesetzes (SchUG), der von einer „Erziehung zum Wahren, Guten und Schönen" (letztgültige Fassung vom 13.07.2022) spricht, mit Blick auf knallharte Wirtschaftsinteressen nur mehr als Farce dastehen. Dankbarkeit, so denn in einem solchen Rahmen angedacht, verpufft schöngeistig und steht nur als freundliches Deko-Machee herum, um heilige Bildungshallen zu verzieren.

2. Von der religiösen Dimension

In allen Heiligen Büchern taucht sie auf, die Dankbarkeit, eng mit Loben, Preisen und Segen-sprechen verbunden. Stellvertretend Beispiele für eine Wegführung, die in allen Religionen zu finden ist. In *Ash-Shakur*, einem der 99 Namen Allahs und seiner Eigenschaften, heißt es: „Asch-Schakur der Dankbare, der seinem Diener auch für die kleinste Tat große Belohnung zukommen lässt." In der 16. Sure *al-Nahl*

(Die Biene), Vers 80 [78], vernehmen wir: „Und Allah hat euch aus den Leibern eurer Mütter hervorgebracht als Unwissende. Und er gab euch Gehör und Gesicht und Herzen, auf daß ihr dankbar wäret." Die 31. Sure (Lokman der Weise) erinnert (11. [12]): „Und wahrlich, wir gaben Loqman Weisheit (und sprachen:) ‚Sei dankbar gegen Allah; denn wer dankbar ist, der ist nur zu seinem eigenen Besten dankbar.'" In Vers 13. (14.) lesen wir dann: „Wir legten dem Menschen Güte gegen seine Eltern ans Herz. Seine Mutter trug ihn in Schwäche über Schwäche, und seine Entwöhnung ist binnen zwei Jahren. ‚Drum sei mir und deinen Eltern dankbar. Zu mir ist der Heimgang.'"

Gemeinsam ist: Danken ist ein Teilen, zum Beispiel als Mit-Teilung. Die Riten des Teilens sind friedenspädagogische Weckrufe. Mit-Dank und Mit-Freude sind dabei verbunden. Was ist das für eine Freude, die sich nicht mitfreut und was ist das für ein Dank, der nicht ein „Mitdank" ist? Dank, der der Freude nahe ist, steht aber auch der Sorge nahe, er umschließt zudem Generationen.

Dankesrituale sind Feste der „Menschwerdung". So unterschiedlich das jeweilige Kulturgewand ist, das bei einem Kloster-Maskentanz im Himalaya eben anders ist als bei einer österlichen Auferstehungsfeier in einem ugandesischen Frauenkloster: Immer stehen Lob und Dank in eben dieser Verschränkung im Zentrum. Dankbilder für erwiesene Hilfe finden sich auf Pilgerwegen und Wallfahrtsorten. Kulturanthropologisch gut nachzeichenbar ist, dass auf der Suche nach dem Heilsamen zu jeweiligen Stationen des Lebens ein besonderer Wohldank ausgedrückt werden kann, sei er gesprochen, getanzt, gemalt, bejubelt …

Ist von *Wohldank* die Rede, so ist dies zeitwörtlich im Griechischen mit eu/ eph (gut, wohl)-charistó (ich danke) ausgedrückt. Die Messfeier nennt sich denn auch Eucharistie (vgl. a. Franz G. Untergassmair, 2009: 18 f.). Auch der Tanz der Derwische und das Pesachfest bebildern Dank, besagtes Lob und Bitte.

Nichts verdunkelt den Zugang dazu dann mehr als Undank. Es überrascht nicht, dass, quer durch die Religionen, das Rückbinden an die Zuversicht immer mit Dank verbunden ist.

Diesseitsreligionen des entfesselten Marktes, Philosophien des „Consumo ergo sum", kennen die Solidarität „Dankbarkeit" nicht. Es ist eine „thankless society", denn danken heißt, auch im säkularsten Humanismus ein Etwas, woher es immer angeleitet ist, das „über-mir-steht" anzuerkennen. (Es kann innerweltlich einfach mit „Respektgebietendes" gefasst sein.) An der Dankesfähigkeit hängen Staunen wie Ehrfurcht, alles Worte, die in zeitgeistigen Modekatalogen nicht zu bestellen sind. Was das ist? Ein Kind macht es vor, wenn es einer Schneeflocke nachläuft …

Ob in Thora, Bibel, Tibetischem Totenbuch, Bhagavadgita, in oralen Traditionen der Natives …, all die Danksagungen, Lobpreisungen sind eng an das Erbarmen und an die Angewiesenheit darauf geknüpft. So gilt z. B. der Dalai Lama als Emanation der Barmherzigkeit. Diese begegnet uns, bei aller religiösen Differenziertheit des Symbols (hier sei aber an ihre interreligiös heilbringende Strukturdynamik gedacht), wiederum als *rahman*. Schon in der ersten Koransure, wenn von Gott als dem „Allerbarmer" die Rede ist, taucht jener Begriff auf, den ChristInnen als Misericordia und Juden als *racham* (Jes. 49:13,15) kennen.

Der Dank weist immer auf Unaussprechliches, wobei dies im „Tibetischen Totenbuch" anders ausgefaltet ist als in der „Ars moriendi" des Mittelalters. Das mündet, kultur- wie religionsübergreifend, in das Schweigen (christlich bei Teresa von Avila, jüdisch bei Baalschemtow und muslimisch bei Meister Rumi …).

Dankgeleitend, tragen die Derwische in der Neigung der Erdachse bei ihrem Planetentanz, einem Tanz des Lobdankes, einen hochgezogenen Grabstein-Hut aus Filz. Er versinnbildlicht eine besondere *memoria passionis vitae*: Gegen den Stein kämpfen geht nicht, mit ihm tanzen, das ja. Dazu gehören *Schweigen* und *Zuhören* – und nicht das Zukleistern der eigenen Angst und Dankesunlust durch Schwatzen. Die Derwische umkreisen das Licht Allahs wie die Sonne. Das „Gott ist groß" (Allahuakbar) beten, weil eben muttersprachlich, auch die arabischen Christen. Eine Rückübersetzung vieler Kirchenlieder würde direkt in dieses „Allahuakbar" münden („Großer Gott wir loben Dich" …).

Edzard Schaper ist in „Die sterbende Kirche" (1960) der Tektonik der alten Kirche Russlands nach dem Ersten Weltkrieg nachgegangen. Er hat dabei ein tiefenpsychologisches Moment, das ursächlich mit dem Dankesmut (als Mut zu sich selbst) zusammenhängt, reformuliert, was hier nur kleine Ergänzung sei. Er schreibt, dass „die Trübsal oftmals im Mantel der Freude kommt, weil sie so leichter Eingang im Herzen findet" (1960: 104). Dankesmut grenzt sich von Dankeswut ab. Diese Wut gibt es, Zorn, Neid, Bitternis sind ihre Einspeisungen.

Wir sehen, der Dank ist in allen Liturgien zentral. So heißt es beispielsweise im Festgebet der Russischen Orthodoxie: „Dank sei dir für all deine erwiesenen Wohltaten; dich ehrend, loben, danken, singen und preisen wir, deine, o Herr, unwürdigen Knechte, deine Kreatur, und als Knechte rufen wir in Liebe dir zu, unserem Wohltäter und Heiland: Ehre sei dir!" (in: Edzard Schaper, 1960: 103).

Rituell gestaltet sich Dank oft in Wiederholungen, die zugleich nicht nur Bestärkungen des Bedankten, sondern (und das oft mehr) auch des Dank-Sprechenden sind. Weihevoll durchweht, spricht, tanzt, „schweigt" Dank (von) etwas, das nie in Worte, die im Vokabelhaften gefangen bleiben, zu fassen ist. Dieses Danken ist hilfreich, nicht zuletzt deshalb, weil es die Dankenden selbst aus so mancher Icheinsamkeit (Ferdinand Ebner, 1980: 131) herauszufinden helfen kann. Das viel zitierte Beispiel vom verlorenen Schaf könnte ja, vielleicht erstrangig, mich selbst betreffen. Mich (wieder-) zu finden erfordert Geduld, „Vertrauensdank" kann sie befördern. Außerdem: Selbst in der absoluten Vertrauenslosigkeit schreien noch Verlangen und Erlösung (vgl. Friedrich Heiler, 1937: 32 f.). Vermutlich war ja die Ursünde Undank, ein „Selbst wie Gott sein …".

Von den Mysterienbünden des Alten Orients bis hin zu Tauchbädern und Schwitzhütten spannt sich der Bogen, dem Dank leiblich-spirituellen Ausdruck zu verleihen und sich zu erinnern, dass wir „von Ursprüngen her" (ab-origines) kommen (vgl. Friedrich Heiler, ebd.). Des Dankes Mutige mögen die leiblich-irdischen Grenzen des Dankes spüren. MystikerInnen meinen, er berühre ein Unendliches.

3. Dank und die Kultur des Verfehlen-Dürfens

In den praktizierten religiösen Bildungsvorstellungen stehen zumeist „gestimmte" Erziehungsvorstellungen im Vordergrund, vor allem dort, wo nämlich religiöse und kulturelle Elemente miteinander vermischt werden. In der Sozialisation der Kinder und Jugendlichen wurde und wird heute noch in eher traditionell religiösen Milieus vielfach die das spätere Leben prägende Überzeugung weitergegeben, dass Gott strafe, wenn jemand eine Sünde begehe. Damit war (ist) schnell einmal einer die seelische Stabilität unterminierenden „Angst vor Fehlern" (und damit Angst vor einer bestimmten Freiheit) die Tür geöffnet. Manches Rigide ist auch in Unterdrückungssituationen entstanden.

In den modernen Sozial- und Wirtschaftswissenschaften, besonders seit den 1960er Jahren, begann nun auch in der Pädagogik, reichlich verspätet, eine anthropologisch gerechter werdende Neubewertung von „Fehlern", wobei dann auch immer wieder, um ein Bild zu gebrauchen, „sämtliche Kinder mit sämtlichen Badewannen ausgeschüttet wurden".

Eine recht verstandene Fehlerkultur erkennt begangene „Fehler" als Chance für inneres Wachstum. Anders kann ein das Leben bewährendes Danke nicht erblühen. Der Dank will aus sich und nicht aus dem Urteil, weder aufgrund von Ver-Urteilen noch aufgrund von Vor-Urteilen, kommen. Mangelnde Fehlerkultur ist zumeist an ein vergiftendes Moment gebunden: an das der Urteilsschnelle. (Ein Blick in die Aufdecker-Gesellschaft zeigt es.) Der Verurteilte wehrt sich verständlich. Womit? Unverständlich-verständlich durch Vor-Urteile. Damit beginnt so etwas wie ein „Perpetuum mobile". Daraus kann kein Dankeswunsch erwachen, kann weder reif noch erwachsen werden. Der Dank will angstfrei, eigentlich urteils-, vor allem aber vorurteilsfrei, gesprochen werden.

Freilich gilt es ein Dunkel auszuleuchten: Wir haben es sehr oft mit Menschen zu tun, die aufgrund ihrer (anerzogenen) Fehlerüberzeugung eines unverstellten Dankens unfähig wurden. Manch „religiöse" Erziehung spielte eine problematische Rolle. Fehler-Verhaftetsein ist letzlich ein schmerzlicher Egoismus, letzlich ein Undank an das Leben. Wir wissen es heute besser, denn dem toxisch-wechselwirksamen Paar „Versagensängste – Schuldverstrickung" wurde – didaktisch wie pastoral – nur zu lange mit bloßen Normierungskonzepten begegnet. Eine pastoral helfende Orientierungsfunktion wurde zu wenig ernst genommen. Die Dogmen waren oft nur starr gelesen. In aller Rigidität wurden sie anthropologischen

Grundeinsichten (Kinder entwickeln sich bei und mit ihren Fehlern) vorgezogen. Dabei wurde in langer leibfeindlicher Tradition das sogenannte „Sechste Gebot" falsch vermittelt und band schon Kinder an besondere Schuldhaftigkeit.

Dogmen waren „ewig-unveränderlich". Ein evolutives, anthropologisch epochal wie individuell gerecht werdendes Moment erschien lange nicht der Würdigung wert. (Selbstmörder wurden lange – des Dankes los – ohne kirchliches Begräbnis beerdigt.)

Gott wurde dabei als ein bestrafendes System gezeigt, das bisweilen durchaus rach- und eifersüchtig (ohnehin nur zwei Seiten ein und derselben Medaille) agiert. Wie soll ich denn reinen Herzen, unabgelenkt durch eigene Furcht, dankbar sein? Die Barmherzigkeit wurde dabei eher nur abstrakt erwähnt. (Im Koran ist sie als ein „Rahmen" von Entfaltung, schon in der ersten Sure, s. o., platziert.) Doch die Frage stand: Steht einem Gott, der die Armen traktiert und die Großen laufen lässt, in den Heiligen Schriften nicht etwas entgegen? Soll ich nun, sozusagen auf „Befehl von oben", dazu auch noch Dankeschön sagen müssen?

Die Angst vor Fehlern bewirkt häufig Scham ob des Begangenen. Daraus kann aber so etwas wie Dankesmut erst gar nicht erwachsen. Eine veränderte Perspektive auf „Fehler" als „Chancen zur Verbesserung" wirkt hingegen einladend, das Prinzip Erbarmen nie aus dem Auge zu verlieren (und sei der Fehler noch so oft begangen und noch so schwerwiegend. Der Sog des Neurotischen kennt die Wiederholung gut). Meister Rumi sagte: „Komm, wer immer du auch bist, komm" (Meister Rumi, zit. in: https://chalice-verlag). Damit ist gemeint, dass jeder noch so Sündhafte würdig ist zu loben und damit Dank zu erweisen.

Negative, anerzogene, kulturelle und gesellschaftliche Einstellungen gegenüber Fehlern prägen Versagensängste. Gefühle des Nicht-Hinlänglich-Sein-Könnens wirken unter misslichen Umständen oft ein Leben lang nach. Psychotherapien erzählen davon. Der Mangel an Dankesmut verbittert manchen die Wege ins Älterwerden (wovon wiederum die Pastoral in Altersheimen berichtet). Ernüchternd, dass Grundsätze einer pädagogischen Anthropologie nicht berücksichtigt wurden, da doch das „Fehlermachen" eine Konstante im Menschsein und Menschwerden darstellt.

Nicht mehr der „homo incurvatus" (Augustinus, Martin Luther), der Mensch im „schwarzen Loch", in sich zurückgebogen, ist zentral. Erbarmen und Licht dürfen einströmen und die Befreiungsarbeit darf beginnen. Eine eher strafrichterliche Beichtpraxis stand dieser Sicht lange entgegen. Im Grunde geht es darum, ein von Gott gemeintes, einzigartiges und einmalig angesprochenes, zum Dank fähig und mutig gewordenes Kind Gottes zu er-innern.

Gerade durch das Eingeständnis, dass Dankende wie Bedankte ihre Fehler (nicht nur Fehlerchen) haben, ist die Gefahr von Überhöhungen zwar immer noch nicht gebannt, aber benannt. In dieser Erkenntnis liegt heilsame Nüchternheit. Sie, die Kehrseite der Liebe, lehrt, nicht in die Versuchung zu geraten, in den Bedankten, oder auch in sich selbst, eine Perfektion zu spiegeln. Diese Nüchternheit erst installiert mich und den Mitmenschen in Würde. Ein Problem ist ja, dass Würde oft, von sich „abgehängt" wird und zugleich „Würdenträgern", die nicht unbedingt würdig sind, zugedacht wird.

Es ist gerade die Dankbarkeit, die eröffnet, sich viel leichter zu einer Fehlerkultur zu bekennen. Das gilt auch umgekehrt. Zudem: In der „Angst vor Fehlern" ist der Undank geradezu automatisch verankert. Er tritt dann auf, wenn die Seele sich mit sich nicht verträgt. Diese Urangst hat wiederum – und es überrascht nicht – mit einem konkurrenzierenden Ich zu tun. Es sind die Fehler, die intrapsychisch zu mutativen Sprüngen verhelfen können, ja dürfen. Die Heiligen Schriften sind die Bebilderung unseres seelischen Wachstums, ein dank-gebendes, besagtes dank-empfangendes, dankwürdiges Menschenwesen zu werden.

Eine Marginalie: Um die Harmonie herzustellen fügten die alten Griechen in ihre Bauten winzige Fehler ein. Dieses Wissen war im Klassizismus verloren gegangen, darum wirken Bauten aus dieser Zeit oft ein wenig plump. Traditionelle Indios weben in ihre Wandbilder einen Webfehler. Warum? Weil nur damit der Große Geist ein- und ausgehen kann.

Menschen, die aus dem innerseelischen Strudel von Schuld, Sühne, Sünde und Reue nicht herausfinden, waren kirchen- wie staatspolitisch (die Übergänge waren fließend) bequem zu verwalten. Es geschah nicht zuletzt aufgrund einer Theologie, die die Menschen aus diesem Strudel nicht entlassen wollte. Sie hätten ja sonst andere Ideen entwickeln können, zum Beispiel kritische Fragen nach sozialer Gerechtigkeit ... Sie waren aufgrund dieser Lähmung außerstande, das Machtkartell der theologisch „Regierenden", die ihrerseits mit den Politisch-Mächtigen im Bunde und von diesen verwöhnt und belohnt waren, zu durchschauen. Das Kartell übte Sorge, dass die Schuldig-Sündhaft-Sühnend-Bereuenden gefälligst in diesem Sog verblieben und nicht herauskamen. (Es gibt offenkundig eine „Schuldenfalle" nicht nur in finanzieller Hinsicht.) Eben: Nicht souveräne, kritische, dankesmutige, sondern brav und unkritische Folgende, Folgsame waren gefragt.

Menschen, die klein gehalten werden, sind zur Souveränität des Dankeschöns nicht fähig. Sie mögen danke, danke, danke, sagen, aber es ist stets ein dankschuldiges Stammeln, ja Wimmern. Da ist dann das Dank-Schmeicheln nicht mehr fern. Das Heraustreten aus innerseelischen Gefangenschaften erst ermöglicht selbstbewusstes (sich seines Selbst bewussten) Danken. So schreibt denn Edzard Schaper in seinem erwähnten denk- und dankwürdigen Buch zu einer Schlüsselfigur: „[E]r genoß seine Verworfenheit, in unfruchtbaren Selbstanklagen und verzehrte sich mit seiner Reue, anstatt mit ihr zu wachsen" (1960: 212). Der souveräne Dank erfordert auch in religiöser Hinsicht erwachende, erwachsende Menschen.

Der Dank steht in einer urtümlich-eigentümlichen Beziehung zu Schuld, heißt es doch „Dankschuld" oder jemand „Dank schulden". In „Sonntagskind" hat Irmgard Hierdeis dieses Thema an der Romanfigur „Franziska" aufgegriffen. Dankschuld:

„Gott danken, den Eltern, der Obrigkeit. Franziska schuftet, um ihre Schuld an Dankbarkeit abzuarbeiten" (Irmgard Hierdeis, 2022: 89). Auf das Phänomen der Opferkonkurrenz in Bezug auf „Der/die schuldet mir doch Dank – und was bekam ich?", sei hier aufmerksam gemacht.

Dazu mit Franz Werfel (2017: 533) ein Nachgedanke: „Schuldvoll sind wir, *und uns selber schuldig* (…)", schreibt er. Ersteres ist verständlich, auch wenn wir es *so* nicht immer begreifen, oder uns darin verstricken. Letzteres ist grundlegend in Therapie wie Pastoral.

4. Von der dialogischen, politischen und bildenden Dimension

4.1 Dialogisch

Dank muss, dialogisch betrachtet, gar nicht in Worte gefasst sein, er kann auch still sein. Diese Dimension darf und will tief im *Mit*menschlichen verankert sein. Das konnte ich einmal am Beispiel der Dankeszeilen ersehen, die Martin Luther King an Martin Buber gerichtet hat. (Buber hatte sich für dessen Freilassung eingesetzt.) Sicher wären solche auch von Nelson Mandela gekommen, nur konnte Buber seine Freilassung nicht mehr erleben. Sie alle strafen jene Lügen, die meinen, dass der dankbare Mensch, der Mensch, der es auch blieb, als er sich zum „Gutmenschen" degradiert sah, nicht mehr als ein statistischer Irrläufer inmitten von Strukturen der Macht sei.

Die dialogische Struktur des Dankes ist mit jener der *Wahrhaftigkeit* eins. Das In-der-Wahrheit-Stehen und das Wahrhaftig-Sprechen kommen zusammen. Dank wie Dialog, darin sind sich Buber und Arendt nahe, können nur „in jeweiligen Beziehungen auf …" gesprochen sein. Ein Beispiel für das *Relationale* ist schon der pränatale Raum, der sich dann bis hin in den Raum des irdischen Abschiednehmens erweitern darf. So sind Gräber, die Verstorbene in fötaler Haltung zeigen, nicht unbekannt.

Buber (1986: 29) schreibt dazu: „Erlebend sind wir Angeredete; denkend, sagend, handelnd, hervorbringend, einwirkend, vermögen wir Antwortende zu werden". Das schließt Dank ein. Diesen Raum verdichtet die Sure 31 (Luqman), Vers 34: „Siehe, Allah – bei ihm ist das Wissen von der ‚Stunde'. Und er sendet den Regen herab, und er weiß, was in den Mutterschößen ist; und keine Seele weiß, was sie morgen gewinnen wird, und keine Seele weiß, in welchem Lande sie sterben wird."

Das Wesenselement des Dialogischen liegt nicht so sehr in der Wahrheit, über deren Positionierung in den jeweiligen „Diskursen zu Zeiten, Kulturen, Denkepochen" sich vornehmlich streiten lässt, sondern in der Dimension besagter *Wahrhaftigkeit*, deren Frucht Dank ist. Wahrhafte wissen um die Unzulänglichkeiten der jeweils Bedankten, weil sie um die eigenen wissen. So sind sie nicht in Versuchung, ein

„Engelsgleich" oder andere heroisierende Attribuierungen in die Bedankten hinein zu spiegeln.

4.2 Politisch

Überall gab es sie, die „U-Boote". Versteckte Juden. Hilfe wie Dank (lassen sie sich so genau trennen? – wohl so wenig wie Wort und Antwort …) erstehen aus Haltungen. Wer „Gebender", wer „Empfangender" ist, auch hier verschwimmen die Grenzen. Das Besondere am politischen Dank besteht darin, dass er oft zum Thema wird, bei dem nicht nur die, denen geholfen wurde, sondern auch die Helfenden in Gefahr kommen. Der ORF strahlte vor Jahren einen Film über diese „U-Boote" aus. Auffälligerweise waren immer wieder auch Mütter unter den Helfenden, die doch alle Ausreden dieser Welt gehabt hätten, die eigenen Kinder nicht in Gefahr zu bringen. Auch kam es vor, dass eine 35-jährige Mutter ein zu beschützendes Kind hatte, das vielleicht schon weit über 70 war. In dieser Kategorie zeigt sich deutlich, wie wenig Alters- oder Standesbezüge zählen: It's happening. Der politische Dank kann – vor allem im Falle von Schicksalsgemeinschaften – auch kollektiv zum Ausdruck kommen. Die besagte Haltung, gleichfalls im Sinne einer kollektiven memoria, ist das Entscheidende.

„Du und Ich": Dieses zwischenliegende, strömende, flottierende, sprudelnde und mich zugleich tragende UND, zwischen Du und Ich, lebt nicht zuletzt durch die befreienden Grenzen eigener Freiheit. Wie das? Die Freiheit beruht gerade in der Respektierung von Grenzen. Die Tür zur Überschreitung liegt, es klingt nur oberflächlich gesehen paradox, darin, die Freiheit meines Vis-à-vis nicht zu verletzen. Das ist dem Menschen, der in der Freiheit steht und darin dankbar bleiben will, konstitutiv. Was so abstrakt klingt hat(te) politisch enorme Bedeutung. Bubers oben erwähnte Schützlinge dokumentierten es.

Es gibt ihn, den Dank inmitten von Verfolgung, den Dank eines Kindes wie Anne Frank oder eines Überlebenden wie Elie Wiesel … „Gracias a la vida", ein Song aus Chile, drückt ihn auch aus. Violeta Parra sang diesen „Dank an das Leben" musisch und zärtlich. Das Politische? Auch wenn wir arm und unterdrückt sind: Uns bleibt der Dank, möget ihr ihn dereinst auch einmal bekommen.

4.3 Bildend

Auf dem Feld der Bildung darf Dank zentral sein, immer dann, wenn die Kinder zum Staunen begleitet werden, beim Hören von Musik, beim Blick durch das Mikroskop … Dank und Staunen sind Geschwister.

Das Defizit an Danken in unserer „westlichen" Welt ist ein durchgehender Bruch von Vertrauen. In manchen Akademikerkreisen gilt Dankbarkeit als muffig. Jemandem etwas verdanken zu „müssen", gilt als unreif. Indes: *Think* und *thank*, ihre

Nähe drückt Verwandtschaft aus. Und doch: Es gibt sie, die andere Seite: Selbst im Scheitern dokumentieren viele, auch in der Wissenschaft, noch dankbares Vertrauen an das Leben, das auch wirklich Leben heißt. Selbiges kennen wir auch von Kranken, die nicht gesunden und dem Leben dankbar verbunden bleiben …

Generell lässt sich sagen, dass ein Bildungssystem, das sich auf den Circus maximus von Effizienz einlässt, sich à la longue in neoliberalen Strukturen verliert. Bloße Akkumulation von Wissen, von Freire „Bankiersprinzip" (1973: 57ff.) genannt, liefert Lehrende wie Lernende aus. Der Mut zum Danke-Sagen verliert sich. Bei der „Rasanz" digitaler Bildungsstraßen fällt auf, dass Verlangsamung, Einkehren, Staunen, Ehrfurcht oder Dankbarkeit wie Relikte erscheinen. Beschleunigung und Undank stehen Pate für das Modell „Fit the fittest and feed the fittest" (zur Entschleunigung: S. a. Simone Weil: 2011).

Bildung, die zu Dank erzieht und Dank, der für sich schon bildend ist, entwickeln sich selbstreflexiv. Das ist an die Einsicht gebunden, im Kern ein Wesen der Solidarität zu sein. Ein Bei-mir-Sein funktioniert nur, wenn ich ein Wesen „in Gemeinschaft" bin. Lebenslang bin ich mit mir (schließlich bin ich lebenslang mein Nachbar und sollte schon deswegen halbwegs gut mit mir auskommen). (Zur bildenden Dimension: s. a. Jörg Zirfas, 2011: 17).

Dank verbindet, heißt es. Verbinden heißt mitunter aber auch Verband benützen. Uns erreichen im Klassenzimmer ja auch Verletzte (Scheidungskinder, Flüchtlingskinder, Kinder, die durch Lehrpersonen, Eltern, Familiengeschichten, Mobbing spielen hier herein). Dann wäre noch von Lehrpersonen, die an Undank leiden, zu sprechen. Manche rein logotrop, rein stofforientiert ausgerichtete LehrerInnen übersehen das zu Verbindende („Bin ja LehrerIn und kein(e) SozialarbeiterIn!"). Das Kind dort abzuholen, wo es steht, beziehen sie – Standesdünkel ihres pädagogischen Kastensystems lassen das zu – nur auf ein „IQ-Profil".

Was ist nun das gewisse „Trotzdem", das Lehrende veranlasst, sich dem Zusammenhang von Bildung und Dankbarkeit zu nähern? Über Dank zu schreiben heißt, zumal in den Erziehungswissenschaften, fast automatisch gegen den Zeitgeist zu bügeln. Dank ist nicht cool, am ehesten gehen Witz und Understatement als Übertreibung durch oder aber Dank, der sich in Inszenierung kleidet. Entsprechend peinlich wirkt das Dankesunternehmen mitunter für jene, die den/die Bedankte(n) kennen. Pensionsansprachen fallen darunter (in Wirklichkeit mag ein ganzes Kollegium aufatmen, einen Querulanten losgeworden zu sein), auch Trauerreden für LehrerInnen, unter denen ganze Schülergenerationen gelitten haben …

Dürfen Bildung und Dank „nützlich" sein? Letztlich führt die Frage nach dem Nutzen in eine Paradigmendiskussion, die sich um das Koordinatenkreuz von $x=time$ und $y=money$ dreht. Freilich sollen wir bezüglich „Dank und Bildung" auf Fallen aufpassen: Das „Ja, als Bildung noch Bildung war …" darf weder in Weinerlichkeit über gute alte Zeiten (wohl alt, aber nicht immer gut) noch in ideologisch aufgeladenes Bejammern abrutschen.

Das Danken-können steht tatsächlich in Relation zum Wissenserwerb. Ist erworbenes Wissen anfällig für akademisch-ökonomische intellektuelle Besitzsicherung (die Patentierungsrechte zeigen diese Dynamik in der ganzen Bandbreite von politischem Missbrauch). Der Wissenserwerb „auf Kosten anderer" ist Undank, das „Abluchsen" des Wissens von Natives, eine Form akademischer Wegelagerei. Der „wissenschaftliche Guss" besteht dann in einer pharmazeutischen Formula mit Patentierung für den Markt, ein Produkt der Ausbeutung. Engstens damit verbunden ist ein neokolonialistischer Hochmut, bei dem Wissen nur mehr kapitalisiert erscheint. Es ist gerade diese Kapitalisierung, die der Fundierung von Vorurteilen und Feindbildern Türen öffnet (etwa über die „Höherwertigkeit" von „westlicher Bildung"). Eine Reflexion über die Herkunft von Wissen erübrigt sich dann. Ist diese Reflexion weggebrochen, ist Undank nur mehr „logisch". Wissen hingegen, das dankbar empfangen und weitergegeben wird, liegt in der Regel auf einer reflexiven Schiene. Das mag schmerzlich sein, weil damit nicht zuletzt auch Vorgefasstes verabschiedet werden will.

Wissen manipulativ zu gebrauchen ist, wenn wir tiefer blicken, immer eine Selbstmanipulation. Wissen beschämend zu gebrauchen, ist Undank an jene, denen ich jenes Wissen verdanke, das ich nun so unwürdig, vertrauensbrechend weitergebe.

Vertrauen wie Anvertrauen sind aber die Basis bildender Funktion. Das klingt schön. Aber bei den meisten dieser schönklingenden Worte ist erst die Alltagsbewährung das Entscheidende (zur Bildungsdiskussion: s. a. Stefan Hopmann, 2021: 8). Wissen ja, aber zu Bildung gehört jenes Relationale, das in der Reformpädagogik so zentral wurde.

Zudem kommt auch in diesem Bezirk: Dank empfangen ist im Grunde Geschenk und kein Anrecht. Gerade diejenigen, die Dankbarkeit am meisten einfordern, das betrifft nicht nur Eltern, sondern auch LehrerInnen, bekommen sie am wenigsten. Erst „unkalkuliert" mag sie, wenn überhaupt, wirksam werden.

5. Vom Dankesmut und einer Trotzdemwelt

Die erwähnten Verwundungen stellen in Zeiten der Krise das Vertrauenwollen auf eine harte Probe. Vertrauen wie Dank entstehen nicht durch Inszenierungsmanöver (immer peinlich, besonders im Feld eines Klassenzimmers), auch nicht durch solche des Dankes mit Blick auf Erfolg. Entdecken wir mit Drewermann (2020) Gefährten dieser Brüche: Jakob, der sich per Undank und Vertrauensbruch das Erbe als Erstgeborener erschwindelt, Petrus, der Verräter und erste Papst („und dreimal krähte der Hahn …") und Judas, danklos im Vertrauensbruch, stilisiert zum größten Sündenbock der Weltgeschichte, der zu allem Unglück, als Brandbeschleuniger von Vorurteilen, auch noch Judas hieß.

5.1 Widerständigkeit

In der *Spanne* zwischen Dank und Widerständigkeit liegt *Spannung*. Doch trägt der Trotz, Motor von Widerstand, die Farbe der Liebe als Komplementärfarbe.

Der „Zielparagraph 2" des (Österreichischen) Schulorganisationsgesetzes (SchOG) (s. o.), der vom „Wahren, Guten und Schönen" als einem bildenden Erziehungsziel spricht, steht der Dankbarkeit wohl am nächsten. Und Widerstand? Wo soll der seinen Zusammenhang mit Dank und dem genannten Paragraphen haben? Er hängt mit der in diesem Gesetz verwendeten Bezeichnung „zum Wahren" zusammen. Dank an das Leben, durchaus im politischen Sinne, schien und scheint vielen im Widerstand einer inneren Gewissheit zu entspringen, dass es die eine Wahrheit, freilich in den erwähnten Spektralfarben, sehr wohl gibt. Anders lassen sich ihr Lebensmut/Todesmut, ihr „Das-Leben-Opfern" kaum erklären.

„Es gibt nicht die eine Wahrheit", ist indes zu einem Standardsatz geworden: Aber ist die Liebe nicht Ausdruck einer *„einen* Wahrheit"? Diese leuchtete dann freilich in 1000 Spektralfarben. Das Problem besteht wohl eher darin, dass manche nur die eine Farbe, „grün" oder „gelb" oder „rot" …, als einzig wahre, einzig „richtige" ausgeben (Kennzeichen von jedem Fundamentalismus im Kampf um die dann „einzig richtige" Existenzfarbe). Jede dieser Spektralfarben ist gültig. Aber nur in der Summe, in den Interrelationen, im Zwischen mit seinen tausend Übergängen, sind sie wahr, nicht im Splitterwerk. Die Wahrheit als ein anderer Ausdruck für „Liebe" will Klarheit wie Nüchternheit, Bescheidung wie Demut. Kurt Haase drückte es so aus: „Oft glaubt jemand (…) dankbar zu sein, ohne dass er ernsthaft die Verbindlichkeit der Liebe eingegangen ist. Die Selbsttäuschung wird beim ersten Fall der Bewährung offenbar" (1952: 674).

Hannah Arendt spricht in einer Laudatio auf Karl Jaspers ein Danke an jenen, der ihr das „Reich der Humanitas" eröffnet hat (in: Stefania Maffei, 2019: 182). Für sie ist es das Reich, „zu dem ein jeder kommen kann aus dem ihm eigenen Ursprung. Diejenigen, die in es eintreten, erkennen sich, denn sie sind dann wie Funken, aufglimmend zu hellerem Leuchten, verschwindend bis zur Unsichtbarkeit, wechselnd in ständiger Bewegung. Die Funken sehen sich, und jeder flammt heller, weil er andere sieht" (zit. in: ebd.).

Dazu gesellt sich: Das erwähnte Think und Thank hat ein Zwischen. Dieses Da-Zwischen ist z. B. das Erstaunen, ganz so wie es kinderphilosophisch im *Tagebuch* der *Anne Frank* (2011), eigentlich ein Erziehungsbuch eines Kindes für Erwachsene, entgegentritt. Hannah Arendt, um den Kreis zu schließen, schreibt, dabei Heidegger zitierend, dass nur sehr wenige über das Vermögen verfügen, „vor dem Einfachen zu erstaunen und […] dieses Erstaunen als Wohnsitz anzunehmen" (1989: 183f.). Anne hatte ihren Wohnsitz im Versteck. Von dort formulierte sie Dank, Staunen und – in aller Sorge – auch Frohsinn. Sie lebte ein TROTZdem. Was ihr richtig, „wahr, gut und schön" war, das verteidigte sie widerständig und humorvoll.

Das Mädchen Anne lehrt uns also: a) Dank hat mit Ehrfurcht, Staunen, Nüchternheit zu tun. Er steht nahe der Würde. Damit ist die Angst für Anne wohl an einem Ort gewesen, an dem sie nicht mehr so leicht überborden konnte. (Ihr Tagebuch ist in diesem Sinne eine Ortfindung). b) Dankbarsein heißt trotzig sein, gegen alles, was das Leben nicht lebenswert erscheinen lässt. c) Vertrauen wie Dankesmut sind Wurzeln für Widerstand und Trotz. Es überrascht nicht, diese zwei Worte zentral zu rücken, wenn es um „Eigenfremd" (das im Eigenen Fremde) und „Fremdeigen" (das im Fremden Eigene) geht.

Steht Trotz den konsumatorischen Bildungsvorstellungen entgegen, ist er durchaus heilsam.

„Trotz" hat eine politische und – die lateinamerikanische Theologie der Befreiung zeigt es deutlich – auch religiöse Dimension. Er wird allgemein oft zu schnell auf die, entwicklungspsychologisch nicht unbedingt eurozentrismusfreie, „Trotzphase" hin verkürzt. Die seelischen und sozialen Verwundungen stellen in Krisen unser Danken- und Vertrauenkönnen, ja -wollen, auf harte Proben. Dank wie Vertrauen entstehen nicht, Hannah Arendt und Anne Frank zeigen es, durch Inszenierung. Dazu passt die Stimme Bonhoeffers.

Eines darf klar sein: Wenn wir von Zitaten hören, ist es doch interessant zu wissen, aus welcher Zeit sie kommen, in welche Zeiten hinein sie gesprochen sind. So Dietrich Bonhoeffers, im Widerstand erstandene Zeilen vom 13.9.1943 aus dem Gefängnis: „Im normalen Leben wird einem oft gar nicht bewusst, dass der Mensch überhaupt unendlich mehr viel mehr empfängt, als er gibt, und dass Dankbarkeit das Leben erst reich macht" (1998: 158). Er hat verwirklicht, was Kurt Haase wenige Jahre später (1952: 674) so ausdrückt: „D(ank, PS) ist also Bereitschaft, zu schenken und zu wagen."

6. Von der tiefenpsychologischen Dimension – ein Abriss

Der Dank ist Lernprogramm, schielt man auf Wirksamkeit, ist es schon um ihn geschehen. Das ist dann so wie bei der Sendung „Seitenblicke" (eine österreichische Sendung über Glamour-Ereignisse). Von diesem „Hineinschielen" erzählt eine chassidische Geschichte: „(…) Rabbi Mendel von Kozk (…) sprach einmal zur versammelten Gemeinde: ‚Was verlange ich denn von Euch! Drei Dinge nur: aus sich nicht herausschielen, in den andern nicht hineinschielen, und sich nicht meinen'" (Martin Buber, 1986: 41).

Mit Erfolg und Nützlichkeit, beides ein Schielen, verträgt sich Dank nicht.

Zu diesem Schielen gehört eine Danksehnsucht als Betteln nach Anerkennung.

Wirrnisse der Seele zeigen sich oft in verwinkeltsten Formen dieser Sehnsucht. Es zeigt sich mitunter in als Dank verkleidetem „fishing for compliments", in einer Suche nach Geliebtsein, auch im Gewand des Gefürchtetseins (weil Be-/

Geachtetsein-wollens), wobei dann das Danklob von solchen besonders schwer wiegt. (Sogar er/sie hat mich gelobt, was für manche dann eine enorme Wertsteigerung bedeutet!). Das heißt: Schaffe ich es durch ein Positives nicht, dann soll die Dank-Anerkennung wenigstens durch Angst erzwingbar sein.

Auch hier gilt: Wehe der Lehrer/die Lehrerin versucht, auf dem Wege einer Dank-Anerkennung, etwas (in der Kindheit) Verlorenes nachzuholen. Das gilt auch für ein Übermaß an Distanz, im Kleid von Hohn, als gekippter Variante von Beziehungssuche. „Caritative Aggression" und Ehr-Sucht fallen ebenfalls darunter. Ersteres äußert sich in: „Ich hab Dich lieb! Du bist umstellt, Hände hoch!". Letzteres kennen wir von PädagogInnen, die, sobald sie ein Lüftchen Weihrauch erreicht, schon Brustzüge machen. Alle Kippvarianten weisen letztlich doch auf „Distanz sucht Liebe". „Meine Krankheit ist die Distanz", schreibt denn Thomas Bernhard und lässt eine seiner Figuren einmal sagen: „Ich erfriere von innen heraus" (in: Peter Fabjan, 2021: 21). Bernhard hat einen besonderen Mangel geortet, der mit unserem Thema ursächlich zu tun hat.

Das also ist ein Kernmodul unseres Lernauftrages, erwachsen zu werden und dankbar zu werden oder, präziser, im Dank erwachsen zu werden. Anders funktioniert das „Wenn ihr nicht so werdet wie die Kinder" nicht. Es ist die Einladung, der Liebe trauend, wach zu werden, um dann, wieder Kind geworden, zu lernen, sich auf das gute Heimgehen vorzubereiten.

Dank kann ein Brückenschlag sein, der erst sekundär zum Bedankten führt, primär aber zum Dankenden. Am Dank darf (a) jemand aufgerichtet sein. Ja, das gibt es – und es betrifft weniger die Bedankten, denn die Dankenden. (b) Der Dank findet oft Abkürzungswege, etwa dann, wenn die Verzweiflung zu groß ist. Das schlägt, wenn wir das Leben nicht behüten, schnell einmal in ein Extrem um. Dort ist er dann: der Undank.

Es ist nicht die Radikalität dieser Suche, wenn wir das Wort beim Wort nehmen, es ist die Abkürzung, die die Würde außen lässt. Die Suche nach dem „anderen Menschen" ist intakt, wenn die Suche nach mir intakt bleibt. Ist das Leben kein Geschenk mehr, ist Undank nahe. Und wenn man, nach dieser Logik, kein Geschenk hat, erübrigt sich das Danke-sagen.

Von der Zeit des Hohen Liedes herauf bis zu Adorno zieht sich etwas, das Ehrfurcht und Liebe in die Nähe, ja in die Unabdingbarkeit zum erzieherischen Geschehen bringen. Zweifelsohne: Dank, Dankesmut, Liebe, Liebesmut liegen nahe. Wenn der Mut kippt, die Ehre ohne Demut einhergeht, ist die Scham nicht weit (zu Ehre und Würde: vgl. Léon Wurmser, 2017, S. 76, 87). Die Dankesschuld (so lange blieb die Betonung auf Schuld) liegt in der Tat nahe an dieser Scham (vgl. Léon Wurmser, 2017: 93ff., 135). Wortgeschichtlich ist die Scham nicht ohne Zufall mit dem weiblichen Genitale in Verbindung. Manche Verschämung ist ja nicht nur sexualtherapeutisch relevant, sondern auch, damit durchaus verbunden, eine Form, die zeigt, wie Dank verloren ging. Und die in den Kirchen als „6. Gebot" bezeichnete Einladung für ein glückendes Leben hatte in der Praxis oft eine missliche Verwendung von Scham zur Folge.

Es gibt wohl eine Sehnsucht nach „nackter" Wahrheit und auch Angst vor Blöße (die Blöße – Wer will schon bloß-gestellt, wer beschämt, wer schamlos benützt sein?). Dieser Angst wird paradoxerweise oft durch Entblößung zu entkommen versucht. Es ist die lauernde Angst, vom Tod „entblößt" zu werden. Pornographische Entblößung ist ein verzweifelter Versuch (er kommt auch in Formen des Entblößungsjournalismus zum Ausdruck). Nacktsein ist das Thema – beschämt durch die Blöße von des Vaters „Gemächt" und durch die „Scham" (das Wort in seiner erwähnten doppelten Konnotation) der Mutter ent-deckt, „aufgedeckt" zu sein (vgl. a. Léon Wurmser, 2017: 73). Auffliegen ist nicht nur ein Thema von Enthüllungsjournalismus, es hat viel mit Undank an dem Leben gegenüber zu tun.

Beim sensiblen Thema „Dank und Ehre" denken wir fast unweigerlich auf der politisch-historischen bzw. auf der psychologisch-literarischen Schiene, bei Letzterer vor allem an die Exilliteratur (z. B. Nazim Hikmet) und die Bearbeitungsliteratur der KZ-Gräuel (z. B. Elie Wiesel). In diesem Zusammenhang gilt es eine Personengruppe näher zu betrachten, die ich neologistisch „Ehrlinge", „Ehrsüchtler" nennen möchte. Sie sind im Grunde aber auch „Ehr-Fürchtlinge". Sie fürchten sich vor der Verantwortung, die ihnen die Ehre verlangt (vgl. Peter Stöger, 2016: 113ff.). Sie sind undankbar und treulos gegenüber ihrem Urgrund. Dazu bedarf es freilich, dass mir ein „der Liebe würdig zu sein" und ein „des Lebens würdig zu sein" zugetraut wurde und dass ich dieser Würde, die erst dankfähig macht, anvertraut wurde, dass ich darin erstarken konnte. Manche meinen, die Ehre stehe nur ihnen zu. Und den Anderen gebühre es nun, solche exklusiv den „Die-Ehre-Tragenden" zu erweisen.

Nicht zuletzt erweist sich der Konnex Dank und Ehre in einer Denkmalkultur als problematisch, die sich ihrer Helden „dankbar erinnert" (vgl. a. Léon Wurmser, 2017: 49). Sie waren Verführte und keineswegs auf Staatsbesuch eingeladen. Die Mystifizierung der Soldatenehre, verbunden mit Dankbarkeit, ist unscharf und prolongiert ein ehrloses Tun für das die meisten Gefallenen aber keineswegs verantwortlich waren. Erst mit der Enkelkindergeneration des II. Weltkrieges, mit Beginn der 80er-Jahre, hat ein Umdenken dieses Denkens und Dankens eingesetzt.

7. Von einem „weichen" Begriff ...

Nicht wenige ErziehungswissenschaftlerInnen schrecken vor weichen Begriffen, wie Liebe, Güte, Erbarmen oder eben auch Dankbarkeit, zurück. Der Missbrauch Humanistischer Bildung als Ausleseschiene hatte dazu beigetragen. Nach einem Revival zwischen 1945 und 1965 kam breitflächig ein empirischer Schub in der Pädagogik (im anglophonen Raum schon früher) – einige Stichworte waren Programmierter Unterricht und „Action-Research". Das ging mit zunehmender Geringschätzung des Personalismus („Alles normativ!") einher. Die Dankbarkeit zählt(e) zu den wenig beachteten, eher belächelten, fast schon missachteten Begriffen. Schnell waren (sind) sie da die Urteile: zu idealistisch, zu bürgerlich, zu religiös, zu romantisierend, zu weich. Erheben weiche Begriffe universale Ansprüche, so werden sie gerne einmal in die Nähe von Totalitarismusverdacht gebracht.

Verstörung kommt immer wieder von der Frage her, wie denn mit „weichen" Begriffen generell umzugehen sei. So als seien sie per Faktum und Evidenz nicht abzusichern und deshalb außerhalb einer wissenschaftlich hinlänglichen Basis. Es ist immer wichtig auf die Begriffsgenese aufmerksam zu machen. Manchmal ist der Eindruck vermittelt, als stünden solche Begriffe „neben" dem wirklichen Leben. Dabei sind gerade weiche Begriffe in widrigen (politischen) Zeitumständen besonders bodenständig, ja widerständig notiert. Sie sind offenbar gar nicht immer weich, die „weichen Begriffe": Der Boden in Freislers Gerichtshof war hart, auf dem Frauen und Männer standen, die, wegen der Verteidigung solcher Begriffe, die Härte der NS-Justiz zu spüren bekamen, ihr Leben für ein Leben im Sinne dieser Begriffe opferten. Nicht anders Martin Luther King, Nelson Mandela, der Dalai Lama und Rigoberta Menschú … (s. o.).

Ist menschliches Sein nur ein „Mensch-Geworfensein" ohne Werdebewegung, ohne Anerkenntnis von irgendetwas „Höherem", das nicht unbedingt nur religiös interpretiert sein muss, so bleibt für ein Danke an ein (mag sein innegelegtes) Höheres nur wenig Raum. Die Personalismus- und Existentialismusdebatten (wofür, in allen Nuancierungen und Wider-Sprüchen, literarisch wie pädagogisch gewichtige Namen wie Gabriel Marcel, Paul Claudel, Igor Caruso, Hans Windischer, Franz Pöggeler … auftauchen) sind heute so gut wie vorbei. Die Denkentwürfe, manchmal in Nuancierungen gleichzeitig, manchmal (und wieder zugleich) gegenläufig, vermehrt nach dem II. Weltkrieg einsetzend, aber schon lange vorher bereitet, kreisen eher um (De-)Konstruktion, Strukturalismus, Rhizom, Zufall. Auch die Liebe scheint manchmal nur mehr zwischen Kitsch und Missbrauch angesiedelt. Die weichen Begriffe hatten also bald schon nach dem Krieg in den streng empirischen Rasterungen der Erziehungswissenschaften keinen zu beachtenden Platz mehr.

Weiche Begriffe signalisieren, dass die Bildung des Geistes und die Bildung des Herzens miteinander zu tun haben. Ganz so drücken es die Gebetsriemen im Judentum aus. Zwei Kapseln mit Thorasprüchen sind an Riemen befestigt. Diese werden nun an Kopf und Arm gebunden. Die Kopfkapsel erinnert beim Beten wie beim Lernen, für fromme Juden ist das ungetrennt, an den Geist. Die zweite Kapsel kommt beim Zurren der Riemen genau dorthin wo der Oberarm gegenüber dem Herzen liegt. So sind Kopf und Herz in der Weise des Lob-, Bitt-, Dankgebetes miteinander verbunden. Zusammenführung gilt auch im übertragenen pädagogischen Sinne. Das Be-Griffene darf, weil nun ergriffen, vom Kopf zum Herzen „herunterrutschen". Beides will beim Danken zusammenkommen. Diese fünf Dezimeter sind im Grunde eine Weltreise. Die Expedition dauert ein Leben lang und ist risikoreich.

8. Vom Dank und von der Identitätsfrage

Auch bei der Respektierung des Anderen ob seines „Fremdseins" mag so etwas wie Dank erwachsen dürfen. Mein Im-Eigentlichen-Bestehen und zugleich doch auch mein In-Meinem- Fremdsein-Bestehen darf sich mit einer nüchternen, ja ernüchternden Form von Dank verbinden. Anders können Wurzeln dieser Haltung nicht gedeihen. Die „Entwurzelung" (vgl. Simone Weils L'enracinement, 2011 [1949]), auch die vom Dankesagen-können, ist heute wohl einer der vielen Aspekte von Identitätsunsicherheiten. Haltgebend und Dankende wie Bedankte gleichsam tragend sind sie die Wurzeln: „Nicht du trägst die Wurzel, sondern die Wurzel trägt dich" (Röm. 11, 18).

Dank ist keine Zierschleife für Lebenssinn, er ist auch nicht „selfietauglich". Wer aber, so das geflügelte Wort bei Simone Weil, verwurzelt ist, entwurzelt nicht (ebd.). Nun sind Wurzelschlagen und Heimatfinden nicht unbedingt der letzte „postmoderne" Schrei. Beides ist in den Last-minute-Angeboten des Zeitgeistes nicht zu finden. Sie seien doch wohl eher „retro", spießig … Sie wirken in der Tat altmodisch, wie alle großen Wahrheiten außerhalb der Mode stehen. Aber in ihnen liegt der Funke von etwas Erhabenem. Die Rhythmen weihevoller Gesänge fassen, was nicht zu fassen ist, „in Dank".

Manchen ist der Dank eher ein unkeusches, wenig gewinnbringendes Wort. Es scheint nicht so recht in das framing von Bricolageidentitäten zu passen, nicht zum Paradigma „Rhizom".

Undank bürgert aus. Davon lebt er. Liebe, dem Dank ureigentlich inneliegend, tut das hingegen nicht. Liebe „umfasst". Sie inkludiert. Der Merkantilisierung von allem und jedem, mit der schulisch vorbereiteten Heranerziehung zum „enfant consumateur" (das Kind soll ja späterhin die Reifestufe der Markttauglichkeit erreichen) entspricht eine Dankesvergessenheit.

Beim Dank kommt es auf die tiefgelegene Dynamik von Worten und nicht auf jeweils geschichtliche, situative, psychoterritoriale oder religiös geleitete Namensgebungen an. Diese, das kennen wir aus Kulturgeschichten, aus der Kulturanthropologie, aus den Vergleichenden Literaturwissenschaften, aus der Liturgie wie aus der Ethnologie, sind in den Zeitläufen, in Sprach- und Ausdrucksformen epochal, kollektiv wie individuell, unterschiedlich.

Freilich hat manch „schwarze Pädagogik", den Dank missbraucht, um zu Abhängigkeiten zu erziehen. Schuldig sein und bleiben, in Dank*schuld* stehen, waren dabei im Fokus. Heute ist eher ein Gegenteil zu bemerken: ein Stupor an Individualität und Selbst- (vor allem gegen Andere)Verwirklichung.

Auf der Symbolebene finden sich alle möglichen Relationen zwischen Dank und Erziehung: Respekt und Umfassung, Respekt und Vertrauen, Respekt und Selbstbewusstsein. Dazu gesellen sich noch Nähe und Distanz, (Herzens-)Bildung und das „Re-Ligere", das „Zurückbinden" an etwas Höheres (welche Herkünfte, Hinkünfte, Namen immer damit gemeint sind). Träger für Dank, in all seinen gesprochenen, stärker wohl unausgesprochenen und vor allem tiefenpsychologisch relevanten Formen ist immer erwähnter *Respekt*.

Mit dem Aussprechen von Dank geben wir uns eine besondere Erlaubnis: die, eine „Erlaubnis zu sich selbst" zu geben. Sie ist, sagt Eugen Drewermann, so etwas wie Kern von Identität (2020, zit. in: https://m.youtube.com/watch?v=Tnms07_BagE&t=35s#dialog abger. 08.04.2021) und damit auch Kern von „Danke-sagen".

Der Dank ist dem Vertrauen anverwandt. Dankes-lob wie Dank-empfang beruhen beidseitig auf Anvertrauen. Allemal geht es dabei um Selbst-Vertrauen.

9. Vom „veruntreuten Himmel"

„Der veruntreute Himmel" ist ein Roman von Franz Werfel aus dem Jahr 1939 (1994). Ein missratener Neffe verspielt durch ein lockeres Leben das Stipendiat seiner Tante, das dazu bestimmt war, aus dem Neffen einen guten Seminaristen zu machen. Alle kennen wir, mehr oder weniger eingeschrieben, die Undankbarkeiten – als Undankbare wie als Unbedankte.

Eine Variante der Veruntreuung ist die, den Tod aus dem Leben auszuschließen. Dank an das Leben heißt nämlich, die Endlichkeit in das Leben mithereinzunehmen. Die Splitterung von Leben und Tod ist, so lehren es vor allem die Kulturen der Natives, nicht lebensgerecht.

Der Utilitarismus kennt Dank meist nur strategisch als „im Dienst von ...". Das dankbare Kind ist geschäftsstörend. Zum „Immer-mehr" soll es erzogen sein. (Dieses wiederum ist verbunden mit der erwähnten Todesvergessenheit.) Konsum erst ist, nach dieser Logik, das wahre Leben. Ihm entspricht die Kapitalisierung von Gefühlen durch eine Erziehung zur Oberflächlichkeit. Das Kind bedient dabei nicht nur den Touchscreen. Es wird selbst zum Touchscreen. So wird das Leben „verwischt". Dazu gehört das Wegwischen von Dank und von allem, was an Vergänglichkeit erinnert.

Der Tod indes ist dem Leben inhärent. Seine Existenz ist eine der Pforten, um über Dank nachzudenken. Er ist ein Lernprogramm, unabhängig davon, ob ich ihn mit Dank verbinde, unabhängig davon, ob ich an ein Überleben des Lebens glaube. Wie auch, da er noch nicht eintrat? Und wie auch, da ich nicht weiß, ob ich mich im Falle meines Über-Lebens bedanken kann? Sein Hereinnehmen in das Leben erst gibt dem Dank als einem liebendem Zeichen die Entfaltung. Die Dankeszeremonien sind ja kultisch vielfältig. So überraschet es nicht, dass ein

Lebenstanz in ihnen auch bildlich ein Todestanz und Tanz in Erinnerung an die Toten auch ein Tanz zur Ehre des Lebens werden kann.

Die Derwische tragen – s. Abschnitt „2" – in der Achsenneigung der Erde einen Hut, der den eigenen Grabstein symbolisiert. Diverse Maskentänze in Westafrika sind in der Tat „Rites de passage". Lobes- und Dankestänze von Natives beinhalten, weil alles, nämlich „das All" umfassend, die Verschmolzenheit von Anfang und (irdischem) Ende. „Als Mensch mit den Mit-mir-Menschen leben", dies zu lernen ist der Sinn von Dank.

Was uns das sagt? Es geht um ein gewisses Oben und ein gewisses Unten. Beides kann veruntreut sein. Die Riten sind Versuche, auch jene, dem Undank mit Dank entgegenzutreten. Der Himmel ist dann nicht mehr veruntreut, auch wenn der Dank „im Tal der Tränen", so heißt es in einem christlichen Anrufungsgebet, gesprochen ist und die Sehnsuchtswut nach dem Hellen und Heilen und ja auch Heiligen immer noch anklopft.

Franz Werfel, der Autor dieses Romans, schrieb selbst ein Buch des Dankes. Auf der Flucht vor den Nazis landete er vorübergehend im französischen Wallfahrtsort Lourdes. Er, Jude, schwor, wenn ihm die Flucht über die Pyrenäen nach Lissabon gelingen sollte, so werde er ein Buch über das Mädchen, dem die Erscheinungen gegolten haben, schreiben. In Kalifornien löste er das Versprechen ein. Sein Dank: „Das Lied von Bernadette" (1991 [1941]). Das führt uns zum nächsten Gedankenschritt, einer Arrondierung.

10. Von Dank und Undank – Marginalien

Dass sich Dankmöglichkeiten in Undank wandeln können, kennen wir auch. Dabei ist nichts selbstverständlich. Ich beschränke mich hier beispielhaft nur auf zwei Fälle.

1. Ein ukrainischer Freund, der 2022 Binnenflüchtlinge aus dem Osten aufnahm, sah sich damit konfrontiert, dass seine Flüchtlinge ohne ein Wort des Dankes wieder abzogen. Damit ist nicht etwa eine Situation gemeint, wo die Worte wegbleiben und ein verbaler Dank aufgrund von Stress, auch emotionalem, nicht über die Lippen kommt. Danke geschieht ja in seinem Wesen nicht unbedingt in Worten (alleine), kaum in Geschenken, er sucht sich oft andere Kanäle, z. B. solche der Schweigeordnung, der Sprachmelodie des Augen-Blickes.

Oft gelangt Hilfe nicht zum erwünschten Erfolg. Sich trotzdem – allein für das Good will – zu bedanken, gehörte zum guten Ton.

2. Eine Psychotherapeutin erzählte mir einmal, dass mancherorts der Dank an Erfolg gekoppelt werde. Ich zahle so und so viel für die Reparatur meiner Seele: Damit ist quasi ein Kontrakt geschlossen. So weit, so weniger gut. „Ich zahle, also bin ich für eine heile Seele versichert!". Das Besondere dabei: Sie werkeln an meiner

Seele herum, und ich bin damit geheilt, ganz ohne eigene Veränderungskraft, ganz ohne Trauerarbeit. Das merkantile Moment scheint mitunter auch Dank zu absorbieren. Geschäft und Gegengeschäft. Ich bringe Geld und Sie leisten Ihren Service. Für Dank bleibt nicht mehr viel Raum. Vor allem dann nicht – und das generaliter gesprochen, weil es sich nicht auf dieses therapeutische Umfeld beschränkt – wenn ein schlechtes Gewissen schlummert.

Im Folgenden nun einige Marginalien:

A) Warum Undank? Es hat mit dem Vorherrschen des materialistischen Denkens zu tun und Marc Aurel mag schon recht gehabt haben, wenn er meinte: „Nach der Beschaffenheit der Gegenstände, die du dir am häufigsten vorstellst, wird sich auch deine Gesinnung richten; denn von den Gedanken nimmt die Seele ihre Farbe an." (Marc Aurel, Selbstbetrachtungen V, 16, Projekt Gutenberg). Wenn Léon Wurmser in „Die Maske der Scham" von der „Verachtung von sich selbst auf andere" (2017: 35) spricht, gilt es dieses Verachten wohl auch im Zusammenhang mit Undank zu reflektieren. Wenn Wurmser in Zusammenhang mit Scham auch von Neid, Eifersucht und Rachsucht spricht (2017: 396f.), umfasst dies bis in kleinste Verästelungen auch Undank. Dazu zählen auch Angst. Ekel, „Selbstbeschmutzung" (2017: 358) und, hier lässt Wurmser einen seiner Patienten sprechen, „das schwarze Erbrochene in mir" (2017: 357).

B) Ist Dank reinen Herzens zum Ausdruck gebracht, ist er eine Regenbogenfarbe der Wahrheit. Nach Hannah Arendt kann es die „Wahrheit" nur dort geben, „wo sie durch das Sprechen vermenschlicht wird" (2020: 87). Manches Dankeschön ist nur im Nützlichkeitsmodus gesprochen. Wird diese Farbe verabsolutiert, ist es um den „Regenbogen als ein Ganzes" geschehen, der Regenbogen kein Regenbogen mehr.

C) Kalkuliert, entbehrt der Dank der Beziehung, des Vertrauens, der Kraft zu hoffen.

D) Menschen, denen wir Dank schulden, begegnen wir oft undankbar. Wie oft kommt es zu einem, psychoanalytisch breit bearbeitet, „Vatermord"! Die Schuld zu danken, ist für manche schwer zu tragen (nach der Art von: „Du bist kein guter Akademiker, wenn Du nicht vorher Deinen Doktorvater umgebracht hast!"). Vielleicht auch deshalb, weil der aufrechte Dank nahe an die Wahrheit kommt und der neurotischen Lebenslüge so augenscheinlich entgegensteht. Ist denn Dank Wahrheit? Das wäre philosophisch wohl abkürzend. Aber er ist ein Vorausentwurf dafür. Dies dann, wenn er, unabhängig der Äußerungsform, mag sein in Verschwiegenheit (um die Botschaft zu bewahren und einen Kern bei sich und dem/der Adressierten zu beschützen), *wahrhaftig* ist.

E) Der dankbare Mensch trägt das in sich, was Meister Eckehard als „scintilla animae" bezeichnete. Jerome Kohn schreibt, bezugnehmend auf Hannah Arendt: „Eine Ahnung zu entwickeln, wie man sein könnte, nicht, wie man ist, lässt einen zum Funken werden, zu einer Quelle des Lichts in der Dunkelheit" (2020: 123f.). Das ist Dank, die Anerkennung der Anderen – und das ist letztlich Selbstanerkennung. Ohne diese kann der Dank nur verfehlt sein. Er ist dann nur noch selbstbespiegelnd, hechelnd, schleimig, (selbst-)manipulativ. Ist aber Anerkennung mit dem Selbst, mit dem, was mich im Grunde meines Wesens (bei allen Dunkelheiten, aber doch in der Sehnsuchtstiefe) ausmacht, verbunden, ist Dank aufrichtig gemeint (so sehr es mir der Geschicklichkeit ermangeln mag, ihn zu artikulieren), dann ist er tatsächlich eine der erwähnten Regenbogenfarben.

Die Sache ist reziprok: Selbiges gilt nämlich auch für jene, die den Dank aufnehmen dürfen. Das wird beidseits dann gelingen, wenn das Dankeschön geben und -aufnehmen, bei all den getrennten Lebensgeschichten und Radien an Erfahrungen (auch solchen, mitunter von allen Verlässlichkeiten verlassen zu sein), ein Akt der Ebengebürtigkeit ist.

F) Dank ist eine Form der Liebe. Ihr Mangel, ein Mangel an Mut, respektive an De-Mut, dokumentiert ein Leck, 1000 Möglichkeiten Haltungen des Dankes zu entwickeln. Die Lecks signalisieren Prekaritäten.

Dank erfordert Selbstbewusstsein. Fehlt es, werden Zu-Bedankende zum Störfaktur. Die Zuhörenden von Dankesreden, z. B. an Pensionierungsfeiern oder Grabreden (der Unterschied ist oft nur minimal) haben ein Sensorium für die Authentizität …

G) Es gibt sie, die Kippvarianten des Dankes. Einige seien aufgezählt:
(1) Dank als Klitterung und Verklebung von Reue, Sünde, Fehlverhalten, Vergebung, (2) Dank als heuchelndes Verzeihen in Form von Opfer-Täter-Umkehr, (3) Dank als die „schöne Lüge", (4) Dank als strapazierende Anstrengung und humanistisches „Säuseln", (5) Dank als Schäbigkeit, (6) Dank als Einladung, sich gefälligst schuldig/dankbar zu fühlen, (7) Dank als Kuckucksei, (8) Dank als Winseln zur Beförderung, (9) Dank als behübschte Schuld-zuweisung, (10) Dank als Schuldabweisung

Aber hinter jeder Kippvariante steckt eine Urschrift. Palimpseste tragen Urschriften, also Erstschriften, die ausgekratzt wurden, weil die Schreibunterlage (oft Kalbsleder) sehr teuer war. So hat man einfach „radiert", das heißt die Urschrift unkenntlich gemacht und neu darüber-geschrieben. Mittels Techniken, heute durch Fluoreszenzfotografie, kann man aber das ursprünglich Geschriebene wieder zum Aufscheinen bringen. So ist es mit den Kippvarianten, sie sind nur ein Darüberschreiben. Die Urschrift beleibt erhalten. Glückliche Umstände, zum Beispiel eine geglückte Psychotherapie oder neue glückhaftere Lebenskonstellationen, können ein Erst-Geschriebenes wieder zu einem Davor, einem Hervorscheinen, bringen.

11. Zum Schluss

Das Dankeschön-Sagen spricht Schichten an, die tief liegen. Wie alles Tiefe führt es in die Kindheit zurück – in jene Kindheit, aus der wir die Fenster hin zum Erwachsenwerden aufmachten … Der Dank ist wie ein Gruß aus einer Heimat, die einmal in unsere Kindertage blinzelte. Er er-innert daran, dass wir irgendwie einmal dort waren und dass wir sie dereinst, nach labyrinthischen Wegen, wieder betreten dürfen …

„Sind es nicht oft Unbedankte, die nicht zu danken gelernt haben?", höre ich einen Einwand. Er stimmt nur zum Teil. Das Danken mag schon davon abhängen, aber doch nur *auch*. Die zentrale Frage ist eher, ob jemand, trotz Wirrnissen, nicht doch die Fähigkeit behalten konnte, einen Dank zu schenken, den er, den sie, nicht erhalten konnte. Die „Logik der Liebe" (1998), um einen Buchtitel des Dalai Lama zu zitieren, kennt die „unlogischsten" Wege.

Dabei sind gar nicht große Worte gemeint, vielmehr Gesten eines „Gracias a la vida", als Grundton (mag sein, mütterlich-väterlich schon pränatal gesprochen). Dank an das Leben trägt wie ein Tragtuch für kleine Kinder – manchmal lebenslang. Ganz so wie es der Singsang des Lobdankes aus aztekischer Überlieferung erzählt: „Mein Sohn, ein Juwel, meine quetzal Federn so kostbar. Du bist ins Leben getreten, du bist geboren worden, der Herr und Richter der Schöpfung hat dich in die Welt gebracht. Er schuf dich, er formte dich. Er, der alles Leben macht. Und deine Eltern, deine Tanten, deine Onkel und all deine Verwandten haben dein Gesicht und deinen Kopf betrachtet, dein Gesicht und deinen Hals, und sie haben geweint und waren bewegt, weil es dich nun gibt, weil du geboren worden bist, weil mit dir die Welt wieder neu beginnt" (zit. in: Frederik Hetmann, 1981: 19).

Literatur

Arendt, Hannah: Martin Heidegger ist achtzig Jahre alt. Neuauflage. In: Dies.: Menschen in finsteren Zeiten. München-Zürich 1989 (1969), S. 172–184.

Arendt, Hannah: Gedanken zu Lessing. Von der Menschlichkeit in finsteren Zeiten, in: Bormuth, Matthias (Hg.): Hannah Arendt. Freundschaft in finsteren Zeiten. Gedanken zu Lessing. Mit Erinnerungen von Mary McCarthy, Alfred Kazin, Jerome Kohn und Richard Bernstein, Berlin 2020, S. 39–88.

Diego Arenhoevel, Alfons Deissler, Anton Vögtle (Hg.): Die Bibel. Die Heilige Schrift des Alten und Neuen Bundes. Deutsche Ausgabe mit den Erläuterungen der Jerusalemer Bibel. Freiburg i. Br. 1968.

Böll, Heinrich: Irisches Tagebuch, München 2009 (1957).

Bonhoeffer, Dietrich: Widerstand und Ergebung, DBW Bd 8 (WE), Gütersloh-München 1998, S. 157–158.

Buber, Martin: Der Weg des Menschen nach der chassidischen Lehre, 1986 (1947).
Dalai Lama: Logik der Liebe, München, 1991.
Drewermann, Eugen: „Was geht hier eigentlich gerade vor?", Vortrag v. 27.11.2020, online abrufbar: https://m.youtube.com/watch?v=Tnms07_BagE&t=35s#dialog, letzter Zugriff: 28.06.2021.
Ebner, Ferdinand: Das Wort und die geistigen Realitäten. Pneumatologische Fragmente, Frankfurt a. M., 1980 (1919).
Fend, Helmut: Schule gestalten. Systemsteuerung, Schulentwicklung und Unterrichtsqualität, Wiesbaden 2008.
Frank, Anne: Tagebuch, Frankfurt a. M., 2011.
Haase, Kurt: Dankbarkeit, in: Lexikon der Pädagogik I, Freiburg i. Br. 1952, S. 674.
Heiler, Friedrich: Die Katholische Kirche des Ostens und Westens, Band 1: Urkirche und Ostkirche. München 1937.
Hetmann, Frederik (Hg.): Indianermärchen, Frankfurt a. M. 1970.
Hierdeis, Irmgard: Sonntagskind, Norderstedt 2022.
Hopmann, Stefan: „Wir zerlegen gerade die Grundlage der Gesellschaft". Interview mit Lisa Nimmervoll, in: Der Standard, Wien: 25./26. Oktober 2021, S. 8.
Jungclaussen, Emmanuel (Hg.): Aufrichtige Erzählung eines russischen Pilgers. Freiburg i. Br. 1974.
Kohn, Jerome: „Sie war meine Lehrerin." – Hannah Arendt, in: Matthias Bormuth (Hg.): Hannah Arendt. Freundschaft in finsteren Zeiten. Gedanken zu Lessing. Mit Erinnerungen von Mary McCarthy, Alfred Kazin, Jerome Kohn und Richard Bernstein, Berlin 2020, S. 117–126.
Maffei, Stefania: Transnationale Philosophie. Hannah Arendt und die Zirkulation des Politischen, Frankfurt a. M.-New York 2019.
Mark Aurel: Des Kaisers Marcus Aurelius Antonius Selbstbetrachtungen (Ad se ipsum). Neue Übers. Albert Wittstock, 2012, online abrufbar: https://www.projekt-gutenberg.org/antonius/selbstbe/chap005.html, letzter Zugriff: 26.04.2022.
Meister Rumi: Dschalal ad-Din Rumi – Reshad Feild. „Komm, komm, wer immer du bist …", 2022, online abrufbar: https://chalice-verlag.de/rumi-mevlana-maulana-sufismus, letzter Zugriff: 07.05.2022.
Neumann, Friederike: Dank/danken (AT), in: Das wissenschaftliche Bibellexikon im Internet (WiBiLex) der Deutschen Bibelgesellschaft 2018, online aufrufbar: https://www.bibelwissenschaft.de/fileadmin/buh_bibelmodul/media/wibi/pdf/Dank_danken_AT___2018-12-03_20_54.pdf, letzter Zugriff: 01.05.2022.
Rudolph, Karl (Hg.): Der Koran, Übers. Max Henning, Stuttgart 1970.
Schaper, Edzard: Die sterbende Kirche, Stuttgart 1960 (1935).
Stöger, Peter: Die Ehre und der Schnitt-meister. Eine essayistisch-anthropologische Annäherung, in: Siegfried de Rachewitz/Christiane Ganner/Andreas Rauchegger (Hg.): Schneid. Zur Kulturgeschichte der Schärfe im Historischen Tirol, Tirol 2016, S. 113–118.

Untergassmair, Franz Georg: Danksagung, Dank I. Biblisch, in: Lexikon für Theologie und Kirche. Bd. 3, Freiburg i. Br. 2009, S. 18–19.

Weil, Simone: Die Entwurzelung. Vorspiel zu einer Erklärung der Pflichten dem Menschen gegenüber. Aus dem Frz. übers. von Marianne Schneider), Zürich 2011.

Werfel, Franz: Der veruntreute Himmel. Die Geschichte einer Magd. Roman, Frankfurt a. M. 1994 (1939).

Werfel, Franz: Das Lied von Bernadette. In: Gesammelte Werke in Einzelbänden, TB 9462, Frankfurt a. M. 1991 (1941).

Werfel, Franz: Der Mensch ist stumm. Gedicht. in: Reclams Buch der deutschen Gedichte, 2. Bd. Detering, Heinrich (Hg.), Stuttgart 2017, S. 532–533.

Winger, Wolfram: Dankbarkeit. in: Lexikon für Theologie und Kirche. Bd 3, Freiburg i. Br. 2009, S. 18.

Wurmser, Léon: Die Maske der Scham. Die Psychoanalyse von Schamaffekten und Schamkonflikten, 17. Aufl., Hohenwarsleben 2017.

Zielparagraph 2 des SchOG (Schulorganisationsgesetz): Tagesaktuelle Fassung. online aufrufbar: http://www.ris.bka.gv.at/NormDokument.wxe?Abfrage=Bundesnormen&Gesetzesnummer=10009265&Artikel=&Paragraf=2&Anlage=&Uebergangsrecht, letzter Zugriff: 13.07.2022.

Zirfas, Jörg: Bildung. in: Kade, J./Helsper, W./Lüders, C./Egloff, B./Radtke, F.-O./Thole, W. (Hg.): Pädagogisches Wissen. Erziehungswissenschaft in Grundbegriffen. Stuttgart 2001, S. 13–19.

Wolfgang Schüssel

Handschlagqualität, Besonnenheit, Toleranz und Brückenbauer

Anas Schakfeh war in meiner aktiven politischen Zeit ein herausragender Vertreter der Islamischen Glaubensgemeinschaft. Ein Mann mit verlässlicher Handschlagqualität. Ein Syrer, der seine Heimat nie vergaß und liebte. Ein Österreicher, der sich bei uns wohlfühlte und gut integrierte. Ein Muslim, der seinen Glauben vorbildlich lebte und immer den Dialog mit anderen Religionen suchte. Das ist keineswegs selbstverständlich, wie ein Blick in andere Länder mit ähnlicher Geschichte und Bevölkerungsstruktur zeigt.

Österreich ist da vielleicht wirklich in einer besonderen Situation. Das Islamgesetz von 1912 ist älter als die österreichische Bundesverfassung und sollte den Muslimen aus Bosnien/Herzegowina eine rechtliche Grundlage als Religionsgesellschaft geben. Dieses Gesetz blieb auch nach dem Ende Österreich-Ungarns und der Gründung der Republik 1918 in Kraft. Ein Jahrhundert später, 2015, wurde nach dreijähriger intensiver Beratung und Diskussion mit Zustimmung der islamischen Religionsgemeinschaft ein neues Islamgesetz beschlossen, das am 31.03.2015 in Kraft trat. Nur zur Erinnerung die wesentlichsten Inhalte:
– Schutz der religiösen Bezeichnungen der Religionsgesellschaften.
– Seelsorge in allen staatlichen Einrichtungen wie Krankenhäusern, Bundesheer, Justizanstalten.
– Verankerung islamisch-theologischer Studien.
– Regelung für islamische Friedhöfe.
– Schutz religiöser Feiertage und Speisevorschriften.
– Verbot der Finanzierung durch das Ausland. Dieser letztgenannte Grundsatz der Selbsterhaltung war zunächst umstritten, dient aber letztlich – wie auch vom Verfassungsgerichtshof 2019 ausdrücklich festgehalten – der Selbstständigkeit und Unabhängigkeit der Religionsgesellschaft.

Beide Islamgesetze 1912 und 2015 sind Meilensteine der religionsrechtlichen Entwicklung und sind heute sogar international beachtete Vorbilder. Es wäre übrigens wünschenswert, wenn ähnlich großzügige Bestimmungen der freien Religions-Ausübung Nachahmung in manchen Ländern mit islamischer Mehrheitsbevölkerung fänden.

Gerne möchte ich an die sofortige Zusage von Präsident Anas Schakfeh erinnern, nach dem 11. September 2001 am gemeinsamen Gebet und Innehalten mit allen

Religionsgesellschaften in meinem Büro im Bundeskanzleramt teilzunehmen. Eine Resolution aller Teilnehmer zur Verurteilung dieses furchtbaren Terroranschlags gegen die Türme des World Trade Centers in New York folgte. Seine Initiative waren eine Reihe von Konferenzen der Leiter Islamischer Zentren und Imame in Europa in den Folgejahren, die in Österreich abgehalten wurden und mit beeindruckenden Abschlusserklärungen eine Brücke der religiösen Identität von Muslimen und ihrer gesellschaftlichen Zugehörigkeit als Europäer schlugen. Dabei wurde unter anderem die Gleichwertigkeit und Gleichberechtigung von Frauen und Männern betont; ebenso aber auch die Ablehnung jeder Form der Gewalt. Interreligiöse Toleranz und die Absage an Rassismus, Antisemitismus und Anti-Islamismus gefordert. Ein Höhepunkt für mich war sicherlich der erste gemeinsame Religionsgipfel in Brüssel im Rahmen der österreichischen EU-Ratspräsidentschaft 2006, den ich als EU-Ratsvorsitzender und Bundeskanzler gemeinsam mit Kommissionspräsident Jose Manuel Barroso veranstaltete.

Mit Anas Schakfeh war es immer einfach, auch heikle Themen anzusprechen und zu lösen. Ein Beispiel war das umstrittene Buch „Erlaubtes und Verbotenes im Islam", das zunächst an einigen Schulen im Islamunterricht verwendet wurde und mit der österreichischen Rechtsordnung unvereinbare Thesen enthielt. Nach einem Gespräch mit der damaligen Bildungsministerin Elisabeth Gehrer 2005 wurde dieses Buch umgehend entsorgt.

Anas Schakfeh hat mich sehr beeindruckt, als er in der Österreichischen Gesellschaft für Außenpolitik die dramatischen Kämpfe in Syrien analysierte. Ich fragte ihn später, wie er so genau über die militärische Lage in den verschiedensten Regionen Aleppo, Homs oder Damaskus informiert sei. Er verwies auf Mitglieder seiner Familie, die im Land lebten. Wie groß diese wäre – darauf ein kurzes Innehalten: „es werden schon an die 1300 Angehörige sein, die untereinander gut vernetzt sind und Nachrichten austauschen". Kein noch so guter Nachrichtendienst kann es damit aufnehmen. Unfair waren Vorwürfe, die den jungen Anas Schakfeh in eine angebliche Nähe zur Muslimbruderschaft rücken wollten. Seine akribische Gegendarstellung war für mich sehr überzeugend, aber ich spürte, wie sehr ihn diese Attacke verwundete. Berührt hat mich auch, dass Schakfeh auf seine damaligen studentischen Kontakte in einer multikonfessionellen Dialoggruppe mit Pater Debray, einen Salesianermönch, verwies – meinen Jugendseelsorger in der Katholischen Studierenden Jugend; eine ungemein charismatische Persönlichkeit, der allerdings in seinem völlig offenen Umfeld und Jugendklub nicht einen Ansatz von Radikalismus oder Ausgrenzung tolerierte. Ebenso erwähnt Schakfeh seine frühen Kontakte mit P. Andreas Bsteh bei religionstheologischen Studientagungen in St. Gabriel. Pater Bsteh war langjähriger Mentor und Motor der Interreligiösen Dialoge, die von Außenminister Alois Mock und mir als seinem Nachfolger ausgezeichnete Dienste leisteten.

Zusammenfassend wünsche ich Professor Schakfeh alles Gute zum 80. Geburtstag. Ich danke ihm für viele Anregungen und Gespräche in meiner Amtszeit und danach. Wenn heute in Österreich viele Menschen wesentlich besser als in der Vergangenheit über die Grundsätze muslimischen Lebens, den Glauben, die gedankliche Vielfalt (und Abweichungen), die Schriften des Koran, die Traditionen informiert sind, so ist das sicherlich nicht zum geringsten Teil das Verdienst des langjährigen Präsidenten der IGGÖ.

Dr. Wolfgang Schüssel
Bundeskanzler Österreichs 2000–2007, Außenminister 1995–1999.

Hannes Swoboda

Dialog in der (post-)säkularen Gesellschaft

Anas Schakfeh ist ein Mann des Dialogs! Er vertritt ihn nicht nur theoretisch, sondern praktiziert und propagiert ihn. So ist es nur angebracht, diesen kurzen Beitrag in einer Festschrift ihm zu Ehren der Notwendigkeit des Dialogs zu widmen! Dabei geht es nicht nur um den interreligiösen Dialog, sondern um die generelle Dialogbereitschaft! Diese ist notwendig, damit demokratische Gesellschaften zu Entscheidungen kommen, die verschiedene Alternativen abgewogen haben!

Die Frage der Bedeutung des Dialogs in einer modernen säkularen Gesellschaft interessiert also nicht nur die Religionen und ihre VertreterInnen. Sie ist generell für das Zusammenleben in einer multireligiösen und multikulturellen Gesellschaft von Bedeutung. Die durch die Aufklärung in Europa hervorgebrachte Moderne kann ohne die Offenheit des Diskurses bzw. der Bereitschaft dazu nicht existieren. Sie würde an Wert für die eigenen BürgerInnen und demokratischer Überzeugungskraft für Menschen in nicht-westlichen Systemen verlieren.

Die westliche Moderne

Im Zusammenhang mit diesem kurzen Beitrag möchte ich die Begriffe moderne oder säkulare Gesellschaft synonym verwenden. Ich bin mir bewusst, dass ich dabei von (west-)europäischen Gesellschaften ausgehe. In diesem Sinne wird der Westen auch mit der Moderne gleichgesetzt. So meinte unlängst der Religions- und Kultursoziologe Detlef Pollack in einem Beitrag unter dem Titel „Das Wesen des Westens" und dem Untertitel „Die Moderne kann verbessert werden – aber nur solange sie existiert" (Pollack 2022), dass die Fähigkeit zur Selbstkritik eine hervorragende Eigenschaft der Moderne bzw. des Westens ist.

Es gibt allerdings eine „bleibende Diskrepanz zwischen Programm und Wirklichkeit". Aber die Moderne hat eben auch die Fähigkeit und Bereitschaft, diese Lücke immer wieder zu schließen und Programm und Wirklichkeit zur Deckung zu bringen. Selbstkritik und Selbstkorrektur sind wesentliche Elemente des modernen Westens. Und das erfolgt vor allem im Rahmen einer offenen Diskussion, die nicht durch vorgegebene Dogmen beschränkt wird. Die Moderne bzw. der Westen sind nie perfekt und sie sollten das auch nie von sich behaupten! Entscheidend ist, dass sie ihre Fähigkeit zur Selbstkritik behalten und das setzt die Bereitschaft zum Dialog voraus! Denk- und Redeverbote, wie sie in Gesellschaften mit Dominanz einer Religion bzw. einer dogmatischen Ideologie vorkommen, stehen dem entgegen!

Säkularismus

Das bringt mich auch zur Frage, inwieweit die Moderne säkular ist. Die Herausbildung der Moderne ist eng mit der Aufklärung verbunden. Für Charles Taylor in seinem großen Standardwerk „Ein säkulares Zeitalter" war in den „frühen Gesellschaften die Religion überall." Sie war mit allem Übrigen verflochten und bildete in keinem Sinn eine eigenständige, abgetrennte „Sphäre". Zum Unterschied zu vorneuzeitlichen Gesellschaften „gibt es im modernen westlichen Staat keinen derartigen Zusammenhang ... Die Religion oder ihr Fehlen ist weitgehend Privatsache" (Taylor 2009, 13). Man kann es auch einfach so definieren, wie es Abdessalam Cheddadi in seinem Beitrag zu „Toleranz im Islam" ausdrückte: „Kernpunkt der Moderne ist die Freiheit des Denkens und des kreativen Handelns" (Cheddadi 2006, 87).

In der Praxis war diese, durch die Aufklärung bedingte Loslösung von der Dominanz der Religionen und die Herstellung der Freiheit des Denkens und kreativen Handelns aber oft mit einer Ablehnung und sogar der Bekämpfung der Religionen verbunden. Das trifft insbesondere auf den Laizismus – zum Beispiel in Frankreich – zu, der sich oft als Anti-Klerikalismus verstand.

Diese sich von Religionen klar abgrenzende Haltung veranlasste Jürgen Habermas von den heutigen Gesellschaften als von post-säkularen Gesellschaften zu sprechen. „Im Streit zwischen Wissens- und Glaubensansprüchen präjudiziert nämlich der weltanschaulich neutrale Staat politische Entscheidungen keineswegs zugunsten einer Seite" (Habermas 2003, 252). Der post-säkulare Staat ist nicht prinzipiell gegen Religionen eingestellt, sondern stellt sich „auf das Fortbestehen religiöser Gemeinschaften in einer sich fortwährend säkularisierenden Umgebung" ein (ebd., 251).

Religionen leisten somit einen wertvollen Beitrag zum gesellschaftlichen Diskurs. Allerdings muss von allen Seiten Dogmatismus und Orthodoxie vermieden werden. Notwendig ist eine offenere Diskussion und nicht ein Krieg der Kulturen. Und das betrifft alle Seiten: „Verhärtete Orthodoxien gibt es im Westen ebenso wie im Nahen und Fernen Osten, unter Christen und Juden ebenso wie unter Moslems" (ebd., 250).

Der Begriff Post-Säkular ist allerdings insofern problematisch, als sich die Frage stellt, was nach dem post-säkularen Zeitalter kommt. Man kann die Interpretation des Säkularismus als anti-religiöse Haltung auch als inzwischen überholte Fehlinterpretation bzw. als besondere Ausprägung interpretieren! Die Neutralität des Staates gegenüber Religionen heißt ja nicht, dass sie vom gesellschaftlichen Diskurs ausgeschlossen sind. Eine säkulare Haltung fordert ja auch nicht, Fragestellungen und Haltungen, die aus Religionen kommen, zu negieren und für unzulässig zu erklären. Daher meine ich, dass die Begriffe Säkularismus, säkularer Staat etc. durchaus auch heute ihre Berechtigung haben.

Säkularismus und religiöse Eiferer

Ich folge hier Jose Casanova, nachdem sich der säkulare Staat gemäß dem „Prinzip des gleichwertigen Respekts gegenüber allen religiösen und nicht-religiösen Weltanschauungen" verhalten soll. Und er muss auch davon ausgehen, „dass die globale Menschheit von einer unumstößlichen religiösen und kulturellen Pluralität gekennzeichnet ist" (Casanova 2014). Diese Pluralität ist von allen anzuerkennen und fordert zur „gegenseitigen Achtung und Anerkennung" durch alle Religionsgemeinschaften und zum interreligiösen Dialog auf.

Für Peter Sloterdijk sind die interreligiösen Dialoge allerdings „nur ergebnisreich, wenn in ihrem Gefolge jede organisierte Religion vor der eigenen apokalyptischen Haustür kehrte. Dabei werden die Gemäßigten die Beobachtung machen, dass ihre jeweiligen Eiferer und Endzeitkrieger in der Regel nur flüchtig angelernte Aktivisten sind, bei denen der Zorn, das Ressentiment, die Ambition und die Suche nach Empörungsgründen dem Glauben vorhergehen" (Sloterdijk 2007, 216).

Sloterdijk fordert in diesem Sinn auch ein Bündnis der Religionen mit der „säkularen Zivilisation", denn nur „aus dieser Allianz sind die Kräfte zu gewinnen, deren Aufstellung und Klärung nötig werden, um die apokalyptischen Regisseure zu neutralisieren" (ebd., 217). Und Sloterdijk erhofft sich dadurch auch eine gegenseitige Zivilisierung der Kulturen. Auch Abdessalam Cheddadi plädiert für die „Werte wie Freiheit, Gerechtigkeit, Dialogbereitschaft, Aufgeschlossenheit". Nur durch deren Beachtung und Durchsetzung können wir erfolgreich „auch die verschiedensten Formen von Unterdrückung und Gewalt gegen den Geist, sämtliche Spielarten von Totalitarismus und Gleichschaltung des Denkens, jede Form von Rassismus, Abschottung und Diskriminierung" (Cheddadi 2006, 70) ächten und bekämpfen.

Neue Eiferer treten auf

Neuerdings haben sich aber auch andere, nicht-religiöse Eiferer bemerkbar gemacht. Sie wollen zum Teil unter dem Deckmantel der geschlechtlichen Gerechtigkeit und Gleichberechtigung oder auch der anti-kolonialen Einstellung die Sprache und dann auch die Bibliotheken von politisch nicht korrekten Inhalten „säubern" und den Diskurs beschränken. Sie treffen sich dabei de facto mit religiösen Eiferern, die ebenfalls eine solche Säuberung von „religiös nicht korrekten Inhalten" vorantreiben.

Diese neuen Eiferer wollen auch eine neue Spaltung der Gesellschaft, um alten Diskriminierungen entgegenzuwirken. Für den Präsidenten des PEN America, Ayad Akhtar, haben sie dabei allerdings eine „digitale Apartheid geschaffen, in der sich Gruppen nach Identitätskriterien separieren und nur noch Äußerungen zur Kenntnis nehmen wollen, die ihrer Sicht auf die Dinge entsprechen" (Akhtar 2022).

Einer solchen digitalen Apartheid hält Ayad Akhtar entgegen, dass die Demokratie nicht nur aus Wahlen, sondern aus einem sich ständig erneuernden Prozess besteht: „Dieser Prozess besteht fast vollständig aus Rede – aus dem Austausch von Ideen, aus Debatten, Überzeugungen, Kritik und Kommentar […] Die Redefreiheit ist das Fundament der Demokratie" (ebd.). Und natürlich gehört auch das Zuhören dazu, denn „ohne Zuhören hat Reden keine Wirkung und besitzt kaum eine Bedeutung, die von Dauer sein kann" (ebd.).

Inzwischen gibt es auch noch weitere Eiferer. Sie verwenden die ernsten Sorgen über die Erderwärmung und die Klimakatastrophen dafür, spektakuläre Aktionen zu setzen. Sie halten sich für gerechtfertigt, nicht nur den Straßenverkehr zu blockieren, sondern auch wertvolle Kunstwerke zu beschädigen. Sie sind nicht am Dialog und an der Suche nach Lösungen – die alle nicht leicht zu finden und umzusetzen sind – interessiert, sondern Gewalt, zumindest gegen Sachen, ist ihr Ziel.

Es war nicht das Ziel in diesem Beitrag all die Gefahren für den für die Demokratie so wichtigen Dialog aufzuzählen. Es geht nur darum, darauf hinzuweisen, dass diese Gefahren aus verschiedenen Quellen und Richtungen kommen. Und es gilt alle Kräfte zu sammeln, um diesen Gefährdungen entgegenzuwirken.

Literatur

Akhtar, Ayad: „Die Gedanken sind nicht frei", in: Frankfurter Allgemeine Zeitung, 03.12.2022.
Casanova, Jose: Der säkulare Staat, religiöser Pluralismus und Liberalismus, Rede bei der 38. Economic Conference in Zürich, 2014.
Cheddadi, Abdessalam: Toleranz im Islam, 2006.
Habermas, Jürgen: Glauben und Wissen, Friedenspreisrede 2001, in: Zeitdiagnose, 2003.
Pollack, Detlef: „Das Wesen des Westens", in: Frankfurter Allgemeine Zeitung, 01.12.2022
Sloterdijk, Peter: Gottes Eifer. Vom Kampf der drei Monotheismen, 2007.
Taylor, Charles: Ein säkulares Zeitalter, 2009.

Gerhard Weißgrab

Prof. Anas Schakfeh: „Das Gesicht des Islams in Österreich"

Es ist mir eine besondere Freude und große Ehre, dass ich eingeladen wurde, zur Festschrift anlässlich des 80. Geburtstages von Professor Anas Schakfeh einen Beitrag zu leisten.

Einerseits keine leichte Herausforderung, hatte ich doch zu seinem wirklich großen und umfangreichen Wirken für den Islam in Österreich weniger direkten als indirekten Kontakt. Diese Berührung mit ihm und seinem Wirken liegt in meiner Funktion als Präsident der Österreichischen Buddhistischen Religionsgesellschaft (ÖBR) begründet und vor allem auch an meiner Teilhabe in verschiedenen Foren, nicht nur im interreligiösen Austausch.

Natürlich freut es mich auch, dass, trotz seines nicht mehr aktiven Wirkens als Präsident in der IGGÖ, mein letztes persönliches Zusammentreffen mit ihm erst wenige Wochen zurückliegt. Dieses fand bei der Iftar-Einladung heuer in der „Gemeinnützigen Privatstiftung Anas Schakfeh" statt. Daher weiß ich, dass er sich bester Gesundheit erfreut und seine Schaffenskraft ungebrochen und in stiller Leidenschaft weiter besteht. Damit möchte ich auch gleich meine Wünsche darbringen: Möge er noch lange von dieser Schaffenskraft getragen und mit dieser Leidenschaft gesegnet sein! Mögen Sie noch lange wohlauf und glücklich sein, lieber Herr Professor Anas Schakfeh!

Als ich eingeladen wurde, in diesem Buch schreiben zu dürfen, ist mir als Erstes eingefallen, dass für mich die Person von Professor Schakfeh schon lange Zeit vor unserem ersten Zusammentreffen das Gesicht des Islams in Österreich dargestellt hat. Das ist vor allem durch die vielen Auftritte von ihm bedingt, die in unterschiedlichen Nachrichtensendungen des ORF in Form seiner persönlichen Statements und Interviews stattgefunden haben. Seine tatsächliche Medienpräsenz geht natürlich weit über den österreichischen Rundfunk hinaus. Umso mehr hat es mich dann überrascht, aber natürlich auch besonders berührt, als ich bei Recherchen für mein Gratulationswort hier festgestellt habe, mit dieser Formulierung eigentlich ein Plagiat zu begehen. Im Jahre 2012 erschien eine Biographie mit dem Titel: „Anas Schakfeh – Das österreichische Gesicht des Islams". Verfasser war der Politikwissenschaftler Farid Hafez und meine Idee zur gleichen Bezeichnung, die völlig unabhängig und ohne jede Kenntnis dieses Werkes erfolgte, kann daher nicht so falsch sein.

Meine ersten persönlichen Zusammentreffen mit Professor Schakfeh haben sich nach meiner Wahl zum Präsidenten der ÖBR im Oktober 2006 ereignet. Ganz genau kann ich nicht mehr sagen, ob wir uns schon einmal davor persönlich begegnet sind, aber an unseren ersten gemeinsamen Auftritt nach meiner Wahl erinnere ich mich noch gut. Er war für mich von bleibendem Eindruck und blieb in seiner Art und Form auch einmalig.

Es war eine Einladung im Dezember 2006 durch eine österreichische Unternehmerfamilie zu einem Kamingespräch, bei dem es, soweit ich mich nach fast 16 Jahren noch erinnere, um Integration und Kompatibilität von Kulturen und Religionen ging. Teilgenommen haben noch weitere Persönlichkeiten aus Religion und Wissenschaft. Jedenfalls ist mir die durchaus fordernde Diskussion noch in lebhafter Erinnerung. Für mich war sie eine Art von Feuertaufe in meinem neuen Amt und das dabei souveräne Agieren von Professor Schakfeh war durchaus angetan, mir im übertragenen Sinne zum Vorbild zu werden.

Anas Schakfeh bin ich dann in den folgenden Jahren bei vielen Anlässen begegnet, entweder bei unterschiedlichen interreligiösen Veranstaltungen oder Feiern, oder im Rahmen von Zusammenarbeit bei unterschiedlichen Projekten, zum Beispiel auch bei der „Initiative Weltethos Österreich".

Besonders in Erinnerung geblieben ist mir eine Veranstaltung im Wiener Rathaus, bei der Professor Schakfeh zum Ehrenpräsidenten der muslimischen Jugend Österreichs ernannt wurde. Auffallend war dabei für mich die große Wertschätzung, die hier zwischen den jugendlichen Teilnehmern und ihm herrschte. Es gab davor und in Folge immer wieder Gelegenheiten, mit den Mitgliedern der MJÖ zusammenzutreffen. Der Austausch bei diesen Treffen war immer sehr beeindruckend für mich und da ich annehmen darf, dass ein Ehrenpräsident auch einen entsprechenden Einfluss ausübt, kann ich Professor Schakfeh hier zum Ergebnis seines Wirkens nur gratulieren.

Wenn auch manche politischen Entwicklungen in unserem Land in den letzten Jahren nicht immer einem förderlichen Miteinander der Religionen nur zuträglich waren, verdanken wir, alle staatlich anerkannten Religionen in diesem Land, dem Staat Österreich sehr viel. Er hat vor vielen Jahren durch seine Religionsgesetzgebung einer staatlichen Anerkennung die Grundlage für einen konstruktiven und friedvollen Dialog zwischen den unterschiedlichen Religionen geschaffen. Aus Gesprächen mit Professor Schakfeh weiß ich, dass er diese staatlichen Vorgaben sehr wertgeschätzt und gewürdigt hat. Sie sind ja auch der Boden eines gleichwertigen Austausches aller anerkannten Kirchen und Religionsgesellschaften mit der jeweiligen Regierung und damit Grund und gute Voraussetzung für ein friedvolles Miteinander.

Ich halte es für ein besonderes Privileg und durchaus beispielgebend, als Vertreter des Buddhismus, einer nicht-theistischen Religion, mit einem Vertreter des Islams, einer theistischen und auch in anderen Bereichen sehr verschieden konstituierten Religion, eine solche wertvolle Beziehung zu führen.

Die erste Voraussetzung dazu wurde hier in Österreich zwar vom Staat geschaffen, alles Weitere obliegt aber den jeweils handelnden Personen. An ihnen liegt es, wie weit sie dogmatische Unterschiede übersteigen und gemeinsame Zugänge umsetzen können. Vor allem, wie weit dogmatisch Trennendes bestehen bleiben darf, ohne eine wirklich trennende Wirkung zu entfalten. Dies gelingt mit Professor Anas Schakfeh besonders, vor allem nicht auf einer oberflächlichen Ebene, sondern unter Einbeziehung und Respektierung der Stärken und Tiefen der unterschiedlichen Religionen, die wir nicht nur vertreten, sondern unter deren spiritueller Identifikation wir leben.

Es freut mich, dass ich diese für mich sehr bereichernde und wertvolle Bekanntschaft machen durfte und freue mich auf viele, noch sehr inspirierende Zusammentreffen und Gespräche mit ihm. In diesem Sinne nochmals, herzlichste Glückwünsche zum 80. Geburtstag, viel Gesundheit und viele Jahre in Harmonie und Zufriedenheit!

Selma Turgut

Die Gemeinnützige Privatstiftung findet zu ihrem Namensgeber

Die Gründung der „Gemeinnützigen Privatstiftung Anas Schakfeh" erfolgte im Jahr 2010 im Bewusstsein der Verantwortung gegenüber dem Wohl der Allgemeinheit und eines friedlichen Zusammenlebens. Von Beginn an war die zentrale Idee, im offenen Dialog gegenseitige Vorurteile abzubauen und ein konstruktives, wertschätzendes Miteinander zu erreichen. In diesem Sinne widmet sich die Stiftung in erster Linie der gesellschaftlichen, wissenschaftlichen und kulturellen Partizipation von Bürgerinnen und Bürgern in Österreich. Der Kulturaustausch und die Führung des offenen interkulturellen Dialogs machen die Arbeit der „Gemeinnützigen Privatstiftung Anas Schakfeh" aus und kennzeichnen diese.

Als vor über 12 Jahren der Wunsch nach einer unabhängigen Institution entstand, die sich genau diesen Anliegen widmet, wandten wir uns an die Persönlichkeit in Österreich, die jenes Verständnis jahrelang stark prägte und für dieses bis heute bekannt ist: Prof. Anas Schakfeh.

Denn seine Amtszeit als Präsident der Islamischen Glaubensgemeinschaft in Österreich war abseits seiner Tätigkeit für die muslimische Religionsgruppe geprägt vom Bemühen um ein friedliches Zusammenleben, wobei er speziell immer wieder an die notwendige Partizipation von Musliminnen und Muslimen in der österreichischen Gesellschaft appellierte und an die Verantwortung muslimischer Bürgerinnen und Bürger der Gesellschaft gegenüber erinnerte. So initiierte Anas Schakfeh zahlreiche Aktivitäten, welche die Teilhabe von Musliminnen und Muslimen in der österreichischen Gesellschaft forcierten, womit er letztlich wesentlich zur Verwurzelung der Musliminnen und Muslime in ihrer neuen Heimat beitrug.

Die Gründung vieler Institutionen, um das Leben der Musliminnen und Muslime in Österreich zu etablieren, fallen in den Zeitraum seiner Amtszeit als Präsident der Islamischen Glaubensgemeinschaft. Vor allem im Bereich des Bildungswesens gehen einige Initiativen auf ihn zurück. Zu ihnen zählen etwa die Islamische Religionspädagogische Akademie, aber auch die Islamische Fachschule für soziale Bildung. Aber auch die Entstehung des islamischen Friedhofs in Wien Liesing ist den Bemühungen von Anas Schakfeh zu danken.

Zu weiteren bedeutenden Schritten, um ein gelungenes Miteinander zu garantieren, zählen die von ihm initiierten drei europäischen Imame-Konferenzen (2003, 2006 und 2010). Deren Abschlusserklärungen bzw. Deklarationen fanden vor allem internationale Beachtung. Neben zahlreichen anderen essenziellen Themen werden in diesen Beschlüssen u. a. die Achtung des demokratischen Rechtsstaats als muslimische Bürgerin bzw. muslimischer Bürger, die Gleichberechtigung von Mann und Frau im Islam und das harmonische Zusammenleben in einer pluralistischen Welt u. v. m. festgehalten.

Sowohl als Religionslehrer (einiger Stifterinnen und Stifter) als auch als Präsident der Islamischen Glaubensgemeinschaft in Österreich kannten wir Anas Schakfeh stets als aufmerksamen Denker und Wirker für die Demokratie, den Rechtsstaat und die Achtung der Würde jedes Menschen – Werte, die für ihn zu keiner Zeit in Frage standen und für ein gelungenes Miteinander auch nicht in Frage gestellt werden durften. Mit seinen Visionen und seinem unermüdlichen Einsatz für ein friedliches Zusammenleben und seinem Islamverständnis war es nur naheliegend, dass sein Name für die Bezeichnung der Stiftung die ideale Wahl war.

Gegen Ende der Amtszeit als Präsident der Islamischen Glaubensgemeinschaft wandten wir uns mit dieser Idee an Anas Schakfeh. Erste Schritte für die Gründung einer Institution, die sich den gesellschaftlichen Dialog auf den Gebieten der Bildung, Kunst und Kultur zum Ziel setzt, wurden somit im Jahre 2010 unter dem Namen „Gemeinnützige Privatstiftung Anas Schakfeh" gesetzt.

Anas Schakfeh ermöglichte uns aber nicht nur die Benennung der Stiftung mit seinem Namen, sondern stand uns die gesamten Jahre über bis heute mit seinem Rat, seiner Erfahrung und seiner Expertise zur Verfügung. Die Früchte seines jahrelangen Einsatzes für ein friedliches Zusammenleben und gegenseitiges Verständnis mit unterschiedlichen Einrichtungen, Medien, Personen des öffentlichen Lebens aus Politik und Gesellschaft wurden und werden von der Stiftung in Form von Ratschlägen wahrgenommen.

Bei der Einberufung des wissenschaftlichen Beirats der Gemeinnützigen Privatstiftung, welches als fakultatives Organ den Stiftungsvorstand bei der Planung des jährlichen Kultur- und Dialogprogramms berät und unterstützt, und bei diversen Einladungen, bei denen verdienstvolle Personen aus der österreichischen Gesellschaft präsent waren, durften wir als Vorstand erneut erfahren, dass Anas Schakfeh stets als hochgeachteter Gesprächspartner gewürdigt und geschätzt wird.

Auch von seinem umfangreichen (kunst-)historischen Wissen profitiert der Vorstand: Schon in den Anfangsjahren der Gemeinnützigen Privatstiftung Anas Schakfeh bekam die Einrichtung Kunstgegenstände geschenkt, um sie in ihren Räumlichkeiten vorerst zur Dekoration auszustellen. Nachdem die Sammlung in den Folgejahren um eine beachtliche Anzahl an Kunstobjekten gewachsen war, konnten wir mit dem langersehnten Projekt, Kunstgegenstände aus verschiedenen islamischen Kulturkreisen auszustellen, beginnen. Mit dem Besuch des Bundespräsidenten a. D. Dr. Heinz Fischer wurde die Sammlung in der Stiftung im Mai 2014 erstmals der Öffentlichkeit zugänglich gemacht. Anas Schakfeh führte dabei durch die Kunstsammlung und erläuterte Details zu den einzelnen Exponaten.

Mit dem Anliegen der Kunstförderung kommt der Stiftung Schakfehs Wissen als Historiker zugute, welches von allgemeiner Geschichte bis hin zu Detailbereichen der Kunstgeschichte aus den islamischen Gebieten reicht. So wird er bis heute vom Vorstand gebeten, Neuzugänge der Kunstsammlung zu klassifizieren bzw. sie in ihrem historischen Kontext zu betrachten und zu erklären. Auch auf persönlicher Ebene profieren die Verantwortlichen der Sammlung, wenn sie bei jedem Gespräch zu Kunstgegenständen neue historische Hinweise erhalten.

So haben wir Anas Schakfeh stets als jemanden, der Hervorragendes für den Dialog und das friedliche Zusammenleben der muslimischen Bürgerinnen und Bürger in Österreich geleistet hat, kennen und schätzen gelernt. Er war der erste oberste Repräsentant der Islamischen Glaubensgemeinschaft, der mit dem großen Goldenen Ehrenzeichen mit dem Stern für Verdienste um die Republik Österreich (2008) geehrt wurde. Bisher ist er damit auch der einzige.

Das Lebenswerk von Anas Schakfeh, welches sich dem dauerhaft friedlichen und gegenseitig bereichernden Zusammenleben in der Gesellschaft widmet, soll gewürdigt und in seinem Sinne in den Projekten der Stiftung weiterleben.

Carla Amina Baghajati

Öffentlichkeitsarbeit in der Ära Schakfeh

Die Herausforderung, Außen- und Innendiskurse zusammenzubringen

Einleitung

„Vertrauen in den Rechtsstaat" – Wenn Anas Schakfeh bei öffentlichen Stellungnahmen etwas besonders wichtig war, dann dieses Bekenntnis. Stand in angespannten Situationen eine Art Ungerechtigkeit im Raum, griff er besonders gerne auf diese Wendung zurück. Für ihn war es eine Möglichkeit, einerseits die Vereinbarkeit einer muslimischen Identität mit dem Prinzip der Rechtsstaatlichkeit zu unterstreichen und gleichzeitig zu vermitteln, dass Handlungsbedarf bestehe, um zum Beispiel Diskriminierungen auszugleichen. Ob er dabei je daran gedacht hat, dass er sich mit dem Beschwören der Rechtsstaatlichkeit auch einmal selbst Mut machen müsste? Dass er einmal als „Beschuldigter" geführt würde und noch dazu im Zusammenhang mit „Terror"?

Die „Operation Luxor", die im November 2020 in Erscheinung trat, hatte auch Anas Schakfeh ins Visier von Untersuchungen genommen. Ende Dezember 2021 wurden diese Untersuchungen gegen ihn aufgehoben, weil sich der „Verdacht nicht erhärtete", wie es die Staatsanwaltschaft Graz formulierte. Ein schärferer Kontrast vom Bild eines Mannes, der als Träger diverser hoher Auszeichnungen der Republik Österreich über jeden Verdacht erhaben ist, zum in den Geruch dubioser staatsfeindlicher Netzwerke oder gar gewaltbereiter extremistischer Umstürzler geratenen Beschuldigten, lässt sich nicht vorstellen. Heinz Fischer hatte Anas Schakeh in einem persönlichen Brief zur Einstellung des Verfahrens gegen ihn gratuliert – aber öffentlich fehlten Solidaritätsbekundungen.

Dass der Ehrenpräsident der IGGÖ als Beschuldigter geführt wurde, steht geradezu symbolhaft für atmosphärische wie politische Veränderungen in Österreich, die vor allem mit der Kanzlerschaft von Sebastian Kurz in Verbindung zu bringen sind. Wenn der folgende Beitrag also das Spezifische an der Öffentlichkeitsarbeit in der Zeit von Anas Schakfehs Präsidentschaft nachzuzeichnen sucht, spiegeln sich darin der Zeitgeist und das damalige gesellschaftliche Klima, was wiederum Anregung für eine Reflexion der heutigen Situation bieten kann. Lassen sich Strategien für einen konstruktiven Dialog ableiten, der auch im Angesicht von Tendenzen populistischer Zuschreibungen und unausgewogener Herrschaftsdiskurse den Erkenntnisgewinn aller Beteiligten fördert und den sozialen Zusammenhang stärkt?

Wie sollen Glaubensgemeinschaften im Rahmen des österreichischen säkularen Kooperationsmodells ihre Zusammenarbeit mit staatlichen Institutionen oder gar der Politik gestalten? Welchen Einfluss hat der Diskurs rund um den Islam berührende Themen auf die Entwicklung muslimischer Communities und deren Selbstverständnis und damit den „Islam in Europa"?

Die IGGÖ wird unter Anas Schakfeh zu einem Faktor im österreichischen Diskurs

Anas Schakfeh war es in seiner Amtszeit zwischen 1999 und 2011 gelungen, zu einer neuen Wahrnehmung von Musliminnen und Muslimen in Österreich beizutragen. Es ist sein Verdienst, im Angesicht vielfältiger Herausforderungen die seit 1979 bestehende offizielle Vertretung der Musliminnen und Muslime in Österreich so zu stärken, dass sie als Faktor im Diskurs wahrgenommen wurde. So trug er zum guten Ruf Österreichs als „Modellland im Umgang mit dem Islam" bei. Nicht zuletzt stärkte sein Engagement auch das Mittel des interreligiösen Dialogs als möglicher Faktor für den gesamtgesellschaftlichen Zusammenhalt. Krisen wie die Sorge um den Frieden nach 9/11 oder der Streit um Muhammad-Karikaturen 2006 waren für ihn ein Anlass, dass sich die Islamische Glaubensgemeinschaft entschieden zu Wort meldete. Er konnte die Islamische Glaubensgemeinschaft als verlässlichen Partner im Dialog etablieren, sei es bei der Abhaltung von Imamekonferenzen, die in Kooperation mit dem österreichischen Außenministerium veranstaltet wurden, sei es in der Zusammenarbeit mit anderen Religionsgemeinschaften, wenn man sich gemeinsam zu brennenden Themen gesellschaftlicher Brisanz äußerte. Vertrauen ist dabei ein Schlüsselwort. So drang nicht alles, was sich da abspielte, bis in die Öffentlichkeit, vor allem wenn er diplomatisch aktiv war. Auch international gut vernetzt konnte er zwischen verschiedenen wichtigen Akteuren Kontakt herstellen. Das wurde von der Politik in heiklen Situationen ebenso wie seine Expertise geschätzt. Kurzum: Anas Schakfehs besonderes Kennzeichen wurde sein staatstragendes Auftreten, das Verlässlichkeit und Kompetenz ausstrahlte.

Ihn vollständig zu rehabilitieren ist mehr als nur ein Gebot der Fairness ihm persönlich und seinen Verdiensten gegenüber. Anas Schakfeh vermittelte in seinem Wirken authentisch, dass der religiöse Hintergrund oder zugespitzt „die Religion, der Islam" kein Problem, sondern vielmehr ein Teil der Lösung sein kann. Gleichzeitig stellte er immer klar, dass der säkulare demokratische Rechtsstaat der ideale Nährboden für diesen Zugang ist. Jedes Mal, wenn er dafür eintrat, ließ er auch emotional spüren, wie sehr er dieses Prinzip der Rechtsstaatlichkeit und Gewaltentrennung verinnerlicht hatte. Dies habe ich auch im innermuslimischen Dialog erlebt, etwa während Sitzungen des Obersten Rates. Anders wäre der Erfolg der Imamekonferenzen und die Authentizität deren Abschlussdokumenten, die

die Vereinbarkeit von Islam mit den Werten von Demokratie, Pluralismus, Rechtsstaatlichkeit und Menschenrechten in den Mittelpunkt stellen, gar nicht möglich gewesen.

Jene Kräfte, denen vor allem daran gelegen ist, das Feindbild angeblicher Unvereinbarkeit Islam – Westen zu konservieren, hätten wohl nur zu gerne gesehen, wenn eine maßgebliche Stimme für eine Politik des Dialogs auf gleicher Augenhöhe diskreditiert worden wäre. Die beste Antwort darauf ist, umso entschiedener diesen Weg des respektvollen Dialogs und der Zusammenarbeit fortzusetzen. Dabei geht es nicht nur darum, die Kluft zwischen Selbstbild und Außenwahrnehmung in Bezug auf Musliminnen und Muslime ein Stück zu schließen, sondern vor allem auch innermuslimisch für ein dynamisches und aufgeklärtes Islamverständnis einzutreten, das der Religion treu bleibt und zugleich anschlussfähig an die Moderne ist.

Wie die Zusammenarbeit begann

Aber gehen wir zurück zum Beginn der Zusammenarbeit mit Anas Schakfeh Ende der 1990er Jahre. Selbstverständlich war er auch damals kein Unbekannter. Schließlich genoss er Bekanntheit durch seine Tätigkeit für den Auslandsdienst des ORF, der damals noch arabischsprachige Radiosendungen gestaltete. Im interreligiösen Bereich war er durch seine langjährige Verbundenheit mit dem von Kardinal König 1959 gegründeten Afro-Asiatischen Institut in der Wiener Türkenstraße bestens vernetzt. Respekt hatte er sich auch als einer der ersten islamischen Religionslehrer verdient und gezeigt, dass ein spannender Unterricht weiterwirkt bis in die Familien hinein. Als einer der Pioniere erkannte er, wie wichtig die Unterrichtssprache Deutsch ist. Die Sprachfähigkeit der Kinder über ihre Religion zu stärken half ihnen nicht nur im Dialog, sondern förderte vor allem ein Bewusstsein, dass Islam nicht mit „ausländisch" zusammengedacht werden soll. Nicht zuletzt stärkt der Religionsunterricht auch den innermuslimischen Dialog und konstruktiven Umgang mit der inneren Vielfalt. Davon muss hier die Rede sein, weil dies auch der Schlüssel zum Erfolg der Islamischen Glaubensgemeinschaft ist – bis heute. Anas Schakfeh musste hier die verschiedenen ethnischen Hintergründe wie muslimischen Strömungen berücksichtigen und hatte es dabei nicht immer leicht. Dass er keiner muslimischen Gruppierung angehörte und als aus Syrien stammender Araber einer Minderheit innerhalb der muslimischen Communities angehörte, machte ihn dabei gegenüber den diversen Richtungen glaubhaft unparteiisch. „Äquidistanz" war ein weiteres von ihm häufig gebrauchtes Wort, womit er die Notwendigkeit zum Ausdruck brachte, allen Seiten – seien es innermuslimisch die großen Vereine oder die österreichischen politischen Parteien – gleichermaßen offen für das Gespräch, aber möglichst neutral gegenüberzustehen und sich so von keiner Seite vereinnahmen zu lassen.

Eine der ersten wirklichen Begegnungen muss im Rahmen einer Veranstaltung im Jahre 1993 stattgefunden haben, bei der ich mit einer multiethnischen Kindergruppe, darunter Flüchtlinge aus Bosnien, ein Theaterstück vorbereitet hatte. Dabei saß er neben dem ersten, aus Afghanistan stammenden Präsidenten der IGGÖ Ahmad Abdelrahimsai und schien das Ganze anerkennend und zugleich distanziert zu beobachten. Das ist vielleicht auch eine der Eigenschaften, die für ihn charakteristisch sind: Auf einer inhaltlichen Ebene gerne und durchaus auch leidenschaftlich den Austausch zu pflegen, aber in Gesellschaft Ernsthaftigkeit auszustrahlen und ihm wahrscheinlich oberflächlich erscheinenden Smalltalk eher zu vermeiden. Er ist nicht der Typ, der gerne bei möglichst jeder Kermes-Veranstaltung der vielen Moscheen das Bad in der Menge sucht.

Der Beginn enger Zusammenarbeit ist mit einem konkreten Ereignis Ende 1999 verknüpft. In der sonntäglichen Fernsehdebatte auf ORF 2 am 14. November 1999 hatte der FPÖ-Politiker Harald Ofner vor den angeblichen „integrationsunwilligen außereuropäischen Muslimen" gewarnt, von denen zudem 20 % „fundamentalistisch" seien, ohne dass ihm ein muslimischer Gegenpart etwas hätte erwidern können. Dies wurde zum Gründungsmoment der Initiative muslimischer ÖsterreicherInnen (IMÖ-Website www.islaminitiative.at). Einige freundschaftlich verbundene Personen hatten schon zuvor kleinere Akzente durch Projektarbeit gesetzt – von dem Theaterprojekt war schon die Rede. Dazu gab es Frauentreffen in Kooperation mit dem Wiener Integrationsfonds an der VHS Arthaberplatz, ein von einer Broschüre unterstütztes Dialogangebot für Schulen und ein Projekt zur interkulturellen und interreligiösen Verständigung im Spitalsbereich. Von den damals beteiligten Personen sind zudem noch Tarafa Baghajati, Omar Al Rawi und Mouddar Khouja aktiv und später wichtige andere Akteure dazugekommen, wie zum Beispiel Ramazan Demir und Elif Adam, die in Folge die Dokustelle Islamfeindlichkeit und antimuslimischer Rassismus ins Leben rief.

Die Fernsehdebatte regte uns dermaßen auf, dass wir beschlossen, gegen die Stimmungsmache, die sich von einem allgemeinen Anti-Ausländer Rechtspopulismus immer mehr zu antimuslimischer Hetze gewandelt hatte, nun auch öffentlich wirksam aufzutreten. Ein Leserbrief wurde also verfasst und versandt. Vom eigenen Erfolg waren wir überrascht – der ORF trat in einen ausführlichen Austausch und sandte sogar das Transkript zur Sendung, merkte uns wohl auch als zukünftige Ansprechpartner vor. Mehrere Zeitungen druckten den Leserbrief. Dieser musste einen wichtigen Nerv getroffen haben, gab es doch eine Replik von John Gudenus, Vater von Johann Gudenus. Vor allem aber wurden wir verstärkt für den interreligiösen und interkulturellen Dialog angefragt, medial wie zivilgesellschaftlich und hier vor allem in der Anti-Rassismus Arbeit, hatten also zum Beispiel Redebeiträge bei den großen Demonstrationen im Zuge der Regierungsbildung, als die FPÖ Koalitionspartner der ÖVP wurde.

Aktiv suchten wir den Kontakt zur offiziellen Vertretung und wurden so als kleine Delegation ins Büro der Islamischen Glaubensgemeinschaft in die Bernardgasse eingeladen. Damals waren die Montag- und Donnerstagabende „Parteienverkehr" vorbehalten. Die Räume waren stilvoll orientalisch eingerichtet und wirkten sehr repräsentativ. Rasch wurde aber bemerkbar, dass vor allem ehrenamtlich gearbeitet wurde. Anas Schakfeh schien Unterstützung zu brauchen, die bereit war, vor allem in der Kommunikation einen Beitrag zu leisten. Die Institution und der damit vorhandene Anspruch waren vorhanden, der Bekanntheitsgrad aber selbst innermuslimisch noch bescheiden. Angesichts fehlender finanzieller Ressourcen war das auch kein Wunder. Wenige Menschen leisteten mit viel Herzblut wichtige unbezahlte Aufbauarbeit, die vor allem die Organisation des Religionsunterrichts betraf. Wenn ich mich recht erinnere, gab es nicht einmal eine Stelle für eine Vollzeit arbeitende Sekretariatskraft.

Wir konnten mit eigenen Augen sehen, wie unsinnig spätere Verdächtigungen und Vorwürfe waren, die IGGÖ werde durch finanzielle Zuwendungen eigentlich vom Ausland gesteuert. Anas Schakfeh war die Unabhängigkeit so kostbar, dass er diese mit Finanznot erkaufte. Einzig bei klar abgesteckten Projekten (der islamische Friedhof beispielsweise) nahm er Spendengelder an, wobei klar war, dass damit keinerlei Verpflichtungen einhergingen. Von sich aus sprach er bei jeder Gelegenheit – auch wenn wir untereinander waren – vom Prinzip gegenseitiger Nichteinmischung. Dies wurde dann ein weiterer roter Faden für die Öffentlichkeitsarbeit, vor allem wenn „Reziprozität" im Raum stand, etwa wenn man im Diskurs Einschränkungen in der Religionsfreiheit für Musliminnen und Muslime so zu rechtfertigen suchte, dass im Land x oder y ja Christen benachteiligt würden. Ihm war wichtig, hinter Religionsfreiheit als Menschenrecht bedingungslos zu stehen und hier auch eine deutliche Sprache angesichts von Missständen zu sprechen, sich gleichzeitig aber vor einer Art „Sippenhaftung" zu verwahren. Ganz staatsmännisch sprach er also von der gegenseitigen Nicht-Einmischung und machte diplomatisch klar, dass man von der IGGÖ nicht erwarten könne, direkten Einfluss auf die Politik eines Staates mit mehrheitlich muslimischer Bevölkerung zu nehmen und umgekehrt von diesen auch nicht zu irgendetwas genötigt werden würde.

Bei dieser denkwürdigen ersten Besprechung entstand die Idee, sich mit einem Schreiben an den Bundespräsidenten zu wenden, um der Besorgnis angesichts des sich verschlechternden gesellschaftlichen Klimas gegen Musliminnen und Muslime Ausdruck zu verleihen. Dies war das erste Mal, dass ich für die Islamische Glaubensgemeinschaft einen Text entwarf. Auch hier gab es mit einem ausführlichen Antwortschreiben aus der Präsidentschaftskanzlei, gezeichnet von Bundespräsident Klestil eine erfreuliche und ermutigende Resonanz.

Frauen in den Gremien der Islamischen Glaubensgemeinschaft

Im Jahre 2000 standen Wahlen zur Religionsgemeinde Wien, Niederösterreich und Burgenland an. Damals waren diese Bundesländer noch gemeinschaftlich organisiert. Einige Wochen davor deponierte Anas Schakfeh bei uns, dass wir Frauen zur Kandidatur stellen sollten. Es sei endlich an der Zeit, dass Frauen in die Gremien der IGGÖ einzögen. Ähnlich wie bei seiner Vorliebe für das säkulare österreichische Kooperationsmodell, was den Status und das Wirken der Islamischen Glaubensgemeinschaft betrifft, merkte man ihm an, dass hier keinerlei zeitgeistiges Kalkül dahinterstand, um „gut dazustehen". Es war seine echte Überzeugung, dass Frauen endlich auch sichtbar und an höchster Stelle mitwirken sollten. Zu einem Zeitpunkt, als gendergerechte Sprache sich erst langsam durchsetzte, fiel er bei öffentlichen Reden durch konsequentes Verwenden auch eines weiblichen Plural auf. Gegen Ende seiner Präsidentschaft sollte er auch offen sagen: „Mein Team ist weiblich." Gesamtgesellschaftlich wie innermuslimisch ist dies auch heute noch alles andere als selbstverständlich.

Damals schien es mir zwar eine faszinierende Möglichkeit zu sein, innerhalb der Islamischen Glaubensgemeinschaft eine Funktion zu bekleiden. Trotzdem war ich zunächst gar nicht so sicher, ob ich das wirklich wollte. Denn als kleine NGO hatten wir uns langsam einen guten Namen gemacht. Ich stellte es mir viel leichter vor, in diesem Rahmen weiter tätig zu sein und dabei große Autonomie zu genießen, als die Verantwortung zu übernehmen, für eine Organisation mit keinem geringeren Anspruch als die Vertretung der religiösen Belange der Musliminnen und Muslime zu sein, geradezustehen. Da die Wellenlänge mit Anas Schakfeh aber passte, entschloss ich mich dann doch, als eine der ersten beiden Frauen eine Funktion zu übernehmen. Bei der Wahl, die in einer bosnischen Moschee im 10. Bezirk durchgeführt wurde, spürte ich einige erstaunte Blicke. Ein salafitischer Imam sprach es dann gegenüber meinem Mann aus – bei allem Respekt hätten Frauen als Führungspersonen nichts verloren.

Es war nicht das einzige Mal, dass eine solche Meinung laut wurde. Ein anderer bekannter Imam richtete mir bemüht wohlwollend aus, dass ich mich doch besser nicht der Öffentlichkeit aussetzen sollte. Meine Gedanken und Ideen könnte ich ja alle meinem Mann mitteilen, der diese dann weitertransportieren würde. Dahinter steckt ein gar nicht einmal bös gemeinter Schutzgedanke, der in patriarchalen Strukturen allgemein verbreitet ist. Vielleicht kam der Imam sich sogar sehr gerecht und frauenfreundlich vor, weil er mein intellektuelles Vermögen ja eindeutig würdigte.

Mir wäre diese Art der freiwilligen Selbstzurücknahme lächerlich vorgekommen, ebenso wie meinem Mann. Nach vielen Jahren vielfältigster Erfahrungen im Bemühen, Frauen ihren gleichberechtigten Platz zu sichern, ist mir heute noch viel bewusster, wie wichtig es ist, dass Männer kritisch reflektieren, wo kavaliershaftes

„Beschützen" der Frau in Bevormundung umschlägt. Auch das bekannte Zitat des Propheten Muhammad „Der beste von euch ist, der Frauen am besten behandelt" ist gewiss nicht so zu verstehen, dass Männer für Frauen entscheiden, was ihnen guttue. Frauen sind als selbständig denkende und eigenständig handelnde Akteurinnen zu respektieren. Sie handeln aktiv und werden nicht passiv behandelt. Das schließt aus, eine Art männliches Mandat anzunehmen, welches es Frauen „erspare", irgendwie zivilgesellschaftlich oder politisch aufzutreten, weil die Männer das für sie übernehmen könnten.

Anas Schakfeh sorgte dann dafür, muslimische Frauen sichtbar zu machen. Eine besondere Ehre war es, als einzige Frau unter den Religionsvertretern im Verfassungskonvent die Position der IGGÖ im November 2003 im Parlament vorzutragen (Vgl. http://www.konvent.gv.at/K/DE/KSITZ/KSITZ_00005/fnameorig_012803.html). Als Anas Schakfeh mir die Öffentlichkeitsarbeit übertrug, war es sogar für das nichtmuslimische Umfeld ungewohnt, dass dies klar bedeutete, zu allen Themen – und nicht nur solchen mit „Frauenbezug" – zu sprechen. Er selbst hat nie über mein Frausein und was dies für die Funktion bedeuten könnte mit mir gesprochen. Es war gar nicht nötig. Es ist auch nie vorgekommen, dass er Frauen in die oft typische „Zuarbeiterinnen-Rolle" gedrängt hätte. In der Logik des oben zitierten Imams ist es bis heute noch nicht überwunden, dass Frauen im Einklang mit den tradierten Rollenbildern zwar fleißig wichtige Grundlagenarbeit leisten und Weichenstellungen übernehmen – aber dann unsichtbar bleiben und die Männer die Lorbeeren einstreifen. Selbst in meiner Sprecherinnenrolle, wo er es leicht hätte einrichten können, dass ich als „seine" Sprecherin wahrgenommen worden wäre, war klar, dass es um das Transportieren von Stellungnahmen im Sinne der Musliminnen und Muslime in Österreich ging. Anas Schakfeh war so klug zu wissen, dass die Erfolge von Angehörigen seines Teams sein Erfolg sein würden, indem das Standing der Institution an sich gefestigt würde. Mit seiner reifen Persönlichkeit genoss er so viel natürliche Autorität, dass er jede Art von Personenkult um sich nicht nötig hatte – und umso stärker Eindruck machte.

Muslimisch und europäisch

Für Frauen durchlässige Organisationsstrukturen sind meist auch ein Gradmesser für partizipative, flache Hierarchien, die die Eigeninitiative und das persönliche Engagement im Team steigern. War es die schiere Notwendigkeit, ehrenamtlich tätige Personen zu finden oder eine bewusste Entscheidung? Kennzeichnend für die Präsidentschaft von Anas Schakfeh ist das Vertrauen, das er seinem Team entgegenbrachte und das ermutigend wirkte, sich durchaus mit eigenem Kopf einzusetzen.

Wichtig war in Bezug auf die Öffentlichkeitsarbeit eine Art Linie der Islamischen Glaubensgemeinschaft zu definieren und diese dann auch konsequent zu vertreten. Hierbei ging es auch um eine emotionale Ebene, die Vermittlung einer Grundstimmung: Ja, ich kann gleichzeitig muslimisch und europäisch sein! Lassen wir uns von Populisten und Spaltern nicht in die Irre führen! Gehen wir daran, angebliche Unvereinbarkeiten zwischen Islam und Westen genauer anzuschauen und diese gemeinsam aufzulösen! Hier liegt ein aufklärerischer Anspruch. Hannah Arendt trifft mit ihrer Definition eines Vorurteils gut, was auch uns beschäftigte: dass sich in jedem Vorurteil ein einmal gefälltes Urteil verbirgt, das ursprünglich einen ihm angemessenen legitimen Erfahrungshintergrund hatte (vgl. Arendt: Denken ohne Geländer. Texte und Briefe. München 2006). Damit musste im Dialog auch die Bereitschaft vorhanden sein, sich in das Gegenüber empathisch hineinversetzen zu können. Auch Selbstkritik ist vonnöten.

Es war schnell klar, dass Außendiskurse nicht von Innendiskursen zu trennen sind. Also war es ein Ziel, das Identitätsgefühl, sich zugleich muslimisch und österreichisch begreifen zu können, zu stärken, indem aktiv auch auf einer Inhaltsebene öffentlich diskutiert wurde, warum zum Beispiel Islam und Demokratie miteinander vereinbar sind. Oder sich in der ab 9/11 noch stärker präsenten Thematik des möglichen Gewaltpotentials von Religionen nicht allein auf der bequemen Position „Das ist Missbrauch!" auszuruhen, sondern möglichst genau auch theologisch nachzuweisen, warum dem so ist. Die europäischen Imamekonferenzen von 2003, 2005 (österreichisch), 2006 und 2010 legen davon am eindrücklichsten Zeugnis ab. Sie zeigen das Bemühen um ein selbstbewusstes muslimisches Selbstverständnis von „Islam in Europa". Die bis heute gültige Vision dahinter sieht darin viel mehr als Positionspapiere, die gegen die Behauptungen von angeblicher Nicht-Kompatibilität Islam – Westen starke und zitierfähige Argumente liefern. Hier geht es um nichts weniger als eine Verortung von Musliminnen und Muslimen in Europa, die Denkanstöße bis in globale Diskurse um den Islam und die Moderne bewirken können. Dass alle Texte über das BMEIA in mehrere Sprachen übersetzt und über österreichische Botschaften verbreitet wurden, zeigt, dass dies auch eine gemeinsame Vision war, typisch für das damalige politische Klima in Österreich.

Integration durch Partizipation

In engem Zusammenhang damit steht der Partizipationsgedanke, von dem wir damals sehr stark bewegt waren. Musliminnen und Muslime sollten sich viel stärker und sichtbarer in Österreich einbringen. Es ging dabei selbstverständlich um die legitime Verfolgung von Fragen der Religionsausübung und der öffentlichen Wahrnehmung. Viel mehr aber war die ehrliche Überzeugung wichtig, dass es letztlich um das Allgemeinwohl und sozialen Zusammenhalt in einer solidarischen Gemeinschaft geht.

Damals wurde die muslimische Minderheit vor allem in Debatten über „Integration" thematisiert. Wenn es gelänge, die gesellschaftliche Beteiligung so zu steigern, dass egal ob im beruflichen Sinne (vor allem Berufstätigkeit von Frauen) oder im gesellschaftlichen Diskurs (auch zivilgesellschaftlich, schon auf der Ebene der Elternvertretungen) eine neue Wahrnehmung von Musliminnen und Muslimen entsteht, eben als selbstverständlicher Teil der Gemeinschaft – dann wäre das eigentliche Ziel erreicht.

Als es darum ging, ein passendes Motto für die silberne Jubiläumsfeier der IGGÖ zu finden, war es „Integration durch Partizipation". Im Wiener Rathaus kamen am 6. Dezember 2004 die Spitzen der Gesellschaft zusammen. Ob Nationalratspräsident Andreas Khol, Bildungsministerin Gehrer oder Bürgermeister Häupl – in allen Reden zeigte sich die große Anerkennung für den Weg der IGGÖ. Der damalige Bundespräsident Heinz Fischer reflektierte zugleich, dass es auch in Österreich nicht nur Sonnenseiten gebe, sondern auch Spannungen und Vorurteile zwischen den Kulturen und Religionen. Deshalb sei es so wichtig, dass der Islamischen Glaubensgemeinschaft „Männer und Frauen vorstehen, die Augenmaß haben, auf deren Wort man sich verlassen kann, die Prinzipien hochhalten, die dazu geführt haben, dass wir heute zusammenkommen können." Die Festrede hielt die evangelische Theologin Susanne Heine, wichtige Wegbereiterin des muslimisch-christlichen Dialogs und Ehrenvorsitzende der Plattform Christen und Muslime, und betonte unter Applaus: „Eine Frau muss sagen können, ich bin österreichische Muslimin, ein Mann muss sagen können, ich bin muslimischer Österreicher" (Evangelische Kirche in Österreich 2004).

Dialogische Öffentlichkeitsarbeit

Gerade zu Beginn war es für mich hilfreich, an vielen der zahlreichen Termine teilzunehmen, die Anas Schakfeh mit Vertreter/innen der Kirchen und Religionsgesellschaften und diversen Entscheidungsträger/innen hatte. Nicht zu vergessen sind auch Botschaftsangehörige, denn vor allem nach 9/11 war der österreichische Weg im Umgang mit dem Islam für viele andere europäische Länder interessant. Dabei lernte ich viel mit und merkte gleichzeitig, wo ich mich weiterbilden wollte. Wenn Anas Schakfeh gerne die österreichischen Rechtsgrundlagen zitierte, dann schlug ich diese auch selbst nach und merkte rasch, dass der Reiz der Tätigkeit im ständigen Dazulernen lag, nicht nur in Bezug auf Religiöses, sondern viel umfassender in Richtung Recht, Soziologie, Philosophie, Geschichte oder Anthropologie. Gutes Zuhören galt aber vor allem den vielen verschiedenen Gesprächspartnern, die viele spannende Einsichten vermittelten. Ihre Fragen und auch Einschätzungen waren ein gutes Sprungbrett für eigenes Weiterdenken.

Sehr rasch wurden mir aber auch Termine übertragen, bei denen ich mehr oder weniger auf mich gestellt war. Es gab eine große Nachfrage, als Referentin bei diversen Gelegenheiten aufzutreten, vom Pfarrabend über Menschenrechtsorganisationen wie Amnesty International zu diversen Konferenzen und Symposien. Spannend waren vor allem Debatten, wo es um die Verfolgung von Interessen ging, etwa anlässlich des bundeseinheitlichen Tierschutzgesetzes, das 2004 verabschiedet wurde. Im Vorfeld ergab sich eine sehr enge jüdisch-muslimische Zusammenarbeit, um für das gemeinsame Anliegen von vernünftigen Regelungen in Bezug auf das Schächten einzutreten. Wir waren gemeinsam im Parlament, um mit Vertreter/innen der Parteien Hintergrundgespräche zu führen. Noch bevor das Gesetz in die Begutachtungsphase ging, hatten wir gemeinsam bereits einen tragfähigen Vorschlag zur Formulierung entwickelt, der so auch im Gesetz aufgenommen wurde.

Gerne erinnere ich mich auch an die Einladungen des BMEIA, an österreichischen Delegationen zu internationalen Konferenzen teilzunehmen. Es war eine Ehre, beim UN Minority Forum in Genf mehrfach zu sprechen oder beim ASEF (Asia Europe Foundation) Gipfel in Larnaca/Zypern im Sommer 2006, um nur zwei Beispiele zu nennen. Die Erfahrung auf Zypern war besonders interessant. Als „madam chair" moderierte ich eine Diskussion über Pressefreiheit, bei der es unter dem Eindruck der Karikaturenkrise stark um diese Thematik ging. Mir war es wichtig, alle Stimmen zu Wort kommen zu lassen und zwischendurch die einzelnen Positionen kurz zusammenzufassen – also auch jene eines Reporters von Jyllands Posten, just jener Zeitung, die die Muhammad-Karikaturen abgedruckt hatte. Das sagte wahrscheinlich mehr als jeder Artikel aus (Baghajati 2006). Jedenfalls ergaben sich viele Folgegespräche und bleibende gute Kontakte.

In der eigentlichen Medienarbeit war es die größte Herausforderung, zwar ehrenamtlich zu arbeiten, aber möglichst mit der gleichen Qualität, als wäre es eine volle bezahlte Stelle. Manchmal half der Zufall, gerade vor Ort im Büro zu sein, wenn am Festnetz (Mobiltelefone setzten sich erst langsam durch) ein wichtiger Anruf einging. So geschah dies, als wir 2001 die Aussage des Europaabgeordneten „Den Harem nicht nach Europa holen" kritisierten (APA 2001). Hubert Pirker rief persönlich an, um die Sache aufzuklären, und ich war froh, gerade in der Bernardgasse zu sein.

Wir suchten uns also immer dann konstruktiv zu Wort zu melden, wenn dies sinnvoll erschien. Dabei ging es uns nicht nur um Reaktion auf aktuelle Ereignisse, sondern wir suchten auch von uns aus bei passender Gelegenheit Informationen zu muslimischer Praxis unaufdringlich weiterzugeben. Es entstanden Fragenkataloge zum Ramadan, zum Opferfest und der Hadsch und ein Papier zum Kopftuchtragen, die auch sehr gut angenommen wurden. Vor allem die ORF Religionsabteilung griff die Inhalte gerne auf, und es entstand eine sehr gute Beziehung zu vielen Redakteurinnen und Redakteuren. Seriöse Information – ohne Dinge schönzufärben – und die Pflege persönlicher Kontakte und Begegnungen waren Grundpfeiler der Arbeit. Dies half ganz entscheidend mit, in der Phase nach 9/11 schon bekannt zu sein und damit bereits sofort nach den Attentaten, ja sogar, während diese noch im Gang waren, um Stellungnahmen gebeten zu werden.

Schnelligkeit war entscheidend. Wenn wir etwas Schriftliches herausgeben wollten, verfasste ich den Text und rief dann Anas Schakfeh an, dessen Telefonnummer ich bis heute noch auswendig weiß. Er war sehr feinfühlig, was das Treffen des richtigen Tons betrifft, also nicht nur einen Inhalt hinüberzubringen, sondern auch ein Gefühl oder eine Haltung, die wir erfahrbar machen wollten. Im Zusammenhang mit den Anschlägen war dies besonders wichtig, aber galt auch sonst, weil es oft um emotionale Themen ging. Ich las den Text also langsam vor und konnte ihn dabei auch selbst nochmals „testen". Dann finalisierten wir ihn gemeinsam.

Die Situation nach 9/11 war herausfordernd und erforderte viel Kraft. Aber sie war auch getragen von journalistischem und politischem Verantwortungsbewusstsein, nun nicht pauschal alle Musliminnen und Muslime unter Generalverdacht zu stellen. Das ermöglichte viele Beiträge, die von einem echten Dialog- und Aufklärungsgedanken bestimmt waren. In dieser Zeit bauten wir auch eine eigene Homepage auf und stellten viele der entstehenden Texte online. Somit war für alle, die sich auch inhaltlich zum Islam informieren wollten, eine Auskunftsquelle vorhanden. Das wurde von vielen Dialogpartnern, nicht zuletzt aus dem Schulbereich, geschätzt.

Emotional belastend und schwierig wurde es, als gewalttätige Anschläge immer mehr in Europa verübt wurden und immer wieder Verurteilungen zu schreiben waren. Mir war es wichtig, dass dies nicht formelhafte Floskeln wurden, besonders im Gedenken der Opfer, die es verdienten, dass man ihrer immer ganz individuell gedachte und die menschlichen Schicksale hinter jedem Anschlag ins Gedächtnis rief. Trotzdem mussten die Presseaussendungen rasch versandt werden. Denn wenn man nicht Position bezog, dann wäre dies leicht gegen einen verwendet worden und hätte – egal wie oft man Gewalt zuvor schon verurteilt hatte – den Vorwurf mit sich bringen können, die Täter decken zu wollen.

Vor nunmehr zwanzig Jahren stand die Digitalisierung noch in den Anfängen. Für uns war es großartig, per E-Mail mit einem Klick viele Adressaten gleichzeitig erreichen zu können. Dieser persönliche Stil kam auch gut an. Er ersparte uns ots-Aussendungen. Gleichzeitig konnte ich viel über gute Medienarbeit durch Erfahrung lernen, weil ich an der Übernahme in Print, Funk und Fernsehen ja merkte, ob etwas Nachrichtenwert hatte oder als wichtiger Debattenbeitrag empfunden wurde. Bevor Facebook, Twitter und Co. die Öffentlichkeitsarbeit nachhaltig verändern sollten, war es Zeichen des Erfolges öffentlicher Präsenz schlechthin, im ORF berücksichtigt zu werden oder in einem der anderen großen österreichischen Medien, wobei sich in der Regel Dynamiken ergaben, dass Wichtiges von anderen übernommen wurde. Dies galt für den Außen- wie den Innendiskurs. Oft hatte ich sogar den Eindruck, dass Musliminnen und Muslime darauf warteten, von „ihrer" IGGÖ etwas in den Medien zu finden. Besonders wichtig waren mir muslimische Stimmen von Personen, die ich persönlich zuvor gar nicht gekannt hatte und die mich einfach so in der Öffentlichkeit ansprachen oder auch gezielt kontaktierten. Da wurde oft große Erleichterung laut, sich in unseren Stellungnahmen wiederfinden zu können und die Wirkung im persönlichen Leben zu spüren. Das persönliche Empowerment wurde zum Ausdruck gebracht und auch die Erleichterung, wenn zum Beispiel Arbeitskollegen anerkennend von einem Medienbeitrag sprachen und sich ein weiteres Gespräch über Religion und vor allem Menschlichkeit entwickelte.

Gegenwind

Wer sich exponiert, muss auch bereit sein, nicht nur freundliche und anerkennende Reaktionen zu erhalten. Per E-Mail und Post erhielten wir regelmäßig Hassbotschaften, teilweise auch sexistisch gefärbt. Was uns mit Sorge erfüllte, waren Netzwerke, die es sich zum Ziel gemacht hatten, ihre Behauptungen immer mehr in den Mainstream zu bringen. Einige Begrifflichkeiten drangen tatsächlich zunehmend in den Diskurs ein: „Islamisierung" zum Beispiel, als sei allein sichtbare muslimische Präsenz ein Angriff auf das „christlich-jüdische Abendland". Bedenklich fanden wir auch die Konjunktur für ideologisch gefärbte „Islamexperten", die zum Beispiel vorgeblich „wissenschaftlich" begründeten, Musliminnen und Muslimen dürfe man ohnehin nie trauen, weil es theologisch eine Art Lizenz zum Lügen gebe. Damit wäre jede Art von geistiger Auseinandersetzung blockiert. Wir hatten es also verstärkt mit raffinierten islamfeindlichen Kniffen zu tun, den Raum für eine ehrliche Debattenkultur zu verengen und Misstrauen zu verstärken. Das Wort „Islamfeindlichkeit" war schwer neben etablierten Ausdrücken wie „Fremdenfeindlichkeit" oder „Antisemitismus" zu etablieren, selbst als auf den Mauern des ehemaligen KZ Mauthausen 2009 Schmierereien auftauchten: „Was unsren Vätern war der Jud ist uns die Moslembrut. 3. Weltkrieg, 8. Kreuzzug", nannte dies in der Politik niemand beim Namen (Bunzl/Hafez 2009: 7). Besonders perfide wurde es, wenn man als Totschlagargument behauptete, das Benennen islamfeindlicher Phänomene sei ein Trick, um sich „in die Opferrolle" zu begeben.

Parallel schwappten Diskussionen wie etwa in der Schweiz zur Einschränkung muslimischer Sichtbarkeit nach Österreich über. Auch hierzulande wurde über das muslimische Kopftuchtragen oder über Minarettverbote diskutiert. Einige Bundesländer verunmöglichten Minarette de facto über die Bauordnung (Vorarlberg im Juni 2008, Kärnten im Dezember 2008) (Potz/Hafez 2009). Anas Schakfeh ließ sich hiervon nicht einschüchtern, sondern blieb bei seinem Weg, religiöse Bedürfnisse klar und offen zu kommunizieren und Debatten somit auch selbst mitzugestalten. Ein APA Interview im Sommer 2010, bei dem er sich „eine Moschee für jede Landeshauptstadt" wünschte, löste teilweise heftige Reaktionen aus (ORF 2010). Damals hatte er schon seinen Rückzug bekanntgegeben, was anlässlich eines Empfangs bei Bundespräsident Fischer 2007 geschehen und auch für sein nähestes Umfeld eine Überraschung war. Zu einer geordneten Übergabe wurde aber noch an einer Verfassungsreform und verbessertem, partizipativerem Wahlmodus gearbeitet. Kenner der IGGÖ hatten damals in seinem Vorstoß die Vision stärkerer Religionsgemeinden gesehen, die als ein Zeichen von „Islam in Österreich" die Grenzen verbandsmäßiger und damit eher ethnischer Zugehörigkeiten weiter überwinden würden (Vogl 2010).

Es gab aber auch Momente, in denen Anas Schakfehs eingangs zitiertes „Vertrauen in den Rechtsstaat" sich bestätigte. Als Susanne Winter im Zuge des Grazer Wahlkampfes zu Beginn des Jahres 2008 mit der Rede von Muslimen als einem „Einwanderungstsunami" provozierte und Schmähreden über den Propheten Muhammad führte, wurde dies nicht still ignoriert. Auch wenn es Sonntag war, sprachen wir telefonisch wie auch sonst bewährt unsere Stellungnahme ab und versandten sie sofort. Der ORF gab uns in einem Interview im Morgenjournal des darauffolgenden Tages die Möglichkeit zur unmittelbaren Stellungnahme. Und wieder einmal gelang es, dass auch gewichtige Stimmen der Politik und der Religionsgemeinschaften, vor allem der evangelische Bischof Bünker, sich solidarisch anschlossen (vgl. https://religionv1.orf.at/projekt03/news/0801/ne080114_winter_iggoe.htm, letzter Zugriff: 07.08.2022). Schließlich kam es zu einer rechtskräftigen Verurteilung wegen Verhetzung.

Zurück zu den Ausgangsfragen ...

Eingangs wurden Fragen aufgeworfen, die vor allem darauf zielten, aus der Amtszeit von Anas Schakfeh Folgerungen für die heutige Situation der Musliminnen und Muslime in Österreich ziehen zu können. In der Öffentlichkeitsarbeit hat sich mit den so genannten sozialen Medien zwar die Möglichkeit der Verbreitung von Diskursen ergeben, allerdings besteht damit auch die Gefahr, dass das Phänomen selektiver Wahrnehmung, das wir vor zwanzig, ja sogar vor zehn Jahren noch eher als allgemeines Problem gesehen hatten, nicht durch Denkanstöße aus der eigenen Weltsicht gerissen zu werden, eine ganz neue Dimension angenommen hat. Wer möchte, kann ganz kommod in seiner eigenen Blase leben und sich in seinen Meinungen aus der eigenen Gruppe Bestätigung holen.

Das macht es schon rein technisch schwieriger, das zu leisten, was damals ein erklärtes Ziel war: ehrliche Debatten so zu führen, dass am Ende für alle – muslimisch wie nicht-muslimisch – ein Erkenntnisgewinn möglich wird. Damals bedeutete Medienarbeit vor allem die Präsenz in Print, TV und Radio. Es war beabsichtigt, dabei aus der Komfortzone herauszugehen und auch einmal in ein kultiviertes Streitgespräch verwickelt zu werden. Ich erinnere mich besonders an die auf Medieneinladung zustande gekommenen „Duelle" mit Jörg Haider und Heinz Christian Strache. Da ging es weniger ums Thema „Islam", sondern mehr um das gute Zusammenleben in einer pluralen Gesellschaft und wurde darum mit Sympathie von vielen auch außerhalb der muslimischen Community verfolgt, denen identitäre rechts-rechte Politik suspekt war. Das fehlt mir heute.

Anas Schakfeh war konfrontiert mit der kritischen Frage, wie repräsentativ die IGGÖ für Musliminnen und Muslime in Österreich sei (siehe den Beitrag von Hafez in diesem Sammelband). Dahinter stand aber auch große Anerkennung für die von ihm vertretenen Positionen und seine Vision, also eher ein Zweifeln in Richtung „zu schön, um wahr zu sein?". In der rückblickenden Reflexion dieses kritischen Punktes tritt mir die verfolgte Strategie, in der Öffentlichkeitsarbeit Innen- und Außendiskurse zusammenzubringen, noch deutlicher vor Augen. Uns war bewusst, dass das, was wir da betrieben, ein Prozess ist – den wir aber energisch anstoßen und befördern wollten. Es tat weh, wenn es auch Momente gab, wo deutlich wurde, dass wir uns auf einem Weg befanden und ehrlicherweise nicht behaupten konnten, dass jeder Muslim und jede Muslimin in Österreich sich so verhielt, als wären sie eine Gestalt gewordene Version der Abschlussdokumente der Imamekonferenzen.

Noch in der Zeit von Anas Schakfeh fand allerdings auch eine sehr nachhaltige Akzentuierung für den Bildungsbereich statt. Hier liegt selbstverständlich ein Schlüssel, das Bewusstsein für die Vereinbarkeit von Islam und Europa zu fördern. Vor allem der Religionsunterricht hat sich seither entscheidend weiterentwickelt, was ausführlicher darzustellen hier leider den Rahmen sprengen würde. Interessant wäre eine Darstellung vor allem des Potentials für innermuslimische Auseinandersetzung, denn dass es medial eines ständigen nicht einfachen Spagats bedürfte, wurde hier analysiert. Der Religionsunterricht im säkularen schulischen Bereich bietet hier wichtige Chancen.

Georg Ferdinand Salesny hat 2016 an der Universität Wien eine Diplomarbeit zur Erreichung des Mastergrades vorgelegt, in der er sich mit muslimischen Positionen zum säkularen Rechtsstaat am Beispiel der Islamischen Glaubensgemeinschaft beschäftigt. In seinem Vergleich der einzelnen Dokumente fallen ihm immer wieder Punkte auf, die noch tiefer zu verfolgen wären. Er erkennt dabei aber auch die Problematik von zwei Adressaten, der (nicht muslimischen) Mehrheitsgesellschaft und den Muslimen selbst und führt manche „Unklarheiten in einzelnen Formulierungen" darauf zurück, um abschließend anzuerkennen, dass es gelungen sei, wichtige Impulse für die Ausarbeitung und weitere Verankerung von muslimischer und zugleich spezifisch europäischer Identität zu liefern. (Vgl. Salesny: Muslimische Positionen zum säkularen Rechtsstaat am Beispiel der Islamischen Glaubensgemeinschaft in Österreich [IGGiÖ]. Diplomarbeit Universität Wien 2016, S. 74.)

Erst nach der Ära von Anas Schakfeh wandelten sich Islamdiskurse noch stärker zu Sicherheitsdiskuren, was sich schließlich auch in der Art niederschlug, wie mit der Novellierung des Islamgesetzes 2015 umgegangen wurde. In diesem Klima kamen viele bei ihm schon zur Tradition gewordene Errungenschaften zum Erliegen. Es gab keine Empfänge mehr im Bundeskanzleramt zu islamischen Feiertagen, die Projektarbeit wie Dialog- und Frauenbeauftragtenschulungen mit dem BMEIA schlief ein und diverse Unzufriedenheiten mit politischen Ansagen und Entscheidungen brachten zusätzliche Spannungen.

In den letzten Monaten mit geänderten politischen Rahmenbedingungen durch die Besinnung der ÖVP auf ihre „schwarzen" Wurzeln mehren sich die Anzeichen, diese Phase könnte überwunden werden. Der Dialog mit diversen Institutionen nimmt wieder an Fahrt auf. Somit scheint es auch ein günstiger Zeitpunkt zu sein, sich der großen und auch lange vor Anas Schakfeh gepflegten Tradition österreichischen Umgangs mit dem Islam zu erinnern, denken wir etwa an die von Maria Theresia begründete Orient Akademie oder das Wirken eines Joseph von Hammer Purgstall zurück. In einem solchen Klima ließe sich die überfällige Fortsetzung der geistigen Arbeit der Imamekonferenzen angehen. Neue Herausforderungen sind hinzugekommen – Bewusstsein für die Notwendigkeit des Klimaschutzes, neue Flüchtlingsbewegungen, neu hinzugekommene muslimische Communities wie jene der Tschetschenen, Somalis und Afghanen, Krieg in der Ukraine bei nach wie vor unbefriedeten Krisenherden andernorts und nicht zuletzt auch die Corona-Krise, die die Gesellschaft zu spalten drohte.

Unter Anas Schakfeh waren gesellschaftliche Fragen immer auch ein Auftrag, sich von muslimischer Seite konstruktiv einzubringen. Dieser Geist wird auch heute zur Förderung des sozialen Zusammenhalts gebraucht.

Literatur

APA: „Kein ‚Harem nach Europa'. EVP-Sprecher Pirker und die Zuwanderungspläne der europäischen Konservativen", in: Der Standard, 20. Jänner 2001, https://www.derstandard.at/story/450566/kein-harem-nach-europa?ref=loginwall_articleredirect, letzter Zugriff: 06.08.2022.

Baghajati, Carla Amina: Freedom of speech and hate speech, 2006, in: European Centre on Racism and Xenophobia (EUMC) (Hg.): Equal Voices. Issue 18, S. 26 ff., vgl. https://fra.europa.eu/sites/default/files/fra_uploads/8-ev18en.pdf, letzter Zugriff: 10.08.2022.

Bohnet, Heidi/Stadler, Klaus (Hg.): Arendt, Hannah: Denken ohne Geländer, Texte und Briefe, München 2006, S. 55.

Bunzl, John/Hafez, Farid:. Ein interdisziplinärer Sammelband zum stereotypen Umgang mit dem Islam/den MuslimInnen in Österreich, in: Bunzl, John/Hafez, Farid (Hg.): Islamophobie in Österreich, Bozen/Innsbruck/Wien 2009, S. 7–12.

Evangelische Kirche in Österreich: 25 Jahre islamische Glaubensgemeinschaft in Österreich, Homepage 07.12.2004, https://evang.at/25-jahre-islamische-glaubensgemeinschaft-in-oesterreich/, letzter Zugriff: 10.08.2022.

Hafez, Farid/Potz, Richard Potz: Moscheebau- und Minarettverbote in Österreich, in: Bunzl, John/Hafez, Farid (Hg.): Islamophobie in Österreich, Bozen/Innsbruck/Wien 2009, S. 143–155.

ORF: Empörung nach FPÖ Angriffen auf den Islam, 2008, https://religionv1.orf.at/projekt03/news/0801/ne080114_winter_iggoe.htm, letzter Zugriff: 10.08.2022.

Österreich Konvent: Tonbandmitschrift der 4. Sitzung vom 21.11.2003, http://www.konvent.gv.at/K/DE/KSITZ/KSITZ_00005/fnameorig_012803.html, letzter Zugriff: 10.08.2022.

ORF: Schakfeh. Moschee für jede Landeshauptstadt, 2010. https://oe1.orf.at/artikel/255379/Schakfeh-Moschee-fuer-jede-Landeshauptstadt, letzter Zugriff 10.08.2022.

Salesny, Georg Ferdinand: Muslimische Positionen zum säkularen Rechtsstaat am Beispiel der Islamischen Glaubensgemeinschaft in Österreich (IGGiÖ), Diplomarbeit an der Universität Wien 2016.

Vogl, Verena: Eine Moschee für jede Landeshauptstadt, in: Die Furche, 25. August 2020, https://www.furche.at/religion/eine-moschee-fuer-jede-landeshauptstadt-1316298, letzter Zugriff: 19.12.2022.

Omar Al-Rawi

Von der Regionalliga in die Champions League

Vorspann

Die zweite Hälfte der 1990er-Jahre war in Europa von dem Aufstieg des Rechtspopulismus gekennzeichnet und auch in Österreich war dies deutlich zu spüren. Die Freiheitliche Partei Österreichs (FPÖ) unter Jörg Haider verzeichnete nach jeder Wahl einen kräftigen Zuwachs. Im Fokus ihrer Politik stand ein neuer Sündenbock. Waren es anfangs generell die Ausländer*innen und Zuwanderer*innen, kristallisierte sich später heraus, dass mit „Fremden" die Musliminnen und Muslime gemeint sind. Als Ewald Stadler von der Verankerung des Begriffes des *Wehrhaften Christentums* im Partei-Statut sprach, ahnten nur Wenige, dass damit indirekt der Islam gemeint war. Und als Richard Lugner bei seiner Nationalratskandidatur relativ erfolgreich war und sich daher ermutigt fühlte, als Liste DU (die Unabhängigen) zu den Nationalratswahlen 1999 zu kandidieren, war die Nervosität der FPÖ merklich spürbar. Peter Westenthaler quittierte diese Entscheidung mit dem Verweis auf Lugner als Bauunternehmer, der die Moschee am Hubertusdamm errichtet hat. Es sei keine Ansage für freiheitliche Wähler, jemanden zu wählen, der in Wien eine Moschee gebaut habe, meinte Westenthaler. Spätestens hier war klar, wie die Politik der FPÖ über Jahrzehnte ausschauen würde. Ihr Erfolgsrezept, um Wahlen zu gewinnen, war das Schüren und Bedienen von Ressentiments gegen Musliminnen und Muslime. Islamophobie bzw. Islamfeindlichkeit wurde zum Programm, das mehr als 17 Jahre später von der ÖVP leider übernommen und perfektioniert wurde.

Mich und viele Freund*innen haben damals zwei Sachen alarmiert:

Erstens, dass Islamophobie zum Programm wurde, und weiters, dass die Aussage Peter Westenthalers zu keinen nennenswerten Reaktionen führte. Kein Politiker und kein Medium skandalisierte sein Statement, das lediglich als Seitenhieb auf Lugner gelesen wurde. Die Musliminnen und Muslime spielten bei dieser Aussage keine Rolle.

Es war dies der Auslöser, dass ich und mehrere Freund*innen beschlossen, dass eine starke muslimische Stimme vonnöten sei, die diesen Entwicklungen etwas entgegensetzen und politisch aktiv werden müsste. Die Islamische Glaubensgemeinschaft (IGGÖ), eine anerkannte Körperschaft des öffentlichen Rechtes, war so eine Institution, die diese Rolle übernehmen könnte.

Besuch bei Schakfeh

Ein kurzerhand arrangiertes Gespräch zwischen dem erwähnten Freundeskreis und dem damaligen Präsidenten der IGGÖ fand in den Räumen dieser Institution statt. Professor Anas Schakfeh empfing uns in seinem Büro. Wir traten in einen Raum ein, der durch elegante orientalische Möblierung aus Ägypten ein Blickfang war und ein Gefühl von Heimat erzeugte. Ein prächtiger roter Teppich, der den Raum zierte, strahlte Wärme aus. Wir fühlten uns sofort willkommen.

Begleitet wurde ich von meinen Freunden Mouddar Khouja, einem IT-Ingenieur, der in Folge jahrelang persönlicher Referent des Präsidenten war und später Generalsekretär der Österreichisch Arabischen Handelskammer wurde, und Tarafa Baghajati, ein Bauingenieur und Menschenrechtsaktivist. Keiner von uns ahnte auch im Geringsten, was sich aus diesem Besuch in Spätfolge alles entwickeln würde, eine jahrelange tiefe Freundschaft und Kooperation gegenseitigen Respekts und Hochachtung. Ich erinnere mich noch an mein Eingangsstatement, wonach wir nicht gekommen waren, um einen Job zu ergattern, und es auch nicht unsere Intention war, eine Funktion oder ein Amt zu erhalten. Wir waren hier, weil wir tiefe Sorge hatten, wie sich die politische Lage entwickelte und wir wollten uns anbieten, um zu helfen, wo wir nur konnten. Seine Reaktion war ein warmes freundliches Lächeln.

Er stand von seinem Schreibtisch auf und setzte sich zu uns. Mit wenigen Worten entspannte er die Situation und signalisierte Offenheit, als hätten wir uns seit Jahren gekannt. Er meinte, es wäre traurig, wenn ihn Muslime nur aus den zwei erwähnten Gründen besuchen würden: Jobs oder Funktionen. Er hörte zu, als wir von unseren Sorgen und Analysen berichteten, und stellte seine Sicht der Dinge dar. Mein Eindruck war, dass vor mir ein weiser erfahrener Kapitän saß, dem bewusst war, wie ernst die Lage war, aber auch welche Verantwortung er trug.

Er sagte zu uns: „Ich trage Verantwortung für alle Muslime in diesem Land. Nicht nur für die Religiösen und Praktizierenden, sondern auch für diejenigen, die sich als säkular identifizieren würden. Ich weiß, ich muss mich politisch äußern, aber ich muss auch jede Aussage abwiegen. Denn höchstwahrscheinlich sitzen die Freiheitlichen in der nächsten Regierung. Und ob ich will oder nicht, werde ich als Institution mit ihnen verhandeln müssen."

Die Jahre der Zusammenarbeit mit ihm haben allerdings gezeigt, dass er ein standhafter, mutiger Mensch ist. Er hat sich für die Rechte seiner Gemeinschaft unermüdlich eingesetzt und nie seine Prinzipien verraten. Aber er war auch klug und ein Diplomat, belesen und historisch firm. Er hatte einen trockenen Humor, beherrschte die deutsche Sprache perfekt und sein Auftritt vermittelte Ruhe und Gelassenheit, was oft zur Entspannung der Situation führte.

Jeder und jedem, der mitarbeiten wollte, öffnete er die Türe – ob es nun die Initiative muslimischer ÖsterreicherInnen oder die Muslimische Jugend Österreich war.

Mich hat fasziniert, dass er mit Selbstvertrauen gesegnet war. Nie hat er den Eindruck vermittelt, dass er seine Position durch irgendwelche neuen Aktivistinnen oder Aktivisten gefährdet sah. Anas Schakfeh war niemanden seinen Erfolg neidig und ärgerte sich nie, wenn andere medial in der Öffentlichkeit standen, sondern freute sich mit ihnen. Er war ein echter väterlicher Freund.

Wenn man danebengegriffen hat, bewahrte er Ruhe. In meiner mehr als 10-jährigen Tätigkeit als Integrationsbeauftragter der IGGÖ (dazu später unten mehr), hat er mich nie gescholten oder zurechtgewiesen, obwohl ich oft von Emotion getrieben scharf formuliert hatte und mir Fehler unterliefen. Die Reaktion war immer: „Wie machen wir jetzt das Beste daraus?" und nicht etwa Tadel oder Vorwürfe. Es entwickelte sich eine Loyalität und blindes Vertrauen.

Zwischen uns herrschte eine unausgesprochene Taktik: Ich gab ein Statement ab und wir warteten die Reaktionen darauf ab. Präsident Schakfeh äußerte sich dann einen Tag später dazu. Keiner war dem Anderen böse oder fühlte sich beleidigt. Es ging stets um die Sache. So konnten viele Menschen ihre Projekte durchführen und ihre Anliegen mit seiner Hilfe durchsetzen. Er hat vielen seine Schirmherrschaft zur Verfügung gestellt. Dies ermöglichte sehr vielen einen Erfolg, wie die nächsten Beispiele zeigen.

Sanktionen gegen Österreich

Der Eintritt der FPÖ in die Regierung löste in Europa eine Welle der Empörung aus. Die Reaktion der EU waren Sanktionen gegen Österreich. Dies stellte eine noch nie dagewesene Reaktion dar und im Endeffekt wollten beide Seiten aus dieser Misere raus. Der Ausweg schien gegeben, um die Sanktionen zu beenden: Ein Weisenbericht sollte erstellt und die politische Lage in Österreich beurteilt werden. Mit der Erstellung des Berichtes wurden der frühere finnische Staatspräsident Martti Ahtisaari, der deutsche Völkerrechter Jochen Frowein und der frühere spanische Außenminister und EU-Kommissar Marcelino Oreja beauftragt. Es schien allen sicher, dass die EU eine Exit-Strategie anwenden würde, um die Maßnahmen gegen Österreich zu beenden. Aus den Medien erfuhr man, dass die drei Weisen nach Österreich kommen würden. Sie würden viele, die in Österreich politisch und zivilgesellschaftlich relevant waren bzw. die von der Situation Betroffenen, treffen. Medial wurde kolportiert, dass alle Parteien angehört werden sowie die Gewerkschaft, Arbeiterkammer, Wirtschaftskammer, Richter, Katholische und Evangelische Kirche sowie die Israelitische Kultusgemeinde. Mit anderen Worten: die Regierung und Opposition sowie die Sozialpartnerschaft und Religionsgemeinschaften. Nur die Islamische Glaubensgemeinschaft war nicht auf dem Programm und dies trotz des islamfeindlichen Wahlkampf der Freiheitlichen. Ich habe sofort mit Präsident Schakfeh telefoniert und mich vergewissert, ob wir tatsächlich nicht inkludiert waren. Er bestätigte dies. Auf meine Frage, ob ich alle Hebel in seinem Namen in Bewegung setzen durfte, damit wir auch angehört werden, antwortete er eindeutig mit Ja. Daraufhin war mein erster Versuch, mit dem Bundekanzleramt zu telefonieren und uns mit Protest hinein zu reklamieren. Die unbefriedigende Antwort lautete, sie hätten das Programm nicht erstellt und es sei Sache der Europäischen Union. Der nächste Versuch ging damit in Richtung EU-Vertretung in Wien mit gleicher Vehemenz und Forderung. Die Antwort lautete erneut, dass sie nicht involviert seien, und ich doch das Büro von dem früheren finnischen Staatspräsidenten Martti Ahtisaari in Helsinki kontaktieren solle.

Dort entschuldigte man sich, dass er bereits vereist war. Nächstes Mal seien wir mit Sicherheit dabei, lautete der Trost. Mir war klar, dass es kein nächstes Mal geben würde und unsere Position im Bericht unbedingt berücksichtigt sein müsste. Ich gab nicht auf und betrieb weiterhin Lobbying, bis ich schließlich einen Anruf von den Grünen erhielt. Parteichef Alexander van der Bellen bot uns Muslim*innen und der afrikanischen Community an, unsere Anliegen vorzubringen und dass ich vorbeischauen möge, um dies mit ihm zu besprechen. Ich nahm diese Einladung dankbar an und traf mich mit ihm in seinem Büro im Parlamentsklub. Während ich dem jetzigen Bundespräsidenten meine Sicht der Dinge erklärte, kam eine Mitarbeiterin herein und fragte nach, ob ein Omar Al-Rawi im Raum sei.

Ich bejahte überrascht, worauf hin ich gebeten wurde, sie zu begleiten, da das Bundeskanzleramt mich dringend suchte. Meine Gedanken kreisten um die Frage, wie das Bundekanzleramt wissen konnte, dass ich im Klub der Grünen war, um mich mit Van der Bellen zu treffen? Werde ich etwa vom Verfassungsschutz beobachtet? Als ich zum Hörer griff, war auf der anderen Seite der Leitung Ursula Plassnik, damals noch Kabinettschefin von Bundeskanzler Wolfgang Schüssel und später seine Außenministerin. Sie hatte nicht viel Zeit und war kurzangehalten. „Herr Al-Rawi! Sie haben den Termin. Die IGGÖ möge bitte am Sonntag um die Mittagszeit in das Hotel Imperial kommen. Sie sind die letzte Delegation, die von den Drei Waisen empfangen wird. Ich brauche jetzt gleich von Ihnen die Namen jener, die erscheinen werden." Auf meine Bitte, mir Zeit zu geben, um den Präsidenten zu informieren und zu fragen, wer kommen würde, erhielt ich die Antwort, dass es dazu keine Zeit mehr gäbe. Sie müsse sofort das Programm und die Personen festlegen, da die Treffen schon am nächsten Tag beginnen würden. Daraufhin nannte ich drei Namen mit der Überzeugung, im Namen und im Sinne von Präsident Anas Schakfeh zu handeln. Ich sagte, dass der Präsident persönlich kommen würde, Frau Amina Baghajati, die Medienbeauftragte der IGGÖ, und ich selbst. Daraufhin kam die Frage: „Und welche Funktion haben Sie Herr Al-Rawi?"

In diesem Moment bekam ich echten Stress und spürte einen Adrenalinstoß. Kurz entschlossen erfand ich eine Funktion, die ich für sehr wichtig hielt.

Ich sagte: „Ich bin der Integrationsbeauftragte der Islamischen Glaubensgemeinschaft in Österreich."

Nach dem Gespräch bedankte ich mich bei dem Grünen-Chef Alexander van der Bellen für seine Bereitschaft, die Anliegen der Musliminnen und Muslime vorzubringen, denn nun hatten wir unseren eigenen Termin. Aus dem Gebäude herausgetreten, rief ich Präsident Schakfeh an und informierte ihn über die Dynamik der letzten Stunde. Er war sichtlich erfreut und dankbar. Und meine neue Funktion, die ad hoc entstanden ist? Diese gefiel ihm und ich durfte die Aufgabe 12 Jahre lang ausüben und begleiten. Eine Position, die also aus der Not heraus erfunden wurde, sich aber im Laufe der Jahre als hilfreich für den diskursiven Beitrag der IGGÖ herausstellte. Als ich in meinem Büro der Baufirma endlich von diesem ereignisreichen Tag angekommen war, sagte mein Zimmerkollege zu mir: „Übrigens, das Bundeskanzleramt hat dich gesucht und ich sagte, ich glaube, du bist beim Van der Bellen. Ich hoffe, das war eh okay?" Ich nickte und dachte mir: „Ich werde wohl doch nicht von Verfassungsschutz beobachtet."

Sonntag waren wir dann für den großen Tag im Hotel Imperial. Empfangen wurden wir von Heidi Glück, der damaligen Pressesprecherin des Bundekanzlers. Wir führten ein sehr interessantes und respektvolles Vorgespräch mit ihr. Sie hütete sich davor, uns irgendwelche Empfehlungen zu geben. Jedoch wusste und spürte ein Jeder, welche Erwartungen da auf uns warteten. Eine Meisterleistung der nonverbalen Kommunikation.

Das Treffen mit den Drei Waisen verlief professionell und gut. Da erlebte ich aus nächster Nähe von Seiten Schakfehs Diplomatie, staatsmännisches Auftreten und Verantwortung. Medial hatten wir ein großes Echo, da wir die letzte Delegation waren und Schakfeh den für alle erlösenden Satz sprach, als wir auf die Fragen der Journalist*innen beim Abgang der berühmten Treppe im Imperial Hotel warteten.

„Wir haben uns für das Ende der Sanktionen gegen Österreich eingesetzt."

Ich fragte mich damals, warum er nicht die Chance nutzte, um über den islamfeindlichen Wahlkampf zu sprechen. Heute verstehe ich, dass er dies tat, damit die Politik und das offizielle Österreich uns wahrnahm und so eine Basis für weitere Gespräche gegeben war. Ich glaube im Nachhinein, dass es diese Handlung war, die uns half, in der ersten Liga zu spielen. Wir haben erstmals den Aufstieg geschafft. Und seitdem wurden wir wahrgenommen. Medien, NGOs sowie offizielle Stellen haben seit jeher Kontakt zur IGGÖ gesucht.

Präsident Schakfeh war ein gerngesehener Ansprechpartner. Viele Projekte konnten seit damals angegangen und realisiert werden. Auf kommunaler Ebene entstand eine sehr gute und freundschaftliche Beziehung zu Bürgermeister Michael Häupl. Er war es auch, der damit begonnen hatte, Musliminnen und Muslime anlässlich des Fastenmonats Ramadan zum IFTAR im Wiener Rathaus einzuladen. Eine Tradition, die auch sein Nachfolger Michael Ludwig fortsetzte. Auch Bundeskanzler Gusenbauer und Faymann sowie Bundespräsident Heinz Fischer führten diese Tradition bald ein, die Musliminnen und Muslime im Bundeskanzleramt sowie der Hofburg einzuladen. Hier durfte ich eng bei der Organisation und der Erstellung der Gästeliste in Koordination mit Präsident Schakfeh mitwirken. Ich erwähne dies deswegen, um aufzuzeigen, wie unkompliziert das Zusammenwirken und die Arbeit mit ihm funktioniert hat. Es ging ihm stets um die Sache und den Erfolg und niemals um Allüren oder persönliche Befindlichkeiten.

Das Wiener Rathaus war dann auch Schauplatz für die 25-Jahresfeier der IGGÖ im Beisein von Gastgeber Bürgermeister Häupl. Kultusministerin Elisabeth Gehrer kam mit einem Gastgeschenk und verkündete die Aufstockung der Inspektoren des islamischen Religionsunterrichtes von einer Planstelle auf sechs. Im alten Wiener Rathaus hat auch die Wiener Imame-Konferenz staatgefunden und im neuen Rathaus die Zweite Europäische Imame-Konferenz.

Durch diese guten Kontakte und Netzwerke konnten wir das sehr wichtige und seit langem verfolgte Projekt, nämlich die Errichtung eines Islamischen Friedhofs, 2008 realisieren. Lange Gespräche und Planungen sowie die Finanzierung waren keine leichte Aufgabe. Mouddar Khouja kümmerte sich um die rechtlichen Belange, ich um politische, und zusammen waren wir um technische Fragen bemüht. Professor Schakfeh hat sich um die Finanzierung gekümmert.

Nachdem alles unter Dach und Fach gebracht und die Widmung sowie die Schenkung des Grundstückes im Wiener Gemeinderat beschlossen worden ist, erhielt ich einen Anruf vom Magistrat der Stadt Wien. Wir wurden gefragt, wann wir denn Zeit hätten, damit man das Grundstück an uns übergebe. „Wie, übergeben?", lautete meine verwirrte Antwort. Ich dachte nämlich, dass dies mit dem Beschluss bereits geschehen sei.

Nein, lautete die Antwort, es müsse formell übergeben werden. So trafen sich Präsident Schakfeh, Mouddar Khouja und ich an einem Nachmittag vor jenem Grundstück, auf dem der Friedhof errichtet werden sollte, mit einem Beamten der Stadt Wien. Nach einer kurzen Begrüßung folgten die Worte: „Ich übergebe Ihnen hiermit dieses Grundstück für die IGGÖ." Kurz und schmerzlos.

Einerseits war es eine große Freude, vor diesem 34 Hektar Grundstück zu stehen, das jetzt der IGGÖ gehörte und die richtige Widmung hatte. Somit war ein großer Schritt vollbracht. Andererseits wussten wir, dass bis zu Realisierung des Projektes und zur Eröffnung noch ein sehr langer Weg vor uns lag. Es war eine Zeit des Aufbruches und vielleicht der Renaissance für die Musliminnen und Muslime in Österreich. Eine Zeit, in der sich die IGGÖ von einer Stelle, die sich zuvor nur um den Religionsunterricht gekümmert hatte, zu einer österreichischen Institution, die für die Musliminnen und Muslime als eine würdige Vertretung und Sprachrohr fungierte, entwickelt hatte.

Professor Anas Schakfeh möchte ich an dieser Stelle zu seinem runden Geburtstag vom ganzen Herzen gratulieren. Die gemeinsame Zeit mit ihm möchte ich nie missen und ich bin dankbar und stolz, diese Projekte mit ihm gemeinsam erlebt zu haben und dabei sein zu dürfen. Er war stets ein lieber Freund und auch ein Mentor, viel mehr als nur unser Präsident.

Möge Allah der Erhabene ihm noch viele Jahre in Gesundheit schenken und mit Freude erfüllen.

Religion, Politik, Kultur

Richard Potz

Der Einfluss des Islam und der Islamischen Glaubensgemeinschaft auf das österreichische Religionsverfassungsrecht

1. Einleitung

Bei der Tagung des „European Consortium for State and Church Resarch" in Wien im November 2001, die dem Thema „Islam and the European Union" gewidmet war,[1] wurde von Tagungsteilnehmern die Wichtigkeit einer einheitlichen Repräsentanz des Islam betont. Dies hätte sich in Österreich auch gezeigt, als der Präsident der Islamischen Glaubensgemeinschaft wenige Wochen davor am Abend des 11. September im Fernsehen eine Erklärung im Namen der österreichischen Muslime abgegeben hatte. Solcherart europaweit wahrgenommen stellte sie einen Höhepunkt der von 1999 bis 2011 dauernden Präsidentschaft von Anas Schakfeh dar, die in eine entscheidende Phase für die Präsenz muslimischer Gemeinschaften in Europa und in der Folgezeit auch in Österreich fiel.

In dieser Zeit brach eine Reihe von Problemen auf, die politisch und rechtlich nach Weichenstellungen verlangten. Eine vom Europäischen Parlament 2006 herausgegebene Studie fasst diese zusammen (Dassetto/Maréchal/Ferrari 2006). Zunächst wird darin die Annahme zurückgewiesen, der Islam sei prinzipiell mit Demokratie und einem säkularen Staat unvereinbar (Ebd.: V). Die Studie hält fest, dass, ausgehend von den

> langen Erfahrungen mit anderen Religionen das europäische Rechtssystem im Rahmen der Beziehungen zwischen Staat und Religion bereits über die erforderlichen Instrumente zur Bewältigung und Lösung der Probleme verfügt, die aus der Präsenz muslimischer Gemeinschaften in Europa erwachsen. (Ebd.)

Die Studie führt weiters aus, dass die muslimische Präsenz in Europa zwar Probleme verursacht, dass diese jedoch bewältigt werden können, ohne das europäische Rechtssystem zu demontieren. Dies bedeute aber auch nicht, dass sich diese Systeme mit ihrem „seit langem bestehenden Gleichgewicht der den verschiedenen Religionsgemeinschaften zugestandenen Rechte und Privilegien" unter Umständen

---

[1] Die Tagungsbeiträge sind veröffentlicht in Potz/Wieshaider (2004).

„nicht unter dem Druck islamischer Forderungen ändern müssen." (ebd.) Festzuhalten ist jedoch, dass drei gemeinsame unverhandelbare Grundsätze die Basis dieses Systems sind: die Religionsfreiheit, die darauf beruhende religiöse Neutralität des Staates und das Selbstbestimmungsrecht der Religionsgemeinschaften. Auf dieser gemeinsamen Basis kann und muss der Islam seinen eigenen Platz innerhalb der verschiedenen nationalen Systeme der Beziehungen zwischen Staat und Religion finden (ebd.). Aus österreichischer Sicht ist an dieser Studie bemerkenswert, dass mehrfach auf österreichische Erfahrungen verwiesen wird, die europaweit als Vorbild für eine adäquate Islampolitik herangezogen wurden (ebd.: 39f., 47f., 83ff.).

Ausgehend von diesen Überlegungen sollen in diesem Beitrag die Spuren verfolgt werden, welche die Anerkennung der Anhänger des Islam im Jahr 1912 und die darauf basierende Anerkennung der IGGÖ in der Entwicklung des österreichischen Religionsrechts hinterlassen haben bzw. in welcher Weise das Islamgesetz 2015 und die ihm folgenden Maßnahmen gegenwärtig das österreichische Religionsrecht beeinflussen und verändern.

2. Das Islamgesetz 1912

Das bis heute geltende Staatsgrundgesetz über die allgemeinen Rechte der Staatsbürger (StGG)[2] hatte 1867 eine grundrechtliche Basis geschaffen, die durch die so genannten Maigesetze 1868[3] und 1874[4] den Ausbau des Staatskirchenrechts im Sinne des Systems der Staatskirchenhoheit brachte. Obwohl die Donaumonarchie im europäischen Vergleich nicht nur ethnisch, sondern auch religiös vielfältig war, wies das „Staatskirchenrecht" der österreichischen Reichshälfte grundsätzlich eine recht hohe religiöse Homogenität auf. Diese war durch die Vorbildwirkung einerseits der Strukturen der historisch dominierenden Katholischen Kirche bedingt

---

2 Staatsgrundgesetz vom 21. December 1867, über die allgemeinen Rechte der Staatsbürger für die im Reichsrathe vertretenen Königreiche und Länder, RGBl. Nr. 142/1867 (StGG).
3 Von diesen enthielten zwei bis heute geltende Bestimmungen von allgemeiner Bedeutung. Das Schule-Kirche-Gesetz übertrug die oberste Leitung und Aufsicht über das Unterrichts- und Erziehungswesen allein dem Staat und seinen Organen. Den Kirchen und Religionsgesellschaften wurde nur noch die „Besorgung", Leitung und unmittelbare Beaufsichtigung des Religionsunterrichts eingeräumt. Das Gesetz über interkonfessionelle Verhältnisse beseitigte alle gesetzlichen Bestimmungen, die dem Grundsatz der Gleichheit der anerkannten KuR widersprachen, und regelte erstmals in Österreich generell den Austritt aus einer KoR für den staatlichen Bereich.
4 Von diesen gilt bis heute das Gesetz vom 20. Mai 1874, betreffend die gesetzliche Anerkennung von Religionsgesellschaften, RGBl. Nr. 68/1874 (AnerkG).

und andererseits durch Regelungen für die Evangelische Kirche, die oft als Modell für andere religiöse Minderheiten diente.[5]

Das solchermaßen konsolidierte Staatskirchenrecht der konstitutionellen Monarchie wurde nach der Annexion Bosniens und der Herzegowina 1908 durch die Notwendigkeit herausgefordert, den Muslimen, die zu einem Staatsvolk in einem Teil der Monarchie geworden waren, auch in der österreichischen Reichshälfte[6] eine Gleichberechtigung mit den gesetzlich anerkannten Kirchen und Religionsgesellschaften angedeihen zu lassen, ungeachtet dessen, dass die im AnerkG zwingend vorgeschriebene organisatorischen Basis nicht gegeben war.

Wie die Diskussionen in der zur Vorbereitung des Islamgesetzes 1912 eingerichteten Arbeitsgruppe zeigen, war allen Beteiligten von Anfang an klar, dass ungeachtet der Anerkennungswürdigkeit des Islam eine Anerkennung gemäß AnerkG 1874 nicht in Frage kam.[7] Als Hauptgrund für die Nichtanwendbarkeit wurde in der Arbeitsgruppe bereits einleitend darauf verwiesen, dass die Bildung von Kultusgemeinden iSd AnerkG weder gegeben noch absehbar sei.[8] Da durch das IslamG zunächst nur die rechtliche Gleichstellung der Anhänger des Islam mit den Angehörigen der gesetzlich anerkannten Kirchen und Religionsgesellschaften erreicht werden sollte, trat damit erstmals in der Geschichte des österreichischen Religionsrechts die individuelle gegenüber der korporativen Religionsfreiheit in den Vordergrund.

Als weiterer Grund für die Unanwendbarkeit des AnerkG wurde darauf verwiesen, dass dieses keine gesetzliche Grundlage für die Regelung des „Eherechts der Mohammedaner" geboten hätte. Das konfessionell gebundene staatliche ABGB-Eherecht verlangte nach einer speziellen gesetzlichen Regelung, es wurde daher auch die Möglichkeit der Einbeziehung des Eherechts der „Mohammedaner" in das ABGB-Eherecht diskutiert, der Gedanke aber bald verworfen. Der Vertreter des

---

5 Dies wird auch noch am Beispiel des Protestantengesetzes 1961 (BGBl Nr. 182/1961) deutlich, das als religionsrechtliches Mustergesetz der 2. Republik gilt und dessen Bestimmungen vielfach in andere religionsrechtliche Spezialgesetze übernommen wurden. So orientiert sich etwa § 24 IslamG 2015 hinsichtlich der Islamisch-theologischen Studien an den Regelungen betreffend die Evangelisch-theologische Fakultät (§ 15 ProtestantenG).
6 Ein Parallelgesetz wurde 1916 für die ungarische Reichshälfte der Donaumonarchie erlassen, es galt bis zur kommunistischen Machtübernahme. Das österreichische Islamgesetz hatte in der Tschechoslowakei weiter gegolten, ehe es im Oktober 1949 durch die kommunistische kirchenpolitische Gesetzgebung aufgehoben wurde.
7 Zur Geschichte des IslamG vgl. Bair 2002; Potz 2010; Gartner 2011; Potz 2012; Dautović/Hafez 2019.
8 Was die organisatorische Frage betrifft, d. h. insbesondere die Übertragung eines religionsrechtlichen Status an islamische Gemeinschaften, so ist dies in einer Reihe von europäischen Staaten ein Dauerthema geblieben. In Deutschland ist in den letzten drei Jahrzehnten praktisch keine grundsätzliche religionsrechtliche Arbeit erschienen, die sich nicht mit der Frage der „Korporationsfähigkeit" des Islam auseinandersetzt, vgl. dazu die Zusammenfassung der Diskussion bei Bagheri 2019.

Justizministeriums in der Arbeitsgruppe, der liberale Sektionschef Schauer, stellte dazu fest, dass „das Eherecht jenes Gebiet sei, auf welchem man den Mohammedanern die allergeringsten Konzessionen machen könne", man müsse sich daher hinsichtlich der „Mohammedaner-Ehen für den staatlichen Bereich auf den Standpunkt der obligatorischen Zivilehe stellen."[9] An dieser Feststellung ist zweierlei bemerkenswert. Einerseits wurden die Muslime damit zu Vorreitern der Einführung der obligatorischen Zivilehe, und andererseits hat Sektionschef Schauer mit seiner Formulierung deutlich gemacht, dass das Zugestehen von „Konzessionen" gemäß dem materiellen Paritätsprinzip[10] gleichsam systemkonform ist.

In den folgenden Diskussionen in der Arbeitsgruppe brach eine Reihe weiterer grundsätzlicher Fragen zum österreichischen Staatskirchen- bzw Religionsrecht auf, die angesichts der aktuellen religionsrechtlichen Diskurse in Österreich eine oft verblüffende Aktualität aufweisen. So nahm der bereits genannte Sektionschef Schauer dagegen Stellung, dass ursprünglich „in strafrechtlicher Hinsicht eine Differenzierung zu Ungunsten des Islam und seiner religiösen Einrichtungen" vorgesehen war. Die richtige Anwendung eines derart beschränkten Schutzes würde in der Praxis überdies große Schwierigkeiten bereiten (ebd.: 10). Das Justizressort setzte sich mit dieser Auffassung schließlich durch. Die in diesem Zusammenhang angefügten grundsätzlichen Bemerkungen sind von ungebrochener Aktualität und stellen auch aus heutiger Sicht dem österreichischen Justizressort zu Beginn des 20. Jahrhunderts ein ausgesprochen gutes Zeugnis aus:

> Was heute als den kulturellen Anschauungen widersprechend gilt, das widerspricht ihnen nach einiger Zeit schon nicht mehr, weil man sich an das Neue und Fremdartige gewöhnt hat. Dazu kommt, daß ein Widerspruch der Lehren, Gebräuche und Einrichtungen einer Religion mit den sittlichen und kulturellen Anschauungen der Zeit zwar der Anerkennung der Religionsgesellschaft hindernd entgegenstehen kann, aber keinen Freibrief geben darf für gröbliche Verletzung der Rücksicht auf Andersdenkende. Jede vom Staat anerkannte Religionsbetätigung muß gegen gröbliche Verunglimpfung geschützt werden, weil diese die Menschen in ihren heiligsten und empfindlichsten Vorstellungen und Gefühlen trifft, die gefährlichste Reaktion auslösen kann und den öffentlichen Frieden auf das schwerste gefährden kann. Kritik und Polemik in angemessener Form werden durch den strafrechtlichen Schutz gegen Verspottung und Herabwürdigung nicht behindert oder beschränkt. (Ebd.)

---

9 Protokoll der am 25. und 27.2.1909 im k.k. Ministerium für Kultus und Unterricht stattgehabten Sitzung in Angelegenheit der gesetzlichen Regelung der Anerkennung des islamitischen Glaubensbekenntnisses, in: AVA, Präs.d.k.k.Min.f.K.u. U. Nr 784, K.U.M., 1909, 18f.

10 Siehe unten 4.3.

Insgesamt stellte das österreichische IslamG 1912 den historisch ersten Versuch dar, den europäischen Islam in einen multikonfessionellen Rechtsstaat mit einem speziellen religionsrechtlichen System zu integrieren, dem das Konzept zugrunde lag, den Religionsgemeinschaften eine öffentlich-rechtliche Stellung einzuräumen. Durch das baldige Ende der Habsburgermonarchie bestand in der klein gewordenen Republik ohne eine entsprechende muslimische Minderheit keine Notwendigkeit, die im Gesetz vorgesehene Verordnung zu erlassen. Es wurde jedoch unter Hinweis auf die Ausdehnung seiner Geltung auf das Burgenland (VO der Bundesregierung BGBl 1924/176) in Rechtsprechung und Schrifttum von der Weitergeltung ausgegangen, sodass diese 1979 als Rechtsgrundlage für die Anerkennung der Islamischen Glaubensgemeinschaft herangezogen werden konnte.

Nach 1945 folgte einer bis in die 1960er-Jahre reichenden „Reparaturphase", in der sowohl die Gesetzgebung des christlichen Ständestaates als vor allem auch des NS-Unrechtsstaates abgebaut bzw. rechtsstaatlich überarbeitet werden musste, eine „Konsolidierungsphase", in die auch die organisatorische Umsetzung des Islamgesetzes 1912 im Jahre 1979[11] fiel. Diese hielt sich trotz einiger Besonderheiten im Rahmen des etablierten Staatskirchenrechts, was insbesondere in § 1 der den Bescheid 1979 wegen eines formalen Mangels ersetzenden „Islamverordnung" (BGBl 1988/466) deutlich wurde, wo es heißt: „Die Anhänger des Islams führen als anerkannte Religionsgesellschaft die Bezeichnung ‚Islamische Glaubensgemeinschaft in Österreich'". In der Folge kam es einige Male zu Konflikten, die im Wesentlichen die auch in der Islam-VO zugrunde gelegte, im traditionellen österreichischen Staatskirchenrecht verankerte alleinige Repräsentanz des Islam durch die IGGÖ zum Anlass hatten, als deren zentrale Aufgabe sich immer mehr die Organisation des Religionsunterrichts herauskristallisierte.

3. Das Islamgesetz 2015

3.1 Die Vorgeschichte: Die Gründung der IGGÖ

Die eingangs angeführten religionsrechtlichen Weichenstellungen seit den 1990er-Jahren waren in Österreich nicht nur mit der voranschreitenden Vergrundrecht-

---

11 Am 02.05.1979 erging der Bescheid des BMUK, mit dem die Verfassung der Islamischen Glaubensgemeinschaft in Österreich und die Errichtung der ersten Kultusgemeinde auf Grund des IslamG genehmigt wurden. Der Genehmigungsbescheid bezog sich nicht nur auf das IslamG, sondern hinsichtlich der in diesem nicht enthaltenen Regelungen der äußeren Angelegenheiten auch auf das AnerkG 1874, eine ungewöhnliche aber durchaus sachadäquate Lösung. Damit hatten seit 1979 sowohl die IGGÖ als auch die Islamische Religionsgemeinde Wien die Stellung einer Körperschaft öffentlichen Rechts.

lichung des überkommenen Staatskirchenrechts und der merkbaren Europäisierung verbunden, sondern auch einer Reihe von gesellschaftlichen Entwicklungen geschuldet, zu denen insbesondere die durch Migration bedingte religiöse Pluralisierung der Gesellschaft gehörte. Dabei trat der Islam zunehmend in den Vordergrund[12] und das Religionsrecht wurde im Allgemeinen, vor allem aber hinsichtlich des den Islam betreffenden besonderen Religionsrechts, von integrationspolitischen Aspekten überlagert.[13] Unter Berufung auf Gefährdungen durch islamistisch-dschihadistischen Terrorismus wurden schließlich zunehmend auch sicherheitspolitische Aspekte einbezogen, was zu einem grundsätzlichen Wandel in der österreichischen „Islampolitik" von der traditionell „islamfreundlichen" zu einer „islamkritischen" Politik führte, der dann auch im Islamgesetz 2015 und seiner Novellierung 2021 seinen Niederschlag fand.

3.2 Das Konzept

Mit der starken Zunahme der muslimischen Bevölkerung fehlten seit vielen Jahren für viele Regelungsbereiche die spezifischen gesetzlichen Grundlagen. In diesem Zusammenhang seien nur Militär- und Anstaltsseelsorge und die Einrichtung von Islamisch-theologischen und religionspädagogischen Studien erwähnt.[14] Im Gefolge der 100-Jahrfeier wurde die längst überfällige Erneuerung in Angriff genommen, die schließlich 2015 durch das „Bundesgesetz über die externen Rechtsbeziehungen islamischer Religionsgemeinschaften" erfolgte (BGBl I Nr 2015/39).

Mit dem Islamgesetz 2015 wurden vielfach neue religionsrechtliche Wege beschritten.[15] Das formale Konzept dieses Gesetzes unterscheidet sich grundsätzlich von den anderen Sondergesetzen für Kirchen und Religionsgesellschaften. Es regelt erstens nicht nur die externen Rechtsbeziehungen einer, sondern zweier bestehender Religionsgesellschaften, nämlich der Islamischen Glaubensgemeinschaft in

---

12 Es wird allerdings immer wieder übersehen, dass auch Angehörige traditioneller europäischer Religionen an der Zuwanderung beteiligt sind. Neben der christlichen Orthodoxie, die inzwischen zahlenmäßig mit den Muslimen fast gleichgezogen hat, haben etwa aus Polen und Kroatien, Afrika, von den Philippinen und aus Südindien stammende Einwanderer das Gesicht der Katholischen Kirche in Richtung auf eine interne Pluralisierung verändert.
13 Gartner-Müller (2017: 74) hat daher dem IslamG 2015 den Charakter eines „Integrationsgesetzes" zugesprochen.
14 Sie konnten nur teilweise, so im Falle des Religionsunterrichts und der religionspädagogischen Studien, durch die Heranziehung von allgemeinen Bestimmungen organisiert werden. Im Falle der Gefängnisseelsorge verhalf man sich mit einer Vereinbarung mit dem Justizministerium. Die Militärseelsorge konnte nicht eingerichtet werden.
15 Potz/Schinkele 2015; Grabenwarter/Gartner-Müller 2015, Hinghofer-Szalkay 2020 und die einschlägigen Beiträge aus dem Sammelband von Hinghofer-Szalkay/Kalb 2018.

Österreich (IGGÖ) und der Islamischen Alevitischen Glaubensgemeinschaft in Österreich (IAGÖ). Die Einbeziehung der IAGÖ in das IslamG wurde hauptsächlich mit dem Selbstverständnis dieser alevitischen Gruppierung gerechtfertigt, die auch im Namen ihren Ausdruck finden sollte.[16]

In konsequenter Weiterentwicklung seines die Israelitische Religionsgesellschaft betreffenden Erkenntnisses (VfSlg 9185/1981) hat der VfGH (VfSlg 19.240/2010) ausgesprochen, dass es nicht nur eine einzige Religionsgesellschaft bzw Bekenntnisgemeinschaft geben dürfe, die sich als „islamisch" bezeichnet. In diesem Erkenntnis wies der VfGH insbesondere darauf hin, dass es

> gegen die Garantien der Religionsfreiheit [verstieße], wollte der Gesetzgeber einer Personengruppe, für deren religiöse Überzeugung es essentiell ist, sich zu einem bestimmten Glauben zu bekennen, die Möglichkeit verwehren, neben der auf einem bestimmten Gebiet einzig bestehenden gesetzlich anerkannten Religionsgesellschaft [im konkreten Fall der Islamischen] eine andere gesetzlich anerkannte Religionsgesellschaft dieses Glaubens zu gründen.

Weiters regelt das IslamG auch die Voraussetzungen für die rechtliche Anerkennung weiterer islamischer Religionsgesellschaften. Damit stellt sich das IslamG als spezielles Anerkennungsgesetz für sich als islamisch verstehende Religionsgesellschaften dar.

Schließlich unterscheidet sich das IslamG auch inhaltlich von anderen religionsrechtlichen Spezialgesetzen durch einige auffällige Besonderheiten, die sich nicht nur mit dem Verweis auf die materielle Parität begründen lassen.[17] Es ist unverkennbar, dass dem IslamG 2015 im Hinblick auf einige Regelungen der Charakter einer Anlass- und Maßnahmegesetzgebung zukommt.[18] Ein Eindruck, der sich in

---

16 Diese Entscheidung hat auch deshalb viel Kritik erfahren, da sie die beachtlichen Unterschiede zwischen Islam und Alevitentum außer Acht lässt, was hier nicht weiter zu verfolgen ist. Nach der Aufnahme ins IslamG hat die Islamische Alevitische Glaubensgemeinschaft allerdings ihren Namen auf „Alevitische Glaubensgemeinschaft in Österreich (ALEVI)" geändert (vertiefend dazu Hammer 2018). Außer Acht gelassen wurde jedoch in all diesen die Aleviten betreffenden Verfahren, dass die zweite Gruppe der österreichischen Aleviten sich nicht als Teil des Islam sieht und daher nicht in das IslamG aufgenommen werden wollte. Dieser Gruppe wurde unter Missachtung des Neutralitätsgrundsatzes ein religionsrechtlicher Status versagt, ehe sie 2022 als Bekenntnisgemeinschaft eingetragen wurde.

17 Zur Bedeutung des materiellen Paritätsprinzips für das österreichische Religionsrecht siehe unten 4.3.

18 Dies kam ursprünglich im zur Begutachtung ausgesandten Regierungsentwurf noch viel deutlicher zum Ausdruck. Es konnte jedoch in der endgültigen Formulierung des Gesetzes eine Reihe von besonders dringlichen Verbesserungen vorgenommen wurden, so in § 2 Abs. 1; § 5 Abs. 2 Z 1; § 6

der Folge noch weiter verstärkte, worauf noch zurückzukommen ist.[19] Es ist daher nicht weiter verwunderlich, dass diese Entwicklung dazu führte, dass die Rechtsprechung durch korrigierende Eingriffe zunehmend am Neutralitätsgrundsatz als religionsverfassungsrechtlichen Leitgedanken Maß zu nehmen begann.

4. Religiös-weltanschauliche Neutralität

4.1 Die Religiös-weltanschauliche Neutralität als religionsverfassungsrechtlicher Leitgedanke

Seit den 1960er Jahren trat zunächst in Deutschland die religiös-weltanschauliche Neutralität des Staates als „Leitprinzip" des Religionsverfassungsrechts zunehmend an die Stelle des traditionellen Konzeptes, in dem die beiden Großkirchen und der Staat als Ordnungsmächte einander in einem Koordinationssystem gegenüberstanden. In diesem Sinne konnte Martin Heckel 1968 für Deutschland noch feststellen:

> Wenn man pragmatisch die Vielzahl der sachlich begründeten Sonderregelungen überblickt, so kann nicht zweifelhaft sein, daß der rechtliche Abstand zwischen den beiden großen Kirchen und den übrigen öffentlich-rechtlichen Religionsgesellschaften sachgemäß viel größer ist als zwischen diesen und den Religionsgesellschaften des privaten Rechts. Die Verfassung verbietet insoweit eine Sonderregelung für die beiden großen Kirchen nicht. (Heckel 1968, 56)

Aufgrund der zunehmenden religiös-weltanschaulichen Pluralisierung der Gesellschaft konnte dieses Konzept für das Religionsrecht des freiheitlichen Rechtsstaates nicht aufrechterhalten, insbesondere der Islam als „Ordnungsmacht" darin nicht eingebunden werden. Das deutsche Schrifttum zur religiösen Neutralität als religionsverfassungsrechtlichem Grundprinzip ist inzwischen unüberschaubar geworden. Dabei zeichnet sich seit einiger Zeit eine deutliche Relativierung ihrer Bedeutung ab, die vielfach mit einer kritischen Auseinandersetzung mit dem Islam verbunden ist. Wenn in Werken zum Religionsverfassungsrecht Probleme und Grenzen der religiösen Neutralität angesprochen werden, dann werden überwiegend die Muslime betreffende Fragestellungen als Bespiele gebracht. Überspitzt formuliert: Der Islam hat großen Anteil daran, dass in den letzten 50 Jahren das

---

Abs. 1 Z 5; Wegfall von § 8 Abs. 4 iVm den Erläuterungen zu § 6 Abs. 1 Z 7; Verdeutlichungen in den Erläuterungen zu § 6 Abs. 2; § 11 Abs. 2; § 13 Abs. 1 und 2; § 23 Abs. 4; § 24; § 26; § 27.

19 Vgl. unten 98 f.

traditionelle Staatskirchenrecht in Deutschland in zwei Schritten einem grundlegenden Wandel unterworfen wurde. Zuerst half die Unanwendbarkeit auf den Islam das Koordinationskonzept „zu Fall zu bringen" und dann wurde auch der dieses als Leitgedanke ersetzende Neutralitätsgrundsatz unter Hinweis auf seine besonderen „gesellschaftlichen Normen und Werte" (Ladeur/Augsberg 2007 [1], 72–90) in Frage gestellt.

Auf europäischer Ebene ist auf der Basis der systemübergreifend anerkannten Religionsfreiheit europaweit von einem Grundkonsens hinsichtlich der Neutralität des Staates als eines wesentlichen Strukturprinzips auszugehen. Dieses im Entstehen begriffene „europäische religionsrechtliche Grundmodell" (*common European pattern*) umfasst weiters die Einrichtung spezifischer Rechtsformen für Religionsgemeinschaften (Ferrari 1995). Alle drei Elemente des *common European pattern* sind mit den unterschiedlichen religionsrechtlichen Systemen vereinbar. Insbesondere die staatliche Neutralität wird in Europa in unterschiedlichen Ausprägungen verwirklicht, der distanzierenden und der integrierenden Neutralität, die beide sowohl Religionsfreiheit garantieren als auch eine Gleichbehandlung von Religion und Religionsgemeinschaften. Auch die beiden noch bestehenden „monarchischen" Staatskirchen mit reformatorischem Background in England und Dänemark entsprechen grundsätzlich dem *common European pattern*.[20]

Die Umsetzung der beiden Formen religiöser Neutralität geschieht einerseits in laizistischen Systemen und sieht durchgehend eine distanzierende Neutralität vor, da nur diese eine konsequente Gleichbehandlung ermögliche. Diese Systeme geraten allerdings in Gefahr, in die immer wieder zitierte „Intoleranz der Negation" (Heckel 1968, 14) und in Diskriminierung von Religion zu münden. Andererseits ist in der Mehrzahl der europäischen Staaten die distanzierende Neutralität nur auf der institutionellen Ebene verwirklicht, wo eine Entflechtung religionsgemeinschaftlichen Wirkens von der staatlichen Öffentlichkeit dann geboten ist, wenn der Staat in den Kernbereichen hoheitlicher Staatsfunktion ohne Ansehung der Religion oder Weltanschauung tätig wird. Wo es hingegen um kultur- und leistungsstaatliche Dimensionen geht, hat der Staat integrierende Neutralität zu üben, die Eigengesetzlichkeit des religiösen Lebens zu respektieren und nicht auszugrenzen.

---

20 Die Einflussnahme des Staates auf die Kirche in den beiden staatskirchlichen Systemen erschöpft sich mehr und mehr in Akten formaler Beschlussfassung. Ebenso kommt der kirchlichen Seite gegenüber dem Staat keine bestimmende Gestaltungsmacht auf die Willensbildung des Staates zu. Entscheidend ist, dass die Ausgestaltung des Verhältnisses von Staat und Kirche als solche dann nicht gegen Art 9 EMRK verstößt, wenn der Einzelne sich in religiösen Fragen einer Bindung an die (Staats-)Kirche entziehen kann, das Recht hat auszutreten bzw. gegebenenfalls sein Amt niederzulegen (EGMR 8.3.1985, 11.045/84, *Børre Arnold Knudsen vs. Norwegen*). Festzuhalten ist auch, dass gerade für staatskirchliche Systeme eine große Offenheit gegenüber den religiösen Minderheiten typisch ist. Einem Staat, der Höchstrichter mit Turban und Polizistinnen mit islamischem Kopftuch zulässt, wird man wohl nicht ernsthaft religiöse Neutralität absprechen können.

In diesem Sinn ist die offene hereinnehmende religiöse Neutralität des Staates nicht eine Neutralität

> solcher Art, daß der Staat ‚über' den Religionen und Weltanschauungen stünde und gleichsam von einem absoluten Standpunkt aus als ideologieenthobener Schiedsrichter tätig werden könnte. Vielmehr erweist sich die Neutralität des Staates als Ausdruck des um der Mündigkeit willen gebotenen Respekts vor den Überzeugungen der Menschen, in die der Staat nicht eingreifen darf, sondern deren freiheitliche Entfaltungsbedingungen er politisch-rechtlich zu sichern hat- (Bielefeldt 1998, 487)

Sie umfasst also auch positive, fördernde Maßnahmen und ermöglicht und schützt die Sichtbarkeit von Religion in öffentlichen Räumen.

Auch in Österreich wird von einer offenen hereinnehmenden Neutralität gesprochen. Inge Gampl hat 1971 von einer neutralen Religionsbejahung gesprochen, die sich aus der Säkularität des Staates, der Garantie von Religionsfreiheit, aber auch einer Reihe von Rechtsnormen ergibt, die der Bedeutung von Religion und religiöser Betätigung Rechnung tragen (Gampl 1971, 49). Inzwischen kann es auch in Österreich als „unbestritten gelten, dass die religiöse-weltanschauliche Neutralität einen Verfassungsgrundsatz bildet" (Grabenwarter 2019, 72). Er ist zwar nicht positiviert, wird aber in Schrifttum und Judikatur mit unterschiedlichen Schwerpunktsetzungen, aber doch recht einheitlich aus einer säkularstaatlichen Konzeption der Bundesverfassung und den einander überlagernden Bestimmungen zur Religionsfreiheit (Art 9 Abs 1 EMRK und Art 14 Abs 2 StGG) und zum Gleichheitsgrundsatz (Art 7 B-VG und Art 2 StGG) abgeleitet. Da der Grundsatz der religiös-weltanschaulichen Neutralität nicht mit dem Schutzbereich eines bestimmten Grundrechts korreliert, ist er „mehr als ein heuristisches Prinzip, das hinter den einzelnen verfassungsrechtlichen Regelungen sichtbar wird und diese zu verstehen hilft" (Grabenwarter 2019, 75).

Was die Rechtsprechung betrifft, so hat der VfGH allerdings erst in jüngster Zeit die religiös-weltanschauliche Neutralität releviert. Es sind bezeichnenderweise Fälle betroffen, die den Islam oder Muslime zum Gegenstand haben und wo es zu Korrekturen von Gesetzgebung und Kultusverwaltung kommt. In diesen Verfahren stützt sich der VfGH auch maßgeblich und ausdrücklich auf die einschlägige Rechtsprechung des EGMR.[21] Im „Aleviten-Erkenntnis" (VfSlg 19.240/2010) hat der Gerichtshof ausgesprochen, dass es gegen die Neutralität des Staates verstoßen würde, wenn die Anerkennung einer Religionsgemeinschaft vom Willen einer bereits

---

21 Die Entscheidungen betrafen unterschiedliche religionsrechtliche Systeme und Kontexte: EGMR 26.10.2000 (GK), 30.985/96 (*Hasan und Chaush vs Bulgarien*); EGMR 10.11.2005 (GK), 44.774/98 (*Leyla Sahin vs. Türkei*); EGMR 31.7.2008, 40.825/98 (*Jehovas Zeugen u. a. vs. Österreich*).

anerkannten kirchlichen Autorität abhängig gemacht oder wenn eine faktisch nicht vorhandene Einheit einer Religionsgemeinschaft entgegen dem Selbstverständnis der Betroffenen verfügt werde.

2020 hat sich der VfGH in seiner Entscheidung über die Aufhebung des so genannten „Kopftuchverbots" für Volksschülerinnen auf das „Gebot der religiösen und weltanschaulichen Neutralität des Staates" gestützt. In diesem Erkenntnis leitet der VfGH die religiöse Neutralität explizit aus dem Gleichheitsgrundsatz in Verbindung mit den religionsfreiheitlichen Garantien ab (VfSlg 20.435).

Das verfassungsrechtliche Gebot der religiösen und weltanschaulichen Neutralität des Staates wird überdies auch als ein von § 6 IPRG geschützter Grundwert (*ordre public*) gesehen (BVwG 16.11.2020, Gz W105 2179720-2).

4.2 Abstufungen der Neutralität?

Angesichts der Herausforderungen durch die religiöse Pluralisierung der Gesellschaft bzw die Überlagerung durch andere Politiken werden in traditionellen Kooperationsstaaten wie Deutschland und Österreich in letzter Zeit immer öfter unterschiedliche Strategien für die Neugestaltung des Religionsrechts vorgeschlagen.

Als erste Alternative wird empfohlen, die religionsrechtliche Ordnung in Richtung auf ein laizistisches System mit durchgehender Trennung von Staat und Religion umzubauen.

Zweitens wird angedacht, wegen potentieller Gefährdungen durch Religion der Gewährleistung von Religionsfreiheit engere Grenzen zu setzen und eine vermehrte Anwendung von Grundrechtsschranken zu fordern. Einen guten Überblick zu den damit verbundenen verfassungs- und religionsrechtlichen Implikationen bieten die Referate von Ute Sacksofsky und Christoph Möllers sowie die Diskussionsbeiträge auf der Tagung des Vereins der deutschen Staatsrechtslehrer 2009 mit dem Thema „Religiöse Freiheit als Gefahr?".

Drittens werden unter Beibehaltung der Kooperation des Staates mit Religionsgemeinschaften im Rahmen einer integrierenden offenen Neutralität unter Berücksichtigung der jeweiligen Besonderheiten und der Einbeziehung anderer Politiken differenzierende Abstufungen in der religiös-weltanschaulichen Neutralität des Staates diskutiert. Ladeur/Augsberg (2007 [1], 91ff.) sprechen in diesem Zusammenhang von einem religionspolitischen „Diversity Management".

Die Abstufungsvorschläge erfolgen zwar aus unterschiedlichen Perspektiven, sind aber im Ergebnis weitgehend identisch. Vielfach wird im deutschen Schrifttum der Verweis auf die durch das Christentum mitgeprägte kulturelle Identität der europäischen Gesellschaft als Ausgangspunkt genommen, die dazu geführt hat, dass die christlichen Kirchen als Ergebnis einer jahrhundertelangen Auseinandersetzung mit dem Staat heute eine höhere Kompatibilität mit der Rechts- und Verfassungsordnung und damit auch eine höhere „Anschlussfähigkeit des Handelns" in einer liberalen Demokratie und ihrer nicht verhandelbaren Grundrechtsordnung aufweisen.[22] Dabei wird

> insbesondere den christlichen Religionsgemeinschaften [die] Aufgabe der Konstituierung und Erhaltung einer der expliziten Verständigung vorausliegenden – wie komplex auch immer in einer zu fassenden – ‚gemeinsamen Sache' [zugebilligt], ohne welche die Anschlußfähigkeit des Handelns in einer solchen Gesellschaft nicht gewährleistet ist. Auf der Grundlage einer langen Evolutionsgeschichte erzeugen und reproduzieren sie einen Bestand von Gedanken, Verhaltensmustern, Werten, Verfahren etc., der in das ‚gemeinsame Wissen' eingeht und damit die Navigation der Gesellschaft, die sich auf Ungewißheit eingelassen hat, erleichtert. (Ladeur/Augsberg 2007 [2], 17)

Diese Positionen werden zu Recht als Rückkehr zur längst überwunden geglaubten Kulturadäquanzformel interpretiert, wonach das Bonner „Grundgesetz nicht jeden Glauben schütze," sondern nur denjenigen, der sich „bei den heutigen Kulturvölkern auf dem Boden gewisser übereinstimmender sittlicher Grundanschauungen im Laufe der geschichtlichen Entwicklung herausgebildet" habe. Sie kehren nun als „Kulturvorbehalt" wieder, was im Schrifttum überwiegend kritisiert wird. Hier gilt es jedoch festzuhalten, dass praktische Erwägungen zugunsten bestehender Traditionen in der Mehrheitsgesellschaft, auch wenn sie einen religiösen Hintergrund haben, wie etwa der wöchentliche Ruhetag am Sonntag, noch keinen „Kulturvorbehalt" bedeuten.

In Österreich wird durch die Spezialgesetzgebung für einzelne Kirchen und Religionsgesellschaften und das darin verwirklichte materielle Paritätsprinzip[23] den religiösen Besonderheiten der einzelnen Religionen bzw. Religionsgemeinschaften positiv Rechnung getragen.[24] Es beginnt sich in jüngster Zeit mitunter insbesondere in Bezug auf den Islam durch oftmals nicht gerechtfertigte Einschränkungen und Aufsichtsrechte gegen die islamischen Glaubensgemeinschaften zu wenden. Es stellt sich daher zunehmend die Frage, in welchem Maße solche Unterschiede zu anderen religionsrechtlichen Spezialgesetzen die Grenzen des materiellen Paritätsprinzips überschreiten.

---

22 Dass der „politische Katholizismus" noch im 19. und in der ersten Hälfte des 20. Jahrhunderts in kritischer Distanz zum säkularen Rechtsstaat mit der umfassenden Gewährleistung von Religionsfreiheit stand, darf zwar nicht verschwiegen werden, ist aber auch kein Grund, gegenwärtig diese Haltung in Teilen der islamischen Welt und der russischen Orthodoxie zu rechtfertigen.

23 Siehe unten 4.3.

24 Vgl. dazu die oben S. 88 angeführten Feststellungen von Sektionschef Schauer in der Arbeitsgruppe zum Islamgesetz 1912.

4.3 Der Neutralitätsgrundsatz, die materielle Parität und die österreichische Islampolitik

Vor dem Hintergrund dieser Überlegungen sei ein Blick auf den Umgang mit dem Neutralitätsgrundsatz in den praktisch jährlich dem Islamgesetz folgenden gesetzlichen und administrativen Maßnahmen geworfen. Sie wurden zwar meist mit allgemeinen Begründungen versehen, mit denen man etwaige im Sinne des Neutralitätsgrundsatzes unzulässige Gleichheitsverletzungen zu umschiffen versuchte, zugleich wurde aber in den Materialien und in der medialen Vermittlung stets herausgestellt, dass man den Islam im Fokus habe. Man war allerdings mit dieser Strategie nicht immer erfolgreich, man kann sich auch des Eindrucks nicht erwehren, dass damit die jüngste Rechtsprechung zum Neutralitätsgrundsatz erst so richtig in Gang gesetzt wurde.[25]

2017 wurde durch ein Gesetzespaket für die Querschnittsmaterie Integrationsrecht eine gesetzliche Grundlage geschaffen, die systematisierte und institutionsübergreifende Integrationsmaßnahmen ermöglicht. Eine Reihe von Bestimmungen bezieht sich zwar nicht explizit auf den Islam oder die Muslime, hat diesen bzw. diese im Blick. Hier sticht insbesondere das im Paket enthaltene Anti-Gesichtsverhüllungsgesetz hervor. Die Begründung, dass die Ermöglichung zwischenmenschlicher Kommunikation bezogen auch auf Straßenpassanten „eine wesentliche Funktionsbedingung für ein friedliches Zusammenleben in einem demokratischen Rechtsstaat [ist]" und für die „Kommunikation das Erkennen des Anderen bzw. dessen Gesichts eine notwendige Voraussetzung bildet," erinnert bezeichnenderweise an eine wegen ihres laizistischen Tenors vielkritisierte EGMR-Entscheidung.[26]

2018 wurde aufgrund einer Vereinbarung mit den zuständigen Bundesländern ein Kopftuchverbot für Kindergärten eingeführt. In den Erläuterungen heißt es:

> Das Tragen des islamischen Kopftuches von Kindern in elementaren Bildungseinrichtungen kann zu einer frühzeitigen geschlechtlichen Segregation führen, welche mit den österreichischen Grundwerten und gesellschaftlichen Normen nicht vereinbar ist. Die Orientierung an religiösen Werten darf nicht im Widerspruch zu den Zielen der staatsbürgerlichen Erziehung stehen, die sich an den genannten Grundwerten orientiert und die auch die Gleichstellung von Mann und Frau sicherstellen soll. (331 der Beilagen XXVI. GP – Vereinbarung Art. 15a B-VG)

---

25 Siehe oben S. 94 f.
26 EGMR 1.7.2014, 43.835/11 (*S. A.S. vs. Frankreich*).

2019 wurde durch eine Novelle zum Schulunterrichtsgesetz das „Kopftuchverbot" in Kindergärten auf Volksschülerinnen ausgeweitet (BGBl. I Nr 2019/86/). Begründet wurde diese Maßnahme diesmal im Gesetzestext (§ 43a) damit, dass sie „der sozialen Integration von Kindern gemäß den lokalen Gebräuchen und Sitten, der Wahrung der verfassungsrechtlichen Grundwerte und Bildungsziele der Bundesverfassung sowie der Gleichstellung von Mann und Frau" diene. Die damaligen Regierungsparteien waren sich der Problematik der Regelung durchaus bewusst, als sie sich – allerdings vergeblich – um eine Verfassungsmehrheit im Nationalrat bemühten. Wenig überraschend wurde das Kopftuchverbot vom VfGH wegen Verfassungswidrigkeit aufgehoben.[27]

2020 wurde von der Bundesregierung der „Österreichische Fonds zur Dokumentation von religiös motiviertem politischem Extremismus (Dokumentationsstelle Politischer Islam)" errichtet. Während der Titel zunächst allgemein formuliert ist, wird in Klammer hinzugefügt, dass es nur um den Islam geht. Die Verwendung dieses wissenschaftlich umstrittenen Begriffs (vgl. die Beiträge in IGGÖ 2019) hat in der österreichischen Regierungspolitik inzwischen einen sehr hohen Stellenwert erhalten. Unverkennbar hat die Dokumentationsstelle seit einiger Zeit die Muslimbrüderschaft im Fokus. Eine der ersten Veröffentlichungen hat dementsprechend den Titel „Der Politische Islam als Gegenstand wissenschaftlicher Auseinandersetzungen und am Beispiel der Muslimbruderschaft". Hier ist darauf zu verweisen, dass ungeachtet der durchaus berechtigten Kritik an den Positionen der Muslimbruderschaft in der Auseinandersetzung mit ihr der zentrale europäische Wert der Rechtsstaatlichkeit nicht vergessen werden sollte. Aufgrund der Ergebnisse hat sich die gegen die Muslimbrüder gerichtete Operation „Luxor" vom 9. November 2020 mit 60 Hausdurchsuchungen unter Beteiligung von fast 1000 Polizistinnen und Polizisten bislang als eher peinlicher Schlag ins Wasser erwiesen.[28]

2021 kam es zu der schon erwähnten Novellierung des Islamgesetzes,[29] die der Sicherstellung des „effektiven Vollzugs" des Islamgesetzes 2015 dienen sollte und ungeachtet der massiven Kritik im Begutachtungsverfahren eine Reihe von weiteren Verstärkungen staatlicher Kontroll- und Aufsichtsrechte über islamische Religionsgesellschaften brachte. Zu diesem Zweck wurde nicht nur eine Novellierung des Islamgesetzes vorgenommen (BGBl. I Nr. 2021/146/), sondern auch § 11b in

---

27 Siehe oben S. 95.
28 Die Aktion war Anfang August 2021 vom Oberlandesgericht Graz als rechtswidrig qualifiziert worden. Bislang erwiesen sich die Verfahren als eine Kette von Peinlichkeiten, über die regelmäßig in den Medien berichtet wird, so am 29.06.2022: https://www.diepresse.com/6158636/operation-luxor-ermittlungen-zerbroeseln. Zuletzt war das Ermittlungsverfahren gegen die *gemeinnützige Stiftung Anas Schakfeh* in Zusammenhang mit der Operation „Luxor" eingestellt worden. Das bestätigte die Staatsanwaltschaft Graz am 01.08.2022.
29 Siehe oben S. 90.

das Bekenntnisgemeinschaftengesetz 1998 eingefügt, wonach die Bundesminister, soweit in ihrem Wirkungsbereich die Stellung oder die Rechte der Kirchen und Religionsgesellschaften oder die Rechtspersönlichkeit der religiösen Bekenntnisgemeinschaften berührt sind, den mit Angelegenheiten des Kultus betrauten Bundesminister zu informieren und anzuhören haben. Mit anderen Worten, aus Anlass der Sicherstellung des „effektiven Vollzugs" des Islamgesetzes wurde die staatliche Aufsicht über alle Religionsgemeinschaften verstärkt.[30]

Zeitlich verknüpft wurde diese Novellierung mit dem Terrorbekämpfungsgesetz (BGBl. I Nr. 2021/159), das den Tatbestand der „Religiös motivierten extremistischen Verbindung" als § 247b in das Strafgesetzbuch einfügte. Auch wenn man um religiös neutrale Formulierungen bemüht war, machten die Umschreibung des Tatbestandes und die politische Begleitmusik bei der Vorstellung des Vorhabens jedoch deutlich, wer Adressat dieser Bestimmung ist. Für diese Strafbestimmung, die eine Reihe unbestimmter Gesetzesbegriffe enthält, gibt es keine denkbare Anwendungsmöglichkeit, die nicht durch einen bereits bestehenden Straftatbestand erfasst wäre, wie die Mehrzahl der Stellungnahmen von Strafrechtlern zu der Regierungsvorlage betont. Es muss hier festgehalten werden, dass der Staat zwar die Instrumente bereitzuhalten hat, um das „destruktive Potential der Religion" einzudämmen, dass aber „rechtspolitischer Aktivismus" nicht nur der religiösen Neutralität des Staates überflüssigen Schaden zufügen, sondern sich als kontraproduktiv erweisen könne (Heinig 2005, 204).

Zuletzt wurde durch die VereinsG-Novelle 2021 ein Abs. 2 in § 11 eingefügt, der zur Bekämpfung von staatsfeindlichem Extremismus und staatsfeindlicher Radikalisierung dient und sich in den Erläuterungen auf den islamistischen Terroranschlag am 3. November 2020 in Wien beruft. Danach hat die Vereinsbehörde,

> wenn der in den Statuten umschriebene Vereinszweck in der Ausübung eines Kultus [besteht], die Statuten unverzüglich an den Bundeskanzler zu übermitteln. Dieser hat zu prüfen, ob die umschriebene Ausübung dieses Kultus einen Eingriff in die inneren Angelegenheiten einer gesetzlich anerkannten Kirche oder Religionsgesellschaft darstellt. Das Ergebnis der Prüfung ist unverzüglich an die Vereinsbehörde zu übermitteln.

Auch diese Bestimmung ist ein Beispiel für ein „religionsneutrales" Überschwappen von dem Islam betreffenden Bestimmungen auf die anderen Religionsgemeinschaften.

---

30 Vgl. unten S. 100.

5. Abschließende Bemerkungen: Der Islam und die Zukunft des Religionsrechts in Österreich

Religionsrecht ist gegenwärtig wie kaum ein anderes juristisches Thema nicht nur historisch, sondern auch politisch besetzt, es erscheint geradezu als das eigentlich „politische" Recht unserer Tage (Möllers 2009, 49f.).

Die Vielschichtigkeit der sich überlagernden, Religion betreffenden Prozesse schuf zu Beginn des 21. Jahrhunderts eine Reihe von Fragestellungen an die Zukunft des Religionsrechts. Für die Religionspolitik bzw. das Religionsrecht gilt daher auch weiterhin, dass „die Grenzen zwischen dem religiösen Feld und anderen gesellschaftlichen Feldern […] unablässig neu ausgehandelt und neu geordnet [werden]" (Reuter 2014, 56). Es besteht kein Zweifel, dass der Islam gegenwärtig ein wesentlicher Faktor dieser Neuordnung ist. Für die anderen Religionsgemeinschaften besteht aber unzweifelhaft die Gefahr, dass es unter Hinweis auf die religiöse Neutralität des Staates unter gleichheitsrechtlichen Aspekten schließlich zu einem „Spill-over-Effekt" in Bezug auf staatliche Aufsichtsrechte kommen kann (Seeger 2008, 115 ff.).

So mehren sich kritische Stimmen, die einerseits Diskriminierungen vermeiden und andererseits angesichts potentieller Gefährdungen durch Religion der Gewährleistung von Religionsfreiheit engere Grenzen setzen wollen und sowohl eine Einengung des Schutzbereichs als auch eine vermehrte Anwendung von Grundrechtsschranken fordern.

Die Schlagworte „Trennung von Staat und Kirche" und „Religion ist Privatsache" wurden in Österreich lange Zeit nur von kirchenkritischer Seite ins Spiel gebracht. So war 2013 in Österreich von einer „Initiative gegen Kirchenprivilegien" ein Volksbegehren gegen „Kirchenprivilegien" initiiert worden. Damit gingen die Infragestellung des österreichischen Kooperationssystems mit seiner Anerkennung des Wirkens der gesetzlich anerkannten Kirchen und Religionsgesellschaften sowie der Ruf nach einer strikten Trennung von Staat und Religion einher. Dabei wurde zumeist lediglich die Katholische Kirche in den Blick genommen, die religionsrechtlichen Konsequenzen für die anderen Religionsgemeinschaften blieben weitestgehend ausgeblendet.

Im Zuge der Auseinandersetzung mit dem Islam werden die Schlagworte „Trennung von Staat und Kirche" und „Religion ist Privatsache" aber immer öfter nicht nur von „Kritikern" der katholischen Kirche bemüht. Ein Rückbau des Kooperationssystems in Richtung Trennung solle die Umsetzung des Gleichbehandlungsgebots ermöglichen. Es wird daran oftmals auch die Hoffnung geknüpft, durch geringere Sichtbarkeit von Religion im öffentlichen Raum das aus religiösen Unterschieden resultierende Konfliktpotential zu reduzieren (Sacksofsky 2009, 33). Zugleich ist angesichts des behaupteten Gefahrenpotentials von Religion manchmal auch die Tendenz unverkennbar, wieder auf das staatskirchenhoheitliche Instrumentarium des 19. Jahrhunderts zurückzugreifen.

Mit anderen Worten: Der Islam war, ist und bleibt wohl ein wesentlicher Faktor der Entwicklung des österreichischen Religionsrechts.

Literatur

Bagheri, Talayeh: Der funktionsbestimmte Begriff der Religionsgemeinschaft. Die Voraussetzungen des Begriffs i. S. d. Art. 7 Abs. 3 S 2 GG und deren Erfüllbarkeit durch muslimische Gemeinschaften (= Schriftenreihe zum Staats- und Verwaltungsrecht, Bd. 16), Köln 2019.

Bair, Johann: Das Islamgesetz, Wien-New York 2002.

Bielefeldt, Heiner: Zwischen laizistischem Kulturkampf und religiösem Integralismus: Der säkulare Rechtsstaat in der modernen Gesellschaft, in: Bielefeldt, Heiner/Wilhelm Heitmeyer (Hrsg.), Politisierte Religion. Ursachen und Erscheinungsformen des modernen Fundamentalismus, Frankfurt/Main 1998, S. 474–492.

Borowski, Martin: Die Glaubens- und Gewissensfreiheit des Grundgesetzes. Tübingen 2006.

Dassetto, Felice/Maréchal, Brigitte/Ferrari, Silvio (2006): Islam in der Europäischen Union: Was steht für die Zukunft auf dem Spiel? Hg. vom Europäisches Parlament, Generaldirektion Interne Politikbereiche der Union – Fachreferat Strukturpolitik und Kohäsion (IP/B/CULT/IC/2006_061 PE 369.031) 2006, letzter Zugriff: 15.05.2022.

Dautović, Rijad/Hafez, Farid (Hg.): Die Islamische Glaubensgemeinschaft in Österreich. 1909–1979–2019, Wien-Hamburg 2019.

Ferrari, Silvio: Church and State in Europe. Common Pattern and Challenges, in: European Journal for Church and State Research, 2 (1995), S. 149–159.

Gampl, Inge: Österreichisches Staatskirchenrecht, Wien-New York 1971.

Gartner, Barbara: Der religionsrechtliche Status islamischer und islamistischer Gemeinschaften, Wien-New York 2011.

Gartner-Müller, Barbara, Integration, Recht und Religion, in: öarr 64 (2017), S. 73–96.

Grabenwarter, Christoph/Gartner-Müller, Barbara: Das österreichische Islamgesetz 2015 und seine rechtliche Genese, in: KuR 21 (2015), S. 47–73.

Hammer, Stefan: Die Aleviten im österreichischen Religionsrecht – ein Kampf um Anerkennung. Der schwere Abschied vom Ausschließlichkeitsgrundsatz, in: öarr 65 (2018), S. 1–17.

Heckel, Martin: Die Kirchen unter dem Grundgesetz, Veröffentlichungen der Vereinigung der Deutschen Staatsrechtslehrer 26, Berlin: 1968, S. 6–56.

Heinig, Hans Michael: Das Religionsrecht zwischen der Sicherung freiheitlicher Vielfalt und der Abwehr fundamentalistischer Bedrohungen, in: Besier, Gerhard/Lübbe, Hermann (Hg.), Politische Religion und Religionspolitik, Göttingen 2005, S. 197–216.

Heinig, Hans Michael: Verschärfung oder Abschied von der Neutralität?, in: JZ 64 (2009), S. 1136–1140.

Hinghofer-Szalkay, Stephan: Alleinvertretung des Islam im staatlichen Recht. Der Alleinvertretungsanspruch der IGGÖ zwischen Exklusivitätsprinzip, Zwangsgenossenschaft und Religionsfreiheit, in: ZöR 75 (2020), S. 773–799.

Hinghofer-Szalkay, Stephan/Kalb, Herbert (Hg.): Islam, Recht und Diversität, Wien 2018.

Islamische Glaubensgemeinschaft in Österreich (Hg.): Politischer Islam. Versuch einer Definition, Wien 2019.

Möllers, Christoph: Religiöse Freiheit in Gefahr?, in: Veröffentlichung der Vereinigung Deutscher Staatsrechtslehrer 68, Berlin 2009, S. 47–93.

Potz, Richard: Das Islamgesetz 1912 und der religionsrechtliche Diskurs in Österreich zu Beginn des 20. Jahrhunderts, in: Olechowski, Thomas u. a. (Hg.): Grundlagen der österreichischen Rechtskultur – FS für Werner Ogris zum 75. Geburtstag, Wien u. a. 2010, S. 385–407.

Potz, Richard: 100 Jahre österreichisches Islamgesetz, BM für europäische und internationale Angelegenheiten (Hg.), Wien 2012.

Potz, Richard/Schinkele, Brigitte: Eintragung bzw. gesetzliche Anerkennung alevitischer Gruppen in Österreich, in: öarr 58 (2011), S. 137–155.

Potz, Richard/Wieshaider, Wolfgang (Hg.): Islam and the European Union, Leuven 2004.

Reuter, Astrid: Religion in der verrechtlichten Gesellschaft, Göttingen 2014.

Sacksofsky, Ute: Religiöse Freiheit in Gefahr?, in: Veröffentlichung der Vereinigung Deutscher Staatsrechtslehrer 68, Berlin 2009, S. 8–46.

Seeger, Bernhard J.: Europäische Integration und Säkularisierung von Staat und Politik, Baden-Baden: 2008.

Farid Hafez

Die Islamische Glaubensgemeinschaft in Österreich als politische Akteurin

Einleitung

Zur IGGÖ gibt es zwischenzeitlich eine Fülle an akademischen Auseinandersetzungen. Diese reichen von Studien über Fragen der Repräsentation der MuslimInnen (Sticker 2008; Hafez 2016a), der zivilgesellschaftlichen Bedeutung der IGGÖ (Hafez 2013), der Rolle des von der IGGÖ organisierten islamischen Religionsunterrichts (Potz 2003; Khorchide 2009; Hafez 2015; Shakir 2011, 2012, 2019; Shakir & Hafez 2012; Shakir & Topalovic 2017) bis hin zu einer Neubewertung der geschichtlichen Werdung der IGGÖ (Dautović 2019a, 2019b, 2019c). Sie stammen aus politikwissenschaftlicher Feder (Hafez 2016b) ebenso wie aus rechtswissenschaftlicher (Potz 1993, 1998) Sicht und sind immer mehr auch Gegenstand interdisziplinärer Auseinandersetzung (Dautović und Hafez 2019). Insbesondere die Neuordnung der Islampolitik im Zuge des neuen IslamG von 2015 erhielt besondere Aufmerksamkeit (Dautović & Hafez 2015, 2019b; Hafez 2015, 2017a, 2017b, 2017c; Schmid 2014; Schinkele und Pot 2014; Kücükgöl 2015). Ich selbst hatte meine akademische Forschung mit einer Diplomarbeit zur IGGÖ und der Untersuchung ihrer Verbindung zu muslimischen Vereinen begonnen (Hafez 2006) und später immer wieder an der Schnittstelle zu Fragen die IGGÖ betreffend gearbeitet.

In diesem Beitrag soll die Entwicklung der IGGÖ als Institution thematisiert werden. Ich werde mich der Geschichte der IGGÖ und ihrer Rolle im politischen System Österreichs widmen. Für viele Menschen bleibt die IGGÖ nach wie vor eine recht unnahbare Institution und dies trotz der mannigfaltigen Versuche Letzterer (siehe den Beitrag von Amina Baghajati in diesem Sammelband) sowie der Absicht von JournalistInnen und Personen aus der Politik, diese ‚besser verstehen zu wollen,' wie mir oft von dritten Personen herangetragen wurde. In einem ersten Versuch werde ich hier die Entwicklung der IGGÖ als Einrichtung der MuslimInnen beleuchten. Ein spezielles Augenmerk werde ich insbesondere auf die Beziehung dieser zu den vielen unterschiedlichen muslimischen Vereinigungen werfen. Da die IGGÖ hier einem massiven Wandel unterlaufen ist, werde ich vor allem die Rolle und Beiträge des ehemaligen Präsidenten und seiner Ära im Vergleich zu davor wie danach herausarbeiten. Anschließend thematisiere ich die Rolle der IGGÖ im breiteren politischen System Österreichs. Eng mit der Frage verbunden, wer die IGGÖ ist und was sie ausmacht, ist jene nach dem Alleinstellungsmerkmal, die ihre politische Bedeutung respektive fortschreitende Bedeutungslosigkeit kennzeichnet. Sodann widme ich mich der Thematik der veränderten politischen Rahmenbedingungen für die IGGÖ im Zuge einer sich neuformierenden Religionspolitik, die insbesondere unter der Federführung von Sebastian Kurz (Hafez und Heinisch 2018) eine Wendung genommen hat. Hier werde ich insbesondere die Frage der Sicherheitspolitik und der Positionierung der IGGÖ und ihrer unterschiedlichen Körperschaften gegenüber dieser neuen Islampolitik thematisieren. Dieser Beitrag fußt nicht nur auf existierende Forschung. In meiner Person als Kritiker der Islampolitik der Neuen ÖVP, deren weitere Entwicklung vor dem Hintergrund des Abgangs von Sebastian Kurz und der absoluten Mehrheit seiner Vertrauten aus der Politik noch ungewiss ist, hatte ich viele Gespräche, sowohl mit Personen aus Politik und Medien wie auch aus Religion, insbesondere vonseiten der von dieser Politik betroffenen IGGÖ. Auch diese Erfahrungen, die ich in Bezug zu manchen hier geschilderten Vorgängen thematisiere, finden Eingang in diesen Artikel.

Wer ist die Islamische Glaubensgemeinschaft in Österreich (IGGÖ)?

Organisationssoziologisch charakterisiert Niklas Luhmann drei zentrale Merkmale von Organisationen: 1. Mitgliedschaft, 2. Zwecke und 3. Hierarchien (Luhmann 1997: 826–828). Organisationen schaffen Regeln, um Grenzen für die Mitgliedschaft zu entwerfen (Luhmann 1994: 44–45). Ein definierter Zweck schafft der Organisation Legitimität und Mitgliederidentifikation (Luhmann 1973). Zweck und Mitgliedschaft in der IGGÖ leiten sich aus dem IslamG 1912 ab, welches „die Anerkennung der Anhänger des Islams als Religionsgesellschaft" regelt. Dementsprechend waren alle MuslimInnen als Mitglieder der Religionsgesellschaft anerkannt. Der niedergeschriebene Zweck der IGGÖ bestand von Anbeginn in der „Wahrung und Pflege der Religion", wie aus Art. 3 der Verfassung der IGGÖ hervorgeht, in welcher auch die interne Hierarchie beschlossen wurde. Die hier beschriebene Charakterisierung wirft jedoch erste Fragen auf. 1971 lebten in Österreich 8.000 MuslimInnen, 1981 bereits 77.000. Die Bekanntmachung der IGGÖ im Jahre 1979 war das Ergebnis der Anstrengung einer überschaubaren Gruppe von MuslimInnen primär bosnischer Herkunft, die mit Gebetseinrichtungen auch der Pflege ihrer Religion nachgegangen waren. Mit der ansteigenden Immigration, insbesondere aus der Türkei, parallel zur Errichtung der IGGÖ, entstand eine Situation, in welcher die Wahrung und Pflege der Religion abseits des formellen Rahmens der IGGÖ (wie etwa im Falle des Religionsunterrichts an öffentlichen Schulen) stattfand. Anas Schakfeh drückte es einmal so in einem Interview mir gegenüber aus: „Die Verbände, das sind die Vereinigungen, die die Feldarbeit bestellen. Die erhalten die Moscheen" (Schakfeh 2006). Anders gesagt ist die IGGÖ aus meiner Sicht bis 2015 in erster Linie eine religionspolitische Interessensvertretung, die auch als öffentliches Sprachrohr der MuslimInnen auftritt. Der Verband Islamischer Kulturzentren (VIKZ) wurde 1980 formell gegründet, die Islamischen Föderationen (IF) 1988 und die dem Religionsattaché der Türkischen Botschaft unterstehende Türkisch Islamische Union für Kulturelle und Soziale Zusammenarbeit in Österreich (ATIB) 1990 (Hafez 2006: 69–71). Zwar hatten islamische Gemeinschaften, die sich in dem VIKZ und der IF zusammenfanden, bereits zuvor Gebetseinrichtungen. Die Gründung basierend auf dem Vereinsgesetz erfolgte meist aus sehr pragmatischen Gründen wie etwa der Absicht, eine Veranstaltung zu organisieren, was eine Rechtsform voraussetzte. Entscheidend für die Entwicklung der IGGÖ ist die Implikation der Existenz dieser Vereinigungen abseits des IslamG 1912. Die später im UIKZ und der IF sich organisierenden Muslime waren bereits an den ersten Wahlen der IGGÖ beteiligt, stellten aber kein eigenes Personal auf. Und es war dem Handeln der ersten Generation der IGGÖ und hier später insbesondere des ersten und von 1979 bis 1997/1999 amtierenden Präsidenten der IGGÖ, Ahmed Abdelrahimsai, geschuldet, dass diese Gemeinschaften kaum Einfluss auf die Geschicke der IGGÖ nahmen. Abdelrahimsai, der die Geschicke der IGGÖ mit eiserner Hand leitete, versuchte aktiv den Einfluss von unterschiedlichen Fraktionen innerhalb der IGGÖ zurückzudrängen, nicht zuletzt, so scheint es, um seine eigene Position zu stabilisieren (Hafez 2012: 51–56).

Erst nachdem Anas Schakfeh nach Erkrankung von Abdelrahimsai zuerst interimistisch die Geschäftsführung der IGGÖ übernommen hatte, um dann als Präsident gewählt zu werden, wurde 2001 die Verfassung der IGGÖ novelliert und erstmals die muslimischen Vereine formell in die Verfassung inkludiert. Dies beschränkte sich aber lediglich auf ihre Rolle im Beirat der IGGÖ (Art. 39). Informell hingegen war ihre Position gestärkt, da sie Personen aus unterschiedlichen Gemeinschaften mithilfe von Wahllisten antraten und anders als 1979 nicht mehr auf die Wahlhilfe beschränkten, sondern selbst Personal für die Gremien aufstellten. Lediglich eine Vereinigung scherte hier aus: ATIB.

Das Selbstverständnis von ATIB bestand im Wesentlichen darin, die legitime Vertretung aller türkisch-stämmigen MuslimInnen zu sein, die in der IGGÖ eine Konkurrenz erblickte. 1983 äußerte sich der türkische Botschafter kritisch gegenüber dem von der IGGÖ eingeführten Religionsunterricht wie folgt:

> Die Erteilung des Religionsunterrichts an türkische Schüler durch Personen, die keine türkische Staatsbürgerschaft haben und deren […] Qualifikationen nicht durch unsere amtlichen Stellen festgestellt worden sind, oder gar durch Religionsbeauftragte einer anderen Nation ist in höchstem Maße bedenklich. (zit. n. Hafez 2012: 67)

Am Ende sprach dieser eine Empfehlung aus, den an öffentlichen Schulen angebotenen Religionsunterricht der IGGÖ zu boykottieren. So boykottierte auch im Jahr 2000 ATIB die Wahlen der IGGÖ, da sie sich nicht mit anderen Vereinigungen einigen konnte, eine gemeinsame Wahlliste zu formen. Eine Notiz der US-amerikanischen Botschaft vom 5. Februar 2009, die auf Wikileaks zu finden ist, berichtet davon, dass der türkische Botschafter Selim Yenel erzählt, die österreichische Regierung immer wieder darüber gewarnt zu haben, dass die IGGÖ „die schlimmste Form des Islams" (gemeint Wahhabismus) fördere, was Yenels Ansicht nach wiederum der Integration schaden würde (Wikileaks 2009). Dies sollte sich bei der Wahl 2011 ändern. ATIB nahm nicht nur Teil, sondern sollte mit dem aus der IF kommenden Kandidaten Fuat Sanac auch den dritten Präsidenten der IGGÖ stützen. Der ihm von 2016 bis 2018 folgende Präsident Ibrahim Olgun kam aus den Reihen der ATIB selbst. Und ATIB stützte auch die Präsidentschaft des darauffolgenden Ümit Vural aus den Reihen der IF, der seither im Amt ist. Während also die ersten drei Jahrzehnte Personen, die unabhängig von Vereinigungen waren, an der Spitze der IGGÖ standen, sollte ab 2011 die Ära der muslimischen Gemeinschaften beginnen und noch expliziter die Führung der türkisch-stämmigen Vereinigungen. Mit dem IslamG 2015 und der damit einhergehenden neuen Verfassungsordnung wurde auch ein Prinzip in der internen Verfassung der IGGÖ gestrichen, welches keine Dominanz einer ethnischen Gruppe erlauben sollte. Von Beginn an gab es eine Klausel, dass nicht mehr als 30 Prozent einer ethnischen Gruppe einem Gremium angehören dürfen. Diese Beschränkung wurde bereits in der Verfassung von 2011 auf 40 Prozent gehoben und 2015 nach Eintritt des neuen IslamG vollständig gestrichen. Die seither anhaltende türkische Dominanz ist nicht zuletzt ein Ergebnis dieser Verfassungsnovellierungen.

Mit dem IslamG 2015 wurde ein vollständiger Paradigmenwechsel vorgenommen. Die Vereine sollten aufgelöst werden. Muslimisch-religiösen Vereinen war es mit dem IslamG 2015 nur mehr noch möglich, basierend auf dem IslamG und nicht mehr auf dem VereinsG eine Einrichtung zu gründen. Das führte mitunter dazu, dass muslimische Gemeinschaften wie der VIKZ, die IF oder ATIB wie auch eine Reihe zwischenzeitlich neu entstandener Gemeinschaften der albanischen, bosniakischen, pakistanischen, arabischen und multikulturellen Vereine sich als Kultusgemeinden der IGGÖ neu konstituierten. Damit war die IGGÖ nicht mehr primär eine religionspolitische Interessensvertretung gegenüber den staatlichen Behörden sowie in der Öffentlichkeit. Die Wahrung und Pflege der Religion wurde mit der Inklusion von Moscheeeinrichtungen und auch Kultusgemeinden, die jeweils mehrere Moscheen organisieren, zum Kernauftrag. Gleichzeitig erhielten mit dem IslamG nicht nur die Kultusgemeinden als Körperschaften öffentlichen Rechts, sondern auch die IGGÖ einen enormen Machtzuwachs.

Eine Debatte, die zwischenzeitlich die öffentliche Diskussion prägte, war jene des Vertretungsanspruches. Während das IslamG 1912 ein Gesetz der Anerkennung aller MuslimInnen als Religionsgesellschaft in Österreich war, wurde in der Öffentlichkeit von kleineren, opponierenden Gruppen immer mehr angezweifelt, dass die IGGÖ diesen Alleinvertretungsanspruch einnehmen könne (Hafez 2016a: 383). Dem vorausgegangen war eine wachsende Bedeutung der IGGÖ, welche insbesondere in der Zeit von Abdelrahimsai auf den Erhalt des Religionsunterrichts beschränkt war, mit Anas Schakfeh dann aber nicht nur eine Professionalisierung ebendieses erhielt (Stichwort Gründung einer LehrerInnenausbildung mit Gründung der Islamisch Religionspädagogischen Akademie), sondern auch verstärkt an öffentlichen Debatten teilnahm und somit Teil des öffentlichen Diskurses wurde. All dies machte die IGGÖ zu einer begehrteren wie auch umkämpften Institution. Der Alleinvertretung aller MuslimInnen stand ein de facto verschwindender Teil in der tatsächlichen Repräsentation gegenüber. 2001 und 2002 nahmen 5.000 Personen an den Wahlen teil, was die Diskrepanz zwischen der „zugeschriebenen Mitgliedschaft" vs. einer „erworbenen und bejahenden Mitgliedschaft" (Luhmann 1994: 296) verdeutlicht. Schakfeh war es wichtig, diesen Vorwurf zu entkräften, und so wurde eine Mitgliederrekrutierung in Angriff genommen, die zu einer Registrierung von 125.000 Mitgliedern (von damals geschätzten 500.000 MuslimInnen) im Jahre 2011 führte, woran an den Wahlen 25.000 Personen teilgenommen hatten.

Eine einschneidende Bedeutung im Hinblick auf die Frage der Repräsentativität hatte das VfGH-Erkenntnis vom 1. Dezember 2010, das die Gründung von mehr als nur einer islamischen Religionsgesellschaft erlaubte (VfGH 2010). Basierend darauf wurde die Islamisch-Alevitische Glaubensgemeinschaft in Österreich (ALEVI) 12 Tage danach als Bekenntnisgemeinschaft und am 22. Mai 2013 als Religionsgesellschaft anerkannt. Trotz der Tatsache, dass die ALEVI basierend auf dem AnerkennungsG 1978 und nicht auf dem IslamG 1912 anerkannt wurde, sollte das IslamG 2015 entgegen dem Protest der IGGÖ die IGGÖ und die ALEVI sowie weitere zukünftige islamische Religionsgesellschaften regeln (Dautović & Hafez 2015: 2019b). Wie Richard Potz in seinem Beitrag in diesem Band schreibt:

> Das formale Konzept dieses Gesetzes unterscheidet sich grundsätzlich von den anderen Sondergesetzen für Kirchen und Religionsgesellschaften. Es regelt erstens nicht nur die externen Rechtsbeziehungen einer, sondern zweier bestehender Religionsgesellschaften.

Das Alleinstellungsmerkmal der IGGÖ war damit vollständig gebrochen, was weniger für das innerreligiöse Leben als für die Interessensvertretung der MuslimInnen fundamentale Konsequenzen nach sich zog. Ein interessantes Detail am Rande ist, dass die ALEVI, nachdem sie anerkannt wurde und im Zuge des IslamG Privilegien wie theologische Professuren an der Universität Wien erhielt, die Bezeichnung ‚Islamisch' aus ihrem Namen strich und seither als Alevitische Glaubensgemeinschaft in Österreich existiert.

Die Islamische Glaubensgemeinschaft als politische Akteurin

In einem Forschungsprojekt, das ich von 2008 bis 2010 mit Richard Potz am Institut für Rechtsphilosophie, Religions- und Kulturrecht an der Universität Wien durchgeführt hatte, sind folgende Schlussfolgerungen festgehalten (Hafez und Potz 2010): Mit der IGGÖ hatte die Republik Österreich lange Zeit eine einzige Ansprechpartnerin für Fragen des Islams. Kirchenrechtliche Angelegenheiten wurden alleine mit der IGGÖ behandelt. Dies erlaubte der IGGÖ einen Grad an Partizipation. Die Kooperationen zwischen dem Staat und der IGGÖ begrenzen sich jedoch oftmals auf symbolische Akte und finden keine nachhaltige Form der Institutionalisierung. So müsste etwa aufgrund des Paritätsprinzips die IGGÖ ebenso ein Begutachtungsrecht bei Gesetzen sie betreffend haben wie andere Kirchen und Religionsgesellschaften dies auch haben. Die höchste Parität ergibt sich im Bereich Bildung, in dem die Institutionalisierung der Anliegen der IGGÖ am weitesten fortgeschritten ist. Beispiele für symbolische Inklusion sind etwa der Österreich-Konvent, zu dem die IGGÖ im Nationalrat eine Stellungnahme zur Frage von Religion in der Verfassung abgab. Im Falle des 2004 novellierten Tierschutzgesetzes wurde der IGGÖ hingegen erst kein Begutachtungsrecht gegeben und lediglich nach Intervention seitens der Israelitischen Kultusgemeinde Wien und der IGGÖ deren Positionen angehört und später auch als Gutachten herangezogen. Diese Intervention sei geglückt, da die IKG und die IGGÖ ihre Interessen durchsetzen konnten. Jedoch erst nach Intervention. Der IGGÖ fehlte es gleichzeitig an einer sozialen Basis, aus der sie direkt schöpfen könnte und litt unter einer Knappheit an fachlich ausgebildetem Personal. In vielen Bereichen ist aus dem Paritätsprinzip ableitend eine Diskriminierung festzustellen. Trotz des Wachstums der Anzahl der MuslimInnen, die 2010 bereits größer als die Evangelische Kirche ist, gibt es aus Perspektive des Religionsrechts deutliche Benachteiligungen. Die Frage der *Politischen Kultur* scheint hier Signifikanz zu erhalten. Während das für Österreich typische Konkordanz-System auch in Bezug auf Kirchen und Religionsgesellschaften gilt, scheint in Bezug auf die IGGÖ eine Mischung zwischen Konkordanz und Konkurrenz vorzuherrschen.

Die Situation veränderte sich nach 2010 nicht zum Besseren. Zwar gab es bereits unter Anas Schakfeh, erstmals im Jahre 2003, die Absicht, das IslamG 1912 zu novellieren (Schakfeh 2014).[1] Erst mit der Etablierung eines neuen Integrationsstaatssekretariats 2011 wurde dieser Prozess in Gang gebracht. Am 23. Jänner 2012 wurde das Dialogforum Islam gestartet, das eine „Dialogplattform mit Mus-

---

1 Interview mit Anas Schakfeh am 13.10.2014

liminnen und Muslimen zu etablieren" (Kurz 2012)² suchte, die sich an Politik, Verwaltung und Zivilgesellschaft richtete. Damit sollte also ein Rahmen für den Dialog zwischen der nun von Präsident Fuat Sanac geführten IGGÖ und verschiedenen staatlichen Behörden gegeben sein. Schakfeh schlug in seinen letzten Tagen als Präsident der Bundesinnenministerin Maria Fekter noch das Angebot ab, eine Islamkonferenz nach bundesdeutschem Modell zu gestalten. Seine Position beruhte auf der Argumentation, wonach die IGGÖ mit dem Kultusamt eine eindeutige Ansprechpartnerin aufseiten staatlicher Behörden habe. Dies würde ein Dialogforum obsolet machen. Schließlich war die Deutsche Islamkonferenz ja genau deswegen geschaffen worden, um eine Struktur zu entwerfen (Schakfeh 2014).³ Der dritte Präsident der IGGÖ hingegen nahm das Angebot an und das Dialogforum wurde offiziell von den beiden Institutionen getragen. Schließlich fand die Absicht, das IslamG 1912 zu novellieren, Eingang in das offizielle Arbeitsprogramm der Österreichischen Bundesregierung für die Jahre 2013–2018. Darin heißt es, in der Novellierung sei nach den „Grundsätzen der Parität, staatlicher Neutralität, der Selbstverwaltung und Selbstfinanzierung vorzugehen" (Republik Österreich 2013).⁴ Nachdem das IslamG zuerst geleaked wurde und anschließend im Oktober 2014 einer breiteren Öffentlichkeit präsentiert wurde, waren insbesondere die Gremien der IGGÖ selbst überrascht. Es schien, als habe Sanac die Verhandlungen an den Gremien vorbeigeführt, und eine Welle des Protestes formierte sich (Hafez 2017a). Schlussendlich setzte die Regierung ihren Willen durch, dies jedoch mit dem Einverständnis der Gremien, die sich nach außen zwar dem Protest der Jungen anschlossen und sogar eine kritische Stellungnahme verfasst hatten, letztendlich aber nachgaben. Sanac meinte in einem Interview danach zu mir: „Wir müssen erkennen, dass wir die schwächere Partei sind und mit dem, was wir haben, zufrieden sein" (Sanac 2015). Es steht auch dieses Zitat sinnbildlich für den Paradigmenwechsel, der in der Führung der IGGÖ stattgefunden hat.

Mit dem IslamG 2015 wurde, wie bereits im vorherigen Kapitel erörtert, das Ende des Alleinvertretungsanspruchs gesetzlich zementiert. Als Sebastian Kurz als Stimmungsführer in Integrationsfragen ab dem Jahr 2011 und insbesondere als neuer Parteiobmann einer umgefärbten und umbenannten Volkspartei sowie später als Bundeskanzler die Islamagenden an sich riss und zu einem wichtigen Pfeiler im politischen Wettbewerb machte, sollte auch die Islampolitik maßgeblich umgestaltet werden. Während Wolfgang Schüssel auf Aussagen seines damaligen

---

2 Sebastian Kurz, Vorwort, in: Zwischenbericht Dialogforum Islam, Bundesministerium für Inneres, 2012, 2.
3 Interview mit Anas Schakfeh am 13.10.2014
4 Republik Österreich, Arbeitsprogramm der österreichischen Bundesregierung 2013–2018. Erfolgreich Österreich, Wien: Dezember 2013, https://www.bka.gv.at/DocView.axd?CobId=53624 [letzter Zugriff: 09.10.2014], S. 28.

blauen Koalitionspartners zur Einführung eines Kopftuchverbots noch meinte, man brauche nicht jede Idee aus Deutschland nachahmen, sollte Sebastian Kurz jede freiheitliche Politikidee übernehmen. Dies mündete letztendlich darin, dass es unter SPÖ-ÖVP 2017 noch zu einem Gesichtsverschleierungsverbot kam. 2018 folgte unter ÖVP-FPÖ-Koalition ein Kopftuchverbot im Kindergarten im Rahmen einer 15a-Vereinbarung zwischen Bund und Ländern, sodann ein Kopftuchverbot in der Volksschule. Die Regierung schloss medienwirksam Moscheen, die der IGGÖ zugehörig waren (wobei dies – wie medial nicht verbreitet wurde – auf Betreiben der IGGÖ selbst zurückzuführen war und unter der Führung von Olgun im Wesentlichen arabische Moscheen betraf) (VGW 2019: 4–5). Es folgten Verschärfungen im SymbolG, eine Ausweitung auf nicht als ‚terroristisch‘ eingestufte Gemeinschaften. Und letztendlich sollte mit der Operation Luxor eine eineinhalbjährige Ermittlung ihren Höhepunkt in der Razzia von 70 Beschuldigten finden, die primär Angehörige der muslimischen Zivilgesellschaft traf. All diese Maßnahmen und Gesetze wurden im Namen des Kampfes gegen den sogenannten politischen Islam und/oder einer angeblichen Zugehörigkeit zur Muslimbruderschaft legitimiert, auch wenn die IGGÖ sich in den meisten Fällen zumindest rhetorisch öffentlich oder mit Stellungnahmen gegen diese Maßnahmen und Gesetze stellte.[5]

Aber die Tatsache, dass diese Gesetze möglich waren und dem Gesetzgeber keine Anhörung der IGGÖ mehr als notwendig erschien, verdeutlicht die schlagartige Irrelevanz, welche die IGGÖ insbesondere mit dem IslamG 2015 erhielt. Die politische Bedeutungslosigkeit war mit diesem Gesetz besiegelt, da es explizit nicht lediglich wie das Gesetz von 1912 auf die Anerkennung einer Religionsgesellschaft aller MuslimInnen Bezug nahm, sondern die ALEVI und die IGGÖ als zwei gleich relevante Religionsgesellschaften regelte. Regelungen die Gesamtheit der MuslimInnen betreffend konnten damit rhetorisch immer mit dem Verweis, dass die IGGÖ ja nicht für alle MuslimInnen spreche, abgetan werden.

Die IGGÖ war insbesondere in der Ära von Abdelrahimsai und Schakfeh aber immer auch ein Garant für kooperatives Handeln. Auch dies änderte sich, insbesondere in der Ära des jetzigen Präsidenten Ümit Vural. In einer Untersuchung der strategischen Anwendung des Begriffspaares ‚politischer Islam‘ aufseiten der Neuen ÖVP unter Kurz durch Regierung sowie Behörden zeigt sich die veränderte Wahrnehmung der IGGÖ durch die Sicherheitsbehörden, weg von der Partnerschaft, hin zur Gefahr (Hafez 2022a). So kann das Begriffspaar ‚politischer Islam‘ in keinem der Verfassungsschutzberichte des Bundesamtes für Verfassungsschutz und

---

5 Nicht nur das Beispiel der Moscheeschließungen zeigt, dass es IGGÖ-intern auch darum ging, den eigenen Machtausbau zu stärken. So wird der ehemalige Präsident der IGGÖ, Ibrahim Olgun, in einem Urteil des Oberlandesgericht Graz mit den Worten zitiert, dass es "am aller wichtigsten [war], dass ich den Einfluss von der MJÖ in der IRPA verringere (OLG Graz 2023: 6).

Terrorismusbekämpfung (BVT, heute DSN, Direktion für Sicherheit und Nachrichtendienst) von 2002 bis 2017 gefunden werden. Termini wie ‚Islamismus' und für militante Formen ‚Dschihadismus' sind hier erwähnt. Im Bericht von 2002 wird ganz im Gegenteil die gesetzlich abgesicherte Rolle der IGGÖ als wichtige „Integrationskraft" dargestellt. Im Verfassungsschutzbericht für das Jahr 2004 wurde die Institutionalisierung des Islams gar als beispielhaft erwähnt: „Positive, einer Radikalisierung entgegenwirkende Effekte werden weiterhin vom verhältnismäßig hohen Grad an Integration und Institutionalisierung des Islam in Österreich ausgehen" (BVT 2005: 68). Insgesamt wird die IGGÖ als Sicherheitsgarantin betrachtet. Dies änderte sich mit dem Verfassungsschutzbericht für das Jahr 2018, nachdem Sebastian Kurz bereits die Kanzlerschaft innehatte. Erstmals wurde nicht nur eine Begrifflichkeit eingeführt, welche aus dem politischen Diskurs der Neuen ÖVP kam. Zudem wurde die IGGÖ nun als Feld islamistischer AkteurInnen definiert. So heißt es darin:

„Islamistische Akteure kümmern sich nicht ausschließlich um Angelegenheiten eines religiösen Kultus in muslimischen Gemeinden wie etwa den Betrieb von Gebetsräumen (Moscheen), das Angebot von muslimischem Religionsunterricht an Schulen, die Durchführung einer muslimischen Religionslehrerausbildung an Hochschulen oder die Organisation von muslimischen Begräbnissen in Österreich" (BVT 2019: 15).

Was hier als Aktionsfelder islamistischer AkteurInnen bezeichnet wird, sind zentrale Aufgabenbereiche von anerkannten Kirchen und Religionsgesellschaften, die diesen vorenthalten sind. Diese Umdeutung sollte die Grundlage darstellen, um einerseits am 9. November 2020 eine Razzia gegen den ‚politischen Islam', vermeintliche Mitglieder der Muslimbruderschaft und der HAMAS, basierend auf dem Verdacht der terroristischen Vereinigung durchzuführen. Während diese Razzia als rechtswidrig erklärt wurde (Thalhammer 2021) und die Untersuchungen gegen mehrere Beschuldigte in der Zwischenzeit eingestellt wurden (darunter auch den erst nach der Razzia als Beschuldigten geführten Anas Schakfeh) (Marchart 2021), demonstrieren diese Vorgänge eine deutliche Verschiebung im Verhältnis staatlicher Behörden gegenüber religiös organisierten MuslimInnen. Aber selbst nach dieser Razzia wurde der politische Islam zu einem Straftatbestand erhoben, wenn auch verklausuliert in dem Begriff „religiös motivierter Extremismus" (Parlament 2021), obwohl die EU-Grundrechteagentur FRA MuslimInnen als Opfer von ausufernder Terrorgesetzgebung in der EU sieht (FRA 2021).

Während die kurzzeitige Führung der IGGÖ unter Olgun sich in Protest in Form von Stellungnahmen und öffentlichen Äußerungen übte, aber keinen Erfolg zeitigte, ist die Präsidentschaft von Vural von starken Worten ohne Taten gekennzeichnet. Er ist in gewissem Maße das muslimische Pendant zu Sebastian Kurz, der im Zeitalter der Sozialen Medien viel auf Außendarstellung setzt, in den Handlungen im Wesentlichen auf den Ausbau seiner Macht konzentriert ist. So wurden etwa interne kritische Stimmen, die den Machtausbau der herrschenden Kultusgemeinden kritisierten und zudem rechtlich gegen die wachsenden Machtbefugnisse des Kultusamtes im Bundeskanzleramt vorgingen (KMM 2020), während die mächtigen Kultusgemeinden sich dieser hingaben, ausgeschlossen. So wurde etwa der Vertreter der Kultusgemeinde Multikulturelle Moscheegemeinden als Repräsentant einer von 12 Kultusgemeinden vom Obersten Rat, dem Exekutivorgan der IGGÖ, ausgeschlossen. Der Öffentlichkeit verkauft wurde diese Ausgrenzung und Machtstabilisierung als Erhöhung der Frauenquote (IGGÖ 2022).

Mit der Machtstabilisierung türkisch-gefärbter Kultusgemeinden und insbesondere dem Eintritt der ATIB dürfte insbesondere aufseiten der österreichischen Behörden die Skepsis gestiegen sein. Ein Grund, warum bei inneren Streitigkeiten ganz klar Abdelrahimsai, der aus der Polizeischule kam und beste Kontakte ins Innenministerium pflegte, bevorzugt wurde, was der Eindruck, den der erste Präsident der IGGÖ bei den Beamten hinterließ: Die Staatspolizei im Innenministerium befürchtete, dass es Bestrebungen ausländischer Gruppen gab, deren Einfluss Abdelrahimsai zurückzudrängen wusste. Vertreter des Kultusamtes vermuteten damals bereits Einflussnahme der iranischen und türkischen Botschaft (Hafez 2012: 54–55). Mit der Präsidentschaft von Olgun als Mann der ATIB, die als verlängerter Arm des türkischen Religionsministeriums wahrgenommen wird, sowie des von der IF stammenden Vural, dessen Ablichtung mit dem Gründer der Millî Görüş-Gemeinschaft Necmettin Erbakan für Aufregung sorgte, verkörperte die IGGÖ nunmehr die Manifestation des transnationalen ‚politischen Islams' (Hafez 2022b), der entsprechend der kolonialen Tradition als Gefahr zu sehen war (Hafez 2022c).

Die in der Kurz II-Regierung im Juli 2020 gegründete Dokumentationsstelle Politischer Islam widmete sich dem Feindbild ‚politischer Islam' und brachte in den ersten beiden Jahren ihrer Existenz Berichte über mehrere Kultusgemeinden der IGGÖ heraus. Diese problematisierten unterschiedliche Aspekte dieser Kultusgemeinden im Hinblick auf deren vermeintliche ideologischer Herkunft, Auftritte ihrer VertreterInnen in Sozialen Medien sowie Veranstaltungen und Freitagspredigten. Mit diesem Kurs zeigte die Regierung Kurz II, dass die IGGÖ ihren Status als konstruktive Gesprächspartnerin weitgehend verloren hat und nunmehr unter der Skandalisierung des sogenannten politischen Islams problematisiert werden sollte.

Conclusio und Ausblick

In diesem Beitrag habe ich versucht, die Geschichte der IGGÖ und ihre Rolle im politischen System Österreichs etwas zu beleuchten. Der historische Riss hat es ermöglicht, die Vielschichtigkeit der IGGÖ und ihre Beziehung zu unterschiedlichen muslimischen Gemeinschaften aufzuzeigen wie auch Trends in der Entwicklung der Rolle dieser Gemeinschaften sowie die Auswirkung dieser Trends auf die Führungsebene auszumachen. Weiters habe ich die veränderten politischen Rahmenbedingungen für die IGGÖ im Zuge einer sich neuformierenden Islampolitik unter Sebastian Kurz thematisiert, mit welcher eine Neuverortung der IGGÖ und nach 2015 auch ihrer Kultusgemeinden einhergegangen ist. Am Beispiel der Sicherheitspolitik konnte diese Veränderung gezeigt werden.

Der Abgang von Sebastian Kurz sowie seinen engsten Vertrauten aus der Politik (Votzi 2022) wirft die Frage auf, wie es nun mit der Islampolitik weitergeht. Einerseits haben die Gerichte die meisten Maßnahmen und auch einige Gesetze der türkisen Islampolitik infrage gestellt. So wurde die Schließung von sieben Moscheen acht Monate später vom Wiener Verwaltungsgericht als rechtswidrig aufgehoben (Kocina 2019). Das Kopftuchverbot wurde vom Verfassungsgerichtshof aufgehoben (VfGH 2020). Und die Operation Luxor fällt in sich zusammen (Thalhammer 2022; Hafez 2023). Zugleich signalisierten die alten Granden der ÖVP, dass sie die Islampolitik der Kurz-Ära nicht weiterführen würden. In diese Richtung deutet beispielsweise die 15a-Vereinbarung zwischen Bund und Ländern, die ehemals das Kopftuchverbot enthielt, und in der Ära von Karl Nehammer nicht mehr weitergeführt wurde (APA 2022). Gleichzeitig ist eine von zwei aus der Kurz-Zeit stammende Personalie auf Ministerebene, Susanne Raab, nach wie vor im Amt und als wichtigste Kontaktperson zur Dokumentationsstelle Politischer Islam weiterhin im Sinne der türkisen Islampolitik aktiv. Dass nach der Operation Luxor der politisch Verantwortliche und ehemalige Innenminister Bundeskanzler wurde, macht eine Rekonziliation nicht leichter. Dass die ehemalige Kluft zwischen der Türkei und Österreich im Zuge der gestiegenen Bedeutung Erdoğans etwas geglättet wird, kann insbesondere das Verhältnis der politischen Behörden zu den türkisch-geprägten Kultusgemeinden und damit der türkisch-dominierten IGGÖ verbessern. Ob es das Verhältnis zum Rest der MuslimInnen zum Positiven verändert, bleibt offen. Nimmt man das Beispiel der medial von Kurz, Strache, Kickl und Blümel orchestrierten Moscheeschließung, die sich rhetorisch gegen ATIB-Moscheen richtete, de facto aber arabischsprachige Moscheen betraf und sogar von der IGGÖ initiiert wurde, als Blaupause für die kommende Ära, dann ist wenig Hoffnung in eine weitere Autokratisierung der IGGÖ gepaart mit populistischer Politik zu setzen. Sollte die populistische Politik jedoch ein Ende finden, was ein Ende von Institutionen wie der Dokumentationsstelle voraussetzen würde, dann könnte auch ein Weg der Rekonziliation gegangen werden, der wiederum Gespräche zu mehr Parität und damit mehr Gleichheit ebnen könnte.

Literatur

APA: ‚Kein Kopftuchverbot in neuer 15a-Vereinbarung.' in: Wiener Zeitung. 19. Mai 2022. https://www.wienerzeitung.at/nachrichten/politik/oesterreich/2148037-Neue-15a-Vereinbarung-fast-fertig.html, letzter Zugriff: 19.12.2022.

BVT: Bundesamt für Verfassungsschutz und Terrorismusbekämpfung, Wien, 2005, https://www.dsn.gv.at/501/files/VSB/Verfassungsschutzbericht_2005_Berichtszeitraum_2004.pdf, letzter Zugriff: 03.02.2022.

BVT: Bundesamt für Verfassungsschutz und Terrorismusbekämpfung. Verfassungsschutzbericht 2018, Wien 2019, https://www.dsn.gv.at/501/files/VSB/Verfassungsschutzbericht_2018.pdf, letzter Zugriff: 03.02.2022.

Dautović, R.: „Der völkerrechtliche Hintergrund der Anerkennung der islamischen Glaubensgemeinschaft in Österreich.", in: Hafez, F./Dautovic, R., 2019. Die Islamische Glaubensgemeinschaft in Österreich. 1909–1979–2019: Beiträge zu einem neuen Blick auf ihre Geschichte und Entwicklung, 2019, S. 45–72.

Dautović, R.: 40 Jahre seit Wiederherstellung der IRG-Wien. Warum die Islamische Religionsgemeinde Wien nicht erst 1979 gegründet wurde, in: Hafez, F./Dautovic, R.: Die Islamische Glaubensgemeinschaft in Österreich. 1909–1979–2019: Beiträge zu einem neuen Blick auf ihre Geschichte und Entwicklung, 2019, S. 99–124.

Dautović, R.: 40 Jahre Islamische Glaubensgemeinschaft in Österreich? Vom historischen Missverständnis zu Alter und Wesen der IGGÖ, in: Hafez, F./Dautovic, R.: Die Islamische Glaubensgemeinschaft in Österreich. 1909–1979–2019: Beiträge zu einem neuen Blick auf ihre Geschichte und Entwicklung, 2019, S. 175–186.

Dautović, R./Hafez, F.: „BürgerIn zweiter Klasse? Der Gesetzesentwurf zum Islamgesetz 2014", in: Jahrbuch für Islamophobieforschung 2015, S. 26–54.

Dautović, R./Hafez, F.: ‚Institutionalising Islam in Contemporary Austria: A Comparative Analysis of the Austrian Islam Act of 2015 and Austrian Religion Acts with Special Emphasis on the Israelite Act of 2012', in: Oxford Journal of Law and Religion, Volume 8, Issue 1, February 2019, S. 28–50.

FRA: Directive (EU) 2017/541 on Combating Terrorism Impact On Fundamental Rights And Freedoms, 2021, https://fra.europa.eu/sites/default/files/fra_uploads/fra-2021-directive-combating-terrorism_en.pdf, letzter Zugriff: 19.12.2022.

Hafez, F.: „Das IslamG im Kontext islamophober Diskurse. Eine Policy Frame-Analyse zum Politikgestaltungsprozess des IslamG 2015", in Juridikum 2/2015, S. 160–165.

Hafez, F.: ‚Muslim Protest against Austria's Islam law. An Analysis of Austrian Muslim's Protest against the 2015 Islam Law', in: Journal of Muslim Minority Affairs, Vol. 37 , Issue 3, 2017, S. 267–283.

Hafez, F.: „Debating the 2015 Islam Law in Austrian Parliament: Between Legal Recognition and Islamophobic Populism", in: Discourse and Society, Vol. 28, Issue 4, 2017, S. 392–412.

Hafez, F.: „Demokratisches Religionsrecht? Das Islamgesetz 2015 vor dem Hintergrund österreichischer Demokratiequalität." in: Fortin-Rittberger, Jessica/ Gmainer-Pranzl, (Hg.):

Demokratie. Ein interdisziplinäres Forschungsprojekt, Reihe: Salzburger interdisziplinäre Diskurse, 2017.

Hafez, F.: „Criminalising Muslim political agency from colonial times to today: the case of Austria.", in: Bakali, Naved/Hafez, Farid (Ed.): The rise of global Islamophobia in the War on Terror. Coloniality, Race, and Islam, 2022, S. 98–113.

Hafez, F.: Das Dispositiv ‚Politischer Islam' in der österreichischen Bundespolitik, in: Frankfurter Zeitschrift für Theologische Studien (in Erscheinung) 2022.

Hafez, F.: „Tausch and political controversies in Austrian media: ‚Political Islam' in the Austrian Debate.", in: Segell, Glenn (Ed.): Development, Globalization, Global Values, and Security. Essays in Honor of Arno Tausch, Cham 2022 (in Erscheinung).

Hafez, F.: Operation Luxor Eine kritische Aufarbeitung der größten Polizeioperation Österreichs. Bielefeld 2023 (in Erscheinung).

Hafez, F./Heinisch, R.: Breaking with Austrian consociationalism: How the rise of rightwing populism and party competition have changed Austria's islam politics, in: Politics and Religion, 11(3) 2018, S. 649–678.

Hafez, F./Shakir, A: Religionsunterricht und säkularer Staat, 2012.

Hafez, F./Potz, R.: Die Islamische Glaubensgemeinschaft und die Republik – Untersuchungen zu Beziehung zwischen der IGGÖ und den Bundesministerien und religionsrechtliche Anmerkungen. Unveröffentlichter Endbericht des Foschungsprojektes ‚The Islamic Religious Community in Austria.' 2010.

Hafez, F.: Die Islamische Glaubensgemeinschaft in Österreich: eine Analyse der Organisationsstruktur unter besonderer Berücksichtigung der Rolle muslimischer Spitzenverbände. Diplomarbeit. Universität Wien 2006

Hafez, F.: Anas Schakfeh. Das österreichische Gesicht des Islams, Wien 2012.

Hafez, F.: Muslimische Aggiornamenti und Denominationalismus in Österreich. Eine Analyse des Fallbeispiels „Islamische Glaubensgemeinschaft in Österreich", in: Nautz, J./Stöckl, K./Siebenrock, R.: Öffentliche Religionen in Österreich–Politikverständnis und zivilgesellschaftliches Engagement. Innsbruck 2013, S. 211–224.

Hafez, F.: „Die österreichische ‚Islam-Lehrer'-Studie. Mediale Berichterstattung und politische Implikationen,", in: Jahrbuch für Islamophobieforschung 2015, S. 100–122.

Hafez, F.: Kleiner Verein oder Vertretung einer Mehrheit: Wer ist die Islamische Glaubensgemeinschaft in Österreich, in: Rupp, J. (Ed.): Der (Alb) traum vom kalifat: ursachen und wirkung von radikalisierung im politischen Islam (Vol. 9). Wien 2016.

Hafez, F.: Ostarrichislam. Gründe der korporatistischen Hereinnahme des Islams in der Zweiten Republik, in: Österreichische Zeitschrift für Politikwissenschaft,45(3) 2016.

IGGÖ: IGGÖ-Führung wird weiblicher: Präsident Vural begrüßt neues Mitglied im Obersten Rat, APA OTS, 20. Juni 2022, https://www.ots.at/presseaussendung/OTS_20220620_OTS0009/iggoe-fuehrung-wird-weiblicher-praesident-vural-begruesst-neues-mitglied-im-obersten-rat, letzter Zugriff: 19.12.2022.

Khorchide, M.: Der islamische Religionsunterricht zwischen Integration und Parallelgesellschaft, 2009.

KMM: Beschwerde der Kultusgemeinde Multikulturelle Moscheeeinrichtungen, Wien, 5. Mai 2022, 2022-0.202.610 KMM/BKA.

Kocina, Erich: Moscheen rechtswidrig geschlossen, in: Die Presse, 14. Februar 2019, https://diepresse.com/home/innenpolitik/5579752/Moscheen-rechtswidrig-geschlossen, letzter Zugriff: 19.12.2022.

Kücükgöl, D.: Das neue Islamgesetz. Modernisierung oder Sondergesetzgebung?, in Khol, A./Ofner, G./Karner, S./Halper, D. (Ed.): Österreichisches Jahrbuch für Politik 2014, Wien, 2015, S. 397–409.

Luhmann, N.: Zweckbegriff und Systemrationalität. Über die Funktion von Zwecken in sozialen Systemen. Frankfurt am Main 1973.

Luhmann, N.: Funktionen und Folgen formaler Organisation, Berlin 1994.

Luhmann, N.: Funktion der Religion. Frankfurt am Main 1997.

Marchart, Jan Michael (2021): Ermittlungen gegen prominenten Akteur in Muslimbrüder-Causa eingestellt, in: Der Standard, 27.12.2021, https://www.derstandard.at/story/2000132152661/ermittlungen-gegen-prominenten-akteur-in-muslimbrueder-causa-eingestellt, letzter Zugriff: 19.12.2022.

Oberlandesgericht Graz: 8 Bs 141/22d, Beschluss, 4. Jänner 2023.

Parlament: Nationalrat beschließt Anti-Terror-Paket, Parlamentskorrespondenz Nr. 852 vom 07.07.2021 https://www.parlament.gv.at/PAKT/PR/JAHR_2021/PK0852/, letzter Zugriff: 19.12.2022.

Potz, R.: Der islamische Religionsunterricht in Österreich, in: de Wall, H./Germann, M. (Hg.), Bürgerliche Freiheit und Christliche Verantwortung, FS Link (70), Tübingen 2003, S. 345–369.

Potz, R.: Überlegungen zum Entwurf eines neuen Islamgesetzes, in: Khol, A./Ofner, G./Karner, S./Halper, D. (Hg.): Österreichisches Jahrbuch für Politik 2014, Wien 2015, S. 361–370.

Potz, R./Schinkele, B.: Stellungnahme zum Entwurf eines Bundesgesetzes, mit dem das Gesetz betreffend die Anerkennung der Anhänger des Islam als Religionsgesellschaft geändert wird (69/ME XXV. GP), 2014, https://www.parlament.gv.at/PAKT/VHG/XXV/SNME/SNME_02154/imfname_372284.pdf, letzter Zugriff: 07.11.2016.

Potz, R.: Die Anerkennung der islamischen Glaubensgemeinschaft in Österreich, in: Schwartländer, J. (Hg.): Freiheit der Religion. Christentum und Islam unter dem Anspruch der Menschenrechte, Mainz 1993, S. 135–146.

Potz, R.: Die Rechtsstellung der Islamischen Glaubensgemeinschaft in Österreich, in: Khoury, A. T./Vanoni, G. (Hg.), „Geglaubt habe ich, deshalb habe ich geredet." FS-Bsteh (65) (Religionswissenschaftliche Studien 47) Würzburg–Altenberge 1998, S. 394–412.

Sanaç, F.: Fuat Sana cim Interview mit Farid Hafez, 19. März 2015.

Schakfeh, A.: Anas Schakfeh im Interview mit Farid Haefz, 2. Juni 2006.

Schima, S.: Gutachten zum Entwurf zum Bundesgesetz, mit dem das Gesetz betreffend die Anerkennung der Anhänger des Islam als Religionsgesellschaft geändert wird, 2,

2014 https://www.parlament.gv.at/PAKT/VHG/XXV/SNME/SNME_02194/imfname_ 372317.pdf, letzter Zugriff: 09.11.2016.

Shakir, A./Topalovic, S.: Kompetenzorientiert und zeitgemäß islamische Religion unterrichten – mit der Schulbuchreihe „Islamstunde". Hikma, 8(1), 2017, S. 6–29.

Shakir, A.: Vorzüge des Religionsunterrichtes für die Identitätsbildung junger Menschen, in: Österreichisches Archiv für Recht & Religion, 58(1), 2011, S. 51–60.

Shakir, A.: Die Bedeutung des konfessionellen Religionsunterrichtes in der öffentlichen Schule – eine islamische Perspektive1, in: Religionsunterricht und säkularer Staat, 2012, S. 111.

Shakir, A.: „Islamischer Religionsunterricht in Österreich – ein Modell für Europa. Islamische Glaubensgemeinschaft in Österreich." In: Hafez, F./Dautovic, R.: Die Islamische Glaubensgemeinschaft in Österreich. 1909–1979–2019: Beiträge zu einem neuen Blick auf ihre Geschichte und Entwicklung, 2019, S. 189–216.

Sticker, M.: Re/Präsentationen: Das Sondermodell Österreich und die Islamische Glaubensgemeinschaft (IGGiÖ), in: Austrian Studies in Social Anthropology, 4, 2008, S. 1–29.

Thalhammer, A.: „Operation Luxor: Razzia laut OLG Graz rechtswidrig.", in: Die Presse, 3. August 2021. https://www.diepresse.com/6016465/operation-luxor-razzia-laut-olg-graz-rechtswidrig, letzter Zugriff: 19.12.2022.

Thalhammer, A.: „Operation Luxor: Ermittlungen zerbröseln.", in: Die Presse, 29. Juni 2022. https://www.diepresse.com/6158636/operation-luxor-ermittlungen-zerbroeseln, letzter Zugriff: 19.12.2022.

VGW: GZ: VGW-101/V/014/11867/2018-5, Verwaltungsgericht Wien, 11. Februar 2019.

VfGH: Verfassungsgerichtshof. GZ: B1214/09, 01. Dezember 2010.

VfGH: Verhüllungsverbot an Volksschulen ist verfassungswidrig, 11.12.2020, https://www.vfgh.gv.at/medien/Verhuellungsverbot_an_Volksschulen_ist_verfassungswid.de.php letzter Zugriff: 19.12.2022.

Votzi, J.: Was wurde eigentlich aus den Kurz-Jüngern? [Politik Backstage], in: Trend, 24. Juni 2022, https://www.trend.at/politik/kurz-juenger-politik-backstage-12601283, letzter Zugriff: 19.12.2022.

Wikileaks: Government of Austria addresses controversy over Islamic Instructions, Public Library of US Diplomacy, 5. Februar 2009, https://wikileaks.org/plusd/cables/09VIENNA124_a.html, letzter Zugriff: 16.12.2022.

Susanne Heine

Symbole, Zeichen und Riten verstehen

Einige Reflexionen über Sprache als Beitrag zu einem fairen christlich-muslimischen Gespräch

1. Brücken bauen

Der englische Religionsphilosoph Ian T. Ramsey hat einmal provokant formuliert, dass es nicht möglich sei, „Gott zur Besichtigung erscheinen zu lassen" (Ramsey 1983, 182). Wäre dem so, müssten sich auch Agnostiker einem solchen Beweis beugen, dem sich der lebendige Gott freilich entzieht. Gott lebt in der Sprache, indem er zu den Menschen spricht, und diese ihm vertrauensvoll antworten können. Sprache, auch religiöse, hat mit Zeichen zu tun, die verstanden werden wollen. Der vorliegende Beitrag stellt die stark erweiterte Neufassung eines Vortrags dar, den ich am 14. Oktober 2016 im Rahmen einer Ringvorlesung zum Thema „Symboldidaktik" an der IRPA[1] gehalten hatte.

Könnten einige Reflexionen über Art und Formen religiöser Sprache, wenn hier auch mit christlichen Beispielen veranschaulicht, formal betrachtet, eine Brücke schlagen zum Verständnis muslimischer religiöser Ausdrucksformen? Und könnte das auch die interreligiöse Verständigung bereichern, an der mir bis heute gelegen ist?

Brücke – Ich habe Anas Schakfeh als einen großen Brückenbauer zwischen der österreichischen Gesellschaft und der Religion des Islams erlebt. Begegnet bin ich ihm zuerst vor fast 30 Jahren, um seine Expertise einzuholen für ein internationales Forschungsprojekt zur Darstellung des Islams in österreichischen Schulbüchern (Veröffentlichung der Ergebnisse in: Heine 1995). Er war damals noch nicht Präsident der „Islamischen Glaubensgemeinschaft in Österreich" (IGGÖ), ist es aber bald darauf geworden.

Die vielen Gespräche mit ihm über religiöse Themen waren für mich eine große Bereicherung. Als Christin habe ich diese Gespräche auch deshalb so geschätzt, weil er aufgrund seiner umfassenden Bildung mich nie mit muslimischen Vorurteilen gegenüber dem Christentum geplagt hat. Nun sind wir beide in die Jahre gekommen, und ich erlaube mir, Anas Schakfeh dankbar einen Begleiter meines Lebensweges zu nennen.

---

1 IRPA: Islamische Religionspädagogische Aus-, Fort- und Weiterbildung der KPH Wien-Krems.

2. Praxis und Poiesis

Jemand denkt über das Thema seiner oder ihrer Masterarbeit nach. Jemand anderer hilft, einen Kinderwagen in die Straßenbahn zu heben. Wieder jemand anderer schreibt ein Gedicht oder deckt einen festlichen Tisch. Alle drei sind tätig, aber auf unterschiedliche Weise.

Der Philosoph Aristoteles hat drei Formen menschlichen Tätigseins unterschieden, die bis heute ihre Gültigkeit haben (Aristoteles, Nikomachische Ethik, VI, 4–5; vgl. Anzenbacher 1981, 215). Zum einen das theoretische Tätigsein des Geistes, der nachdenkt, Erfahrungen reflektiert, Theorien bildet und Wissenschaft betreibt. Zum anderen das praktische Tätigsein, Aristoteles spricht vom sittlichen Handeln, das jederzeit bereit ist, anderen zu helfen. Diese Art des Handelns „erstreckt sich durch den ganzen Verlauf des Lebens", so der Philosoph Rüdiger Bubner (Bubner 1971, 33).

Aristoteles nennt schließlich als Drittes das poietische Tätigsein, das darauf ausgerichtet ist, einen inneren Sinn zum äußeren Ausdruck zu bringen. Seit jeher haben Menschen zur äußeren Darstellung gebracht und auch gemeinschaftlich gestaltet, was sie innerlich bewegt, z. B. eine religiöse Überzeugung. Das poietische Handeln kann darin bestehen, dass Menschen ein Bild oder Ornament malen, Lieder komponieren, ein Gebetshaus bauen oder gemeinschaftlich den Ablauf eines Ritus gestalten. Auch die Sprache unterliegt poietischen Kriterien, wenn jemand ein Gedicht oder einen Roman schreibt, einen Vortrag oder eine Predigt hält und Sprachzeichen in einen verstehbaren und auch ästhetisch ansprechbaren Zusammenhang bringt.

Praktisches Handeln unterscheidet sich vom poietischen dadurch, dass es seinen Wert im laufenden Vollzug des Helfens hat, während der Wert des poietischen in der Qualität dessen liegt, was immer wieder neu an Gestaltungen hervorgebracht wird.[2] Im Leben eines Menschen lassen sich diese drei Tätigkeitsformen zwar nicht strikt voneinander trennen, aber die Unterscheidung kann hilfreich sein, genauer zu erfassen, was es mit Symbolen und Zeichen auf sich hat. Dies gilt besonders für die Religion und den Lebens-Sinn, den sie bereithält. In Sprache und in der Gestaltung von Riten als Zeichenhandlungen bringen Menschen ihre religiöse Überzeugung zum Ausdruck.

Die Definitionen dessen, was Symbole und Zeichen sind, gehen so weit auseinander, dass es wenig Sinn macht, hier die unterschiedlichen Konzepte etwa von Paul Ricœur, Ernst Cassierer, Susanne K. Langer (vgl. Heine 2007) oder des Philosophen und evangelischen Theologen Paul Tillich zu diskutieren. Nun sind

---

[2] Aristoteles kann sich für diese Unterscheidung auf zwei verschiedene griechische Begriffe beziehen: *práttein* (Praxis) und *poieīn* (Poíesis).

Symbole und Zeichen seit den 1980er Jahren praktisch relevant geworden in der Religionsdidaktik. Dabei lassen sich zwei differente Konzepte unterscheiden.

3. Symbole als „Offenbarung"

Das eine Konzept wird vertreten durch den römisch-katholischen Religionspädagogen Hubertus Halbfas, der dem tiefenpsychologischen Ansatz von C. G. Jung folgt. Jung geht von einer archetypischen Struktur des kollektiven Unbewussten aus, das von sich aus und ohne menschliches Zutun Bilder und Symbole hervorbringt, die damit den Charakter einer Offenbarung erhalten (vgl. Heine 2000; Heine 2016a). Demnach konstatiert auch Halbfas:

> Symbole allein vereinen das Bewusste und das Unbewusste, das Gegenständliche und das Spirituelle, das Sichtbare und das Unsichtbare, Konkretes und Allgemeines, das Gesonderte und das Ganze, Gott, Mensch und Welt. Symbole vermitteln zwischen den Zeiten, zwischen dem, was gewesen ist, und dem, was sein kann; zwischen tradierter Erfahrung und eigenem Leben. (Halbfas 1982, 122)

Wie für Jung sind auch für Halbfas Symbole die „[...] spezifische Ausdrucksgestalt religiöser Erfahrung und Kommunikation, ohne deren Verständnis die Religionen in ihrer eigentlichen Mitte nicht erschlossen werden können" (Halbfas 1982, 15). Deshalb lassen sich Symbole auch nicht definieren oder beschreiben, denn dann „sind sie schon um ihre Wirklichkeit gebracht" (Halbfas 1982, 92).

Im Gegensatz zum Zeichen, dessen Bedeutung festgelegt sei, fordert nach Halbfas das Symbol „eine offene Kommunikation heraus" (Halbfas 1982, 116). Denn das Symbol ist für ihn der ganzheitliche Träger einer Sinn-Potenz, die sich von sich aus dem Menschen erschließt: „Indem der Mensch sich in die Bewegung des symbolischen Gefüges stellt, sich von der tendenziellen Ganzheitsrichtung des Symbols erfassen lässt, partizipiert er an dessen Sinnstiftungspotential" (Halbfas 1982, 122; vgl. Halbfas 2010, 444–448; Halbfas 2011, 48–50). Dieses Verständnis von Symbol steht wie auch bei C. G. Jung auf einer ontologischen Grundlage[3] (vgl. Heine 2005: Kap. 8) und d. h.: Es gehört zum „Wesen" des Symbols, seine Bedeutung den Menschen aus sich heraus und selbsttätig kundzutun: das Symbol als „Offenbarung".

---

3 Dahinter steht eine Naturphilosophie, für die seit der Antike der Begriff Metaphysik gebräuchlich war, der Begriff Ontologie wurde erst im 17. Jahrhundert geprägt. Aber beide Begriffe beziehen sich auf die Lehre vom Sein, weshalb es möglich ist, sie synonym zu gebrauchen (vgl. Klein 1993, 8). Der Begriff Metaphysik weckt heute die Vorstellung von irgendeinem „Jenseits" der dem Menschen fassbaren Wirklichkeit, was Jung und mit ihm Halbfas ablehnt (vgl. Jung 1991).

Im Widerspruch dazu bedarf es für Halbfas dann doch der Übung bereits im Kindesalter, damit sich beim Menschen eine Intuition für das Symbol entwickelt (Halbfas 1982, 128, 86), die er das „dritte Auge" nennt: „Mit dem dritten Auge ist jener Blick gemeint, der hinter die Alltagsgestalten dieser Welt sieht, der den geistigen Sinn der Dinge erfasst, das Licht der Finsternis" (Halbfas 1982, Covertext).

Für Halbfas ist im Symbol die Bedeutung des Inhalts nicht festgelegt. Davon lebt die Dichtung, wenn z. B. Paul Celan in seinem Gedicht „Todesfuge" von der „schwarzen Milch der Frühe" spricht. Aber ließe sich ohne den Bedeutungskontext der Schoah verstehen, was damit gemeint ist? Und würde jemand, der das Gedicht nicht kennt, Milch mit der Farbe „schwarz" in Verbindung bringen? Oder würde das Wort Milch von sich aus evozieren, was Celan in seinem Gedicht formuliert? Noch problematischer zeigt sich das Konzept „Symbol als Offenbarung", wenn es um religiöse Bedeutungskontexte geht. Kann ein drittes Auge im Wort „Lamm" oder im Bild eines Lammes Jesus Christus als Lamm Gottes sehen? Oder im Wort Tisch das christliche Abendmahl als Tischgemeinschaft?

Immer wieder spricht Halbfas davon, dass der Symbolsinn eingeübt werden müsse „durch beständigen Umgang mit Symbolen, betrachtend, erzählend, hörend, spielend, handelnd" (Halbfas 1982, 128), was bei einer selbsterschließenden Qualität des Symbols nicht notwendig wäre. Durch den beständigen Umgang aber werden Kinder und Jugendliche mit bestimmten religiösen Inhalten bekannt gemacht; sie wissen dann vom Lamm Gottes oder vom Abendmahlstisch und können diese Worte und Bilder verstehen. Dazu müssen sie freilich das gelernt haben, was die Semiotik die in der jeweiligen religiösen Gemeinschaft verankerten konventionellen Codes nennt.

4. Zeichenprozesse

Das andere Konzept geht von einer sprachwissenschaftlichen Zeichentheorie aus, der Semiotik, und wird vom evangelischen Religionspädagogen Michael Meyer-Blanck vertreten, der sich an Umberto Eco orientiert. Dies nicht aufgrund einer persönlichen Vorliebe, sondern aus religiös-theologischen Gründen, denn: Eine selbstschließende Offenbarung im ontologischen Sinne kann nur von Gott ausgesagt werden, aber nicht von menschlicher Sprache und von dem, was Menschen im Sinne der Poiesis gestalten.

In Ecos semiotischer Zeichentheorie[4] dienen die Zeichen der Verständigung unter Menschen, sind also Kommunikationssysteme und können sich auf Sprache

---

4 Es kann hier nicht darum gehen, das gesamte Konzept von Umberto Eco darzustellen. Im Folgenden werden anhand von Ecos semiotisch-theoretischen Werken, deren Schwerpunkt in den 1970er Jahren liegt (danach folgen Romane, Literaturinterpretationen und Gelegenheitsschriften in mehrfachen

beziehen, schriftliche Texte oder mündliche Rede, auf Mimik und Gestik, aber auch auf Töne, Bilder und Handlungen. Menschen müssen die Zeichen und deren Inhalt, die Botschaft verstehen können, und deshalb stehen in der Semiotik die Mitteilbarkeit und Verstehbarkeit einer Botschaft im Zentrum (Eco 1972, 72). In semiotischer Fachsprache gesagt: Der Signifikant befindet sich in einer Wechselwirkung mit einem Signifikat. Signifikant ist die Form des Ausdrucks eines Zeichens, das Signifikat dessen Inhalt, die Bedeutung. Damit sind Zeichen für Eco das „Produkt einer Reihe von Relationen" und keine „beobachtbare und stabile körperliche Entität" (Eco 1977a, 169).

Eine Botschaft wird dann verstanden, wenn sie beim Empfänger Vorstellungen und auch Handlungen abruft, so dass der Empfänger auf die Botschaft reagieren kann – die Botschaft macht dann „Sinn". Es ist aber auch möglich, dass die Botschaft anders oder nicht verstanden wird. Um die Botschaften „lesen" zu können, ist es notwendig, mit den konventionellen Bedeutungen, den sogenannten Codes vertraut sein, die Eco den gesellschaftlichen „Schatz der kollektiven Vorstellung" nennt (Eco, 2005, 92). Demnach sind Zeichen „gesellschaftliche Kräfte" (Eco 1972, 73). Codes werden gelernt, in einer Gesellschaft, in Institutionen und Gruppen, auch in religiösen, unwillkürlich oder absichtlich in der Schule vermittelt, etwa im Religionsunterricht.

Innerhalb des Prozesses einer regen Zeichenproduktion und -rezeption sind alle Zeichen Träger von Bedeutung, die untereinander in vielfachen Beziehungen stehen. Daraus ergeben sich für Eco die semantischen Einheiten, ein System von Bedeutungsfeldern dessen, „wie eine bestimmte Kultur das wahrnehmbare und denkbare Universum aufgliedert", um es zu verstehen (Eco 1977a, 176), für Eco das „Leben in der Kultur" (Eco 1972, 74–76; Eco 1977a, 180, 187). Sprache, Töne und Gesten sind kulturelle Einheiten, in denen ein Mensch aufwächst, deren Codes er oder sie lernen muss wie Fremdsprachen mit ihren je eigenen Zeichensystemen, in denen verwandte Zeichen oft unterschiedliche Bedeutungen haben.

Für Eco ist es „faktisch unmöglich, dieses System zu definieren, zu beschreiben und zu erschöpfen", nicht nur wegen seines Umfangs, sondern „weil im Kreis der unbegrenzten Semiose die kulturellen Einheiten sich entweder aufgrund neuer Wahrnehmungen oder durch entstehende Widersprüche in ihren Korrelationen beständig neu strukturieren. Die gesellschaftliche Kommunikation hat einerseits etwas Bewahrendes an sich, kann aber andererseits auch neue Vorstellungen hervorbringen" (Eco 1977a, 180, 187 u. ö.). Letzteres trifft für das Kunstwerk zu, das die konventionellen und wahrscheinlichen Bedeutungen der Codes durch Unwahrscheinliches durchbricht, die Zahl der möglichen Bedeutungen absichtlich erhöht

---

Auflagen), diejenigen formalen Strukturen skizziert, die dann auch für religiöse Inhalte von Bedeutung sein können.

und zur Wahl von neuen Bedeutungen herausfordert (Eco 1977b, 121, 124–125; Eco 1985, 149–151), wie oben aus dem Gedicht „Todesfuge" von Paul Celan ersichtlich.

Eco sieht keine grundlegende Differenz zwischen Symbol und Zeichen wie Halbfas (mit C. G. Jung), sondern versteht unter Symbolen einfache Zeichen wie Verkehrsampeln oder chemische Formeln (Eco 2006, 151). Ontologische Aussagen, dass sich in Symbolen das Sein selbst enthülle, lehnt Eco ab (Eco 1977a, 114–115; Eco 1972, 198, 410). Er kann freilich vom „symbolischen Modus" des Zeichens sprechen, wenn dieses aus einer „Nebelwolke von Inhalten" besteht, die alles aussagen können und damit nichts Bestimmtes mehr sagen (Eco 1984, 11); ein anderer Aspekt: Der symbolische Modus verbirgt „sein Sinnpotential gerade hinter dem täuschenden Anschein einer unerklärbaren Offensichtlichkeit", die Fragen aufwirft (Eco 2006, 153).[5]

5. Kontexte

Zeichen können einfach und in einem bestimmten semantischen Feld eindeutig sein, aber auch mehrdeutig. Eindeutige Zeichen nennt Eco auch Symbole oder ikonische Zeichen wie mathematische Formeln oder Wappen (Eco 1972, 211). Dazu lassen sich auch Piktogramme oder Bildzeichen zählen, in der U-Bahn, im Bahnhof oder im Flughafen. Ein roter Kreis mit einem weißen Querbalken verweist darauf, dass es verboten ist, in diese Straße einzufahren; das Piktogramm eines Kinderwagens in der Straßenbahn signalisiert, dass dieser Platz reserviert ist.[6] Mehrdeutige Zeichen haben mit verschiedenen semantischen Feldern zu tun, in denen codifizierte Zeichen unterschiedliche Bedeutungen besitzen können. Eco bringt das Beispiel „Weide", was Baum oder die Grünfläche für grasfressende Tiere bedeuten kann (Eco 1977a, 53–55).[7]

Einige kleine weitere Beispiele: Das Wort „Hase" kann das Tier bedeuten, das in Großmutters Garten in einem Käfig sitzt (Kontext: Lebenswelt); das Hasenbild von Albrecht Dürer in der Wiener Albertina (Kontext: Kunst); der Osterhase (Kontext: religiös assoziiertes Brauchtum).

---

5 Dieses Zitat wird verständlich durch das literarische Beispiel, das Eco damit verbindet, nämlich die grausigen detaillierten Schilderungen der Foltermaschine bei Franz Kafka (in: Die Strafkolonie), die nicht „in ihrer unmittelbaren wörtlichen Bedeutung verstanden werden sollen" (Eco 1989, 122; Eco 2006, 166). Die unerklärbare Offensichtlichkeit evoziert die Fraglichkeit des Menschen.
6 Die Piktogramme, schematisierte Bilder, die in der ganzen Welt verständlich sind, gehen auf den Österreicher Otto Neurath zurück (Neurath 2002). Vgl. Eco 1972, 211.
7 Dabei ist zu beachten, dass ich mit Übersetzungen aus dem italienischen Original arbeite, das andere Beispiele kennt.

Oder: Das Wort Taube kann bedeuten ein bestimmtes fliegendes Tier, das Häuser und Straßen verschmutzt (Kontext: Biologie, Hygiene); das Taubenbild von Pablo Picasso (Kontext: Kunst, Politik: Friedensbewegung); die biblische Erzählung von Noah und der Sintflut, in der die Taube die Rettung vor den Wasserfluten anzeigt (Gen 8,8–12;[8] Kontext: Religion).

Oder das Bild eines Totenkopfes: Auf einer Flasche in der Apotheke signalisiert das Zeichen einen giftigen Inhalt (Kontext: Medizin); auf einer Kappe die Macht zum Töten (Nazi-Uniform, Kontext: Politik); auf einem Grabstein die Endlichkeit menschlichen Lebens; religiös lässt sich das als Warnung für meine Lebenstage lesen: „Herr, lehre uns bedenken, dass wir streben müssen, damit wir klug werden" (Psalm 90,12; Kontext: Religion).

Kontexte können aber auch außerhalb semantischer Felder liegen in den Zeit- und Lebensumständen, innerhalb derer die Kommunikation stattfindet.[9] Bedeutungen, die in einer historischen oder in einer fremden (nicht der eigenen) Kultur gelten, bleiben dann für die je gegenwärtige und eigene unverständlich. Um verstehen zu können, stellt sich daher die Frage: Wer spricht mit wem worüber, aus welchem Anlass, wann und wo und in welcher Sprache? Aus den näheren Umständen ergeben sich dann die Bedeutungen. Dasselbe lässt sich auch für die Rezipienten sagen: Wer hört was von wem, aus welchem Anlass, wann und wo und in welcher Sprache? Das „was" erhält dann seine Bedeutung für die je gegenwärtige Lebens- und Kulturwelt. Daraus können sich neue Codes ergeben, die in das je eigene „Lexikon" Eingang finden.

6. Die Bibel verstehen

Das Gesagte ist vor allem für Schriftliches, für Texte relevant, die in lang zurückliegenden Lebens- und Zeitumständen im Kontext differenter Kulturen und in verschiedenen Sprachen entstanden sind, und dazu zählen religiöse Texte wie die Bibel.[10] Jeder der vielen Überlieferer lebte, dachte, redete und schrieb zu einer

---

8 Alle biblischen Zitate stammen aus der deutschen Übersetzung der Zürcher Bibel von 2007.
9 In der Fachsprache geht es hier um Rhetorik bzw. Pragmatik als praktischem Zeichengebrauch.
10 Aus christlicher Sicht wird keine der biblischen Schriften unmittelbar als Wort Gottes verstanden, sondern als *Zeugnis vom Wort* und *von der Offenbarung* Gottes durch die Propheten und in Jesus Christus. Verfasser und Überlieferer gelten als vom Geist Gottes geleitet, der sie vor Irrtümern bewahrt hat. Daher lässt sich die Bibel nicht mit dem Koran vergleichen. In Kürze mit Nathan Söderblom gesagt: „Was Christus für das Christentum, das ist der Koran für den Islam" (Söderblom 1920, 65). Vergleichbar bleibt, dass auch der Koran gegenüber je gegenwärtigen Kulturen in mehrfachen Differenzen steht: durch lang zurückliegenden Lebens- und Zeitumstände, einen anderen kulturellen Rahmen und durch eine andere Sprache (arabisch).

anderen Zeit, an einem bestimmten Ort, an bestimmte Adressaten in einer bestimmten Situation mit ihren konkreten Fragestellungen.[11] Solche Prozesse lassen sich auch innerhalb der biblischen Texte erkennen: Im Zuge der Überlieferung über einen langen Zeitraum wurde Vergangenes festgehalten und zugleich im Blick auf je gegenwärtige Herausforderungen neu verstanden.[12]

Daher finden sich in der Bibel öfters Dubletten. So wird z. B. vom Auszug des Volkes Israel aus dem Frondienst in Ägypten im 2. Buch Mose (Exodus 12,37–42) sowie im 5. Buch Mose (Deuteronomium 6,21–25) berichtet. Das 5. Buch Mose ist im babylonischen Exil entstanden, in das die Babylonier nach der Zerstörung Jerusalems 587 v. d. Z.[13] die jüdische Oberschicht verschleppt hatten. Repräsentanten der religiösen Gemeinschaft verstanden dies als Strafe für den Götzendienst und sahen ihre Lage als Krisenzeit, da das Volk in Babylonien unter Polytheisten lebte, was wiederum die Gefahr des Abfalls vom Glauben mit sich brachte. Die Überlieferung aus dieser Zeit schärft daher den Ein-Gott-Glauben ein: „Höre, Israel: Der Herr, unser Gott, ist der einzige Herr. Und du sollst den Herrn, deinen Gott, lieben, von ganzem Herzen, von ganzer Seele und mit deiner ganzen Kraft" (Dtn 6,4–5). Die Gemeinde erinnert sich an den Auszug aus Ägypten und hofft darauf, dass Gott sie erneut aus ihrer Gefangenschaft befreit, wenn sie ihm als dem Einzigen vertrauen und dienen; sie hört und liest die Überlieferung aus ihrer aktuellen Perspektive heraus, gibt ihrer Selbstkritik und Hoffnung Ausdruck, und das geht wiederum an verschiedenen Stellen in die biblischen Texte ein.

Das Neue Testament[14] zitiert viel aus dem Alten Testament, das es durch den Bezug auf Jesus Christus als Offenbarergestalt neu versteht (mit Eco gesagt: durch den neuen Christus-Code). Dadurch wurde das Christentum zu einer eigenständigen Religion, aber ohne Kenntnis der jüdischen Bibel bleibt das Neue Testament unverständlich. Ich wage einen Vergleich: Auch der Kontext des Korans generiert durch Bezug auf den Propheten Muhammad neue Codes, wodurch er sich vom Judentum wie vom Christentum unterscheidet und eine eigenständige Religion darstellt, obwohl er viele Anspielungen auf die jüdische und christliche Überlieferung enthält.

---

11 Die christliche Bibel umfasst das Alte Testament, die jüdische Bibel, die in Hebräisch, in kleinen Teilen in Aramäisch geschrieben ist, und das Neue Testament, in Griechisch geschrieben. Bekanntlich stellt jede Übersetzung eine Interpretation dar. Wer die Originalsprachen nicht lesen kann und auf Übersetzungen angewiesen ist, sollte daher mehrere verschiedene Übersetzungen im Vergleich heranziehen.

12 Dies wird in der christlichen Exegese „Schriftauslegung in der Schrift" genannt (vgl. Kratz 2000).

13 Abkürzung für „vor der Zeitrechnung".

14 Das Wort Testament verweist auf die Bundschließungen Gottes mit dem Volk Israel und in Jesus Christus: Gott sagt seine Selbstverpflichtung zu, der Mensch hingegen wird von Gott verpflichtet.

7. Christliche Zeichenprozesse

„Religiöse Zeichenprozesse verknüpfen mit innerweltlichen Signifikanten (Wörtern, Gesten, Gegenständen) Signifikate [Inhalte, Vorstellungen] des Göttlichen; christliche Zeichenprozesse tun dies im Interpretationsrahmen des Christentums (in seiner individuellen, kirchlichen und öffentlichen Form)" (Meyer-Blanck 2002, 124). Religiöse Kommunikation kann daher keine empirischen Beweise für die Bedeutung ihrer Inhalte (Signifikate) suchen und finden, denn sonst würde sie aus den Zeichenprozessen und damit aus der Verständigung aussteigen.[15]

Wird zwischen innerweltlichen Signifikanten und Signifikat nicht unterschieden, ergeben sich elementare Missverständnisse, die besonders für das Evangelium des Johannes charakteristisch sind. So sagt Jesus z. B. zu dem Pharisäer Nikodemus: „Wer nicht von neuem geboren wird, kann das Reich Gottes nicht sehen." Nikodemus missversteht diese Aussage, weil er auf der innerweltlichen Ebene stehen bleibt, und antwortet: Ein Mensch könne ja nicht in den Mutterschoß zurückkehren, um dann neu, also noch einmal geboren zu werden. Jesus unterscheidet nun und betont, dass er nicht von etwas Irdischem rede, sondern von Himmlischem, vom Geist Gottes, der die Menschen erneuert: „Was aus dem Fleisch geboren ist, ist Fleisch, und was aus dem Geist geboren ist, ist Geist" (Joh 3,3–6.12).

In einer anderen Erzählung spricht Jesus zu einer Frau, die am Jakobsbrunnen Wasser schöpft, von einem „lebendigen Wasser", das er geben könne, und sagt: „Wer aber von dem Wasser trinkt, das ich ihm geben werde, der wird in Ewigkeit nicht mehr Durst haben, nein, das Wasser, das ich ihm geben werde, wird in ihm zu einer Quelle werden, deren Wasser ins ewige Leben sprudelt." Die Frau bleibt ebenfalls auf der innerweltlichen Ebene und versteht das lebendige Wasser als Erleichterung ihrer Lebensumstände: „Herr, gib mir dieses Wasser, damit ich nicht mehr Durst habe und hierherkommen muss, um zu schöpfen" (Joh 4,14–15). Durch das Aufzeigen solcher Missverständnisse fordert der Verfasser des Evangeliums die Lesenden und Hörenden heraus, die innerweltlich-empirische Ebene zu verlassen.

8. Das Universum als Zeichen

Innerhalb religiöser Zeichenprozesse kann auch das gesamte Universum als Zeichen für Gottes schöpferische Gegenwart verstanden werden. Bereits aus der jüdischen Tradition stammt die Vorstellung, dass Gott aus den Werken seiner Schöpfung erkannt werden kann, der göttliche Werkmeister aus seinen Werken. Freilich muss

---

15 Ein solches Vorgehen ist für das charakteristisch, was mit einem recht vagen Begriff „Fundamentalismus" benannt wird.

dazu der Code „Gott" oder „Götter" in einer Gesellschaft oder religiösen Gemeinschaft verankert sein, was damals auch der Fall war. So kritisiert das jüdische Buch der Weisheit zugleich den Polytheismus: „Beim Anblick der Werke erkannten sie den Meister nicht, sondern hielten das Feuer, den Wind, die flüchtige Luft, den Kreis der Gestirne […] für weltbeherrschende Götter" (Weish 13,2).[16] Ebenso tadelt der Apostel Paulus die Menschen, die „dem Geschöpf statt dem Schöpfer" dienen und daher die unvergängliche Kraft des Schöpfers in seinen Werken nicht wahrnehmen können (Röm 1,25.20).

Für religiöse Menschen, die sich in einem gemeinsamen semantischen Feld bewegen, ist das ganze Universum Rede Gottes an den Menschen. Das wird besonders aus den Psalmgebeten deutlich, die auf dem Bekenntnis zu dem einen Gott beruhen und ihn lobpreisen, z. B.: „Der Himmel erzählt die Herrlichkeit Gottes, und das Firmament verkündet das Werk seiner Hände" (Ps 19,2–4). Dabei lassen sich Schöpfung und Offenbarung als Anrede Gottes an die Menschen nicht trennen, daher heißt es weiter: „Die Weisung [die Tora] des Herrn ist vollkommen […]. Das Zeugnis des Herrn ist verlässlich, es macht Einfältige weise" (Ps 19,8), und die durch die Tora weise Gewordenen können die Zeichen richtig lesen.

Im Christentum ist die Anrede Gottes in Jesus Christus erfolgt, damit sich die Menschen als Geschöpfe des barmherzigen und versöhnenden Gottes erkennen und das „Buch der Natur" lesen können. Für Hugo von Sankt Viktor (12. Jh.) ist die Natur ein Buch, geschrieben mit dem Finger Gottes (*scriptus digito Dei*, in: Herkommer 1986, 168). Für den Reformator Martin Luther (16. Jh.) sind alle geschaffenen Dinge von den Gestirnen bis zu jedem einzelnen Menschen „Vokabeln Gottes" (*vocabula Dei*, in: Luther 1911, 42, 17) und in ihrem Zusammenhang „Worte der göttlichen Grammatik" (*nomina divinae grammaticae*, in: Luther 1911, 42, 37).

Damit ist nicht gesagt, dass das „wahr" ist im Sinne eines empirischen Nachweises, aber dass Menschen die Welt so lesen können, und dass dies etwas bewirken kann, z. B. die Freude an der Fülle des Lebendigen oder einen pfleglichen Umgang mit der Natur.

9. Metaphern

Dass religiöse Kommunikation nicht mit etwas empirisch Gegebenem, sondern mit Unsichtbarem und Unanschaulichem zu tun hat, ist evident. Über Gott und religiöse Inhalte lässt sich nicht sprechen wie über eine Kuh, sagt Meister Eckhart

---

16 Das Buch der Weisheit (*sapientia Salomonis*) stammt aus dem 1. Jahrhundert v. d. Z. und gehört zum römisch-katholischen Bibelkanon, aber nicht zum evangelischen, der dem jüdischen Kanon folgt, in dem dieses Buch auch nicht enthalten ist, sondern zu den Apokryphen zählt.

(13. Jh.) in einer Predigt (Bernhardt, Link-Wieczorek 1999, 17). Aber schon in der Alltagssprache geht es um vieles, das nur sprachlich fassbar ist. Das können Gefühle sein, Ideen und Urteile, Haltungen oder Handlungen, die durch eine besondere Sprachform, durch Metaphern zum Ausdruck gebracht werden, was durch den ständigen Gebrauch kaum noch wahrgenommen wird, z. B. gebrochenes Herz. Sehr verbreitet ist etwa die Weg-Metapher, auch im religiösen Kontext: Wie geht's?, bewandert sein, sich verrennen, seinen Weg finden; den rechten Weg gehen. Oder die Gefäß-Metapher: sich verschließen, sich öffnen, sich aufblasen, voller Gnade sein.[17]

Eine Metapher ist eine Kombination der griechischen Worte metá = herüber und phérein = tragen, also hinübertragen, übertragen, übertragene Bedeutung. In einer Metapher werden Zeichen aus unterschiedlichen semantischen Feldern verbunden, die miteinander nichts zu tun haben. Dies kann auf eine darüber hinausgehende unanschauliche Bedeutung hinweisen oder neue Bedeutungen evozieren.

In der Literatur treten Metaphern oftmals an die Stelle langer Beschreibungen z. B. bei James Joyce, der einen jungen Künstler charakterisiert: „seine Gedanken waren Läuse, geboren aus dem Schweiß seiner Faulheit" (Joyce 1967, 183). Das alttestamentliche Buch der Weisheitssprüche (*Proverbia*) enthält viele Metaphern für das Handeln von Menschen, z. B.: „Wie goldene Äpfel in silbernen Schalen ist ein Wort, geredet zur rechten Zeit" (Pv 25,11). Goldene Äpfel und Worte haben miteinander nichts zu tun, aber ihre unerwartete Verbindung provoziert das Wort kostbar. Eine Metapher kann auch kurz sein, wenn bestimmte Menschen als „Schlangenbrut" angesprochen werden (Mt 12,34; Lk 3,7). Auch das „Buch der Natur" ist eine kurze Metapher, die in der Antike als Parallele zum Buch der Bibel entstanden ist. Dem gegenüber lassen sich die neuzeitlichen naturwissenschaftlichen Erkenntnisse über die Natur metaphorisch als Loseblatt-Sammlung bezeichnen. Freilich kann das Buch der Natur auch ohne den Kontext Gott insofern Sinn machen, als ein Buch aus einem zusammenhängen Text besteht, wie auch die Natur, darunter der Mensch, einen Gesamtzusammenhang darstellt, den die losen naturwissenschaftlichen Blätter nicht herstellen können (Hübner 1999, 303, 308, 309). Heimgehen für sterben ist eine religiöse Metapher, da religiöse Menschen ihre Heimat im Leben bei Gott sehen. Dass das heute kaum noch bewusst ist, zeigt, dass Metaphern verblassen oder selbst sterben können (auch eine Metapher).

Metaphern bleiben an den wörtlichen Sinn gebunden, heben ihn nicht auf, leiten aber zu einem neuen Sinn hin, der sich vom wörtlichen unterscheidet. Für den religiösen Sinn sind die vielen Gleichnisse Jesu ein Beispiel, die sich als Metaphern in narrativer Form bezeichnen lassen. Hier werden Handlungen oder Ereignisse der damaligen Lebenswelt geschildert, um das Gottesreich zur Sprache zu bringen,

---

17 Vgl. Lakoff, Johnson 1980, die sich mit solchen Alltagsmetaphern befassen.

in dem es anders zugeht als in der Welt. So erhalten etwa die Lohnarbeiter, die im Weinberg nur kurze Zeit gearbeitet haben, den gleichen Lohn wie die Ganztagsarbeiter (Mt 20,1–16). Dies fordert dazu heraus, über Gottes Barmherzigkeit nachzudenken. Oder: Ein Sämann sät Samen aus, aber der Sämann entscheidet nicht darüber, ob die Körner auf fruchtbaren oder unfruchtbaren Boden fallen, ob sie aufgehen oder absterben (Mt 13,1–9), ein Anstoß, in Bezug auf die Verkündigung zwischen menschlichem und göttlichem Handeln zu unterscheiden. In diesen Gleichnissen ist alles vertraut und zugleich radikal anders.

10. Analoge Rede

Um Gott angemessen zur Sprache zu bringen, bedarf es dessen, was in der Philosophie analoge Rede genannt wird und in einem mehrschichtigen semantischen Vorgang besteht. Denn das Christentum geht davon aus, dass zwischen Gott und Mensch, zwischen Schöpfer und Geschöpf eine grundlegende Differenz besteht: Gott ist kein Geschöpf, und kein Geschöpf ist Gott. Gott bleibt der empirischen Welt unbekannt. Biblisch gesagt: Gott wohnt „im unzugänglichen Licht", kein Mensch hat ihn gesehen oder vermag ihn zu sehen (1Tim 6,16). Um Gott zur Sprache zu bringen, wird das Unbekannte durch Bekanntes ausgedrückt. Niemand kann sagen oder zeigen, „was das Unbekannte in sich selbst ist" (Anzenbacher 1995, 129).

Daher werden in der Gottesrede einerseits inhaltliche Aussagen gemacht und Vergleiche mit Bekanntem angestellt, die sich auf Eigenschaften oder Handlungen beziehen können, z. B. Gott ist Macht/mächtig, König/herrscht oder Vater/fürsorglich, auch zurechtweisend, in der Tradition lateinisch die via affirmativa genannt. Um der grundlegenden Differenz willen muss andererseits zugleich gesagt werden, dass Gott das alles nicht ist, nichts mit Macht, König oder Vater, nichts mit herrschen, fürsorglich sein oder zurechtweisen in der Weise zu tun hat, wie Menschen das kennen. Diese via negativa, in der sich das biblische Bilderverbot (Ex 20,4; Dtn 5,8) spiegelt, sorgt dafür, dass die Differenz zwischen dem ungeschaffenen Gott und allem Geschaffenem aufrecht bleibt. Ansonsten würde aus der Aussage Gott ist Vater die Gleichsetzung: Der Vater ist Gott, oder aus der Aussage Gott herrscht die Gleichsetzung: Alle, die herrschen, sind Götter.[18] Zur Verdeutlichung können auch Verneinungen ergänzt werden: Gott ist unendlich, unbegrenzt, unfassbar und – unaussprechbar.

Die dritte Komponente der analogen Rede besteht in der Steigerung, der via eminentiae, oft mit der Vorsilbe „all" verbunden: allmächtig, allsehend, allfürsorgend, allbarmherzig. In diesem Sinne ist Gott der Inbegriff von Väterlichkeit in seiner

---

18 Dies war z. B. im römischen Kaiserkult der Fall.

Fürsorge für seine Geschöpfe, die alle menschliche väterliche Fürsorge übersteigt; Gott ist das Höchste dessen, was Menschen an Fürsorge erfahren und sich vorstellen können. Dass jede sprachliche Aussage in Bezug auf Gott in der Spannung zwischen Aussagbarkeit und nicht Aussagbarkeit steht, hat das IV. Laterankonzil bereits 1215 gültig formuliert: „[…] von Schöpfer und Geschöpf kann keine Ähnlichkeit ausgesagt werden, ohne dass sie eine größere Unähnlichkeit zwischen beiden einschlösse" (Denzinger 1991, 806).

11. Jesus Christus als Zeichen

Jesus hat sich nicht nur in den Zeichenprozessen der Sprache bewegt, wie die Überlieferung der Gleichnisse belegt, sondern gilt selbst als Zeichen. Aus christlicher Sicht hat Gott nicht durch Jesus gesprochen, wie er durch die Propheten gesprochen hat, sondern Jesus wird selbst als Zeichen, als Wort Gottes verstanden. Denn das Wort, durch das Gott die Welt erschaffen hat, ist demnach dasselbe Wort, das in Jesus Christus und damit in Gestalt geschaffenen Lebens, also „im Fleisch" (lat. Inkarnation) zur Sprache kommt. Damit wird auch gesagt: Die Unvergleichlichkeit des allmächtigen und alles umfassenden Gottes in seiner Ewigkeit schließt die Endlichkeit nicht aus, sondern ein.

Deshalb sind aus christlicher Perspektive Jesus Christus, seine Worte und Taten, sein Leben, Sterben und seine Auferweckung durch Gott, Zeichen für Wille und Handeln Gottes, der seine schöpferische Beziehung zu den Menschen aufrechterhält und sie aus Barmherzigkeit zu sich in sein ewiges Leben holen will. Jesus ist nicht mit Gott identisch, sondern verweist zeichenhaft auf Gott.

Somit wird Jesus Christus als Offenbarergestalt gesehen, als Träger der Offenbarung Gottes. Da jede Offenbarung von Gott ausgeht, muss auch der Träger der Offenbarung von Gott ausgehen und kann nicht wie die Menschen von Gott geschaffen sein. Daher heißt es in der Bibel z. B., dass Christus bereits vor der Schöpfung bei Gott war (Kol 1,15–16; Joh 1), vom Himmel kommt und dorthin zurückkehrt (Phil 2,5–11). Als Träger der Offenbarung erhält Jesus Christus viele Ehrennamen wie Messias, Sohn Davids, Menschensohn oder Sohn Gottes, die aus dem Alten Testament stammen, aber im christlichen Kontext eine neue, auf Christus bezogene Bedeutung erhalten (ausführlicher in: Heine 2016b). Letztlich ranken sich alle christlichen Zeichenprozesse um Jesus Christus als Träger der Offenbarung.

Ein signifikanter Unterschied zwischen Christentum und Islam besteht zwar im Verständnis von Jesus, aber nicht im Verständnis von Offenbarung, die aus muslimischer Sicht im Koran erfolgt ist. Auch hier vollzieht sich die Rede Gottes zu den Menschen durch ein Zeichensystem, das Menschen verstehen können. Nicht zufällig werden die Verse des Korans mit dem arabischen Wort āyāt, also Zeichen benannt. Über die Struktur der zeichenhaften Kommunikationsform im

Offenbarungsgeschehen sehe ich die Möglichkeit einer Verständigung im christlich-muslimischen Gespräch trotz inhaltlicher Differenzen auf der Ebene der Bedeutung; und das nicht nur in Bezug auf Jesus.

12. Das Zeichen des Kreuzes

Das Kreuz gilt als Kennzeichen des Christentums: ein einfaches Holzkreuz oder mit der Gestalt des Gekreuzigten in einer Kirche oder Wohnung; ein kleines Kreuz, an einer Halskette getragen; eine Fülle von bildlichen, oftmals brutalen Darstellungen der Kreuzigung Jesu. Innerweltlich-empirisch gesehen, verweist das Kreuz auf eine Hinrichtungsart, welche die Römer praktizierten, vor allem an Menschen, die den Aufstand gegen die römische Besatzungsmacht in Palästina versuchten oder dessen verdächtig waren.

Innerhalb religiöser Kommunikation ist das Kreuz für Christen und Christinnen ein mehrdeutiges Zeichen, das auf das Handeln Gottes verweist, und zwar in dreifacher Weise: (1) Jesus war kein Aufständischer, sondern unschuldig und ein Gerechter. Aber Gott greift nicht ein, übt nicht Gegengewalt oder Rache an den Verfolgern, weil er das Leben aller seiner Geschöpfe will. Denn nur wer lebt, kann zu Gott umkehren. Als Beispiel dafür steht in der Bibel der Satz eines römischen Hauptmanns, der an der Kreuzigung beteiligt war und dann erkannte: „Dieser Mensch war tatsächlich ein Gerechter" (Lk 23,47). (2) Das Kreuz steht nicht allein, sondern ist immer mit der Auferstehung verbunden. Indem Gott Jesus auferweckt, setzt er ein Zeichen dafür, dass er Macht über den Tod hat. (3) Indem das Kreuz auf die Auferstehung verweist, gilt es als Zeichen dafür, dass Gott den Gläubigen auch im Leiden und Sterben nahe ist und sie zum ewigen Leben führen will. Das Kreuz ist somit ein Zeichen der Nähe Gottes und der Hoffnung auf das zukünftige Leben bei Gott.

13. Der Ritus des Abendmahls

Riten lassen sich als gestalthaftes poietisches Handeln verstehen, das einen unsichtbaren religiösen Sinn zum wahrnehmbaren Ausdruck bringt. Das muslimische rituelle Gebet hat in semantischer Hinsicht seine Entsprechung im christlichen Gottesdienst, in dessen Mittelpunkt das Abendmahl steht, auch Eucharistie, d. h. Danksagung, genannt.[19] Geschichtlich-kontextuell gesehen, knüpft das Abendmahl

---

19 Andere Begriffe dafür sind: Herrenmahl, Gedächtnismahl, Brotbrechen, Kommunion oder Altarsakrament.

an das jüdische Pessachmahl an, das letzte Mahl der Israeliten vor dem Auszug aus Ägypten (Ex 12,11; Dtn 16,1–5), das bis heute in der Synagoge und in jüdischen Familien am Vorabend des Festes begangen wird.

Der innerweltliche Ausdruck besteht im gemeinsamen Essen und Trinken, der christliche Code bezieht sich auf das letzte abendliche Pessachmahl, das Jesus am Tag vor seinem Tod mit seinen Jüngern eingenommen hat; diese biblische Erzählung muss der Gemeinde also bekannt sein. Die Bedeutung besteht in der Gemeinschaft mit Jesus, die erinnert und in Brot und Wein[20] als Zeichen vergegenwärtigt wird.

Die Bedeutung des Abendmahls ist eng mit dem Zeichen des Kreuzes verbunden. Dies kommt in den sogenannten Einsetzungsworten zum Ausdruck, die in den drei ersten Evangelien und im ersten Korintherbrief des Paulus überliefert sind: „Dies ist mein Leib für euch. Das tut zu meinem Gedächtnis" und „Dieser Kelch [der Wein enthält] ist der neue Bund in meinem Blut. Das tut, sooft ihr daraus trinkt, zu meinem Gedächtnis" (1Kor 11,23–25). Diese Worte werden in der Abendmahlsfeier rezitiert. Dem gehen die schmerzliche Anerkennung des eigenen Schuldigseins und die Bitte um Vergebung voraus. Danach versammelt sich die Gemeinde zum gemeinsamen Essen (Kommunion). Damit gewinnt die Gemeinde ihre christliche Identität als Gemeinschaft mit Jesus Christus.

Wird das Abendmahl nur innerweltlich-empirisch verstanden, dann betreiben Christen und Christinnen, indem sie den Leib Jesu essen und sein Blut trinken, vermeintlich Kannibalismus. Bleibt man beim Code stehen, dann geht es um die Erinnerung an ein Geschehen in der Weise, wie sich z. B. eine Familie zum Gedenken an einen lieben Verstorbenen versammelt. Die Bedeutung des Abendmahls aber besteht darin, dass Gott die Gläubigen nicht im Tod lässt, sondern zu sich holt und im ewigen Leben zur Gemeinschaft mit Jesus Christus verbindet. In analoger Rede gesagt, lässt sich das Abendmahl als Gemeinschaft von Zeitlichem und Sichtbarem mit Unsichtbarem und Ewigem bezeichnen, die alles übersteigt, was Menschen an Gemeinschaft bekannt und erfahrbar ist.[21]

---

20 Gemäß der biblischen Abendmahlserzählung hat Jesus mit seinen Gefährten Wein getrunken, eine damals übliche Praxis. Wegen möglicher Alkoholkranker sind heute viele Gemeinden dazu übergegangen, den Wein durch Traubensaft zu ersetzen. Auch die Art des Brotes kann variieren von Oblaten (Hostien) bis zu kleinen Stücken, die von einem Brotlaib abgebrochen werden.

21 Aus christlicher Sicht ist Jesus Christus im Abendmahl unsichtbar gegenwärtig, aber die Frage, wie das geschieht, wird von den Kirchen unterschiedlich beantwortet. Für die römisch-katholische Kirche und die Orthodoxen Kirchen wird Christus gegenwärtig durch die sogenannte „Wandlung". Damit ist gemeint: Die Substanz (das Wesen) von Brot und Wein wird zur unsichtbaren Substanz (zum Wesen) von Leib und Blut Christi, während die sichtbaren Eigenschaften (Akzidenzien) von Brot und Wein erhalten bleiben. Hinter diesen Begriffen steht die aristotelische Natur- bzw. Substanzphilosophie. Nur der geweihte Priester hat die Vollmacht, diese „Wandlung" im Namen Gottes herbeizuführen. Dieser Logik gemäß bleibt Christus auch nach dem rituellen Vollzug in Brot und Wein gegenwärtig und kann in ihnen verehrt werden, z. B. beim römisch-katholischen Hochfest Fronleichnam. Dieses

14. Erstarrung und Missverständnisse

Zeichen können jederzeit in festgelegten konventionellen Codes erstarren und in lexikalische Sammlungen geraten. Ein Beispiel dafür ist das „Wörterbuch der philosophischen Metaphern" (Konersmann 2008). Eine etwas groteske, aber geschichtlich wirkungsvolle Sammlung ist der „Physiologus" (Schönberger 2001), ein populäres in Griechisch verfasstes Naturkundebuch des 2. Jahrhunderts, das über Jahrhunderte in sehr viele Sprachen übersetzt wurde (auch ins Arabische). Darin werden u. a. mutmaßliche Eigenschaften und Verhaltensweisen von Tieren symbolisch gedeutet und ikonografisch festgelegt (vgl. Eco 2005, 33). Als Bild oder Skulptur in christlichen Kirchen findet sich z. B. oftmals ein geflügeltes Tier mit roten Flecken auf der Brust. Nach dem Physiologus handelt es sich dabei um den Vogel Pelikan, der seine Brust aufreißt, um seine toten Jungen mit seinem Blut zu nähren und dadurch wieder zum Leben zu erwecken, ein Verweis auf Tod und Auferstehung Jesu Christi (vgl. Kraus 2019). Um das zu verstehen, bedarf es der Kenntnis der lexikalischen Codes.

Allerdings: Wer mit Sprach- und Bildzeichen religiöser Traditionen nicht mehr vertraut ist und etwa in einem „unordentlich gekleideten Herrn", der mit „zwei schweren Steinplatten in den Händen" einen „Berg heruntergesprungen kommt", Mose nicht mehr erkennt, verliert den Zugang zu einem Großteil der menschlichen Kultur. Unabhängig von religiösen Überzeugungen plädiert daher sogar Umberto Eco für den Religionsunterricht (Eco 2017, 144, 146).

Besonders die religiöse Sprache mit ihren verzweigten Zeichensystemen und Kontexten ist hoch komplex. Daher lauern überall Missverständnisse, und nichts ist vor Missbrauch geschützt. Es ist immer möglich, auf der empirisch-innerweltlichen Ebene stehen zu bleiben, Metaphern wörtlich zu nehmen und Analogien ihrer grundlegenden Differenz zu berauben. Dann ist das christliche Abendmahl Kannibalismus, werden die Anrede Gottes als Vater und der Ehrentitel Sohn Gottes für Jesus mit einem menschlichen Zeugungsakt in Zusammenhang gebracht, oder das Kreuz als masochistische Lebensverneinung missdeutet. Wo Polemik in abwertender Absicht am Werk ist, verwandeln sich solche Missverständnisse in einen Missbrauch. Reflexionen über Sprache und Zeichensysteme versuchen, das zu verhindern und können der interreligiösen Verständigung dienen.

Abendmahlsverständnis steht auf einer ontologischen Grundlage, das lutherische hingegen baut auf dem Kommunikationsgeschehen zwischen Gott und den Menschen auf, zwischen dem Wirken Gottes und dem gläubigen Vertrauen der Gemeinde. Oder semiotisch gesagt: Das lutherische Verständnis bezieht die sogenannte Zeichenpragmatik ein, nämlich die Wirkung, die ein Zeichen beim Empfänger auslöst, somit die Beziehung zwischen Zeichen und Zeichenbenutzern.

Literatur

Anzenbacher, Arno: Einführung in die Philosophie, Linz 1981.
Anzenbacher, Arno: Einführung in die Philosophie, Freiburg-Basel-Wien ^{6}1995.
Aristoteles: Nikomachische Ethik. In: Aristoteles. Werke in deutscher Übersetzung, Bd. 6, übersetzt von Franz Dirlmeier, Darmstadt 1956.
Bernhardt, Reinhold/Link-Wieczorek, Ulrike (Hg.): Metapher und Wirklichkeit. Die Logik der Bildhaftigkeit im Reden von Gott, Mensch und Natur, Göttingen 1999.
Bubner, Rüdiger: Theorie und Praxis – eine nachhegelsche Abstraktion, Frankfurt a. Main 1971.
Denzinger, Heinrich: Kompendium der Glaubensbekenntnisse und kirchlichen Lehrentscheidungen, Deutsch: Peter Hünermann (Hg.), Freiburg ^{40}2005.
Eco, Umberto: Einführung in die Semiotik, München 1972.
Eco, Umberto: Zeichen. Einführung in einen Begriff und seine Geschichte, Frankfurt a. Main 1977a.
Eco, Umberto: Das offene Kunstwerk, Frankfurt a. Main 1977b.
Eco, Umberto: Nachschrift zum „Namen der Rose", München-Wien ^{2}1984.
Eco, Umberto: Semiotik. Entwurf einer Theorie der Zeichen, München 1987.
Eco, Umberto: Im Labyrinth der Vernunft. Texte über Kunst und Zeichen, Leipzig 1989.
Eco, Umberto: Streit der Interpretationen, Hamburg 2005.
Eco, Umberto: Die Bücher und das Paradies, München 2006.
Eco, Umberto: Pape Satàn, München 2017.
Halbfas, Hubertus: Das Dritte Auge. Religionsdidaktische Anstöße, Düsseldorf 1982.
Halbfas, Hubertus: Der Glaube. Erschlossen und kommentiert, Ostfildern 2010.
Halbfas, Hubertus: Glaubensverlust. Warum das Christentum sich neu erfinden muss, Ostfildern 2011.
Heine, Susanne (Hg.): Islam – zwischen Selbstbild und Klischee. Eine Religion im österreichischen Schulbuch, Köln-Wien 1995.
Heine, Susanne: Die „Heilige Natur". Zur Aktualität ontologischen Denkens in der Psychologie, in: Henning Christian/Nestler, Erich (Hg.), Religionspsychologie heute, Frankfurt a. Main: 2000, S. 161–180.
Heine, Susanne: Grundlagen der Religionspsychologie. Modelle und Methoden, UTB 2528, Göttingen 2005.
Heine, Susanne: Die Erfüllung von Religion im philosophischen Denken. Susanne K. Langers ontologisches Naturverständnis, in: Bahr, Petra/Richter, Cornelia (Hg.), Naturalisierung des Geistes – Symbolisierung des Fühlens. Susanne K. Langer im Gespräch der Forschung, Marburg 2007, S. 1–33.
Heine, Susanne: Spiritualität ohne Gott. Das Paradigma der „göttlichen Natur" als Herausforderung für die christliche Theologie, in: Wiener Jahrbuch für Theologie, Evangelisch-Theologische Fakultät der Universität Wien (Hg.), Bd. 11, Wien 2016a, S. 141–164.

Heine, Susanne/Özsoy, Ömer/Schwöbel, Christoph/Takim, Abdullah (Hg.): Christen und Muslime im Gespräch. Eine Verständigung über Kernthemen der Theologie. Gütersloh ²2016b.

Heine, Susanne: Theologischer Dialog mit dem Islam. Frühjahrsklausurtagung der Bischofskonferenz der VELKD, Nürnberg, 17.–19. März 2018. EPD-Dokumentation, Nr. 19. Frankfurt a. Main 2018.

Herkommer, Hubert: Buch der Schrift und Buch der Natur: zur Spiritualität der Welterfahrung im Mittelalter, mit einem Ausblick auf ihren Wandel in der Neuzeit, in: Zeitschrift für schweizerische Archäologie und Kunstgeschichte, Heft 1, S. 167–178: Buch der Schrift und Buch der Natur: zur Spiritualität der Welterfahrung im Mittelalter, mit einem Ausblick auf ihren Wandel in der Neuzeit (e-periodica.ch), 1986, letzter Zugriff: 28.08.2022.

Hübner, Jürgen: Ist das Buch der Natur eine Zeitschrift? Assoziationen zu einer Metapher, in: Bernhardt, Link-Wieczorek, 1999, S. 198–310.

Joyce, James: Ein Portrait des Künstlers als junger Mann. Frankfurt a. Main 1967.

Jung, C. G.: Die Beziehungen zwischen dem Ich und dem Unbewußten (1928), in: Jung, Lorenz (Hg.): Taschenbuchausgabe in elf Bänden. München ³1991.

Klein, Hans-Dieter: Metaphysik. Wien ²1993.

Konersmann, Ralf: Wörterbuch der philosophischen Metaphern. Darmstadt ²2008.

Kratz, Reinhard G./Krüger, Thomas/Schmid, Konrad (Hg.): Schriftauslegung in der Schrift. Berlin 2000.

Kraus, Thomas J.: Von Einhorn, Hirsch und anderem Getier. Septuaginta, Physiologus und darüber hinaus. In: Garský, Zbyněk Kindschi/ Hirsch-Luipold, Rainer (Hg.), Berlin- New York 2019, S. 63–79.

Lakoff, George, Johnson, Mark: Metaphors We Live By. Chicago-London 1980.

Luther, Martin: D. Martin Luthers Werke, Weimarer Kritische Gesamtausgabe (WA), Bd. 42: Genesisvorlesung (Kap. 1–17) von 1535/38. Weimar 1911.

Meyer-Blanck, Michael: Vom Symbol zum Zeichen. Symboldidaktik und Semiotik. Rheinbach ²2002.

Neurath, Otto: Worte trennen, Bilder verbinden, 2002, in: http://sciencev1.orf.at/news/63526.html, letzter Zugriff: 25.08.2022.

Ramsey, Ian T.: Modelle und Qualifikatoren, in: Kaempfert, Manfred (Hg.): Probleme der religiösen Sprache. Darmstadt 1983.

Schönberger, Otto (Hg.): Physiologus. Griechisch-Deutsch. Stuttgart 2001.

Söderblom, Nathan: Einführung in die Religionsgeschichte. Leipzig 1920.

Edith Riether

Weltethos und Islam

Begründung des Beitrags und Dank an die Herausgeber

Zunächst sei an dieser Stelle den Herausgebern bestens für die freundliche Einladung gedankt, einen Beitrag zur Festschrift für Prof. Schakfeh zu verfassen. Die Einladung wurde gerne angenommen, da Prof. Schakfeh seit vielen Jahren Mitglied der Initiative Weltethos Österreich ist und im Dialogforum Ethik mitarbeitet.

Die Verfasserin lernte Prof. Anas Schakfeh im Jahre 2000 kennen, als sie auf der Suche nach einem Vertreter des Islams für ihren frisch gegründeten Arbeitskreis der Weltreligionen war. Prof. Dr. Hans Küng, der Begründer der Weltethosidee, hatte sie beauftragt, zunächst als Repräsentantin der Stiftung Weltethos Tübingen in Österreich zu arbeiten.

Prof. Schakfeh war damals Präsident der Islamischen Glaubensgemeinschaft und in Österreich sehr angesehen. Er hörte sich die Ausführungen der Verfasserin freundlich an, meinte aber, er selbst sei zu beschäftigt, um beim Arbeitskreis mitarbeiten zu können, nannte jedoch den damaligen Schulsprecher der Islamischen Glaubensgemeinschaft als Ansprechpartner. Dieser arbeitete tatsächlich einige Zeit mit, schied dann aber aus und es musste ein neuer Vertreter bzw. eine neue Vertreterin gesucht werden. Nach verschiedenen recht engagierten Musliminnen konnte schließlich Frau Mag.ª Amena Shakir in den Vorstand der inzwischen gegründeten Initiative Weltethos Österreich gewählt werden. Da diese aber sehr mit Beruf und Familie beschäftig ist, ist man in der Initiative sehr froh, Prof. Schakfeh, der inzwischen in Pension gegangen war, als Mitglied vor allem auch des Dialogforums Ethik gewonnen zu haben. Er leistet dort zusammen mit Mag.ª Shakir wertvolle Arbeit, wenn es um den Standpunkt des Islams zu gesellschaftspolitischen Fragen geht.

Das ist der Grund, warum die Verfasserin, welche die Initiative Weltethos Österreich im Jahre 2003 gegründet hat, die Einladung, einen Beitrag zur Festschrift für Prof. Schakfeh zu schreiben, gerne annahm.

Zum 80. Geburtstag wünscht sie daher als Präsidentin der Initiativer Weltethos Österreich Herrn Prof. Anas Schakfeh Gottes Segen, äußeres Glück und innere Zufriedenheit sowie gute Gesundheit für noch viele, viele Jahre.

Der Grund, warum es so wichtig war, Vertreter*innen des Islams für die Initiative zu gewinnen, soll im Folgenden näher dargelegt werden.

Was ist das Weltethos?

Zur Beantwortung dieser Frage muss zunächst eine Begriffsklärung vorgenommen werden:

Was ist Ethos? – Das Wort kommt aus dem Griechischen und bedeutet zunächst das Überdachte, das Wohnheim, die Gewohnheit, die Gesinnung, das Verhalten.

Was ist Ethik? – Es ist die Lehre vom Ethos und das System der ethischen Prinzipien. Es gibt verschiedene ethische Systeme. Ethik ist jedenfalls das Wesen der Moral.

Was ist Moral? – Moral ist das Gesetz und betrifft die punktuelle Handlung, die beurteilt und mit Sanktionen belegt werden kann.

Was ist nun das Weltethos?

Der Ausdruck „Weltethos" wurde von Hans Küng geprägt, der 1990 mit seinem Buch „Projekt Weltethos", das bereits in 7. Aufl. erschienen ist und in viele Sprachen übersetzt wurde, große Aufmerksamkeit erregte. Küng geht darin von folgender Überzeugung aus:

> Kein Friede zwischen den Nationen ohne Frieden zwischen den Religionen!
> Kein Friede zwischen den Religionen ohne Dialog zwischen den Religionen!
> Kein Dialog zwischen den Religionen ohne globale ethische Standards!
> Kein Überleben unseres Globus ohne ein globales Ethos, ein Weltethos, gemeinsam getragen von religiösen und nicht-religiösen Menschen! (Stiftung Weltethos: 2000: 4)

Zur Erreichung dieser Ziele, nämlich gemeinsame ethische Standards zu finden und ein globales Ethos zu erarbeiten, schlägt Küng zwei Wege vor: eine Grundlagenforschung, d. h. das Studium der großen religiösen und ethischen Traditionen, sowie einen interkulturellen Dialog.

Das Weltethos ist daher weder eine neue Weltideologie noch eine neue einheitliche Weltreligion jenseits aller bestehenden Religionen, schon gar nicht die Herrschaft einer Religion über alle anderen. Weltethos ist der „Grundkonsens bezüglich bestehender verbindender Werte, unverrückbarer Maßstäbe und persönlicher Grundhaltungen" (Parlament der Weltreligionen 1993/2018: 6).

Das ist die Definition, wie sie in der Erklärung zum Weltethos steht, zu der Küng den ersten Entwurf lieferte. Sie gründet in seinen Forschungsergebnissen und in den im mühsamen Dialog erarbeiteten Erkenntnissen, die im Folgenden näher dargelegt werden sollen.

Wer ist Hans Küng?

Hans Küng wurde 1928 in der Schweiz geboren, studierte in Rom und Paris katholische Theologie und lebte über 50 Jahre in Deutschland. Berühmt wurde Küng schon in jungen Jahren nicht nur als Konzilstheologe, sondern auch als Verfasser zahlreicher Bücher wie „Christ sein", „Existiert Gott?", „Credo", etc. Zum Verhängnis wurde ihm, der immer schon der progressiven Linie der Kirche zuzurechnen war, ein relativ schmales Bändchen mit dem Titel „Unfehlbar?", in dem er das Unfehlbarkeitsdogma von 1870 in Frage stellt. Dies brachte ihm 1980 den Entzug der kirchlichen Lehrerlaubnis ein. Seine priesterlichen Ämter durfte er jedoch weiterhin ausüben. Obwohl es ihm gelungen war, dass sein Institut für ökumenische Theologie aus der Katholischen Fakultät in Tübingen ausgegliedert und dem Präsidenten der Universität direkt unterstellt wurde, waren die darauffolgenden Jahre für ihn eine bittere Zeit, wie er 20 Jahre danach in einer Vorlesung an der Tübinger Universität bemerkte. Allerdings, so gab er damals zu, haben diese Ereignisse zwar seinen Lebensweg empfindlich gestört und geändert, im Endeffekt aber gewaltig ausgeweitet und vertieft. (Küng 1999b: 3) Vor allem die Weltethos-Idee hat den in Tübingen lebenden Schweizer Theologen weltberühmt gemacht. Dreimal gab er Statements vor der UNO-Vollversammlung ab, war im ständigen Gespräch mit Staatsoberhäuptern, Ministerpräsident*innen, namhaften Politiker*innen, Wirtschaftstreibenden, Künstler*innen, Wissenschafter*innen, Nobelpreisträger*innen und hohen Vertreter*innen von NGOs. Er war auch ständig Gast beim World Economic Forum in Davos sowie bei Konferenzen der UNESCO u. a.

Wie kam Küng zum Weltethos?

Nach 1980 war Küng weiterhin Direktor für ökumenische Theologie und wandte sich nach dem Lehrverbot umso mehr der Frage zu, die ihn immer schon beschäftigt hatte: extra ecclesiam nulla salus (außerhalb der Kirche kein Heil). Das konnte er nicht glauben, da er im Laufe seiner Studien zur Erkenntnis gekommen war, dass „Gottes umfassende Gnade … aufgrund vieler alttestamentlicher Zeugnisse, der Verkündigung Jesu und der Apostel … auch den Menschen in den ‚heidnischen', nichtchristlichen Religionen" gilt (ebd. S. 8).

Zu Hilfe kam ihm schließlich das II. Vatikanische Konzil, dem er zusammen mit Josef Ratzinger als einer der jüngsten Berater angehörte, und das in der Konstitution über die Kirche im Kap. 16 erklärt, dass es auch eine Heilsmöglichkeit für Menschen anderer Religionen, ja sogar für Nichtreligiöse, gäbe, „die doch ein rechtes Leben zu führen sich bemühen" (Rahner und Vorgrimler 1966[2]: 141).

Damit war für den Tübinger Theologen klar, dass es die humanitären Werte sind, die religiöse wie nicht-religiöse Traditionen miteinander verbinden, und dass es da

Gemeinsamkeiten geben muss, damit ein friedliches Zusammenleben überhaupt möglich wird.

In diesem Sinn hielt er 1989 das Grundlagenreferat bei einem von der UNESCO in Paris abgehaltenen Symposion „Kein Weltfriede ohne Religionsfriede", und ein weiteres Referat 1990 beim World Economic Forum in Davos, wo er zu Vertretern der Politik sowie der Wirtschafts- und Finanzwelt über die Frage sprach: „Warum brauchen wir globale ethische Standards, um zu überleben?". Noch im selben Jahr, nämlich 1990, veröffentlichte Küng das Buch „Projekt Weltethos", in dem er mit folgenden Worten darauf hinweist, dass diese eine Welt ein Grundethos braucht: „… diese eine Weltgesellschaft braucht gewiss keine Einheitsreligion und Einheitsideologie, wohl aber einige verbindende und verbindliche Normen, Werte, Ideale und Ziele" (Küng 1990: 14).

Bei der Suche nach den Gemeinsamkeiten schlug der Schweizer Professor zwei Wege vor: eine Grundlagenforschung und einen interreligiösen Dialog. Er war nämlich überzeugt, dass zuerst die eigene Religion gründlich studiert werden müsse, dann eine Erforschung der anderen Religionen vorgenommen werden sollte und dass man erst mit diesem Wissen behaftet in den interreligiösen Dialog eintreten könne. Die Haltung der einzelnen Religionsvertreter dabei müsste sein: Standfestigkeit im eigenen Glauben und grenzenlose Dialogbereitschaft gegenüber den anderen Gesprächspartnern. Frauen waren damals noch keine dabei.

Spurensuche

Diese ist eine groß angelegte Forschungsarbeit, in der Hans Küng die Weltreligionen hauptsächlich danach untersuchte, was sie gemeinsam haben. Über die Ergebnisse dieser Tätigkeit gibt es ein sehr repräsentatives Buch und eine siebenteilige Fernsehserie unter dem gleichen Titel.

Unüberschaubar, unbewegt und unstimmig schien ihm die Welt der Religionen zu sein, doch ließen

> sich bei allen nicht zu unterschätzenden Unterschieden und Verschiedenheiten in Glauben, Lehre und Ritus auch Ähnlichkeiten, Konvergenzen und Übereinstimmungen feststellen. Nicht nur weil Menschen in allen Kulturkreisen vor dieselben großen Fragen gestellt sind: die Urfragen nach dem Woher und Wohin von Welt und Mensch, nach der Bewältigung von Leid und Schuld, nach den Maßstäben des Lebens und Handelns, dem Sinn von Leben und Sterben. Sondern auch weil die Menschen in den verschiedenen Kulturkreisen von ihren Religionen vielfach ähnliche Antworten erhalten. Sind doch alle Religionen zugleich Heilsbotschaft und Heilsweg. Vermitteln doch alle Religionen eine gläubige Lebenssicht, Lebenseinstellung, Lebensart. (Küng 1999a[3]: 7)

Die Untersuchung beginnt mit den **Stammesreligionen**, weil diese den Wurzelboden der Weltreligionen bilden, wie der Tübinger Theologe meint. Am Beispiel der Aborigines in Australien und der Afrikaner*innen südlich der Sahara wird gezeigt, dass diese sogenannten Naturvölker, die nicht als Gegensatz zu den sogenannten Kulturvölkern gesehen werden dürfen, zwar keine heiligen Schriften besitzen, in denen ihre Religion, ihre Mythen und Riten sowie ihr Ethos festgeschrieben sind, dass sie aber an ein von den Ahnengeistern gegebenes Gesetz glauben, das von Generation zu Generation durch Riten, Mythen, Tänze und Gesänge weitergegeben wird. Dieses Gesetz sagt ihnen, was ihr Platz im Leben ist, was gut und was schlecht ist.

Was der Professor an ungeschriebenen Normen bei diesen Stammesvölkern gefunden hat, lässt sich folgendermaßen zusammenfassen:
- Gegenseitigkeit, Sinn für Gemeinschaft und Solidarität;
- Gerechtigkeit;
- Großzügigkeit;
- Ehrfurcht vor dem Leben;
- Hochschätzung traditioneller Werte und Maßstäbe;
- Regeln für das Zusammenleben der Geschlechter und Generationen;
- Ganzheitliche Sicht von Welt und Mensch (ebd. S. 25 u. 49).

Diese ungeschriebenen ethischen Normen bilden somit den „Felsen", auf dem die menschliche Gesellschaft aufgebaut ist. Man könnte dies, so Küng, ein „Ur-Ethos" nennen, das den Kern eines gemeinsamen Menschheitsethos bildet (ebd. S. 26).

Die Untersuchung führt weiter zu den Weltreligionen, die bereits eine Verschriftlichung kennen.

Hinduismus: Diese Bezeichnung stammt von den Europäern und umfasst eine ganze Fülle von indischen Religionen, aus denen sich einige Grundzüge herausfiltern lassen. Die meisten Hindus glauben an einen Gott, der sich jedoch in verschiedenen Gestalten offenbart. Die wichtigsten sind Shiva, Vishnu und Shakti, eine weibliche Offenbarungsgestalt. Die meisten Hindus glauben an das Gesetz des Karma, d. h. die menschliche Seele müsse mehrere irdische Existenzen durchlaufen, bis sie in den Urgrund der Welt, mit dem sie identisch ist, eingeht. Karma an sich bedeutet, dass alle Taten Ursachen in früheren Leben und Wirkungen auf spätere Existenzen haben. Zu den klassischen heiligen Schriften der Hindus gehören die VEDEN und das MAHABHARATA-Epos, insbesondere ein Buch daraus, die BHAGAVAD-GITA (Stiftung Weltethos 2020: 5).

Die Inder selbst nennen ihre Religion meist „ewige Ordnung", resp. DHARMA, und das bedeutet nicht nur Ordnung, sondern Gesetz und Pflicht. Es handelt sich jedoch nicht um eine Rechtsordnung, Glaubenssätze, Dogmen oder Rechtgläubigkeit, sondern gemeint ist eine allumfassende kosmische Ordnung, die alles Leben bestimmt und an die sich alle Menschen halten sollen. Es geht um das richtige Handeln, den richtigen Ritus und die richtige Sitte. Daher sind damit nicht bestimmte Rechte gemeint, sondern Pflichten, die ein Mensch hat, gegenüber der Familie, der Gesellschaft, Gott und den Göttern (ebd. S. 4).

Zusammengefasst sind diese Pflichten in den Tugenden des YOGA-WEGES. Sie lauten:
- Gewaltlosigkeit, Nicht-Verletzen;
- Wahrhaftigkeit;
- Nicht-Stehlen;
- Keuschheit, reiner Lebenswandel;
- Begierdelosigkeit.

Mahatma Ghandi, einer der berühmtesten Vertreter des Hinduismus im 20. Jahrhundert, hat daraus die SIEBEN SOZIALEN SÜNDEN der Menschheit abgeleitet:
- Politik ohne Prinzipien;
- Geschäft ohne Moral;
- Reichtum ohne Arbeit;
- Erziehung ohne Charakter;
- Wissenschaft ohne Menschlichkeit;
- Genuss ohne Gewissen;
- Religion ohne Opfer.

Die vier klassischen Lebensziele eines Hindus sind: Das Streben nach Angenehmem und Sinnengenuss, das Streben nach Nützlichem und der Erwerb von Wohlstand, das Bemühen um Rechtschaffenheit und Tugend, das Streben nach Befreiung und Erlösung aus dem Kreislauf von Geburt, Tod und Wiederverkörperung (ebd. S. 4).

Chinesische Religion: Die rund 5.000 Jahre alte chinesische Kultur war lange Zeit geprägt vom Schamanismus, in dessen Zentrum die Ahnenverehrung und Riten standen. Erst im 6. Jahrhundert v. Chr. beginnt mit dem Auftreten von Weisheitslehrern der Chinesische Humanismus. Es ist der Übergang von magischer Religiosität zur Rationalität, in deren Mittelpunkt der Mensch und dessen ethische Entscheidungen stehen. Der berühmteste Vertreter ist Konfuzius. Als Gegenbewegung entstand in dieser Zeit aber auch der Daoismus, eine philosophisch-mystische Lehre vom Dao, dem Weg, dem Urgesetz und Urgrund allen Seins, worin der Mensch eingebettet ist und mit dem er in Harmonie leben soll. Inspiriert wurde diese Lehre von der Weisheitsschrift Daode jing, die Laozi zugeschrieben wird. Es wurde später daraus eine religiöse Bewegung, die viele Elemente aus der alten chinesischen Religion wieder aufnahm.

Im Zentrum der Lehre des Konfuzius jedoch steht das wahrhaft Menschliche. Unter Menschlichkeit versteht sie Zuwendung, Güte, Wohlwollen, Gegenseitigkeit als gegenseitige Rücksichtnahme. Nach dieser Grundnorm lässt sich für alle gültig Gut und Böse unterscheiden. Gut ist für den Menschen, was ihm hilft, wahrhaft Mensch zu sein. Der Mensch soll sich als Einzelner oder in der Gemeinschaft, human verhalten in Bezug auf den Mitmenschen, die Gesellschaft und die Natur. Konfuzius soll gesagt haben, es gebe nur zwei Wege: Menschlichkeit oder Unmenschlichkeit.

Die Konfuzianischen Tugenden sind daher:
– Ein- und Unterordnung;
– (Mit-)Menschlichkeit;
– Pflichterfüllung;
– Wissen um das Rechte;
– Gegenseitigkeit, Toleranz;
– Ehrfurcht, Erfüllung der Kindespflichten.

Wie der Weg zur vollmenschlichen Entfaltung aussehen soll, ist den Gesprächen des Konfuzius zu entnehmen:

> Mit fünfzehn hatte ich mich zum Lernen entschlossen,
> mit dreißig stand ich fest,
> mit vierzig war ich frei von Zweifeln,
> mit fünfzig erkannte ich den Willen des Himmels,
> mit sechzig war ich immer noch lernbegierig,
> mit siebzig konnte ich den Wünschen meines Herzens folgen, ohne gegen das Rechte zu verstoßen.

Dazu passt auch eine Stelle aus den Gesprächen des Konfuzius: Ein Mensch ohne Menschlichkeit, was helfen dem die Riten? Ein Mensch ohne Menschlichkeit, was hilft dem die Musik? (ebd. S. 6 u. 7.)

Der **Buddhismus** wurde von Siddharta Gautama im 6. Jahrhundert v. Chr. begründet. Er lehrte in den Vier Edlen Wahrheiten Antworten auf die Fragen nach dem menschlichen Leid und dessen Überwindung auf dem Achtfachen Pfad. So wurde er zum Buddha, dem „Erwachten". Auch der Buddhismus glaubt an die Wiedergeburt, bis der Mensch eingeht ins Nirvana, das jedoch nicht das Nichts bedeutet. Das letzte Absolute ist für den Buddhisten einfach keine personale Gottheit.

Der Buddhismus teilt sich in zwei Schulen auf: Theravada und Mahayana. Die Lehren des Buddha wurden gesammelt, die wichtigsten Schriften sind der Tripitaka-Kanon und die Mahayana-Sutras.

Buddha verstand sich als Arzt, der dem leidenden Menschen helfen will, vom Leid befreit zu werden und Erlösung zu finden. Er erkannte, dass die Ursachen allen Leides in der Welt sind: Gier, Hass, Unwissenheit (Unerleuchtetheit) und Ichbezogenheit. Gerade von Letzterer müsse sich der Mensch frei machen, sozusagen das Selbst loswerden, um frei zu sein für ein allumfassendes Mitleid.

Die fünf Grundgebote des Buddhismus lauten daher:
- Ich gelobe, mich des Tötens zu enthalten,
- ich gelobe, mich des Stehlens zu enthalten,
- ich gelobe, mich des unrechten Wandels in Sinnenlust zu enthalten,
- ich gelobe, mich des Lügens zu enthalten,
- ich gelobe, mich des Rausches zu enthalten.

Im Achtfachen Pfad wird aufgezeigt, wie der Mensch das Leiden überwinden, ein besseres Karma erreichen und schließlich aus dem Kreislauf der Wiedergeburt aussteigen kann, um ins Nirvana einzugehen. Es geht um:
- Rechte Einsicht
- Rechten Entschluss,
- Rechte Rede,
- Rechte Tat,
- Rechten Wandel
- Rechtes Streben
- Rechte Wahrheit
- Rechte Versenkung.

Letztere ist besonders wichtig, weil der Buddhismus sagt, man solle sich nicht leiten lassen von Berichten, Tradition, Hörensagen, von der Autorität religiöser Texte oder Lehrer, noch von der reinen Logik, noch von Äußerlichkeiten etc., sondern einzig und allein von dem, was man für sich selbst als gut und richtig erkannt hat (ebd. S. 8/9).

Von den fernöstlichen Religionen geht es nun zu den monotheistischen Religionen, die zwar in den wichtigsten ethischen Prinzipien mit jenen übereinstimmen, ihre Gebote der Menschlichkeit jedoch unter die Autorität des einen und selben Gottes stellen. Nun hieß es nicht mehr ganz allgemein: nicht töten, nicht stehlen, nicht lügen, nicht Unzucht treiben, sondern ausdrücklich: „Ich bin der Ewige, dein Gott, du sollst nicht morden, ehebrechen, stehlen" (ebd. S 10).

Im **Judentum** kommt dazu, dass seine Anhänger sich besonders verpflichtet fühlen, die Gebote zu halten, weil Jahwe einen Bund mit ihnen geschlossen hat, nachdem er sie aus der ägyptischen Knechtschaft befreit und Moses auf dem Berg Sinai sein Gesetz – die Tora – übergeben hat. Die Hebräische Bibel, die z. T. bis ins 10. Jahrhundert v. Chr. zurückreicht, besteht aus der Tora, den Propheten und den Erzählungen. Ab dem 2. Jahrhundert n. Chr. entstand unter rabbinischen Gelehrten ein reiches religiöses Schrifttum, darunter auch der Talmud (ebd. S. 11).

Zur Tora nun gehören die Zehn Worte, Dekalog genannt. In diesem sind die vier wichtigsten ethischen Prinzipien enthalten, die auch in den anderen Weltreligionen zu finden sind.

Die Zehn Gebote lauten:

- Ich bin der Herr, Dein Gott.
- Du sollst keine anderen Götter neben mir haben.
- Du sollst den Namen des Herrn, Deines Gottes, nicht missbrauchen.
- Gedenke des Sabbattages, dass Du ihn heilig haltest.
- Ehre Deinen Vater und Deine Mutter.
- Du sollst nicht töten.
- Du sollst nicht ehebrechen.
- Du sollst nicht stehlen
- Du sollst kein falsches Zeugnis reden wider Deinen Nächsten.
- Du sollst nicht begehren nach dem Hause Deines Nächsten.
- Du sollst nicht begehren nach dem Weibe Deines Nächsten, nach seinem Sklaven oder seiner Sklavin, nach seinem Rinde oder seinem Esel, nach irgendetwas, was Dein Nächster hat.

Hinzugefügt werden muss, dass der Dekalog für eine bestimmte Zeit und für eine bestimmte Gesellschaftsordnung gegeben wurde und dass manche Theologen meinen, er sei in unserer Zeit revisions- und ergänzungsbedürftig

Interessant ist in diesem Zusammenhang auch ein Spruch aus dem Talmud, in dem es heißt: Wenn man vor dem Thron des Gerichts erscheint, dann ist die erste Frage nicht: Hast Du an Gott geglaubt, oder: Hast Du gebetet und Riten ausgeführt, sondern: Hast Du Dich ehrbar verhalten, getreu in allem Deinem Nächsten? (Talmud, Schabbat 31a)

Nun zum **Christentum**, der zweiten großen monotheistischen Weltreligion. Es ist benannt nach Jesus Christus, einem jüdischen Wanderprediger, der im frühen 1. Jahrhundert in Palästina lebte. Während seines kurzen öffentlichen Wirkens verkündete er das kommende Gottesreich mit seinen Verheißungen und Maßstäben. Er sammelte eine Jüngerschar um sich, geriet in Konflikt mit dem religiös-politischen Establishment und wurde mit 30 Jahren gekreuzigt. Jesus selbst hat kein Wort aufgeschrieben, doch sind seine Lehre und sein Leben in vier Evangelien und 23 weiteren Schriften überliefert (Stiftung Weltethos 2020: 13).

Die ethischen Prinzipien des Christentums finden sich wohl auch in den Zehn Geboten, weil das Christentum aus dem Judentum hervorgegangen ist, doch in der Bergpredigt ist der Dekalog radikalisiert und überhöht und das bedeutet Ethik schlechthin. Hier heißt es nicht mehr, du sollst oder du sollst nicht, sondern es wird ein Glückszustand verheißen, wenn die durchaus positiv formulierten Forderungen erfüllt werden. Dies passt zu den heute intensiv geführten Glücksforschungen, in denen es darum geht, ob „Tugend glücklich macht" wie beispielsweise Otfried Höffe in seinem Buch „Lebenskunst und Moral" die Frage stellt (Höffe 2007).

Die Seligpreisungen lauten:
- Selig sind die geistlich Armen (gemeint: die Demütigen und Bescheidenen), denn ihrer ist das Himmelreich.

- Selig sind die Trauernden, denn sie werden getröstet werden.
- Selig sind die Sanftmütigen, denn sie werden das Land besitzen.
- Selig sind, die hungern und dürsten nach der Gerechtigkeit, denn sie werden gesättigt werden.
- Selig sind die Barmherzigen, denn sie werden Barmherzigkeit erlangen.
- Selig sind, die reinen Herzens sind, denn sie werden Gott schauen.
- Selig sind die Friedfertigen, denn sie werden Kinder Gottes heißen.
- Selig sind, die um der Gerechtigkeit willen verfolgt werden, denn ihrer ist das Himmelreich.

Das sind hohe sittliche Anforderungen, die an den Menschen gestellt werden, die sich aber in der einen oder anderen Form auch bei den anderen Religionen finden.

Nun zur jüngsten monotheistischen Religion, dem **Islam**.

Das Wort bedeutet Hingabe an Gott. Im 6. Jahrhundert n. Chr. verkündete der Prophet Muhammad eine Botschaft, die ihm der Überlieferung nach ein Engel geoffenbart hat. Er selbst schrieb – so wie Jesus von Nazareth – nichts auf, sondern seine Begleiter und Anhänger sammelten seine Reden und schrieben sie im Koran fest. Dieser ist für die Muslime unüberbietbar, vollkommen, absolut zuverlässig. In seiner Urfassung, sagen sie, liege er bei Gott selbst. So ist Gottes Wort für die Muslime Buch geworden und nicht Mensch, wie Christus für die Christen. Moderne muslimische Theologen diskutieren allerdings die Frage, ob es sich beim Koran nicht um Gottes Wort im Menschenwort handelt, wie dies christliche Exegeten bei ihrer Bibel annehmen.

Muhammad war ein echter Prophet, steht aber im Islam nicht so im Zentrum wie Jesus Christus im Christentum. Sein Verdienst war es, die Araber auf die Ebene einer ethischen Hochreligion gehoben zu haben, die gegründet ist im Glauben an den einen Gott und in einem Grundethos der Humanität mit klaren Imperativen zu mehr Menschlichkeit und mehr Gerechtigkeit. Vom Ursprung her war der Islam weniger eine Religion des Gesetzes als des Ethos (Stiftung Weltethos 2020: 14 f.) und so etwas wie ein gemeinsames Menschheitsethos zeigt sich beispielsweise im Islamischen Pflichtenkodex, der lautet:

- Im Namen des barmherzigen und gnädigen Gottes.
- Setz nicht dem einen Gott einen anderen Gott zur Seite.
- Und Dein Herr hat bestimmt, dass ihr ihm allein dienen sollt.
- Und zu den Eltern sollst Du gut sein. Und gib dem Verwandten, was ihm zusteht, ebenso dem Armen und dem, der unterwegs ist.
- Und tötet nicht Eure Kinder aus Furcht vor Verarmung. Und tötet niemand, den Gott zu töten verboten hat.
- Und lasst Euch nicht auf Unzucht ein.
- Und tastet das Vermögen der Waise nicht an.
- Und erfüllt die Verpflichtung, die Ihr eingeht.

- Und gebt, wenn Ihr zumesst, volles Maß und wägt mit der richtigen Waage.
- Und geh nicht einer Sache nach, von der Du kein Wissen hast.
- Und schreite nicht ausgelassen auf der Erde einher. (Koran, Sure 17,22–38)

Damit wäre die Synopse der gemeinsamen ethischen Prinzipien der Weltreligionen abgeschlossen. Diese war wichtig, um zu zeigen, dass es eine Übereinstimmung in den wichtigsten ethischen Prinzipien zumindest bei den Weltreligionen gibt. Spätere Studien haben diese Übereinstimmung auch bei nicht-religiösen Traditionen festgestellt, sodass Hans Küng zu der Überzeugung gelangte, dass es so etwas wie ein gemeinsames Menschheitsethos, eben ein Weltethos geben müsse.

Die Erklärung zum Weltethos

Sie ist das grundlegende Dokument für die Weltethos-Bewegung und wurde vom Parlament der Weltreligionen am 4. September 1993 in Chicago in Anwesenheit von 7.000 Personen feierlich verabschiedet.

Das Parlament der Weltreligionen

Dieses geht auf das Jahr 1893 zurück, als nämlich im Rahmen der Kolumbus-Weltausstellung von einem Presbyterianer Pfarrer namens John Henry Barrows ein Kongress von Vertretern der großen Religionen organisiert wurde. Dies war Teil eines kulturellen Begleitprogramms, mit dem ein Chicagoer Rechtsanwalt, Charles Carroll Bonney, dem Triumph des Materiellen und dem Wunder des Technologischen etwas „Höheres und Nobleres" an die Seite stellen wollte. (Küng und Kuschel 1996: 90.)

Fünfundvierzig verschiedene Religionen, Denominationen und Organisationen versammelten sich damals, um gleichzeitig an einem Ort gleichberechtigt und in gegenseitigem Respekt nebeneinander und miteinander zu kommunizieren. Es war also nicht ein Parlament im demokratisch-parlamentarischen Sinn. Die Anhänger waren nicht offizielle Abgesandte ihrer jeweiligen Führer oder Räte, sondern sie kamen von der Basis ihrer Anhängerschaft, sozusagen „von unten". Es gelang ihnen jedoch, die größte Aufmerksamkeit und die beste Presse aller Begleitveranstaltungen zu erhalten (ebd. S. 91).

Nach diesem vielversprechenden ersten Treffen jedoch folgten zunächst keine weiteren, bis 1993 eine Jahrhundertfeier in Chicago stattfinden sollte, bei der man eine „Erklärung zum Weltethos" proklamieren wollte. Hans Küng wurde gebeten, einen Entwurf hiefür auszuarbeiten und dem Council des Parlaments, der aus 200 religiösen Führern bestand, sowie dem Board of Trustees vorzulegen. Es kam zu zahlreichen Korrekturen und Abänderungen, doch am 4. September 1993 konnte das Dokument von den wichtigsten religiösen Führern unterzeichnet und proklamiert werden.

Inhalt der Erklärung

Nach einer Einführung über die Geschichte des Dokuments wird unter dem Titel „Prinzipien eines Weltethos" auf die Krisen der Weltwirtschaft, der Weltökologe und der Weltpolitik hingewiesen und betont, dass es bereits einen minimalen Grundkonsens bezüglich verbindender Werte, unverrückbarer Maßstäbe und moralischer Grundhaltungen gebe, eben ein gemeinsames Ethos.

Das I. Kapitel trägt die Überschrift: Keine neue Weltordnung ohne ein Weltethos. Darin wird auf die Verantwortung aller für eine bessere Weltordnung hingewiesen und der Einsatz für die Menschenrechte, für Freiheit, Gerechtigkeit, Frieden und die Bewahrung der Erde gefordert. Obwohl die Teilnehmer aus unterschiedlichen religiösen und kulturellen Traditionen kommen, wollen sie sich gegen alle Formen der Unmenschlichkeit und für mehr Menschlichkeit einsetzen. Sie sind der Überzeugung, dass die in der Erklärung ausgesprochenen Prinzipien von allen Menschen mit ethischen Grundsätzen mitgetragen werden können, gleichgültig, welche Motive sie bewegen. Die Erfahrung hat sie gelehrt, „dass mit Gesetzen, Verordnungen und Konventionen allein eine bessere Weltordnung nicht geschaffen oder gar erzwungen werden kann" (Parlament der Weltreligionen 2018: 5), wenn nicht Einsicht und Bereitschaft der Menschen vorhanden sind, dem Recht Geltung zu verschaffen, was ein Bewusstsein für Verantwortung und Pflichten voraussetzt.

Es folgen dann die zwei Grundforderungen: **Jeder Mensch soll menschlich behandelt werden** und **Die Goldene Regel**.

Diese beiden Grundforderungen zählt die Erklärung zu den Grundelementen eines gemeinsamen Ethos für die Menschheit, das in allen religiösen und ethischen Traditionen enthalten ist. Es geht in erster Linie darum, dass überall auf der Welt Menschen ihrer Lebenschancen und ihrer Freiheit beraubt werden, ihre Menschenrechte mit Füßen getreten werden und ihre menschliche Würde missachtet wird. Diese Würde muss geachtet werden, weshalb der Mensch immer Rechtssubjekt und Ziel sein muss und nie bloßes Mittel, nie Objekt der Kommerzialisierung und der Industrialisierung sein darf. (Ebd. S. 7) Diese Forderung findet sich auch in Kants zweitem Teil des Kategorischen Imperativs, in dem es heißt: „Handle so, dass du die Menschheit sowohl in deiner Person, als in der Person eines jeden anderen jederzeit zugleich als Zweck, niemals bloß als Mittel brauchst" (Kant 1999b: 54–55). Es geht also auch um die Verdinglichung des Menschen, die in Wirtschaft, Politik, Medien, Forschungsinstituten, Industrieunternehmen, ja auch im alltäglichen Leben immer wieder vorkommt.

Gerade diese Grundforderung beweist, dass nicht nur die Weltreligionen die großen Lehrmeister der Ethik sind, sondern auch philosophische und humanistische

Denkerinnen und Denker. Sie alle zeigen, dass in der Ethik weitgehend mit der Vernunft argumentiert werden kann. Für die Motivation zu ethischem Handeln sind die Religionen vor allem deshalb notwendig, weil nur sie ihre Anhänger im Gewissen verpflichten können, wenn auch mit jeweils unterschiedlicher Begründung. Allerdings gibt es auch bei Ungläubigen oft so etwas wie ein Grundvertrauen in die sich ständig wandelnde Wirklichkeit des Lebens und der Geschichte sowie ein autonomes Ethos im Sinne einer Selbstbestimmung und Selbstverantwortung des Menschen (Küng 1999a: 13).

Mit der ersten Grundforderung in engstem Zusammenhang steht dann die Goldene Regel: *Was du nicht willst, dass man dir tu', das füg auch keinem andern zu* – negativ formuliert, positiv: *Alles, was du willst, dass man dir tue, das tue auch den anderen.* Es ist äußerst bemerkenswert, dass sich diese Goldene Regel, die keine religiöse Formel ist, nicht nur in den Weltreligionen, sondern darüber hinaus in mehr als 120 Religionen findet, sei es in der positiven oder in der negativen Formulierung.

Die Erklärung zum Weltethos präzisiert dazu:

> Egoismen jeder Art – jede Selbstsucht, sie sei individuell oder kollektiv, sie trete auf in Form von Klassendenken, Rassismus, Nationalismus oder Sexismus – sind verwerflich. Wir verurteilen sie, weil sie den Menschen daran hindern, wahrhaft Mensch zu sein. Selbstbestimmung und Selbstverwirklichung sind durchaus legitim – solange sie nicht von der Selbstverantwortung und Weltverantwortung des Menschen, von der Verantwortung für die Mitmenschen und den Planeten Erde losgelöst sind. (Parlament der Weltreligionen 2018[1993]: 8.)

Auf diesen beiden Grundforderungen beruhen schließlich die fünf unverrückbaren Weisungen:
1. **Hab Ehrfurcht vor dem Leben** – eine Verpflichtung auf eine Kultur der Gewaltlosigkeit;
2. **Handle gerecht und fair** – eine Verpflichtung auf eine Kultur der Solidarität und eine gerechte Wirtschaftsordnung;
3. **Rede und handle wahrhaftig** – eine Verpflichtung auf eine Kultur der Toleranz und ein Leben in Wahrhaftigkeit;
4. **Achtet und liebet einander** – eine Verpflichtung auf eine Kultur der Gleichberechtigung und der Partnerschaft von Mann und Frau.
5. **Ökologische Verantwortung** – Verpflichtung auf eine Kultur der Nachhaltigkeit und der Sorge um die Erde

Diese Weisungen gehen zurück auf die uralten Richtlinien: Du sollst nicht töten, nicht stehlen, nicht lügen und nicht Unzucht treiben, wie sie in allen Weltreligionen enthalten sind, was ja bereits dargelegt wurde. In der Erklärung jedoch sind sie viel weiter, tiefer und vor allem positiv gefasst.

Die erste Weisung lautet daher: „Hab Ehrfurcht vor dem Leben".

Das bedeutet eben nicht nur „nicht töten", sondern auch nicht foltern, quälen, verletzen, beschimpfen. Es bedeutet, Gewalt darf nie Mittel der Auseinandersetzung mit anderen sein. Dazu gehört auch die verbale Gewalt, denn vom Wort zur Tat ist es nicht weit. Abzulehnen sind auch „hemmungslose Ausbeutung der natürlichen Lebensgrundlagen, rücksichtslose Zerstörung der Biosphäre, Militarisierung des Kosmos ..." (ebd. S. 9). Diese Weisung wäre auch allen Forscher*innen und Wissenschaftler*innen ins Stammbuch zu schreiben, bevor sie daran gehen, mit Leben zu experimentieren. Sie gilt gleichermaßen für Tierversuche, artgerechte Tierhaltung, Tierschutz, Tierquälerei etc. Menschen, die rücksichts- und gefühllos, ja grausam mit Tieren umgehen, werden böse und brutal eines Tages auch Menschen gegenüber, weil sie die Menschlichkeit in sich zerstören, wie Immanuel Kant meint. Eine Kultur der Gewaltlosigkeit kann jedenfalls so nicht geschaffen werden.

Nun zur zweiten Weisung: „Handle gerecht und fair".

Das greift viel tiefer und weiter als „du sollst nicht stehlen". Dazu gehört: nicht ausbeuten, nicht bestechen, nicht korrumpieren. „Kein Mensch hat das Recht, einen anderen Menschen – in welcher Form auch immer – zu bestehlen oder sich an dessen Eigentum oder am Gemeinschaftseigentum zu vergreifen. Umgekehrt aber hat auch kein Mensch das Recht, sein Eigentum ohne Rücksicht auf die Bedürfnisse der Gesellschaft und der Erde zu gebrauchen ..." (ebd. S. 10). Hinzuzufügen wäre, dass auch der Diebstahl geistigen Eigentums, wie er heute im Zeitalter des Internet leicht möglich ist und deshalb oft praktiziert wird, dieses Prinzip zutiefst verletzt. Werden dann Forscher*innen, Wissenschaftler*innen, Dissertant*innen usw. Plagiate nachgewiesen, dann haben sie ihr Ansehen verspielt und das ist auch ein Beweis dafür, dass die Verletzung ethischer Prinzipien nicht nur der Gesellschaft sondern vor allem einem selbst schadet.

Es geht also um eine gerechte Wirtschaftsordnung. Statt eines puren Machtdenkens und einer hemmungslosen Machtpolitik soll im unvermeidlichen Wettbewerb der gegenseitige Respekt herrschen. Der Sinn für Maß und Bescheidenheit soll wiedergefunden werden, „denn der Mensch der Gier verliert sene ‚Seele', seine Freiheit, seine Gelassenheit, seinen inneren Frieden und somit das, was ihn zum Menschen macht." (ebd. S. 12).

In der dritten Weisung heißt es: „Rede und handle wahrhaftig".

Dies geht wohl zurück auf „du sollst nicht lügen", meint aber darüber hinaus: Täuschen, Fälschen, Manipulieren. In der Erklärung heißt es dazu: „Kein Mensch und keine Institution, kein Staat und auch keine Kirche oder Religionsgemeinschaft haben das Recht, den Menschen die Unwahrheit zu sagen" (ebd. S. 12). Im Speziellen wendet sich die Erklärung dann an die Massenmedien, die „in Sachlichkeit und Fairness der Menschenwürde, den Menschenrechten und den Grundwerten verpflichtet" sind, ferner an die Künstler*innen, Literat*innen und Wissenschaftler*innen, denen zu Recht Freiheit garantiert ist, die aber „nicht entbunden" sind „von allgemeinen ethischen Maßstäben, sondern … der Wahrheit dienen" sollen. Den Politiker*innen und politischen Parteien wird bewusst gemacht, dass sie ihre Glaubwürdigkeit verspielen, wenn sie ihr Volk ins Angesicht belügen, sich der Manipulation von Wahrheit, der Bestechlichkeit oder einer rücksichtslosen Machtpolitik im Inneren wie im Äußeren schuldig machen und dann eben ihre Wähler und Ämter verlieren. Die Repräsentant*innen von Religionen schließlich werden darauf hingewiesen, dass sie durch das Schüren von Vorurteilen, Hass und Feindschaft gegenüber Andersgläubigen, das Predigen von Fanatismus sowie das Initiieren oder gar Legitimieren von Glaubenskriegen die Verurteilung seitens der Menschen und den Verlust ihrer Gefolgschaft verdienen (ebd. S. 13).

Der vielleicht bedeutendste Satz in dieser Weisung lautet: „Jeder Mensch hat ein Recht auf Wahrheit und Wahrhaftigkeit". Hinzufügen wäre, dass jemand, der lügt, eben seine Glaubwürdigkeit und das Vertrauen der Anderen verliert. Damit schadet er letztendlich sich selbst, weil jeder Mensch darauf angewiesen ist, dass andere ihm glauben und ihm vertrauen. Auch an diesem Postulat lässt sich nachweisen, dass die Verletzung ethischer Prinzipien nicht nur die Schädigung der Anderen, sondern schließlich eine Selbstbeschädigung zur Folge hat. Man könnte das mit der Wirkung eines Bumerangs vergleichen.

Die vierte Weisung lautet: „Achtet und liebet einander".

Das uralte Gebot „Du sollst nicht Unzucht treiben" findet sich in der einen oder anderen Form in allen Weltreligionen, aber die Erklärung zum Weltethos umfasst eben wieder viel mehr und formuliert positiv so, dass die Vertreter der Weltreligionen diese Weisung unterschreiben konnten. Es geht hierbei zunächst um den Missbrauch der Sexualität, wozu gehören Betrügen, Missbrauchen, Erniedrigen, Entwürdigen. In der Erklärung heißt es hierzu: „Sexualität" ist „keine negativzerstörende oder ausbeuterische, sondern eine schöpferisch-gestaltende Kraft" (ebd. S. 15). Man müsste ergänzen, Sexualität ist nur dann zerstörerisch, wenn sie nicht auf Achtung und Liebe beruht.

Darüber hinaus geht es um Partnerschaftlichkeit, nicht nur um die Gleichberechtigung der Frau. Partnerschaftlichkeit im weitesten Sinn bedeutet, dass im Bereich von Liebe, Sexualität und Familie verantwortliches Handeln verlangt wird. Die Erklärung wendet sich gegen „verdammenswerte Formen des Patriarchalismus, der Vorherrschaft des einen Geschlechts über das andere, der Ausbeutung von Frauen, des sexuellen Missbrauchs von Kindern sowie der erzwungenen Prostitution" (ebd. S. 14). Die Unterzeichner verlangen daher: „statt patriarchaler Beherrschung oder Entwürdigung, die Ausdruck von Gewalt sind und oft Gegengewalt erzeugen, gegenseitige Achtung, Verständnis, Partnerschaftlichkeit; statt jeglicher Form von sexueller Besitzgier oder sexuellem Missbrauch gegenseitige Rücksicht, Toleranz, Versöhnungsbereitschaft, Liebe" (ebd. S. 15). Achtung und Liebe müssen also die Grundlage jeder wie immer gearteten Beziehung sein, die nur dann gelingt, wenn sie in Verantwortung für das Glück auch des Partners bzw. der Partnerin gelebt wird.

Diese Richtlinien wurden vor einiger Zeit ergänzt durch eine fünfte, die lautet: „Ökologische Verantwortung – Verpflichtung auf eine Kultur der Nachhaltigkeit und der Sorge um die Erde.

Es geht also um Zerstören, Ignorieren, Ausbeuten und Verschwenden. In der Erklärung heißt es dazu u. a.: „Und doch werden in den meisten Regionen der Welt Boden, Luft und Wasser durch Umweltverschmutzung verunreinigt; Abholzung und die übermäßige Abhängigkeit von fossilen Brennstoffen tragen zum Klimawandel bei; Lebensräume werden zerstört und Tierarten durch Überfischung und maßlose Bejagung ausgerottet. Übermäßige Ausbeutung und ungerechte Verwendung der natürlichen Ressourcen verstärken Konflikte und Armut unter den Menschen und schädigen auch andere Formen von Leben" (ebd. S. 16).

Daraus folgt die Aufforderung: Du sollst nicht gierig sein! Oder positiv: Denke an das Wohl aller!

Die Menschen sollten – so gut es möglich ist – Sorge tragen für die Bedürfnisse und das Wohlergehen anderer, einschließlich der heute und zukünftig lebenden Kinder (ebd. S. 16).

Der Schlussappell lautet daher: „Unsere Beziehungen zueinander und zu allem Lebendigen auf der Welt sollten auf Achtung, Fürsorge und Dankbarkeit gegründet sein. Alle Traditionen lehren, dass die Erde eine Quelle von Wunder und Weisheit ist. Ihre Lebenskraft, Vielfalt und Schönheit sind allen Menschen anvertraut, einschließlich denen, die nach uns kommen. Die globale Umweltkrise ist drängend und verschärft sich. Unser Planet und seine unzähligen Formen von Leben sind in Gefahr. Die Zeit läuft uns davon. Wir müssen mit Liebe und Mitgefühl handeln: für Gerechtigkeit und Fairness – für das Gedeihen der gesamten Weltgemeinschaft" (ebd. S. 17).

Bewusstseinswandel

Im letzten Kapitel der Erklärung schließlich wird auf einen Wandel des Bewusstseins gedrängt, ohne den alle Erklärungen Papier bleiben müssen. Es können in der Ethik keine Sanktionen verhängt und keine Gerichtsurteile gefällt werden, denn eine Gesinnung kann man nicht überprüfen und sittliche Grundhaltungen können nicht erzwungen werden. Frieden, Gerechtigkeit und Bewahrung der Erde hängen von der Einsicht und Bereitschaft der Menschen ab, dem Recht Geltung zu verschaffen. Voraussetzung für den Einsatz für Recht und Freiheit jedoch sind das Bewusstsein für Verantwortung und Pflichten. Es kommt in der Ethik daher auf einen Wandel des Bewusstseins an, der nur durch einen Bewusstseinsbildungsprozess eingeleitet werden kann. Das kommt auch in einem Schlussappell der Erklärung zum Ausdruck. Dort heißt es: „Unsere Erde kann nicht zum Besseren verändert werden, ohne dass das Bewusstsein des Einzelnen geändert wird. Wir plädieren für einen individuellen und kollektiven Bewusstseinswandel, für ein Erwecken unserer spirituellen Kräfte durch ‚Reflexion, Meditation, Gebet und positives Denken, für ein Umkehr der Herzen …" (ebd. S. 19).

Abschließend wäre zu sagen: Auf allen Gebieten erleben wir immer wieder schreckliche Krisen, weil die Maßstäbe für Recht und Unrecht, Gut und Böse verloren gegangen sind. So ist eine unbeschreibliche Orientierungslosigkeit eingetreten. Und diese ist ein Weltproblem, das den Weltfrieden massiv bedroht. Das Parlament der Weltreligionen meint dazu:

„In einer solchen dramatischen Weltlage braucht die Menschheit nicht nur politische Programme und Aktionen. Sie bedarf einer Vision des friedlichen Zusammenlebens der Völker, der ethnischen und ethischen Gruppierungen und der Religionen in gemeinsamer Verantwortung für unseren Planeten Erde. Eine Vision beruht auf Hoffnungen, auf Zielen, Idealen, Maßstäben. ... Gerade die Religionen tragen trotz ihres Mißbrauchs und häufigen historischen Versagens die Verantwortung dafür, dass solche Hoffnungen, Ziele, Ideale und Maßstäbe wachgehalten, begründet und gelebt werden können. Das gilt insbesondere für moderne Staatswesen: Garantien für Gewissens- und Religionsfreiheit sind notwendig, aber sie ersetzen nicht verbindende Werte, Überzeugungen und Normen, die für alle Menschen gelten, gleich welcher sozialen Herkunft, welchen Geschlechts, welcher Hautfarbe, Sprache oder Religion" (ebd. S. 5).

Schlussbemerkung

Die Erklärung zum Weltethos wurde sowohl 1993 als auch 2018 vor allem von den Vertreter*innen der Weltreligionen, zu denen eben der Islam gehört, unterzeichnet und bildet die Grundcharta der Weltethos-Bewegung. Zu dieser gehört die Initiative Weltethos Österreich, die für sich in Anspruch nehmen kann, dass sie im Dialogforum Ethik Vertreter*innen der Weltreligionen, des Atheismus und der Politikwissenschaft vereinigt, damit sie zu gesellschaftspolitischen Fragen ihre jeweiligen Meinungen aus der Sicht ihrer Religion oder Weltanschauung darlegen. Dabei sind jedoch immer die ethischen Prinzipien, in denen alle übereinstimmen, zu berücksichtigen. Univ. Prof. DDr. J. Figl fasst dann alle Statements zu einer einheitlichen Stellungnahme zusammen, welche danach ins Netz gestellt bzw. einzelnen Journalist*innen bekannt gemacht wird. Bislang wurden elf Stellungnahmen erarbeitet, die auf der Website der Initiative (weltethos.at) nachgelesen werden können. An allen haben stets Prof. Schakfeh und/oder Fr. Mag.a Amena Shakir mitgearbeitet.

Damit das auch in Zukunft weiter so geschehen kann, wünscht die Verfasserin als Präsidentin der Initiative Weltethos Österreich Herrn Prof. Schakfeh weiter gute Gesundheit und Schaffenskraft im Dienste des Weltethos und des Weltfriedens.

Literatur

Höffe, O.: Lebenskunst und Moral, München 2008.
Kant, I.: Grundlegung zur Metaphysik der Sitten, 2. Absch., Hamburg 1999 (1870).
Küng, H.: Projekt Weltethos, München ^{7}1990.
Küng, H.: Der lange Weg zum Projekt Weltethos. Abschiedsvorlesung vom 14. Dezember 1999. Stiftung Weltethos (Hg.), Tübingen 1992.
Küng H./Kuschel K.-J.: Erklärung zum Weltethos, München 1996.
Küng, H.: Spurensuche, München 1999.
Parlament der Weltreligionen. Erklärung zum Weltethos, Chicago, 2018 (1993), online abrufbar unter: https://www.weltethos.org/uploaded/documents/weltethos-erklaerung-2018.pdf, letzter Zugriff: 19.12.2022.
Rahner, K./Vorgrimler, H.: Kleines Konzilskompendium, München 1998.
Stiftung Weltethos: Weltreligionen-Weltfrieden-Weltethos, Stiftung Weltethos (Hg.), Tübingen 2020.

Medina Velić

‚Religiöser Fanatismus' im deutschsprachigen Film

Einleitung

Die sogenannte ‚Islamdebatte' im deutschsprachigen Raum ist von verschiedenen Etappen und Nuancen in der Argumentation für einen ‚aufgeklärten', ‚europäischen' und gegen einen ‚rückwärtsgewandten', ‚mittelalterlichen' Islam gekennzeichnet. Mit 9/11 wurde in den Medien und im öffentlichen Diskurs vermehrt über das angebliche Gewaltpotenzial von MuslimInnen, hauptsächlich von muslimischen Männern berichtet, wofür zunächst in Moscheegemeinden und Verbänden, bei vermeintlich radikalisierten Imamen und Al-Qaida-affinen Gemeindemitgliedern nach Ursachen gefahndet wurde (Schiffauer 2000; 2011).

Als im Jahr 2015 zahlreiche Geflüchtete aus Syrien in europäischen Staaten und somit auch in Österreich Asyl ansuchten, wurde insbesondere das sogenannte Radikalisierungspotenzial minderjähriger männlicher Geflüchteter sowie muslimischer SchülerInnen zu einem wichtigen Thema für die Politik. Zahlreiche Radikalisierungsberatungszentren und Veranstaltungen wurden ins Leben gerufen, um LehrerInnen bei der Feststellung des ‚Radikalisierungsgrads' bei SchülerInnen zu unterstützen (Graz.at 2016; Muslimische Jugend Österreich 2014).[1] Damit wurden muslimische SchülerInnen neben der religiösen und ethnischen mit einer weiteren Markierung versehen, was deren Minoritätsstatus umso mehr stabilisierte. Selbstorganisationen, NGOs sowie Antidiskriminierungsstellen verzeichnen seitdem einen enormen Anstieg an Fällen von Diskriminierung sowie antimuslimischem Rassismus, der sich in allen gesellschaftlichen Bereichen etabliert hat. Besonders betroffen sind muslimische Schülerinnen im österreichischen und deutschen Bildungswesen sowie als muslimisch markierte Menschen im öffentliche Raum.[2]

Da aus kulturanalytischer Perspektive Filme – unabhängig vom Genre – als historische Quellen gedeutet und analysiert werden, können sowohl aus Dokumentar- als auch aus Spielfilmen konkrete historische Ereignisse extrahiert werden. Ob nur

---

[1] Eine Kritik an den Fortbildungsseminaren übte die Muslimische Jugend Österreich in Form von Videos, in denen sie die (möglichen) Konsequenzen für muslimische SchülerInnen im Klassenzimmer thematisieren.

[2] Siehe dazu Berichte der Antidiskriminierungsstelle des Landes Steiermark (2015), der Dokustelle Islamfeindlichkeit sowie der Initiative Diskriminierungsfreies Bildungswesen.

am Rande oder auch explizit thematisiert – aktuelle gesellschaftliche Ereignisse werden in Filmen als Teil des Diskurses der jeweiligen Zeit betrachtet, weshalb über ihre Analyse Aussagen zu einer Gesellschaft getroffen werden können. In den *Cultural Studies* gelten Filme somit als kulturelle Artefakte und kommunikative Plattformen, in denen und mittels derer Machtstrukturen repräsentiert und/oder stabilisiert werden (Kellner 2011, 11ff.). Je nachdem welche Narrative in der jeweiligen Gesellschaft dominieren, werden sie, wie im Falle anderer *diskursiver Formationen* (Foucault 1986, 58), in und durch Filme(n) vermittelt[3]. Daher können Filme in ihrer Funktion als bedeutungsgenerierend verstanden und gedeutet werden (Mikos 2015, 25). Auf diese Weise werden auch Narrative rund um ‚radikale' und ‚fanatische' Jugendliche und erwachsene MuslimInnen filmisch aufgegriffen und repräsentiert. Anhand von vier Beispielen soll in diesem Beitrag die Inszenierung des gesellschaftlichen Radikalisierungsdiskurses skizziert werden.

Filmbeispiele

In der Komödie *Womit haben wir das verdient* der österreichischen Regisseurin Eva Spreitzhofer konvertiert die junge Nina über das Internet zum Islam. Sie hat nun eine muslimische beste Freundin, trägt den Hijab und möchte mit einem Burkini schwimmen gehen. Für ihre feministische Mutter Wanda, die als erfolgreiche Chirurgin in Wien arbeitet und selbst sexistischen Kommentaren seitens der Kollegen ausgesetzt ist, ist die neue Lebensführung ihrer Tochter eine reine Katastrophe. Ninas Familie will das Mädchen aus dem ‚Abgrund' retten. Der Film spielt auf die öffentliche Debatte rund um die Radikalisierung von Jugendlichen in Österreich, aber auch europaweit und insbesondere von konvertierten Jugendlichen an, die ihre Sympathien dem Da'esh gegenüber äußerten und sich im Zuge der Radikalisierung zunächst in bestimmten Moscheegemeinden aufhielten und sich anschließend auf den Weg nach Syrien machten. Dazu sind zahlreiche Filme und Serien in den letzten Jahren entstanden.[4]

Das Schul-Fernsehdrama *Die Neue* aus dem Jahr 2015 der deutschen Regisseurin Buket Alakuş ist das Pendant zum österreichischen Film *Die Freischwimmerin*.

---

3 Mit *diskursiver Formation* bezeichnet Foucault alle Bereiche, die vom gesellschaftlichen Diskurs durchwoben sind und durch welche sie in den Diskurs wieder zurückwirken: „In dem Fall, wo man in einer bestimmten Zahl von Aussagen ein ähnliches System der Streuung beschreiben könnte, in dem Fall, in dem man bei den Objekten, den Typen der Äußerung, den Begriffen, den thematischen Entscheidungen eine Regelmäßigkeit (eine Ordnung, Korrelationen, Positionen und Abläufe, Transformationen) definieren könnte, wird man übereinstimmend sagen, daß man es mit einer diskursiven Formation zu tun hat […]."

4 Etwa die erfolgreiche *Netflix*-Produktion *Das Khalifat*.

Die Schülerin Sevda besucht ein Gymnasium und ist die einzige Hijab tragende Muslimin an der Schule. Sie nimmt ihren Glauben ernst und möchte daher nicht neben Klassenkollegen sitzen oder am Turnunterricht teilnehmen. Hinzu kommt, dass sie im Keller der Schule einen kleinen Gebetsraum einrichtet, wo sie sich zu Gebetszeiten zurückziehen kann. Die Deutschlehrerin Eva und der Schuldirektor, der gleichzeitig Evas Geliebter ist, sind mit der Situation überfordert. Als Sevdas KlassenkameradInnen die Klasse aus Protest mit schwarzen Ganzkörperschleiern betreten, eskaliert die Situation. Eva reißt Sevda den Hijab vom Haupt, mit dem Argument, keine Ausnahmen in der Klasse dulden und alle SchülerInnen gleich behandeln zu wollen.

Die Freischwimmerin ist ein österreichisch-deutsches Fernsehdrama des deutschen Regisseurs Holger Barthel aus dem Jahr 2014. Ilayda ist eine 17-jährige Schülerin aus Wien, die mit dem Hijab ein Gymnasium besucht. Da sie leidenschaftliche Schwimmerin ist, wird sie von der Junglehrerin Martha angehalten, am Schulwettbewerb teilzunehmen. Doch eine Teilnahme mit dem Ganzkörperanzug (Burkini) ist nicht gestattet. Um das Schulteam nicht im Stich zu lassen, zieht Ilayda einen Badeanzug an und schwimmt mit dem Team um die Silbermedaille. Zu diesem Film gab es in der österreichischen Zeitung *Der Standard* einen Kommentar der Journalistin und Politologin Nermin Ismail unter dem Titel *Mitschwimmen um jeden Preis* (Ismail 2014) sowie eine Filmbesprechung im Jahrbuch für Islamophobie von Dudu Kücükgöl mit dem Titel *Ein Kopftuchmärchen im Kolonialstil* (Kücükgöl 2016). Das Drama wurde am 4. Juni 2014 erstmals im ORF und im Ersten[5] ausgestrahlt und erhielt 2015 den Fernsehpreis der Erwachsenenbildung.

Im Zentrum des Fernsehdrama *Das deutsche Kind* des österreichischen Regisseurs Umut Dags steht die Familie des Imams Cem Balta, der mit Frau Sahra und Tochter Hanna in Hannover lebt. Als die beste Freundin seiner Frau bei einem Unfall stirbt, kümmert sich die Familie des Imams um deren kleine Tochter Pia. Die Eltern der verunglückten Natalie verstehen nicht, warum diese im Testament das Sorgerecht der muslimischen Familie Balta verfügte. Sie leiten rechtliche Wege ein, um Cem und Sahra das Sorgerecht für die kleine Pia zu entziehen. Dabei finden sie heraus, dass der Imam Cem in seiner Jugend einer salafitischen[6] Gruppe angehörte. Sie lassen Pia heimlich taufen, da sie der muslimischen Familie gegenüber äußerst misstrauisch sind und nicht wollen, dass Pia muslimisch erzogen wird. Während der junge Imam damit beschäftigt ist, mit seiner Vergangenheit abzuschließen,

---

5 Erster öffentlich-rechtlicher deutscher Fernsehsender.
6 *Salaf*: arabische Bezeichnung für die Nachfolger des Propheten Muhammed und seiner Tradition. Im öffentlichen Gebrauch wird die Bezeichnung salafitisch für radikalisierte Gruppierungen als Synonym verwendet, was nicht unumstritten ist. Außerdem wird der Salafismus als evolutionistische Vorstufe zum Dschihadismus gedeutet, was äußerst problematisch ist, da hierdurch orthodoxe MuslimInnen als potenzielle Gefährder typisiert werden.

kümmert sich Sahra um Pia und versucht mit Pias Großeltern konstruktiv ins Gespräch zu treten.

Konvertitin als ‚radikalisierte' Jugendliche

Der Topos radikalisierter Jugendlicher in Österreich wurde zum Plot der österreichischen Komödie *Womit haben wir das verdient*. Wie aufgrund der Rekrutierungsstrategie des Da'esh klar wurde, konnten sowohl junge Männer als auch junge Frauen und Mädchen für die extremistische Ideologie begeistert werden. Neben konvertierten Mädchen wanderten auch muslimische Mädchen und junge Frauen in die vom Da'esh kontrollierten Gebiete aus.[7] Somit werden religiöser Extremismus und Gewaltbereitschaft nicht mehr als männliche Domäne betrachtet, sondern erfahren eine Neucodierung, die unabhängig von Geschlecht und Alter ist. Die Da'esh-AnhängerInnen sind sowohl Männer als auch Frauen, die in Trainingscamps und mit Waffen auf Exekutionen, Selbstmordattentate und den Krieg vorbereitet werden.

Vor diesem Hintergrund wird die Geschichte der 18-jährigen Protagonistin Nina erzählt, die online zum Islam konvertiert und beginnt, den Hijab zu tragen. Für ihre feministische und atheistische Mutter, eine Chirurgin, stellt die Konversion der Tochter eine Katastrophe dar. Als Nina ihren getrennten Eltern in einer Therapiesitzung ihre Konversion mitteilt, ordnen diese den neuen Lebensstil der Tochter sofort als ‚Radikalisierung' ein. Ninas Mutter sucht bei der örtlichen Radikalisierungsberatungsstelle Hilfe.

Die Konversion der Jugendlichen wird im Film pathologisiert und ihre Entscheidung für den Islam als unauthentisch und falsch gedeutet. Als geborene Österreicherin und Tochter einer Feministin könne die Schülerin nicht religiös sein und erst recht keine Muslimin. Vor allem wird Nina von der eigenen Mutter als Verräterin feministischer Werte betrachtet, was die Chirurgin als eigenes Versagen deutet. Als progressive Frau positioniert Ninas Mutter sich im antiextremistischen Spektrum, was in der Sequenz, in der sie die Radikalisierungsberatungsstelle aufsucht, deutlich wird. Sie befindet sich im Warteraum, von dem aus sie zu den jeweiligen Beratern gebeten wird, die auf religiösen Extremismus, im Film mit Islamismus codiert, und den Rechtsradikalismus spezialisiert sind. Diese Sequenz wird dramaturgisch als Verzweiflung und Hilflosigkeit der Mutter dargestellt, für die beide Extremismusformen völlig fremd sind. Von der Angst überfordert, dass ihre Tochter Nina zu einer

---

7 Die bekanntesten zwei Fälle von Da'esh-Anhängerinnen aus Österreich, die 2015 nach Syrien auswanderten, waren die bosnischstämmigen Schwestern aus Wien Favoriten, die damals 15-jährige Sabina und ihre 16-jährige Schwester Samra. Beide wurden mittlerweile für tot erklärt.

dieser Gruppierungen gehöre, löst bei der Mutter Entsetzen aus. Die Konversion der jugendlichen Tochter wird als extremistisch gelesen, was durch den mütterlichen Besuch der Beratungsstelle umso mehr verdeutlicht wird. Dass die Konversion des Mädchens zum Islam mit ‚Radikalisierung' konnotiert wird, resultiert aus dem gesellschaftlichen und medialen Diskurs rund um den Da'esh sowie den Versuchen und Unternehmungen, Anzeichen der Da'esh-Affinität bei SchülerInnen nachzuweisen. Ältere Topoi und Markierungen von Konvertitinnen werden zwar durch diese neue Markierung und Zuschreibung überschattet, dennoch kommen sie begleitend zum Vorschein. Als Ninas Mutter sie als unauthentische religiöse Frau bezeichnet und die Religiosität der Tochter belächelt, bedient sie sich jener Markierungen und Bilder von Konvertitinnen, von denen Betroffene berichten. Oft werden sie als Verräterinnen bezeichnet, die die neue Religion niemals authentisch vertreten können (Hofmann 1997). Damit hängt das Bild der ‚anderen' Religion zusammen, die den Islam als Religion des ‚Orients' und somit als nicht-europäisch konnotiert.

Digitalisierter Primitivismus

Um der Kontextualisierung der Radikalisierungsgefahr von Jugendlichen gerecht zu werden, wird Nina als Social Media-süchtige Jugendliche dargestellt, die über das Internet konvertiert und den gesamten religiösen Inhalt aus dem Internet konsumiert. So schaut sich Ninas Mutter Konversionsvideos auf YouTube an und ‚lernt' dadurch, dass diese Art Konversion islamisch legitimiert und weit verbreitet sei. Nina lernt ihre Bittgebete ebenfalls aus dem Internet und liest sie vor dem Frühstück und der Gebetswaschung von ihrem Handy ab.

Ninas Bittgebete und die Gebets-Tutorials werden auf Arabisch gesprochen, wobei Nina die Gebete sehr undeutlich ausspricht, sodass die Sprache als fremd und unentzifferbar wahrgenommen wird. Anders als im Film *Die Neue*, in dem das arabische Gebet der Schülerin Sevda ins Deutsche übersetzt und als wohlwollende Poesie codiert wird, unterstreicht das undeutlich und abgehackt gesprochene Arabisch der konvertierten Nina das Unbehagen der Konversion und die Überforderung der Familie mit der neuen Lebenssituation der Tochter.

Nina als Novizin findet sich zwar gut in der muslimischen Lebenspraxis zurecht, indem sie die Künste der Hijabbindung beherrscht, sich über den muslimischen Ganzkörperschwimmanzug informiert und sich mit Freundinnen zum Moscheeunterricht trifft. Dennoch ist sie für die Gebetswaschung auf Video-Anleitungen angewiesen. Dabei schaut sie sich jeden Morgen vor dem Sonnenaufgang im Badezimmer ein Video an, um sich die richtige Reihenfolge des Rituals einzuprägen. In der Anleitung wird ein älterer Mann gezeigt, der in weiße Gewänder gekleidet in gebrochenem Deutsch die Gebetswaschung vornimmt. Dabei wird ihm von einer schwarz gekleideten und vollverschleierten Frau assistiert, die vor ihm niederkniet und aus einem Gefäß das Wasser über Arme und Füße gießt. Nina schaut sich das Video öfter an und wirkt enttäuscht, da sie sich den Ablauf nicht merken kann. Die Kamera zeigt jedes Mal auf das YouTube-Video, sodass der Blick auf die beiden AkteurInnen gerichtet ist.

Die Sequenzen der morgendlichen Gebetswaschung werden im Film multiperspektivisch gelesen und wirken auf mehreren Ebenen. Das filmisch als morgendlich dargestellte Ritual der Konvertitin suggeriert den Aufwand und die Disziplin, die Nina von heute auf morgen in ihren Alltag integrieren soll. Da Nina in der Wohnung *navigieren* muss, um vom Stiefvater nicht ohne Hijab gesehen zu werden, fällt ihr die Konzentration auf die Abfolge des Rituals am frühen Morgen besonders schwer. Damit suggerieren die Filmbilder die Absurdität und die unnötige Opferbringung der Schülerin und der progressiven liberalen Familie für die Religion – den Islam.

Um den Kontrast zwischen dem als streng durchgeplanten religiösen Alltag und dem liberalen, areligiösen und autonomen Lebensstil zu unterstreichen, wird das Anleitungsvideo in Ton und Bild verAndert (von Edward Said's ‚othering'). Das muslimische Gebet und die Gebetswaschung werden zwar auf Deutsch, aber mit starkem Akzent erklärt, was das Ritual der Religion als ‚fremd' gestaltet. Die Verfremdung und VerAnderung werden mit dem Bild vom alten, religiösen Mann und seiner vollverschleierten ‚Dienerin' verstärkt, sodass dieses verfremdete Ritual in einen patriarchalischen und primitiven Kontext eingebettet wird. Die neue Religion der Schülerin bedeute nicht nur unnötige Einschnitte der jugendlichen Freiheiten, sondern auch das Verfrachten in ein mittelalterliches Leben ohne Fließwasser. Der ungeschickte ältere Mann wird in der Komödie als lustig und primitiv wahrgenommen, entspricht jedoch gleichzeitig der Figuration des *Alten vom Berge*, der als Verkörperung von Spiritualität und gewalttätigem Fanatismus gelesen wird. Vor dem Hintergrund der visuellen Präsenz des *Da'esh* in der Medienlandschaft wird die konvertierte Jugendliche als angeworbene Vollverschleierte im Video gesehen. Ninas Abneigung dem anstrengenden, morgendlichen Ritual gegenüber wird in der vorgezogenen Lesart als Hoffnungsschimmer in ihrem religiösen Werdegang decodiert: Wann erkennt sie endlich, dass dieser „ideologische Scheiß"[8] nichts für sie ist?

In ihrer Filmrezension kritisiert die Islamwissenschaftlerin und Konvertitin Ursula Fatima Kowanda-Yassin die repräsentierte Naivität des konvertierten Mädchens sowie deren Repräsentation als Anhängerin eines ‚verkürzten Online-Islam'. Damit würde der Charakter bewusst mit Da'esh-AnhängerInnen in Relation gesetzt werden, die online Islamcrashkurse belegten und sich im Internet radikalisierten

---

8 So beschreibt Ninas Mutter die Konversion der Tochter.

(Kowanda-Yassin 2018). Doch der Film bleibt nicht an der Prämisse einer Verkürzung religiöser Inhalte durch Online-Portale haften, sondern bedient sich weiterer hegemonial-diskursiver Elemente. Die Moschee als Ort der ‚Radikalisierung', an dem extremistische Imame predigen, wird zusätzlich zum ‚Radikalisierungsnarrativ im Internet', in Szene gesetzt.

Gleichsetzung durch Karikierung

In der Komödie kommen verschiedene Zeichen und Bilder zum Ausdruck, die vom Publikum aufgrund deren Einbettung in den aktuellen gesellschaftlichen Diskurs decodiert werden (können). Der Film zeigt zwar, dass er verschiedene Themen aus der Gesellschaft aufgreift und in eine verdichtete Filmerzählung interpretiert, doch die Überladung mit verstümmelten Bedeutungen macht ihn zu einem Zeichenkonglomerat, das zu Verwirrung und Missverständnis führt. Die Verkürzung und Stereotypisierung mögen dem Genre geschuldet sein, welches das Publikum in erster Linie unterhalten soll, verbirgt aber gleichzeitig vielerlei rassifizierte Haltungen und Repräsentationen ‚des Islam' und ‚der MuslimInnen', die von der beabsichtigten Schwarz-Weiß-Malerei der Komödie überschattet und als zweitrangig gelesen werden.

Am deutlichsten wird dies anhand der binären Darstellung religiöser und areligiöser Lebensrealitäten, wobei die areligiöse Lebensweise im Film die Norm repräsentiert. Jegliche Form der Religiosität, sei es jene der konvertierten Nina oder des pädophilen Priesters, wird als unvernünftig, gefährlich oder peinlich dargestellt.[9] Die areligiöse Mutter wird als ideologiefrei repräsentiert, die Ninas Konversion als Ideologie bezeichnet. Ihre Kritik richtet sich an den aus ihrer Sicht manipulativen Charakter der Religion, von dem sich Nina verleiten lässt. Dabei wird sie von der türkisch-stämmigen Mutter von Ninas bester Freundin unterstützt, für die das Schwimmen der Mädchen im Burkini die Verkörperung einer extremistischen Ideologie darstellt.

Religiöse Bekleidungsvorschriften jeglicher Art werden im Film als Bedrohung gelesen. Als Ninas kleiner Stiefbruder Nina mit Hijab sieht, fragt er, ob Nina „als Gespenst gehe". Der Vergleich mag in der Sequenz komisch und harmlos klingen, da aus kindlichem Mund stammend, er spiegelt jedoch genau die gespenstische Stimmung in der Wohnung der Familie wider, in der sich die Familienmitglieder um Ninas Zukunft und psychische Gesundheit sorgen. Ninas fest gebundener Hijab

---

9 Der katholische Priester traut in dieser Sequenz Ninas Vater und seine neue, schwangere Freundin, was Ninas Mutter nicht nachvollziehen kann, da Ninas Vater atheistisch ist. Bei der Hochzeitsfeier am Donaukanal möchte der Priester ein gemeinsames Foto mit Nina mit Rosenherz als Fotorahmen haben.

und das lange, breite Kleid werden mit Maskerade konnotiert, ein Topos, der im Film als roter Faden fungiert.

Als Ninas Mutter die Beratungsstelle aufsucht, trifft sie auf ein vollverschleiertes konvertiertes Mädchen, welches im selben Atemzug den islamischen Friedensgruß spricht und die eigene Mutter beschimpft. Dabei wird der Niqab des Mädchens als Maskerade oder Verkleidung gelesen, unter welchem sich eine ‚normale', rebellische Jugendliche befindet, die sich von der Mutter gerade genervt fühlt. Ebenso verkleiden sich Ninas Eltern als vollverschleierte Frauen, um die Tochter unerkannt aus der Moschee und vor der Scheinverheiratung mit Ninas bestem (schwulen) Freund zu retten. Bei der Autofahrt werden sie von der Polizei wegen des Vollverschleierungsverbots im öffentlichen Raum angehalten. Es kommt jedoch nicht zur Anzeige, da der Polizist die beiden als Verkleidete für den Faschingsgschnas weiterfahren lässt.

Der Film hat nicht zum Ziel, die fest verankerten Bilder und Vorstellungen verschiedener Orthopraxien, etwa Verschleierungsformen, zu dekonstruieren, sondern setzt sie bewusst in die Filmdiegese ein. Auf diese Weise verschwimmen die Grenzen zwischen vermeintlich ‚radikalisierter Konvertitin', der türkischen Moscheebesucherin und dem abreisegefährdeten, vollverschleierten Mädchen in der Beratungsstelle. Ninas Eltern betrachten die Moscheegemeinde, die Nina besucht, als besonders orthodox, wo sie als vollverschleierte Frauen nicht auffallen würden. Diese Codierung wird im Film als plausibel dargestellt, obwohl kein einziges Mal eine Niqabträgerin in der Moschee gezeigt wurde. Hier setzt der Film auf kognitive Wissensbestände des Publikums, welche auf dem *common sense* der jeweiligen Gesellschaft basieren – welche wiederum oft auf brüchigen Kenntnissen über die islamische Orthopraxie fußen.

Markierung durch Rassifizierung

‚Dschihad' in der Schule

Während die Komödie gezielt auf Zeichencollagen sowie Überspitzung zwecks Unterhaltung setzt, sind in den Dramen *Die Neue* und *Die Freischwimmerin* ähnliche Muster hinsichtlich religiöser (De-)Codierung zu beobachten. Als die Schülerin Sevda aus *Die Neue* zum ersten Mal das Klassenzimmer betritt, wird sie aufgrund ihres Aussehens vom Mitschüler Goran als Terroristin aus Bagdad bezeichnet. Goran setzt in der Sequenz eine Mütze auf und beginnt, mit einem imaginären Gewehr auf die Jugendlichen zu schießen. Diese Sequenz wird als Albernheit des Schülers gelesen, da die MitschülerInnen seine Aktion als lustig empfinden. Lediglich die Lehrerin Eva ermahnt den Schüler und fordert ihn auf, aufzuhören. Dass die unmittelbare Reaktion des Schülers genau jene war, zeigt, wie tief bestimmte

Bilder und Vorstellungen von ‚MuslimInnen' in die Gesellschaft eingeschrieben sind. Die Bezeichnung als Terroristin bezieht sich hier eindeutig auf die muslimische, Hijab tragende Schülerin Sevda, die – wenngleich in karikierter Manier gezeigt – mit Gefahr und Gewalt konnotiert wird. Die Bezeichnung als Terroristin wird im Film umgehend entziffert und auf die Muslimin bezogen, was auf einen Wandel hinsichtlich der Begriffsbedeutung hindeutet. Während sich zur Zeit des Kalten Kriegs *Terror* auf linke Freiheitskämpfer bezog, wurde der Begriff mit dem Narrativ des *war on terror* islamimmanent (Rolshoven 2016).

In *Die Freischwimmerin* bedient sich Ilayda der Fremdbezeichnungen und macht der Lehrerin Martha damit klar, dass sie der Markierungen überdrüssig ist. Ilayda erklärt, sie meide Gespräche über Religion, weil sie dabei hauptsächlich mit „Vorwürfen und Vorurteilen" konfrontiert werde, was für sie „Stress" bedeute. Die Schülerin behauptet, die meisten Menschen würden denken, sie kennen sich mit ihrer Religion aus und würden dennoch denken, dass sie zur praktizierenden Muslimin wurde, weil sie „verklemmt [...], verbohrt, verblödet, fanatisch religiös, vielleicht auch eine Terroristin" sei. Der Diskriminierungsvorwurf bleibt in der Sequenz generalisierend und auf keine konkrete Person bezogen. Ilayda spricht eine allgemeine, von antimuslimischem Rassismus geprägte Atmosphäre an, die für die Schülerin persönliche und psychische Konsequenzen hat.

In *Die Neue* hingegen fällt Sevdas Mitschüler Goran auf, der als Klassenkasperl auftritt und mit starkem Akzent Deutsch spricht.[10] Damit wird er als Schüler mit Migrationsgeschichte markiert (vermutlich mit kroatischem Hintergrund). Im Film wird er explizit als die Verkörperung diskriminierender Handlungen dargestellt. Die Sequenz wird als Beleg dafür gelesen, dass Diskriminierung und rassistische Äußerungen nicht nur von der Mehrheitsgesellschaft ausgehen, sondern auch innerhalb von Minoritäten vorzufinden sind. Der Film konstruiert somit eine Topografie hierarchischer Beziehungen und spielt markierte Minoritäten gegeneinander aus. Dabei wird die rassifizierte Zuschreibung des Schülers Goran (akzentsprechend, bildungsfremd und nicht eloquent) von dessen Rassismus gegenüber Sevda überschattet. Im Film dient er als Projektionsfläche jeglicher Vorurteile und rassifizierter Markierungen gegenüber der muslimischen Schülerin.

Gorans Anspielungen auf den Islam und die herabwürdigenden Gesten sind auch in jener Sequenz wahrzunehmen, als die Schülerinnen Mia und Niriman mit einem Tuch auf dem Kopf die Klasse betreten. Zunächst sind die Tücher wegen der Kapuze am Kopf nicht zu sehen, doch kurz darauf zeigen sie ihren MitschülerInnen die bedeckten Haare. Goran reagiert auch hier als Erster und schreit laut in die Klasse: „Allah steh' uns bei!". Seine Körpersprache und die Bewegungen, die er

---

10 Dies ist gleich zu Beginn des Films zu hören, als Goran seine eigene Version eines Gedichts von Goethe vorträgt, daraus einen Gangsterrap macht und mit starkem Akzent spricht.

dabei macht, werden als Parodie des muslimischen Gebetsrufs und des Gebets gelesen. Die Tücher der Schülerinnen fungieren hier erneut als Startschuss für kränkende Anspielungen, die durch die Figur Gorans als albernes Verhalten codiert werden. Dass ein Schüler erst auf die Idee kommt, zwei Schülerinnen, die sich einer Religion zugehörig fühlen (ohne an dieser Stelle genauer auf die Motivation oder die Frage der Authentizität eingehen zu wollen) und den Hijab anziehen, mit seinen islamophoben Anspielungen zu konfrontieren, ist ein rassifizierter Moment im Film. Goran macht in diesem Augenblick Sevda für die Veränderung der Schülerinnen Mia und Niriman verantwortlich, indem er sagt: „Sevda macht voll den Dschihad!". Mit dieser Zuschreibung ergänzt der Film die Markierung der Schülerin als „Terroristin" aus der Anfangssequenz im Klassenraum. Hierbei wird Sevdas Erklärung, sie wüsste nichts vom Vorhaben der Schülerinnen, den Hijab anzuziehen, als Rechtfertigung gelesen. Auch wenn sich Sevda für das Tragen des Hijab ihrer Mitschülerinnen nicht verantwortlich fühlt, wird sie von der Klasse als Manipulatorin wahrgenommen. Diese Rolle wird um den Begriff *Dschihad* ergänzt, welcher hier in seiner hegemonialen Codierung als ideologische Kriegsführung decodiert wird.[11] Die Präsenz des Hijab in der Schule wird als *Dschihad* bezeichnet, einem ‚heiligen Krieg', der nun auch an deutschen Schulen ausgefochten werde.

‚Anpassung' – Desiderat oder Gefahr?

Als Lehrerin Eva versucht, den Schüler Goran zu beruhigen und ihn davon abzubringen, die Mädchen zu beleidigen, wirft die Schülerin Jacqueline ihr vor, die „Kritik am Kopftuch" und der vermeintlichen Gefahr in der Klasse zu verbieten. Sie unterstellt Eva, sie wolle am liebsten alle SchülerInnen mit Hijab und an Sevda „angepasst" sehen. Hier wird das Wort Anpassung, das für gewöhnlich als Synonym für Assimilation gebraucht wird, negativ konnotiert, da es sich auf die Schülerin Sevda und deren Kleidungsstil bezieht.

Im gesellschaftlichen Diskurs jedoch wird die Anpassung als Forderung oder Bringschuld von Minderheiten verstanden, als Voraussetzung für das Partizipieren am gesellschaftlichen Leben. Der Begriff wirkt oft als Synonym für Integration oder Assimilation und bietet wenig Raum für einen reflexiven Umgang damit. Die Möglichkeiten, Auswirkungen oder Grenzen für die sich anpassen sollenden Individuen werden nicht in Betracht gezogen, sondern regelrecht auf alle Betroffenen

---

11 Das arabische Wort *Dschihad* (arabisch *ǧihād*) wird als ‚vertrauter' Code eingesetzt, der sowohl von SchülerInnen im Film als auch vom Publikum als in einem Gewaltkontext eingebettet gelesen wird. Dass dieses Wort ausdifferenzierter kontextualisiert wird, spielt im Film weniger eine Rolle. Er bedient sich bewusst einer Begrifflichkeit, die im gesellschaftlichen und medialen Diskurs mit ‚gewaltverheerendem Islam' und weniger mit seiner ursprünglichen Bedeutung als Kampf gegen das Ego konnotiert wird.

umgestülpt. Wenn von verschiedenen Minderheiten eine Kritik an diesem Konzept geäußert wird, dann wird die Kritik nicht als konstruktiver Beitrag einer zivilgesellschaftlichen Debatte rezipiert, sondern stigmatisiert. Der Mythos ‚Anpassung' oder ‚Integration' wirkt nur in eine bestimmte Richtung. Wird er durchschaut und als Zeichen populistischer Politik deklariert, so wehren sich seine Vertreter vehement, da er bereits als selbstverständliche Anforderung, als naturalisierte Kondition verstanden wird.

Was nun in der Schulklasse passiert, spiegelt bis zu einem gewissen Grad den gesellschaftlichen Diskurs wider. Hijabträgerinnen betreten den öffentlichen Raum und wollen daran teilhaben. Ihr Auftreten erscheint als fremd, anders und sorgt für Unbehagen, Unsicherheit und sogar Angst. Die Aussagen der Schülerin Jacqueline zeichnen dies deutlich ab. Sie hat Angst, ihren Lebensstil wegen der Andersheit der Anderen aufgeben zu müssen. Die islamische Kleidungsvorschrift sowie die Moral- und Lebensvorstellungen der Schülerin Sevda werden als Gefahr codiert, die von der Lehrerin nicht gesehen werde.

Jacqueline tritt hier als starkes, selbstbewusstes Mädchen auf und wehrt sich gegen einen Anpassungszwang in der Klasse. Sie bedient sich dergleichen Rhetorik, die Sevda in Gesprächen mit der Lehrerin Eva angewandt hat. Der Film versucht mit dieser Sequenz, eine Gleichsetzung von Bedürfnissen unterschiedlicher Frauen aufzuzeigen, indem jeglicher Zwang, sei es Verhüllungs- oder Enthüllungszwang als Anpassungszwang kommuniziert wird. Beide Positionen markieren den jeweils anderen Lebensstil als aufoktroyiert und patriarchalisch:

Jacqueline: „Sevda, sowas nennt man Selbstbestimmung. Jede Frau kann sich anziehen, wie sie will. Und nur, weil ein Mädchen einen Minirock anzieht, heißt es nicht direkt, dass sie eine Schlampe ist. Genauso wie ihr mal checken müsst, dass euer Kopftuch nicht gleich ein Heiligenschein ist.
[…] Ich bin froh, dass ich als Frau respektiert werde, so wie ich mich anziehe, ohne mich irgendwie verhüllen oder verschleiern zu müssen. Ich meine, wo leben wir denn, wenn wir jedem Mann unterstellen, dass er geil wird, wenn er unsere Haare sieht?"

Im selben Atemzug wird ein gängiges Klischee geliefert, welches von einem abwertenden Fremdbild sich knapp anziehender Mädchen und Frauen ausgeht. Minirocktragende Mädchen und Frauen würden für Schlampen gehalten, ein Argument, mit welchem das Tragen des Hijab erklärt wird. Außerdem wirft Jacqueline Sevda vor, nicht fehlerlos zu sein. Sie leitet sie dazu an, ihr eigenes Verhalten zu reflektieren, während sie gleichzeitig mit Vorurteilen und Vorwürfen argumentiert.

Sevda bleibt von Jacquelines Argumenten unbeeindruckt und erläutert ihr Frauenbild als Gegenstück zu jenem der Schülerin Jacqueline, indem sie die Frau nicht auf ihren Körper reduziert, sondern ihre Qualitäten als emotional gestricktem

Menschen hervorhebt. Damit erklärt sie sich die Mutterrolle, die die Natur der Frau geschenkt habe. Dieses naturalisierende Argument zum Frausein scheint von den MitschülerInnen als ein klares und starkes Argument akzeptiert worden zu sein. Jacqueline fühlt sich nun im Stich gelassen und betont, sie wolle nicht die Mutterrolle hinterfragen, sondern den Respekt betonen, den sie sich von allen Menschen erwartet.

In diesem Chaos an Gefühlen, das filmisch mit schriller akustischer Untermalung und schnell wechselnden Kamerashots verdeutlicht wird, die das Wortgefecht zwischen Sevda und Jacqueline unterstreichen, betont Goran die Andersheit der muslimischen Schülerin und somit die Inkompatibilität mit der Zugehörigkeit als Deutsche, indem er zu Mia sagt: „Nix Arab, musst tragen Kopftuch geee!". Die islamische Religionszugehörigkeit wird als arabisch wahrgenommen, obwohl Sevda einen türkischen Hintergrund hat. Goran bedient sich hier einer Markierung, die in der Islamophobieforschung als *Islamisierung von AraberInnen* bezeichnet wird. Im rassistisch-gesellschaftlichen Diskurs werden Menschen, die einen arabischen oder arabisch klingenden Namen haben, deren Herkunft arabisch ist, die die arabische Sprache sprechen oder als AraberInnen markiert werden, als MuslimInnen wahrgenommen und gelten ebenso als Betroffene des antimuslimischen Rassismus (Sheehi 2022).[12]

Diese Klassensequenz wird als chaotisch und ambivalent empfunden, was durch den schnellen Wechsel der Kameraeinstellung und die Überlappung von Dialogen und Gesprächen sowie die Darstellung der Lehrerin als ratlos erzeugt wird. Diese Stimmungslage spiegelt ein Stück weit die Emotionalität in der gesellschaftlichen Debatte wider, die von verschiedenen Themenebenen als überladen wahrgenommen wird. Eine öffentliche Austragung der Debatte rund um die Sichtbarkeit und Präsenz von MuslimInnen im öffentlichen Raum wird von positivistischen und rassifizierten Inhalten begleitet, gar ‚gestört', wie dies die Anmerkung des Schülers Goran in der hektischen Klassendiskussion tut. Auch wenn die (filmisch-)feministische Debatte von kulturalistischen Elementen durchzogen ist (Vorwürfe der patriarchalischen Religion, aus der die Muslimin keine Emanzipation heraus erlangen kann, oder die genderistische Bezichtigung der Antimutterschaft), wird sie rund um die Kategorie der Selbstbestimmung ausgefochten, die als Konsenshaltung gelesen werden kann.

---

12 Über ähnliche Erfahrungen berichten auch die Angehörigen der Sikh-Religion, in der Männer die Patka, eine Turban-ähnliche Kopfbedeckung tragen. Oft werden sie wegen dieser – da als ‚arabischer Turban' decodiert – zu Opfern des antimuslimischen Rassismus,

Moschee als Ort der ‚Radikalisierung'

Homosocial Space[13] und der manipulative Imam

Die Novellierung des Islamgesetzes in Österreich wird aus der Perspektive einiger muslimischer Organisationen und Initiativen als Versäumnis der Islamischen Glaubensgemeinschaft in Österreich betrachtet (Hafez 2017). Das neue Islamgesetz sieht eine vermehrte Kontrolle der islamischen Glaubensgemeinschaft vor, was mit dem Generalverdacht einhergeht, muslimische Gemeinden sowie die vorhandene islamische Infrastruktur in Österreich würden auf gesetzeswidrigen Fundamenten aufgebaut sein (Dautovic, Hafez 2019). Der Vorwurf richtet sich in erster Linie an Bildungs- und Kinderbetreuungsinstitutionen, die Kinder und Jugendliche radikalisieren würden. In diesem Kontext sind etliche Kindergartenstudien entstanden, in denen behauptet wird, dass muslimische Kindergärten extremistische Inhalte kolportieren (Hafez 2020).[14] Ein nächster Schritt waren Moscheeschließungen und Razzien in Gemeinden und Privathaushalten, die mit dem Vorwurf der Terrorismusförderung und Radikalisierung belastet wurden.[15] Während auf der einen Seite von der Politik eine österreichische Imameausbildung gefordert wird, werden gleichzeitig Imame gekündigt und Moscheen geschlossen, sodass der Eindruck einer potenziellen Gefahr entsteht, die von Moscheen, Imamen und muslimischen Einrichtungen ausgehe.[16] Lange Zeit galt die Moschee als Männerdomäne, in der das religiöse Leben und die religiösen Inhalte von männlichen Mitgliedern gestaltet würden. Dieser Eindruck entsteht hauptsächlich aufgrund des vorrangig von

---

13 Zahra Ayoubi bezeichnet bestimmte Bereiche der Öffentlichkeit als „homosocial". Der Begriff bezeichnet eine konstruierte Männerdomäne, die sich in der islamischen Tradition der Ethiklehre (*aḫlaq*) etabliert hat, und führt hierbei die Rolle des Denkers al-Ġazālī an. Vgl. Ayoubi (2019).
14 Siehe dazu die Studie der Universität Wien aus dem Jahr 2018: „Kindergartenstudie", http://medienportal.univie.ac.at/presse/aktuelle-pressemeldungen/detailansicht/artikel/kindergartenstudie-gutachten-veroeffentlicht (13.03.2020).
15 Hierbei sind zwei große Razzien in Wien und Graz aus den Jahren 2017 und 2020 zu erwähnen. Während die Erste zum Ziel hatte, Daʿesh-affine Imame aufzuspüren, wurde die zweite Razzia mit dem Vorwand der Terrorfinanzierung durchgeführt, bei der Moscheen, aber auch Privatpersonen untersucht wurden (Hafez 2023). Farid Hafez, Operation Luxor. Eine kritische Aufarbeitung der größten Polizeioperation Österreichs, Transcript Verlag (erscheint 2023).
16 Durch den Zusatzartikel im Islamgesetz zur Auslandsfinanzierung wurden Imame, die als Beamte des türkischen Religionsministeriums in Österreich tätig waren, entlassen und in die Türkei ausgewiesen. Die Imam-Entlassung wurde medial jedoch weniger als Folge des Finanzierungsverbots, sondern eher als Maßnahme gegen religiösen Extremismus und ‚politischen Islam' gedeutet, der von der Türkei ausgehe und in Österreich durch religiöse Vereine verbreitet würde. Eine kritische Aufarbeitung zum Diskurs über den politischen Islam liefert Hafez: Hafez, Farid, „Das Dispositiv ‚Politischer Islam' in der österreichischen Bundespolitik" (‚Political Islam' as a Dispositf in Austrian Federal Politics), Frankfurter Zeitschrift für Islamisch-Theologische Studien, 2022.

Männern besuchten Freitagsgebets in einigen Gemeinden, sodass die Moschee als sakraler Raum als männlich gedeutet wird.[17]

Diese diskursiv stark eingeschriebenen Bilder werden auch in den Filmen aufgegriffen und als Topoi eingesetzt. Im Fernsehdrama *Das deutsche Kind* steht die Familie des jungen Imams Cem Balta im Zentrum des Filmgeschehens. Der junge Imam lebt mit seiner Familie in Hannover und leitet eine kleine Moscheegemeinde, die er von einem älteren Imam, seinem Schwiegervater übernehmen wird. Cem und seine Frau übernehmen die Obsorge für das Nachbarmädchen Pia, dessen Mutter bei einem Autounfall verstorben ist. Die Gemeinde entschließt sich dazu, ihre Räumlichkeiten zu vergrößern und veranstaltet dazu ein Treffen mit Anrainern und Nachbarn sowie eine Pressekonferenz, um die breite Öffentlichkeit über das Vorhaben zu informieren. Die Lage eskaliert jedoch, als die Großeltern der Pflegetochter Pia auftauchen und vor den Kameras und der großen Menschenmasse über die Vergangenheit des Imam Cem zu sprechen beginnen. Dieser sei vor Jahren in einer *salafitischen*[18] Gruppierung gewesen und somit ein Heuchler, der sich in der Öffentlichkeit als liberaler Muslim verstelle, in Wirklichkeit aber eine tickende Zeitbombe sei. Diese Vorwürfe beunruhigen die Anwesenden, was dazu führt, dass sie den Bau der Moschee und die Ausweitung der Gemeinde missbilligen.

Diese Szene zeigt, dass es sich hier um ein Totschlagargument handelt. Die Vergangenheit eines muslimischen Imams und seine Verbindung zu einer orthodoxen und konservativen muslimischen Gemeinde machen ihn zur *persona non grata*. Weder im Film noch im öffentlichen Diskurs wird genug differenziert, welche Richtungen des Islams existieren und wie sie sich in ihrer Orthopraxie unterscheiden. Im öffentlichen Diskurs steht der salafitische Islam, eine ultra-konservative Richtung, als Codewort für die Vorstufe der Gewaltbereitschaft, des Terrors, des sogenannten Dschihadismus. Die Islam-Experten und andere Pseudoexperten zeichneten eine evolutionistische Entwicklung oder Zusammenschau muslimischer Orthopraxien

---

17 Eine nähere Abhandlung der Moschee in ihrer traditionell islamischen Bedeutung würde den Rahmen dieser Arbeit sprengen. Es ist wichtig zu erwähnen, dass sich das Freitagsgebet als Männerdomäne in der ḥanafitischen Rechtsschule etabliert hat. Da die meisten Moscheegemeinden in Österreich (aber auch in Deutschland) von türkisch- und bosnischstämmigen Verbänden geleitet werden, die sich auf diese Rechtsschule des Islam beziehen, entsteht auch dementsprechend der Eindruck der Moschee als ‚homosozialer' Raum. Wenn Zahra Ayoubi die Moschee als ‚homosozialen' Raum bezeichnet, so tut sie dies im Kontext einer historischen Studie, in der sie die männliche Überpräsenz in den Bereichen der Moschee und der islamischen Gerichtsbarkeit des 11. Jahrhunderts feststellt, die sich auf die Etablierung der Rechtsschulen ausgewirkt haben.

18 Als ‚salafitisch' werden ultrakonservative Strömungen des Islam bezeichnet, die nach einer literalistischen Auslegung der Qur'an und der Sunna, der prophetischen Tradition, leben. Während einige dieser Strömungen die Bezeichnung für sich beanspruchen und sich als Angehörige des *salaf* bezeichnen, ordnen andere wiederum die Markierung als Fremdzuschreibung ein.

und versahen sie mit Codes, die im öffentlichen Diskurs leicht erkennbar und abrufbar sind.

Ein junger Imam, der in seiner Jugend Kontakt hatte mit ultraorthodoxen MuslimInnen, wird somit als ewiger Abtrünniger, Heuchler, Antidemokrat und Gefahr abgestempelt. Auf einer Mikroebene bedeutet dies, dass er als Pflegevater nicht in Frage kommt, da er seine Pflegetochter möglicherweise muslimisch aufziehen würde. Seine vergangene Zugehörigkeit zur Gruppierung wird als eine zweite Natur codiert, die er nicht gänzlich ablegen kann. Dies suggeriert auch die erste Sequenz des Films, in der Cem auf der Kanzel steht und zur Gemeinde spricht. Dabei ist der Kamerablick aus dem durch Vorhänge getrennten Frauenbereich gerichtet, sodass der geschlechtergetrennte Raum als vordergründig erscheint. Dies suggeriert einen gewissen Konservativismus der Gemeinde, in der Frauen nur teilweise das Moscheegeschehen im Männerbereich mitbekommen können. Die Freitagsansprache wird als Predigen von oben, der Kanzel, und auf die Frauen herab sprechend, wahrgenommen, sodass deren Inhalt bei der visuellen Codierung völlig untergeht.

Der Imam wird als konservativ und exkludierend gelesen, obwohl er in der Freitagsansprache über Selbstreflexion in Bezug auf die individuelle Religiosität spricht. Einen Ausgleich hinsichtlich der Markierung des Imams als extremistisch schafft die Codierung seiner Ehefrau, die zwar Hijabträgerin ist, sich aber wenig in die Diskussion rund um die Moschee einmischt. Sie übernimmt in erster Linie die Rolle der Pflegemutter für Pia, die apolitisch ist und an religiösem Moscheegeschehen wenig Interesse zeigt. Durch ihre Darstellung als fürsorgliche Mutter, die allen Familienmitgliedern das Zuhause zur Rückzugsoase macht, wird auch Cem als Imam ‚vermenschlicht'. Durch die Codierung seiner Ehefrau als fürsorgliche Mutter wird er zum Inbegriff des Vaters, für den der Imam-Posten nur eine zweitrangige Priorität darstellt. Durch die Emanzipation aus der Gemeinde und die Entzauberung des religiösen Identitätszwangs wird Cem filmisch ‚deradikalisiert'. Somit kann der Filmtitel auf den Imam Cem und nicht nur auf das Waisenkind Pia bezogen gelesen werden. Cem, als in Deutschland aufgewachsener und sozialisierter Muslim, wird zum Teil einer sich in Deutschland etablierten extremistischen Szene. Dieser Topos entspricht der Typisierung ‚radikalisierter Jugendlicher' aus Europa, die mit der Ideologie des *Da'esh* sympathisierten. Eine Abkehr vom menschenfeindlichen Gedankengut wird im Film durch die Liberalisierung der Moscheegemeinde sowie die Codierung des jungen Mannes als verantwortungsbewusster Familienvater erzielt, der für das ‚deutsche' und nichtmuslimische Kind sorgen und auf dessen religiöse Bedürfnisse eingehen muss.[19]

---

19 Das Navigieren zwischen islamischen und christlichen Lebenswelten wird im Film vor allem durch die Präsenz von Pias Großeltern repräsentiert, die auf christliche Traditionsfeste bestehen und Sorge haben, die muslimische Familie werde Pia konvertieren. Als bildsprachliche Antwort darauf ist die Sequenz zu sehen, in der Cem auf dem Gebetsteppich mit der Gebetskette sitzt und dabei von Pia

Der Topos des fanatischen Imams, der in der Moschee predigt, wird auch in anderen deutschsprachigen Filmen aufgegriffen.[20] Dabei wird die Moschee als männerdominierter Raum repräsentiert, den Frauen entweder gar nicht betreten, oder, wenn sie dies tun, dann als marginalisierte Gemeindemitglieder, die mit religiösen Inhalten wenig in Verbindung gebracht werden. Vor allem in den Melodramen wird die Moschee als patriarchaler, religiöser Raum codiert, in dem patriarchale Strukturen generiert und stabilisiert werden. In der Moschee sind immer nur Männer zu sehen, die zum einen das Gebet verrichten und zum anderen Vorträgen zuhören, die extremistische Inhalte haben.[21]

In *Womit haben wir das verdient* stellt die Moschee hingegen auch für Frauen einen Begegnungsort dar. Diese betreten den Gebetsraum jedoch durch einen separaten Eingang und haben auch hier wenig Gestaltungsmöglichkeit hinsichtlich religiöser Inhalte. Der Imam als Kultträger betritt den Frauenraum und trägt hier den Frauen über die islamisch-rechtlichen Bestimmungen zur monatlichen Regelblutung in strenger Manier und mit erhobenem Zeigefinger vor. Dies suggeriert, dass Nina als Konvertitin – aus der Perspektive ihrer Mutter – nicht nur im Internet, sondern auch in der Moschee durch den Imam radikalisiert wird. Die Frauen werden als gefährdete und passive Mitläuferinnen in der Gemeinde dargestellt, die aber auch über Sexwitze lachen können. Da sie selbst die lauernde Gefahr, die vom Imam ausgeht, nicht erkennen können, werden sie von außen – durch Ninas Mutter und die säkulare türkische Mutter – darauf aufmerksam gemacht.

Eine Gegenrepräsentation hinsichtlich der Codierung des sakralen Raums und des darin wirkenden Imams stellt die Komödie *300 Worte Deutsch* dar. Lales Vater wird als liberaler Imam repräsentiert, der in der Gemeinde vorrangig als Verkuppler und Sexualberater fungiert. Daher sind in der Moschee wenig religiöse Inhalte zu sehen, auch Frauen und vor allem Tochter Lale kommen oft her, um den Imam zu besuchen. Da Lales Mutter verstorben ist und ihr Vater nicht mehr geheiratet hat, besucht der Imam regelmäßig das örtliche Bordell, wo er unter anderem den islamophoben Beamten trifft. Um Unannehmlichkeiten zu umgehen, behauptet er, Seelsorge für die Sexarbeiterinnen anzubieten. Hier wird versucht, eine Parallele zwischen der als patriarchalisch konnotierten Imamfigur und rassistischen deutschen Beamten zu zeichnen. Diese basiere auf der sexuellen Ausbeutung von

---

beobachtet wird. Das Mädchen betet nicht mit, sie begegnet dem Pflegevater mit Neugier. Die Frage der Religiosität innerhalb von Pflegefamilien wurde in den Jahren 2015 und 2016 besonders stark ins Zentrum der öffentlichen Debatten gerückt, als viele deutsche und österreichische Familien geflüchtete Minderjährige bei sich aufnahmen.

20 Siehe etwa *Die Fremde, Nur eine Frau, Einmal Hans mit scharfer Soße* u. a.
21 Eine Studie, die mit anderer Akzentuierung zur Moscheelandschaft am Beispiel der Stadt Berlin arbeitet, ist die Arbeit *Islamisches Gemeindeleben in Berlin* von Alexa Färber und Riem Spielhaus aus dem Jahr 2009: http://issuu.com/ufuq.de/docs/islamischesgemeindelebenberlin (13.03.2021).

migrantischen Sexarbeiterinnen im Bordell, wo die beiden Männer ihre gleichermaßen frauenverachtenden und patriarchalen Sexfantasien ausspielen können.[22]

‚Die Moschee' im Schulhaus

Eine Schnittstelle zur filmischen Repräsentation von VerAnderung und Stigmatisierung von bestimmten religiösen Bedürfnissen wie dem Verrichten des islamischen Gebets im öffentlich-institutionellen Rahmen stellen einschlägige Momente aus dem Schuldrama *Die Neue* dar. Die muslimische Schülerin Sevda wird als praktizierende Muslimin repräsentiert, für die das tägliche Gebet eine wichtige Rolle in der Alltagsstruktur spielt. Als sie der Lehrerin Eva die Moschee zeigt, wird klar, dass die Moschee und das Gebet der Schülerin Halt und Sicherheit in schwierigen Zeiten der Ausgrenzungserfahrung geben. Doch Sevda betet nicht nur in der Moschee, sondern verrichtet das Gebet auch heimlich im schulischen Keller, was durch ihre Mitschülerin Jacqueline aufgedeckt wird. Die Lehrerin Eva wird im Film als kompromissbereit gezeigt, da sie mit der Schülerin ins Gespräch tritt, gleichzeitig aber auch von ihr verlangt, den Keller nicht mehr als Gebetsraum zu nutzen. Der Schuldirektor hingegen versteht Religion allgemein als Indoktrinierung und Gegenpol zu Demokratie. Evas Dialogbestreben interpretiert er nicht nur als Übertreibung, sondern betont zugleich, dass er Angst vor Reaktionen seitens der Eltern habe.[23]

---

22 Diese Lesart entsteht aus der Bordellsequenz, in der die türkischstämmige Sexarbeiterin und der deutsche Beamte Analsex haben, wobei der Beamte als dominant auftritt. Diese Sequenz wird unmittelbar nach der leidenschaftlichen Sexszene zwischen dem jungen türkischen Ehepaar gespielt. Der Bordellsex wird als Gegenstück zur romantisierenden Haremsliebe codiert, wo der rassistische Beamte seinen Sexismus und pornografische Fantasien an prekär beschäftigten Prostituierten ohne geregelten Aufenthalt ausspielt.

23 Der Schuldirektor meint hierbei das Gespräch zwischen Eva und Mias Mutter, die um die Veränderung der Tochter, die zwar religiös, aber gleichzeitig verantwortungsbewusster geworden ist, besorgt ist. Dass die Rolle der Eltern und deren rassifizierte und/oder vorurteilsbehaftete Haltungen im schulischen Kontext eine große Rolle spielen, bezeugt auch ein Fall aus dem Jahr 2017 in Graz. Damals intervenierte eine Mutter gegen die geplante religionswissenschaftliche Exkursion der Schule, die von der islamischen Religionslehrerin organisiert wurde. Die Mutter hatte die Sinnhaftigkeit der interreligiösen Begegnung in Frage gestellt mit der Begründung, ihre Tochter habe nicht das Bedürfnis, über die historischen Spuren des Islam in Österreich zu lernen. In diesem Fall konterte der Schuldirektor mit dem Lehrplan der betroffenen Schulstufe aus der Oberstufe, der in mehreren Unterrichtsgegenständen (Religion, Geschichte, Geografie) religionswissenschaftliche Inhalte vorsieht. Aus Gesprächen mit Beteiligten wurde jedoch deutlich, dass die Mutter weniger auf den vorgesehenen Lehrplan abzielte, sondern in erster Linie Bedenken wegen der muslimischen Professorin hatte, der eine interreligiöse Kompetenz abgesprochen und eine Indoktrinierung der SchülerInnen, ohne diese zu kennen, gemutmaßt wurde. Andere Fälle sind aus Volksschulen bekannt, in welchen Eltern sich gegen das Singen von Kinderliedern bei interreligiösen Feiern in der

Die Implikation, eine Lehrerin habe religiös neutral zu sein, wird hier nochmal deutlicher.[24] Als der Schuldirektor die Hijab tragenden Schülerinnen Sevda, Mia und Niriman in der Klasse sieht, geht er mit Eva in den Keller, wo er ihr die ‚geheime Moschee' zeigt. Voller Entsetzen hält der Schuldirektor Rolf eine deutsche Übersetzung des Qur'an in der Hand und wirkt dabei hektisch und panisch. Im provisorisch eingerichteten Gebetsraum im Schulkeller befinden sich außerdem drei Gebetsteppiche. Direktor Rolf empfindet den Qur'an als höchst bedenklich und für die Schülerinnen gefährlich. Er erklärt, es würden auch „keine Bibeln in der Schule herumliegen". Auch die Lehrerin Eva bekommt bei dem Anblick einen flachen und schnellen Atem.

Die Positionierung der deutschen Schule im Film hinsichtlich ihrer Haltung zu Religion und religiöser Praxis wird klar in Szene gesetzt. Das Schulleitbild ist von einem demokratisch-säkularen Grundsatz geprägt, in welchem Religion keinen Platz habe. Dies wird durch die Verbannung der Heiligen Schriften aus dem Schulhaus repräsentiert und für *common sense* gehalten. Es findet hierbei eine Gleichsetzung des säkularen Rechtsstaats, der sich dazu verpflichtet, die (unterschiedlichen) religiösen Bedürfnisse sowie die religiöse Praxis von Religionsgesellschaften zu schützen, mit einer laizistischen Rechtsgrundordnung, die eine Gleichbehandlung von Religion durch deren Unsichtbarkeit im öffentlichen Raum gewährleisten will, statt.[25] Die Codierung des islamischen Gebets und des Qur'an als gefährlich wird mit dem Argument der ‚neutralen Schule' legitimiert, in der alle Religionen gleichermaßen *nicht* toleriert werden würden. Dabei kommt zum Vorschein, dass eine Gleichbehandlung des Ungleichen einem ‚säkular-demokratischen' Grundsatz entspräche, was im Film als die Norm dargestellt wird.[26] Dass die Bedeutung des Qur'an für MuslimInnen (als wortwörtliches Wort Gottes) nicht mit der Bedeutung der Bibel

---

Schule aussprechen, in welchen das Wort *Allah* (arab. für ‚Gottheit, ein Wort', das in der arabischen Sprache sowohl das islamische als auch das christliche Gottesbild beschreibt) im Text vorkommt. [Aus persönlichen Gesprächen mit den betroffenen Lehrerinnen.]

24 Die Erfahrung zeigt, dass sich die religiöse Neutralität fast ausschließlich auf den Islam bezieht. Am meisten macht sich dies bemerkbar an der Diskussion rund um die Hijab tragende Lehrerin, die aufgrund ihrer klar sichtbaren religiösen Deklarierung nicht für alle SchülerInnen als Vorbild fungieren könne. Das sichtbare Tragen des Kreuzes jedoch wird nicht gleichermaßen bewertet.

25 Talal Asad versteht das Säkulare als „einen Begriff, der bestimmte Formen des Verhaltens, des Wissens und des Empfindens zu dem konfiguriert, was als modernes Leben aufgefasst werden kann." Er betrachtet das Säkulare nicht als das essentielle Gegenstück zum Religiösen, sondern versucht aufzuzeigen, dass das Religiöse und das Säkulare voneinander abhängen. Dies tut er, indem er den „religiösen Mythos" als Motor zur Herausbildung des „modernen historischen Wissens" betrachtet. Vgl. Asad (2017), S. 35ff.

26 Vgl. Yasemin Shooman (2015): Dare the im-possible! Zum Verhältnis von Staat und Religionen aus feministischer Perspektive. Eine Diskussionsveranstaltung der Heinrich-Böll-Stiftung am 15.10.2015, www.youtube.com/watch?v=ezGkbenjb0U (04.04.2021).

für ChristInnen gleichzusetzen ist, wird im Film nicht reflektiert. Ebenso wenig wird auf das Gebet als Säule des Islams Rücksicht genommen, für deren Umsetzung die Qur'an-Rezitation von praktizierenden MuslimInnen als verpflichtend und somit bindend gesehen wird. Ein Gebetsverbot ist in diesem Kontext anders einzustufen als ein Bibelverbot, da das muslimische Gebet zur religiösen Praxis gehört, während die Präsenz der Bibel im Schulhaus kein christliches Gebot darstellt.

Doch der Film zielt weniger auf eine Differenzierung religiöser Gebote ab, sondern legitimiert das Verbot aufgrund der Darstellung des Gebets als Vertrauensbruch der Schülerin Sevda gegenüber der Lehrerin Eva. Das Neutralitätsgebot in der Schule fungiert als moralische Instanz in der Beurteilung der angeschlagenen Schülerin-Lehrerin-Beziehung. Das Argument des religiösen Gebots, wonach Sevda das Gebet als Pflicht interpretiert, verliert vor diesem Hintergrund an Legitimation.

Die selbstbewusste Schülerin mit sicherem und souveränem Auftreten scheint aufgrund des Vorwurfs den Boden unter den Füßen zu verlieren. Da sie zunächst Eva verspricht, das Gebet nicht mehr im Keller zu verrichten, muss sie die Ausübung ihrer religiösen Pflicht weiterhin geheim halten. Der Keller fungiert dabei als Chiffre für das Geheime, Verborgene, Vergessene, Abgestellte, Unanständige, Illegale, was durch die Redewendung *Jeder hat Leichen im Keller*, kommuniziert wird.[27] Die Schülerin begibt sich somit in eine Art Illegalität, was dramaturgisch mit dem Verweilen im dunklen, kalten, verstaubten Keller repräsentiert wird. Während zu Beginn des Films Sevda als moralbewusste und perfektionistische Schülerin dargestellt wird, wird sie durch den Vertrauensbruch zur ‚amoralischen Religiösen'. Dass die Codierung einer spirituellen Praxis mit Verbrechen oder moralischem Bruch stattfindet, sorgte für Irritationen in der Supervisionsgruppe, in der diese Sequenz besprochen wurde. In den Feldnotizen aus der Deutungswerkstatt habe ich Folgendes notiert:

> Die TeilnehmerInnen der Deutungsgruppe können die übertriebene Reaktion des Schuldirektors und der Lehrerin hinsichtlich des Gebets nicht nachvollziehen. Sie halten das Gebet für etwas Positives, Beruhigendes, Besinnliches, was im stressigen Schulalltag von Vorteil für die SchülerInnen sein kann. (Velic 2017)

Die filmische Codierung der religiösen Muslimin als amoralisch entspringt der mittelalterlichen Denktradition, in der die Frage nach der Moralität von MuslimIn-

---

27 Der Keller als Ort der Illegalität wird im deutschsprachigen Raum in neuerer Zeit primär wegen der Erfahrung der entführten Natascha Kampusch zwischen 1998 und 2006 sowie des Sexualstraftäters Josef Fritzl so konnotiert. Darin kämen die dunkelsten Seiten des Menschen zum Vorschein, wo sie jahrelang von der Außenwelt verborgen bleiben können. Ich sehe hier eine Parallele zur Lesart der filmischen Szene: Das geheime Gebet als Inbegriff des religiösen Extremismus wird ‚rechtzeitig' enthüllt und als amoralisches Verhalten, gar Verbrechen codiert.

nen zentral war, da der Islam als ‚neue' Religion als amoralisch betrachtet wurde. So kann auf denotativer Ebene festgehalten werden, dass die Schülerin Sevda das Vertrauen der Lehrerin missbraucht hat und ihr Verhalten daher sanktioniert wird. Auf der konnotativen Ebene wird der Vertrauensbruch als Art einverleibter, betrügerischer Charakter von MuslimInnen codiert, der diskursiv mit dem Argument der *Takiya* besetzt ist.[28] Dieses in der schiitischen Tradition verankerte Konzept, welches als Überlebensstrategie mittels Verstellung der Betroffenen hinsichtlich ihrer Haltung gegenüber religiösen Geboten oder gar Missachtung dieser verstanden wird, wirkt aus einer rassifizierenden Perspektive als Totschlagargument, welches die ‚Falschheit' von MuslimInnen belegen soll. Vor dem Hintergrund dieser Markierung wird eine gewisse Falschheit der Protagonistin erwartet, die zum gegebenen Zeitpunkt an die Oberfläche treten wird.

Fazit

Die Filmsprache übernimmt aktuelle gesellschaftliche Debatten und verarbeitet sie zu Plots, die an die ZuschauerInnenmassen gerichtet sind. Die Themen ‚Radikalisierung', ‚religiöser Fanatismus' sowie religiöse Räume als ‚Gefahrenräume', bieten sich hierfür als bekanntes und gut decodierbares Diskursmaterial an. Während die filmisch codierte religionsfreie Öffentlichkeit als vermeintlich neutraler Raum gezeigt wird, finden darin gleichzeitig rassialisierte Körperpolitiken des Unsichtbarmachens sowie Verdrängung religiös und speziell muslimisch gelesener Menschen statt. Besonders klar wird dies am Beispiel des Schulraums. Die öffentliche Schule fungiert hier als Repräsentantin einer öffentlich-staatlichen Institution, in der der Kampf zwischen der vermeintlich säkularen Öffentlichkeit und der sakralen Privatheit ausgefochten wird (*Die Freischwimmerin, Die Neue*).

Hierbei bedienen sich die Filme hegemonialer Narrative, die als staatliche Neutralität codiert werden und mit welchen das Machtverhältnis zwischen Staat und Religiösem klar zum Ausdruck kommt. Um einen Ausgleich zwischen staatlichen Verbotsreglements und religiösen Bedürfnissen zu gewährleisten, werden semiöffentliche Räume in Form von (repräsentativen) Gebetshäusern erschlossen. Je nach gesellschaftspolitischer Verortung der Filme und Aufgreifen aktueller Themen, wie etwa der Ausprägung des religiösen Extremismus, werden diese Räume als Bedrohung oder mystifizierte Wohlfühlräume codiert. Folglich wird die Moschee je nach Filmgenre sowie aktuellem gesellschaftlichem Diskurs zur exotischen Wohlfühloase (*Die Neue*) oder aber zum Gefahrenraum (*Womit haben wir das verdient*; *Das deutsche Kind*) und die Menschen darin zu unreflektierten FanatikerInnen. In

---

28 *Takiya* (arabisch *taqīya* – ‚Furcht oder Vorsicht').

beiden Fällen bleiben MuslimInnen im Rahmen der Andersheit gefangen (‚andere' Religion und ‚Kultur'), und können in den Filmbeispielen kaum als Personen mit emanzipatorischem oder selbstermächtigendem Charakter gelesen werden.

Literatur

Asad, Talal: Ordnungen des Säkularen. Christentum, Islam, Moderne, Konstanz 2017.
Ayoubi, Zahra: Gendered Morality, New York 2019.
Dautovic, Rijad/Hafez, Farid: ‚Institutionalising Islam in Contemporary Austria: A Comparative Analysis of the Austrian Islam Act of 2015 and Austrian Religion Acts with Special Emphasis on the Israelite Act of 2012', in: Oxford Journal of Law and Religion, Volume 8, Issue 1, February 2019, S. 28–50.
Färber, Alexa/Spielhaus, Riem: Islamisches Gemeindeleben in Berlin, Berlin, 2009, http://issuu.com/ufuq.de/docs/islamischesgemeindelebenberlin, letzter Zugriff 13.03.2020.
Foucault, Michel: Archäologie des Wissens, Frankfurt am Main 1986.
Graz.at: „Augen offen halten", 2016, www.graz.at/cms/beitrag/10277189/8109641/Augen_offen_halten.html, letzter Zugriff: 13.03.2020.
Hafez, Farid: ‚Muslim Protest against Austria's Islam law. An Analysis of Austrian Muslim's Protest against the 2015 Islam Law', in: Journal of Muslim Minority Affairs, Vol. 37, Iss. 3, 2017, S. 267–283.
Hafez, Farid: Rassismus im Bildungswesen: Zur Disziplinierung des muslimischen „Anderen" im Bildungswesen am Beispiel des Diskurses zu islamischen Kindergärten in Österreich, in: Oberlechner, Manfred/Heinisch, Reinhard/Duval, Patrick (Hg.): Nationalpopulismus bildet? Lehren für Unterricht und Bildung, Frankfurt/M. 2020, S. 100–122.
Hofmann, Gabriele: Muslimin werden. Frauen in Deutschland konvertieren zum Islam, Frankfurt am Main 1997.
Ismail, Nermin: „Mitschwimmen um jeden Preis", in: andererseits. Aus meiner Sicht – Nermin Ismail, 2014; http://nerminismail.com/2014/06/mitschwimmen-um-jeden-preis, letzer Zugriff: 21.01.2021.
Kellner, Douglas: Cultural Studies, Multiculturalism, and Media Culture, in: Dines, Gail/Jean M. Humez Jean M. (Hg.): Gender, Race and Class in Media. A Critical Reader, Los Angeles 2011, S. 7–19.
Kowanda-Yassin, Ursula Fatima: „Womit haben wir das verdient?' – Filmkritik", in: Initiative Österreichischer Konvertitinnen und Konvertiten (11.12.2018), http://ioekk.blogspot.com/2018/12/womit-haben-wir-das-verdient-filmkritik.html, letzter Zugriff: 03.04.2021.
Kücükgöl, Dudu: „Kopftuchmärchen im Kolonialstil", in Hafez, Farid (Hg.): Jahrbuch für Islamophobieforschung 2015, Wien 2016, S. 10–25.
Mikos, Lothar: Film- und Fernsehanalyse, Konstanz 2015.
Muslimische Jugend Österreich: „Österreichische SchülerInnen radikal?", 2014, www.youtube.com/watch?v=ot9c3fMw4-s, letzter Zugriff: 13.03.2020.

Rolshoven, Johanna: „Kultur, ein Theater der Komplikationen. Unfertige Gedanken zum Selbstmordattentat", in: Online-Schriften aus der Marburger kulturwissenschaftlichen Forschung und Europäischen Ethnologie (7/2016), S. 1–20, http://archiv.ub.uni-marburg.de/es/2016/0009/pdf/makufee-7.pdf, letzter Zugriff: 25.06.2021.

Schiffauer, Werner: Die Gottesmänner – Türkische Islamisten in Deutschland, Frankfurt am Main 2000, www.kuwi.europa-uni.de/de/lehrstuhl/scholars/senior_schiffauer/publikationen/publikonline/schiffauer_gottesmaenner.pdf, letzter Zugriff: 04.04.2021.

Schiffauer, Werner: „Die Bekämpfung des legalistischen Islamismus", in: Krüger-Potratz, M./ Schiffauer, W. (Hg.): Migrationsreport 2010. Fakten – Analysen – Perspektiven, Frankfurt/ New York 2011, S. 13–38, 161–200.

Sheehi, Stephen: Islamophobia: The Ideological Campaign Against Muslims, Atlanta, GA 2011.

Shooman, Yasemin: Dare the im-possible! Zum Verhältnis von Staat und Religionen aus feministischer Perspektive. Eine Diskussionsveranstaltung der Heinrich-Böll-Stiftung am 15.10.2015, www.youtube.com/watch?v=ezGkbenjb0U, letzter Zugriff: 04.04.2021.

Universität Wien: „Kindergartenstudie", in: Medienportal Universität Wien 2018, http://medienportal.univie.ac.at/presse/aktuelle-pressemeldungen/detailansicht/artikel/kindergartenstudie-gutachten-veroeffentlicht, letzter Zugriff: 13.03.2020.

Velić, Medina: Mitschrift aus der Deutungswerkstatt zum erbrachten Material aus dem Film Einmal Hans mit scharfer Soße, Graz am 09.10.2017.

Die Europäischen Imamekonferenzen

Amena Shakir

Das Frauenbild der Imame-Konferenzen im Spiegel zeitgenössischer islamtheologischer Diskurse

1. Die Erklärungen der europäischen Imame-Konferenzen

Die Durchführung europäischer Imame-Konferenzen (2003, 2006 sowie 2010) sowie der österreichischen Imame-Konferenzen 2005 stellte ein europäisches Novum dar und strich die Vorreiterrolle, in welcher sich die IGGiÖ unter Präsident Anas Schakfeh sah, deutlich heraus (vgl. 2011b: 200 f.):

> Der Anerkennungsstatus des Islam, wie er in Österreich bereits lange besteht, garantiert ein rechtlich definiertes Verhältnis, das die Integration der Muslime als Bestandteil der Gesellschaft fördert (…) Für Muslime in Europa ist nach diesem Vorbild allgemein der Status der Anerkennung in den verschiedenen Staaten anzustreben.

Nie zuvor fand eine Konferenz von Imamen und LeiterInnen islamischer Zentren in Europa statt, die von einer staatlich anerkannten islamischen Glaubensgemeinschaft in Kooperation mit europäischen Behörden, seien es das österreichische Außenministerium oder die Städte Graz und Wien, getragen wurde. In einem westeuropäischen Kontext, in welchem MuslimInnen grundsätzlich mit den Herausforderungen der Selbstverortung und Beheimatung in Europa sowie den Mühen der Selbstorganisation einerseits als auch der staatlichen Anerkennung (bzw. oftmals Ablehnung) andererseits zu kämpfen hatten (vgl. Shakir 2017: 202 ff.), ist die Bedeutung einer Sammlung muslimischer Führungskräfte und TheologInnen mit dem Ziel der Vernetzung, Positionierung und Institutionalisierung nicht zu unterschätzen. Nicht ohne Grund wird in allen Beschlüssen wiederholt die Zugehörigkeit von MuslimInnen zu Europa und seinen Gesellschaften sowie die aus dem Islam abgeleitete Verpflichtung der gesellschaftlichen Partizipation ausdrücklich betont:

> Der Islam ist durch historische und kulturelle Verflechtungen untrennbar mit der Geschichte Europas verbunden. (…) Die europäischen Muslime sind sich ihrer religiösen Identität als Muslime und ihrer gesellschaftlichen Identität als Europäer gleichermaßen bewusst. (EIK 2011b: 199)
> Der religiöse Anspruch, persönliche Bereitschaft zu zeigen, Verantwortung für das Allgemeinwohl zu übernehmen, bildet die Grundlage eines integrativen Zugangs, der den

jeweiligen Lebensmittelpunkt zum vordringlichen Radius macht. So ist es natürlich, dass Muslime (…) sich nicht als ‚Fremdkörper', sondern als lebendigen Teil Europas [betrachten]. (…) Der Islam ist auch aus der Leistung seines großen wissenschaftlichen und kulturellen Erbes direkter Bestandteil der europäischen Identität. (EIK 2011c: 208) Muslime wollen nicht als Problem, sondern als Teil der Lösung moderner Herausforderungen wahrgenommen werden. (…) Handeln ist die wirkungsvollste Form von Dialog. (EIK 2011a: 38)

Gleichzeitig wurden sich die AkteurInnen der Konferenzen im Laufe der Jahre veränderter politischer Entwicklungen bewusst und beklagten einen zunehmend aggressiven und emotionalen politischen Diskurs (2011a: 33 f.; 2011c: 206). Vor dem Hintergrund sich verschärfender islamfeindlicher Diskurse in verschiedenen gesellschaftlich relevanten Kreisen (Amir-Moazami 2018; Hafez 2019) präsentierten sie europäische Imame als Ansprech- und Kooperationspartner sowohl innerislamisch als auch gesamtgesellschaftlich: „Als aktiver und sichtbarer Teil suchen sich Muslime auf allen Gebieten bereichernd und ergänzend zu beteiligen: wirtschaftlich, kulturell, wissenschaftlich, politisch, sozial." (EIK 2011c: 208). „Ein europäisches ‚Wir-Gefühl' mit Einschluss der Muslime [ist] möglich" (EIK 2011a: 38) war die ausdrückliche Botschaft der InitiatorInnen. Dies wurde in wissenschaftlichen Kreisen durchaus wahrgenommen und gewürdigt, wie folgendes Zitat dreier Wiener Universitätsprofessoren zeigt:

Man begann, eine kanonische rechtliche Ordnung für Muslime in Europa zu formulieren (…) Betont wurden auch der vom Islam prinzipiell postulierte mittlere Weg (wasatiya) und eine gemäßigte Religiosität (i'tidal) unter Distanzierung von jeglicher Radikalität und von Fanatismus. (…) Diese Linie wurde 2005 für Österreich bestätigt und dabei die Unabhängigkeit der IGGiÖ unterstrichen. (Heine/Lohlker/Potz 2012: 62)

Im Folgenden werden die drei Erklärungen näher betrachtet und erörtert.

2003: Die Grazer Erklärung

Vom 13.–15. Juni 2003 tagte die sogenannte Konferenz der „Leiter Islamischer Zentren und Imame in Europa". Nur wenige Tage zuvor hatte der *Europäische Konvent*, der sich aus Regierungs- und Parlamentsmitgliedern der EU-Parlamente und seiner Beitrittskandidaten zusammensetzte, seine Arbeit abgeschlossen, in dem er einen Vertragsentwurf über eine Verfassung für Europa formulierte, dessen grundlegendes Ziel war, die EU zu „demokratisieren", indem eine überbordende Bürokratie abgebaut und eine höhere Transparenz aufgebaut wird (Maurer 148). Bei aller Verschiedenheit spiegeln beide Abschlussdokumente den Zeitgeist wider, sich aktiv für ein verbessertes Zusammenwirken von BürgerInnen Europas und einen verstärkten Einsatz für Demokratie und Frieden einzusetzen. Die Führung der IGGiÖ sah sich als selbstverständlichen Teil dieses Prozesses, sie war eingebunden in gesellschaftspolitische Vorgänge und sah sich verantwortlich dafür, Anliegen europäischer MuslimInnen in den umfassenden europäischen Reformprozess einzubringen. Dies erklärt, warum sich die Konferenzen nicht ausschließlich mit theologischen Themen auseinandersetzten, vielmehr zahlreiche gesellschaftsrelevante Themen aufgegriffen wurden, die keine direkten theologischen Bezugnahmen aufwiesen. Dementsprechend nahm die erste Empfehlung der Grazer Erklärung in sehr konkreter Form auf den europäischen Konvent Bezug:

> Die Konferenz empfiehlt die Bildung einer Gelehrtenkommission zur Formulierung der muslimischen Anliegen in Europa zur Vorlage dieser Anliegen beim Europäischen Konvent, damit diese Anliegen bei der endgültigen Formulierung der Verfassung eine Berücksichtigung finden. (2011b: 202)

Auch die zweite Empfehlung ist Ausdruck der Selbstverortung der IGGiÖ innerhalb europäischer politischer Strukturen und hat keine unmittelbare theologische Relevanz:

> Die Konferenz empfiehlt die Einrichtung eines muslimischen Verbindungsbüros in Brüssel, um die Angelegenheiten, welche für die Muslime in Europa von Bedeutung und Interesse sind, bei den Organen der Europäischen Union zu betreuen. (2011b: 202 f.)

Erst die dritte der insgesamt sechs Empfehlungen betrifft zumindest indirekt theologische Fragen, wenn davon ausgegangen werden darf, dass zum Aufgabenbereich eines ständigen Rates von Imamen und muslimischen SeelsorgerInnen die Auseinandersetzung mit zeitgenössischen theologischen Fragen gehört.:

> Die Konferenz hat die Gründung eines ständigen Rates der Imame und muslimischen SeelsorgerInnen in Europa beschlossen. (2011b: 202)

Abseits der Empfehlungen geht die Grazer Erklärung ausdrücklich auf die Verankerung sowie die Verantwortung von MuslimInnen innerhalb ihrer Gesellschaft ein (199) und betrachtet es als Aufgabe der „Imame und LeiterInnen islamischer Zentren […] aus dem dynamischen Selbstverständnis" des Islams erwachsenden Prozesses der Herausbildung eines „Islams europäischer Prägung (…) mit ihrem theologischen Fachwissen zu begleiten und zu unterstützen" (2011b: 198).

Die Einbeziehung der LeiterInnen islamischer Zentren in Europa kann als stiller Hinweis auf die Betonung der praktischen Arbeit gewertet werden, er deutet weiterhin den Mangel ausgebildeter und qualifizierter Imame an, der zu diesem Zeitpunkt noch sichtbarer war, als es heute der Fall ist. Als Initiatorin wirkte u. a. die österreichische Außenministerin Benita Ferrero-Waldner, als Gastgeber sowohl das Außenministerium als auch das Land Steiermark und die Stadt Graz, was auf die politische Dimension dieser Konferenz verweist, die einerseits nach innen gerichtet war, darüber hinaus jedoch auch die als fortschrittlich wahrgenommene Beziehung Österreichs zu seinen MuslimInnen, repräsentiert durch die IGGiÖ und deren Präsident Anas Schakfeh, im europäischen und internationalen Kontext aufzeigen sollte. Als weiterer Initiator wurde der Reis ul-Ulema[1] von Bosnien und Herzegowina, Mustafa Ceric, genannt – darüber hinaus jedoch kein weiterer Vertreter (ausländischer) islamischer Institutionen.

Da zu diesem Zeitpunkt ATIB[2] als einziger bedeutender Moscheeverband kein Mitglied der IGGiÖ war, fanden sich auch kein/e VertreterInnen seiner (oder anderer türkischer) Institutionen ein, ebenso wenig VertreterInnen der al-Azhar Universität oder anderer namhafter Universitäten, Gelehrtenräte oder Religionsministerien – auch nicht aus Saudi-Arabien[3] oder aus dem Iran. Dies ist Ausdruck und Folge der Ausrichtung der IGGiÖ an Europa, die unter Präsident Anas Schakfeh klar artikuliert und durchgeführt wurde.[4] Die europäische Linie wurde weiterhin entfaltet durch die Einbeziehung der Europäischen Islamischen Konferenz (EIC) als Co-Veranstalterin. Diese Organisation wurde 2001 mit dem Anspruch gegründet, möglichst viele staatlich anerkannte islamische Institutionen und Persönlichkeiten auf europäischer Ebene zu vereinen und somit einen Beitrag zur Verankerung

---

1 Die in Sarajevo angesiedelte *Riyasat* ist seit 1997 die einzige offizielle, staatlich anerkannte Vertretung bosnischer MuslimInnen im In- und Ausland. Sie (bzw. ihre Vorgängerorganisation) wurde im Zuge der Neukonstellation islamischer Institutionen innerhalb der österreichisch-ungarischen Monarchie nach 1878 geschaffen. Ihr steht der sog. *Reis ul-Ulema* vor, der die bosnischen MuslimInnen nach innen und außen vertritt.

2 *Avusturya Türkiye İslam Birliği* = Türkisch-islamische Union für kulturelle und soziale Zusammenarbeit in Österreich: Die Funktionäre dieses Dachverbandes von mehr als 60 Moscheegemeinden in Österreich sind eng mit der staatlichen türkischen Religionsbehörde Diyanet verbunden. Sie traten erst im Jahr 2011 der Islamischen Glaubensgemeinschaft in Österreich bei und prägen seitdem die Geschicke derselben maßgeblich, vgl. u. a. Çitak 2013. Siehe dazu den Beitrag von Hafez in diesem Band.

3 Dennoch wurde Anas Schakfeh und der IGGiÖ immer wieder eine Nähe zu Saudi-Arabien unterstellt, z. B. in der Wiener Zeitung 2007. Im September 2022 wies Schakfeh zum wiederholten Male diese und andere Vorwürfe ausdrücklich zurück, vgl. Die Presse v. 20.09.2022.

4 Vgl. Ursula Plasniks Rede bei der zweiten Imame Konferenz in Wien, in welcher sie die Rolle Anas Schakfehs in der europäischen Ausrichtung der IGGiÖ unterstreicht. Erst nach seiner Amtszeit – und fast parallel zur Entstehung der Islamgesetznovelle im Jahr 2015 – erfolgte eine Abkehr vom europäischen Kurs und fand eine Annäherung an türkische Institutionen statt, welche zum derzeitigen Stand die Entwicklungen der Glaubensgemeinschaft dominieren.

europäisch-islamischer Institutionen zu leisten. Auch wenn diese Einrichtung inzwischen nicht mehr wirkt, trug ihr geistiges Anliegen zur Ausformulierung der Grazer Erklärung bei.[5] Die Einbindung der Islamic World Educational, Scientific and Cultural Organization (ICESCO) in die Veranstaltungsleitung[6] sollte wohl trotz aller Ausrichtung auf Europa eine internationale Dynamik aufzeigen, die sich abseits tagespolitischer Ereignisse in zeitgenössischen islamischen akademischen und gesellschaftlichen Initiativen, Projekten und allgemeinen Entwicklungen abbildet.

EIK 2006

In ähnlicher Weise war auch die „Konferenz Europäischer Imame und Seelsorgerinnen" im Jahr 2006 in Wien konstituiert, die von der IGGiÖ in Zusammenarbeit mit dem österreichischen Außenministerium, der Stadt Wien und der Europäischen Islamischen Konferenz veranstaltet wurde. Auch sie wurde von hochrangigen Politikern besucht, die dort Ansprachen hielten, und richtete sich sowohl an interessierte Menschen in Österreich sowie in aller Welt, wie folgender Ausschnitt des damaligen Nationalratspräsidenten verdeutlicht:

> Österreich kennt keinen Kampf der Kulturen […] Unsere moslemischen Bürgerinnen und Bürger sind ein wichtiger Teil unserer Gesellschaft. […] Setzen wir die gute österreichische Tradition des friedlichen Zusammenlebens unterschiedlicher Kulturen und Religionen fort. Österreich ist hier ein Vorbild für viele Staaten – darauf können wir stolz sein. (Khol 2006)

Im Jahr darauf fand in der Diplomatischen Akademie eine Konferenz zum Islam in Europa statt, die von der amtierenden Außenministerin Ursula Plassnik eröffnet wurde. Ihr Vortrag hatte den ambitionierten Titel „Chancen für einen europäischen Islam" und spiegelte – nachdem sie die Grazer Erklärung als „ihre liebste Nachtlektüre" bezeichnete wenig überraschend – viele der in den Imame-Konferenzen vermittelten Inhalte (vgl. Plassnik 2007).

Im Gegensatz zur Grazer Erklärung standen die Abschlussdokumente dieser Konferenz nicht in einem konkreten europapolitischen Zusammenhang, dafür wurden mehr Themen angesprochen, die teilweise sehr konkret ausgearbeitet wurden, so dass sich der Umfang verdoppelte. Bemerkenswert ist die ausführliche

---

5 Vgl. Mohamed Bechari und die Ziele der von ihm mitgegründeten Organisation: http://becharimohamed.blogspot.com/2006/03/conference-islamique-europeenne-eiccie.html (letzter Zugriff: 17.01.2023).
6 ICESCO ist eine internationale Organisation, zu deren Ziel die Förderung von Bildung, Wissenschaft, Kultur und Kommunikation in islamisch geprägten Ländern zählt.

Beschäftigung mit Fragestellungen rund um das Thema Frau im Islam (215–217), was in weiterer Folge näher betrachtet und analysiert wird.

EIK 2010

Die Konferenz im Mai 2010 wurde – neben Anas Schakfeh – vom Bundesminister für europäische und internationale Angelegenheiten, Michael Spindelegger, sowie vom Bürgermeister und Landeshauptmann der Stadt Wien, Michael Häupl, eröffnet, sie lehnte sich in der Struktur an die vorherigen Konferenzen an und baute inhaltlich auf sie auf, dies allerdings in einer differenzierten und vertieften Form.[7] So trugen ReferentInnen in zwei Sitzungen und acht Workshops ihre Überlegungen zu unterschiedlichen Fragestellungen vor, die durchaus kontroversiell diskutiert und analysiert wurden. In den Diskussionen entwickelte Positionen wurden anschließend im Grundsatzpapier zusammengefasst und veröffentlicht. Das Thema „Frau im Islam" fand besondere Aufmerksamkeit: neben einem Referat zu „Women's Empowerment in the Classic Islamic Context", das von der Autorin gehalten wurde, beschäftigte sich auch ein Workshop mit „Muslim Men and Women in an ever-changing society." (EIK 2011a: 23; 25)

Zusammenfassend kann festgehalten werden, dass die Abschlussdokumente (im Gegensatz zu den hier nicht thematisierten Referaten) der Imame-Konferenzen keine theologischen Abhandlungen darstellen, sondern gesellschaftspolitische Standpunkte darlegen, die nur in sehr verkürzter Weise theologisch argumentieren. Sie entspringen einem klaren politischen und gesellschaftlichen Kontext, richten sich sowohl an MuslimInnen wie auch an die Mehrheitsgesellschaft und beanspruchen neben gesellschaftlicher auch politische, mediale und theologische Beachtung. Eine genauere Betrachtung ihrer ideengeschichtlichen Einordnung findet sich in diesem Band bei Eva Kepplinger. Sie beschreibt den Versuch, „an das vielfältige und über Jahrhunderte entstandene islamische intellektuelle Erbe anzuknüpfen", dieses für „aktuelle Bedürfnisse sinnvoll weiterzuentwickeln" und möglichst niederschwellig zugänglich zu machen, und kommt zu dem Schluss, dass die „Papiere der EIK eindeutig an bisherige (muslimische) Beiträge zu Diskussionen zum Islam in der Moderne anschließen." (siehe Kepplinger in diesem Sammelband)

---

7 Während die Grazer Erklärung 7 Seiten umfasste, waren dies bei der EIK 2006 immerhin 15. Die Schlusserklärung 2010 umfasst 28 Seiten und wurde in fünf Sprachen veröffentlicht (Deutsch, Englisch, Arabisch, Türkisch und Bosnisch).

2005

Der Vollständigkeit halber sollte auch die im April 2005 abgehaltene Konferenz österreichischer Imame und Seelsorger (ÖIK) betrachtet werden, deren Schlusserklärung am 25.04.2005 veröffentlicht wurde. Im Gegensatz zu den zuvor beschriebenen europäischen Tagungen war sie nach innen gerichtet, es nahmen nur Imame und SeelsorgerInnen sowie ReligionslehrerInnen und Vereinsobleute aus dem Inland teil. Organisiert wurde sie allein von der IGGiÖ, weshalb im Gegensatz zu den anderen Konferenzen auch kein Finanzierungsansuchen an das Außenministerium gestellt worden war (vgl. parlamentarische Anfrage Huber 2010). Inhaltlich ging es um eine „Standortbestimmung" von MuslimInnen in Österreich sowie um Einstellungen und Haltungen zu gesellschaftspolitischen Themen- und Fragestellungen. Auch das Thema „Stellung der Frau im Islam" wurde behandelt, wie im Weiteren näher erläutert wird. Den Abschluss bildete die Verkündigung einer Grundsatzerklärung, die im Sinne einer Roadmap Ausgangspunkt und Zielrichtung der weiteren Arbeit innerhalb der IGGiÖ betrachtet und analysiert.

2. Struktur und Vorhaben der Imame-Konferenzen: eine Analyse

Struktur und Ziele der Imame-Konferenzen verweisen auf die Bemühungen der IGGiÖ um Professionalisierung und institutionelle Weiterentwicklung: „Dazu ist ein weiterer Weg der Institutionalisierung unumgänglich. (…) MuslimInnen (…) bedürfen (…) einer entsprechenden, auch rechtlichen Verankerung in den europäischen Gesellschaften und Staatensystemen." (2010 S. 35; vgl. auch 2005 S. 7 sowie 2010 S. 33 ff., Analyse der Ausgangssituation sowie S. 58 ff. Zukunftsperspektiven der MuslimInnen in Europa), sowie um innerislamische Vernetzung und Dialog („Dies verdeutlicht die große Dringlichkeit, dass sich religiöse Autoritäten und MultiplikatorInnen auf muslimischer Seite vernetzen und für eine klare Positionierung und auch Orientierung sorgen." 2010, S. 37). Selbstredend mussten sich diese Bemühungen an den tatsächlichen Gegebenheiten orientieren, die durchaus herausfordernd waren. Hauptziel waren die Klarstellungen von Positionen der EIK (und in weiterer Folge der IGGiÖ) zu zahlreichen gesellschaftlich relevanten Fragestellungen: Verhältnis Religion – Staat (v. a. 2005 S. 4; 2006 S. 212 ff. sowie 2010 S. 33 ff.), Integration bzw. Beheimatung österreichischer bzw. europäischer MuslimInnen (EIK 2011b: 199 ff.; EIK 2011a: 3 und 4 f.; 2006 S. 208 ff.), Ablehnung von Gewalt und Extremismus (ÖIK: 2 und 4; EIK 2011a: 55f.), Betonung der Bedeutung von Bildung im Leben eines Menschen (EIK 2011b: 201 f.; EIK 2011c: 210 ff.), Vorstellung islamischer Wirtschaftsethik (EIK 2011c: 214 ff.; 2010 S. 50 ff.), Bedeutung der Umwelt im Islam (EIK 2011c: 218 ff.; 2010 S. 53 ff.) sowie Rolle der Frau in Gesellschaft und Religion (2005 S. 3; EIK 2011c: 215; 2010 S. 45 ff.). Auch

Islamfeindlichkeit sowie die Rolle der Medien und der Politik im Umgang mit MuslimInnen wurden angesprochen (EIK 2011a: 36). In der Wiener Erklärung wurde auch das Verhältnis zur sog. „Islamischen Welt" dargestellt, welches „solidarisch" (S. 4) sei, weil z. B. im Kontext der IGGiÖ Spendengelder für humanitäre Projekte gesammelt werden. Besonders betont wurde darüber hinaus, dass die MuslimInnen in Österreich weitestgehend finanziell unabhängig agierten, um ihre „Eigenständigkeit" und „Unabhängigkeit" (S. 4) zu wahren. Dies wird auch an anderer Stelle explizit festgehalten, etwa in der Erklärung aus dem Jahr 2010, in welcher konkret ausgedrückt wird:

„Hier geht es darum, die Eigenständigkeit der europäischen Muslime auch gegenüber Staaten und Parteien der muslimischen Welt hervorzuheben, um dieses dynamische Selbstverständnis auch zu kultivieren." (EIK 2011a: 35). Im Kontext der Imame-Konferenzen drückt sich die Unabhängigkeit der IGGiÖ vor allem dadurch aus, dass sie strukturell im Inland verortet ist: sowohl finanziell als auch organisatorisch und besonders inhaltlich. Lediglich bei der ersten Konferenz gab es eine Kooperation mit der bosnischen Riyasat. Ansonsten gab es keine weitere strukturelle Kooperation mit Institutionen oder Behörden im Ausland, obwohl sicherlich ein großes Potential dahingehend bestanden hat. Diese klare Abgrenzung zu ausländischer Einflussnahme war ein Markenzeichen der IGGiÖ unter Anas Schakfeh und wurde generell wohlwollend bis euphorisch anerkannt (vgl. Plassnik 2006).

Gleichwohl kamen in den Papieren durchaus relevante Themen nur indirekt zur Sprache: z. B. die Frage, wie Organisationen und Institutionen von MuslimInnen in Österreich weiterentwickelt werden könnten und welche Wege hierfür beschritten werden sollten. Auch die Frage, wie eine Vertretung von MuslimInnen erfolgen kann, die nicht verbandlich organisiert sind. Ein weiteres unausgesprochenes Thema war der Mangel an qualifizierten Imamen, SeelsorgerInnen und vor allem an GelehrtInnen bzw. TheologInnen, wenngleich die Forderung erhoben wurde, Ausbildungswege für Imame und GemeindebetreuerInnen bzw. SeelsorgerInnen zu schaffen. Lediglich das Fehlen weiblicher Gelehrtinnen und ihrer Deutungen wird an zumindest einer Stelle ausdrücklich bemängelt (EIK 2011a: 46).

Indem die Überschrift „Imame und SeelsorgerInnen" anspricht, die meist *praktische* Tätigkeiten ausführen, bleibt unausgesprochen, dass Stellungnahmen und Positionspapiere in der Regel theoretische bzw. wissenschaftliche Abhandlungen darstellen, die in islamisch geprägten Ländern nicht von Imamen, sondern von islamischen GelehrtInnen bzw. GelehrtInnenkommissionen erarbeitet werden und erst in weiterer Folge über Imame und andere MultiplikatorInnen ihren Weg in das öffentliche Bewusstsein finden. Im Gegensatz dazu handelt es sich bei den Dokumenten der EIK explizit nicht um wissenschaftliche Papiere, die österreichischen Abschlussdokumente verlautbaren dezidiert „alltagstaugliche Empfehlungen", die „möglichst konkret" Fragestellungen behandeln und Lösungen anbieten (EIK 2011a:

38). Sie sprechen weiterhin nicht nur Imame an, sondern auch „Intellektuelle" bzw. „MultiplikatorInnen" (ÖIK 2005: 1).

Die Aus- und Weiterbildung von Imamen und islamischen GelehrtInnen war jedenfalls (und ist noch immer) eine der zahlreichen Aufgaben, deren Umsetzung die IGGiÖ noch vor sich hatte – und die Imame-Konferenzen waren einer der Bausteine, die das Fundament hierfür bilden sollten (woraufhin die Papiere ausdrücklich hinweisen: vgl. u. a. 2010 S. 42 ff., ein ganzes Kapitel widmet sich der Ausbildung von Imamen). Die Schlusspapiere verkünden demnach nicht nur Positionen der IGGiÖ zu bestimmten Fragestellungen, vielmehr informieren sie über innerislamische Vorhaben und geben Handlungsanweisungen vor. Indem deutschsprachige Schlusserklärungen verfasst wurden, überwand die IGGiÖ z. B. eine Barriere, die längst nicht von allen TeilnehmerInnen aus Österreich überwunden war, und gab vor allem mit der Schlusserklärung der österreichischen Imamekonferenz 2005 ein klares Ziel vor: einen deutschsprachigen islamtheologischen Diskurs- und Handlungsraum zu eröffnen.

In gewisser Weise stand die Führung der IGGiÖ vor ähnlichen Herausforderungen wie 100 Jahre zuvor viele islamisch geprägte Gesellschaften: Die komplette Neuorganisation religiösen Lebens als indirekte Folge von Kolonialismus und Nationalstaatsbildung stand in diametralem Gegensatz zu den zuvor etablierten und gewachsenen Strukturen, die dennoch (zumindest in Lehre und Ausbildung) weiterhin vorhanden waren, genutzt wurden und somit weiterwirkten. Während Moscheen und viele (nicht nur theologische) Universitäten zuvor in Form von privat und staatlich initiierten Stiftungen organisiert waren, kamen sie nun unter zentrale staatliche Verwaltung. Dies führte in vielen Regionen zu Spannungen zwischen VertreterInnen einer zentralisierten Führung öffentlicher Religionsausübung und anderen, welche aufbauend auf dem Konzept „Religion ohne Kirche"[8] auch nichtstaatliche Organisationsformen religiösen Lebens im öffentlichen Raum befürworten. Diese Entwicklungen können hier nur angedeutet werden, ausführlichere Darstellungen findet sich z. B. bei Wael Hallaq (2018).

Für unsere Betrachtung bedeutsam sind allerdings Fragestellungen, welche sich im Zuge dieser historischen Veränderungen neu stellten, die auch im zeitgenössischen österreichischen Kontext neu gestellt wurden und deren Antworten wohl nur in einem steten Findungsprozess zu finden sind:
– Wie kann religiöse Autorität begründet und wie erreicht werden?
– Wer kann religiöse Autorität beanspruchen?

---

8 Vgl. Udo Steinbach (1989): Der Islam – Religion ohne Kirche. S. 109–122. In: Heidrun Abromeit/ Göttrik Wewer: Die Kirchen und die Politik. Beiträge zu einem ungeklärten Verhältnis. VS Verlag für Sozialwissenschaften. Westdeutscher Verlag. Opladen.

- Wie kann das islamische religiöse Leben in einem Kontext organisiert werden, der bis heute von einem christlich-kirchlichen Religionsverständnis dominiert ist?
- Wie sehr kann eine Religion ohne Kirche (bzw. ohne religiös vorgegebene Strukturen) organisiert sein? Wie ist dies in einem modernen Kontext umsetzbar? Wie gewinnt sie die Loyalität der Gläubigen? Wie kann die Vielfalt innerhalb der Einheit abgebildet werden?
- Wie und wo werden Imame bzw. islamische TheologInnen ausgebildet?
- Wer darf lehren? Auf welcher Grundlage? Welche Zertifikate gelten?
- Wie werden Moscheen finanziert und administriert? Wer ist dazu berechtigt, eine Moschee zu gründen und zu unterhalten? Wer ist berechtigt zu predigen oder eine Ansprache zu halten?
- Wie kann das Spannungsverhältnis von religiösem Individuum und organsierter Religion balanciert werden?

Kurz: Wie kann islamisch-religiöses Leben in einem säkularen, von kirchlichen Strukturen geprägten Kontext möglichst umfassend, authentisch und repräsentativ organisiert werden? Und welches Selbstbild hat die IGGiÖ als Vertretung österreichischer MuslimInnen von ihrer Rolle als staatlich anerkannte Religionsvertretung im Rahmen einer von der katholischen Kirche geprägten Beziehung zwischen Staat und Religionsgemeinschaften?

3. Zentrale Ziele der Konferenzen

Einer näheren Betrachtung der Abschlussdokumente der Imame-Konferenzen können vor allem folgende Ziele entnommen werden:
1. *Schaffung einer (neuen) Kommunikationskultur*: Erstmals erfolgte eine Versammlung österreichischer bzw. europäischer Imame und SeelsorgerInnen, die sich nur mit theologischen und gesellschaftspolitischen Fragestellungen auseinandersetzte. Besonders bemerkenswert ist die plurale und inklusive Ausrichtung, in der weder ethnische Akzente gesetzt werden noch eine bestimmte Rechtsschule bevorzugt wird. Im Gegenteil ist die Bemühung um eine höchstmögliche Einbindung unterschiedlicher Rechtsschulen zu beobachten, so dass im Jahr 2010 dezidiert auch schiitischen Positionen Raum eingeräumt wurde.
2. *Eigenständige Themensetzung*: Welche Themen und Fragestellungen bestimmen das Leben von MuslimInnen in Österreich? Bzw. welche Themen- und Fragestellungen werden an Imame und SeelsorgerInnen bzw. an FunktionärInnen der IGGiÖ herangetragen? Die Selbstständigkeit der Themensetzung sollte allerdings in einem globalen Kontext betrachtet und gewürdigt werden,

da die Problematik eines Rechtfertigungsdrucks, der aus äußeren Umständen und Ereignissen resultiert, evident ist.
3. *Standortbestimmung*: klare und starke Betonung der muslimischen Zugehörigkeit zu Europa, was sich auch in der Sprache der Abschlusserklärung äußert. Klärung der Standpunkte, die festgelegt und in weiterer Folge als maßgeblich erachtet werden. Die Verlautbarung der Abschlussdokumente ermöglicht die externe Klarstellung eigener Positionen ebenso wie die interne Vorgabe derselben.
4. Eröffnung eines (permanenten) europäischen, *theologischen Forums der Diskussion* und Weiterentwicklung islamrelevanter Themen- und Fragestellungen, mit durchaus internationalem Anspruch. Die singuläre Situation, auf europäischer Ebene Imame und SeelsorgerInnen zu versammeln, die sich mit ihren verschiedenen theologischen Zugängen und Vorstellungen ebenbürtig austauschen, knüpft an Traditionen islamischer Gelehrsamkeit an. Im Laufe der Geschichte gab es sowohl in Andalusien als auch in Bagdad, in Kairo, in Istanbul sowie in vielen weiteren Städten immer wieder Versammlungen islamischer Gelehrter, die dem Austausch und der Weiterentwicklung ihrer Positionen dienten.
5. *Professionalisierung*: Die Ausgliederung der Erörterung theologischer Fragestellungen aus dem wachsenden Pool an Aufgaben, denen sich die FunktionärInnen der IGGiÖ stellen mussten, ist Charakteristikum einer zunehmenden Professionalisierung, die Anas Schakfeh mit seinem Team anstrebte. Die Trennung in Administration und Lehre sollte in weiterer Folge zu einem größeren Freiraum von GelehrtInnen und WissenschaftlerInnen und damit zu einer wachsenden Anzahl innovativer Problemlösungen führen.

4. Diskurse zur Frau im Islam: eine theologische Analyse

Im Jahr 1932 postulierte der Reformer Rashid Riḍā (1865–1935) die spirituelle Gleichheit von Frauen und Männern und setzte sich für eine Stärkung der Frauenrechte ein, die er im Islam stärker verankert sah als „im Westen".[9] Seine Schriften belegen z. B., wie ambivalent Fragen der Rollenverteilung zwischen Eheleuten diskutiert wurden: Können den Quellen tatsächlich normative Regeln entnommen werden, wer für die Haushaltsführung verantwortlich ist? Während Riḍā in einigen Punkten Kind seiner Zeit blieb (Hafez 2014: 91–94), vertrat er engagiert die Ansicht, dass Ehefrauen weder verpflichtet seien, zu kochen oder den Wohnort zu reinigen, sie seien auch nicht (allein) für die Kindererziehung verantwortlich. Männer, die hier mehr verlangten, bezeichnete er als „Heuchler". (1932: 46) Seine Ausführungen

---

9 Riḍā (1932: 24).

zeigen auf, wie sehr dieser Diskurs in Konkurrenz zu bzw. im Wechselspiel mit (vermeintlich) „westlichen" Vorstellungen geführt wurde und unterschwellig eine breitere Zielgruppe erreichen sollte als vorgegeben: „Although ostensibly addressed to Muslim women, ‚A Call to the Fair Sex' is at least equally intended for an imagined European audience whose lingering ignorance and reservations about Islam it seeks to dispel." (Zaman 2012: 168)

Auch aktuelle islamtheologische Auseinandersetzungen sind Teil eines globalen Diskurses, der sich v. a. in der Auseinandersetzung mit politischen Fragestellungen sowie sehr eindrucksvoll im Diskurs um „die" Frau „im Islam" äußert. Während das Bild der muslimischen Frau in Europa seit der Aufklärung zwischen „Haremsdame" und „moderner Orientalin" (Pinn 1995: 13 ff.) schwankte, wurden zeitnah zu den Anfängen der feministischen Bewegung in Europa und den USA auch in islamisch geprägten Ländern kritische Debatten über die Rolle der Frau in Gesellschaft und Politik geführt (vgl. Badran 1996). Akteurinnen waren auch hier oftmals privilegierte Frauen, die einen Zugang zu Bildung und/oder zu gesellschaftlichen Räumen hatten, in denen diese Themen diskutiert wurden. Gut dokumentiert sind z. B. Debatten der ägyptischen Frauenbewegung aus dem 19. und frühen 20. Jahrhundert (Tucker 1983), die oftmals in einem islamisch-theologischen Referenzrahmen argumentierten, sich darüber hinaus aber auch auf marxistische oder andere Konzepte stützten (al-nisa'iyya al-marxiya u. a.). Dennoch kann nicht von einem maßgeblichen westlichen Einfluss auf die Entstehung der feministischen Bewegung im arabischen und nordafrikanischen Raum gesprochen werden, wie die Historikerin und Frauenrechtlerin Leila Rupp feststellt. Dementsprechende Aussagen gründeten in ethnozentristischen bzw. orientalistischen Vorstellungen (1999: 324), die immer wieder reproduziert wurden. Die englische Soziologin Zahra Ali konstatiert, dass die Vielfalt und Komplexität von MuslimInnen von Seiten der europäischen Gesellschaften kaum wahrgenommen wird: Der Islam werde als grundlegende Ursache der „Unterentwicklung" und der „Rückständigkeit" der „islamischen Welt" betrachtet. Offensichtlicher Beweis hierfür sei die ungleiche „Stellung" der muslimischen Frau (vgl. Ali 2014: 14), die als dem Islam immanent betrachtet werde.

Im Gegensatz und in Erwiderung zu diesem Bild setzten sich zahlreiche AutorInnen[10] mit der Stellung der Frau im Islam auseinander und untersuchten durchaus selbstkritisch, ob und wenn ja, wie bestimmte Entwicklungen mit den Quellen vereinbar seien. Die Vielfalt ihrer Deutungen ergibt ein breites Maß unterschiedlicher Vorstellungen hinsichtlich der Beziehung zwischen Frauen und Männern

---

10 Siehe dafür etwa Mir-Hosseini (2015): Muslim Legal Tradition and the Challenge of Gender Equality; Duderija (2014), „Maqāṣid al-Sharī'a, Gender Non-Patriarchal Qur'ān-Sunna Hermeneutics, and the Reformation of Muslim Family Law"; sowie Lamrabet (2018), Women and Men in the Qur'ān.

und möglichen Rollenbildern, die einerseits selbständig und selbstverständlich nebeneinander bestehen, andererseits in Wettbewerb zueinander stehen. Innovativ und inzwischen durchaus verbreitet sind Lesungen wie die der amerikanischen Islamwissenschaftlerin Asma Barlas (geb. 1950), die aus dem Islam heraus eine antipatriarchale Lesung des Korans begründet. Sie stößt sich, wie andere Forscherinnen auch, bereits am Begriff des Feminismus, den sie als Teil eines kolonialen Diskurses versteht, der muslimischen Frauen schablonenhaft einen Platz bei den Unterdrückten zuweist. Barlas, von den einen als westliche Feministin und von anderen als islamische Apologetin bezeichnet, sieht sich selbst als Mittlerin zwischen den Welten – sowohl innerislamisch (zwischen konservativen und progressiven Muslimen) als auch im westlichen Islamdiskurs, den sie als „unhappy reality" beschreibt sowie als: „asymmetric relationship between a self-defined West and a Western-defined Other (Islam, non-West)." Sie schreibt:

> To accept the authority of any group and then to resign oneself to its misreadings of Islam not only makes one complicit in the continued abuse of Islam and the abuse of women in the name of Islam but also means losing the battle over meaning without even fighting it. (2019: xi; iv)

Wie andere Religionen sei der Islam jedenfalls offen für unterschiedliche Lesungen, die unterschiedlichen Kontexten sowie unterschiedlichen Grundannahmen entspringen und selbstverständlich nebeneinander bestehen. Ureigen sei ihm jedenfalls seine dezidert antiklerikale Struktur, die es niemandem erlaube, ein Monopol über religiöse Deutungen zu beanspruchen. In ihren Ausführungen betont sie, dass es kein exklusives oder gar männliches Recht auf Exegese gebe: „Divine authority is neither male, nor is it shared." (2019: 1). Ähnliche Positionen vertreten, bei Anerkennung aller Unterschiede, Amina Wadud (1999 und 2006), Laila Ahmed (1992), Asma Lamrabet (2018) und viele andere mehr. Die in den Papieren der Imame-Konferenzen vertretenen Ansichten zum Thema Frau im Islam folgen diesem Narrativ. Sie bauen inhaltlich aufeinander auf und münden in der Erklärung des Jahres 2010, in welcher die ausführlichsten Ausführungen zu finden sind.

5. Das Frauenbild der Imame-Konferenzen

Eine Lektüre der Abschlussdokumente aus theologischer Perspektive zeigt, dass sich darin kaum theologische Referenzen finden. Nur an einigen Stellen werden koranische Verse zur Erläuterung der jeweiligen Standpunkte zitiert. Ansonsten finden sich keine Bezüge zu verwendeten Quellen oder Literaturhinweise etc. Dennoch kann den Positionen ein klarer Zusammenhang zu muslimischen ReformerInnen und DenkerInnen entnommen werden wie Eva Kepplinger bereits darlegte. Gerade die Auseinandersetzung um die Frau im Islam ist Teil eines länger währenden globalen Diskurses. Eine in anderem Kontext durchzuführende vergleichende Analyse bewusster und unbewusster Frauenbilder sowohl muslimischer als auch nichtmuslimischer AutorInnen würde sicherlich spannende Vernetzungen und Bezugnahmen offenbaren und weltweite Dimensionen des Diskurses sichtbar machen.

Wie auch Muhammad Abduh (1849–1905), Muhammad Iqbal (1877–1938) oder Muhammad Asad (1900–1992) gehen die VerfasserInnen der EIK Dokumente davon aus, dass zwischen den von Menschen erarbeiteten, durch den jeweiligen sozio-historischen Kontext bestimmten Gesetzen und Rechtsmeinungen und den Gesetzen Gottes, die zeitlos sind, unterschieden werden muss. Dieses Verständnis führte weiterhin zu verstärkten Bemühungen um Kontextualisierung der islamischen Wissenschaften und ebnete, nachdem das Patriarchat global betrachtet überaus wirkmächtig ist, unter anderem den Weg der Kritik an einer patriarchalen Färbung von Rechtsmeinungen und Ansichten.

Die Abschlussdokumente der EIK und ÖIK spiegeln zeitgenössische Debatten um die Frau im Islam wider und stützen sich in ihrer Argumentation auf geschlechtergerechte Neulesungen der Texte. Inhaltlich betonen alle Papiere die Gleichheit und Gleichwertigkeit[11] zwischen Mann und Frau, welche in der Erschaffung aus einem Wesen (nafs wāhida; Koran 4/1) gründet (EIK 2011a: 45; 2011b: 2010; 2011c: 2015; ÖIK: 1). Gleichwertigkeit wird dabei nicht im Gegensatz zur Gleichheit verstanden, die ebenso postuliert wird (2011c: 215), vielmehr geht es den AutorInnen offensichtlich darum, nicht näher definierten Unterschieden zwischen den Geschlechtern einen Raum zu geben. Irritierend ist allerdings die Formulierung, dass „die Frau" zu unterstützen sei, „den ihr gemäßen Platz in der Gesellschaft einzunehmen," (2011a: 45), da nicht weiter erläutert wird, welcher denn ein ihr gemäßer sei und weil suggeriert wird, dass die Plätze in der Gesellschaft klar verteilt seien, was den koranischen Texten und der Prophetentradition nicht zu entnehmen ist. Fernab von gesellschaftlichen Vorstellungen und Erwartungen an die Geschlechter lässt sich in den Quellen vielmehr eine Vielfalt unterschiedlicher Rollenmodelle finden, die darauf schließen lassen, dass es nicht das *eine* Rollenmuster gibt, sondern Frauen und Männer sich je nach ihren Lebensumständen, Vorstellungen und Möglichkeiten in einem anderen Modell wiederfinden können. Abseits der

---

11 Während Salesny (2016: 32) ohne Evidenz davon ausgeht, dass der Begriff *gleichwertig* „nicht die volle Gleichheit vor dem Recht" bedeute, da „die Gleichheit von Mann und Frau (…) zumindest bei islamistischen Menschenrechtskonzepten fragwürdig" scheine, orientiert sich die Verwendung des Begriffs in den EIK wohl eher am Diskurs des Differenzfeminismus, der – bei voller Gleichstellung der Geschlechter – nicht näher definierte Unterschiede grundsätzlich zulässt. Eine von Salesny vermutete unterschiedliche rechtliche Position kann aus den Papieren jedenfalls nicht herausgelesen werden.

jeweiligen Lebenssituation von Frauen und Männern strebt das islamische Menschenbild das Erreichen der inneren Ruhe und Zufriedenheit (Sakīnah) an, welche dazu befähigt, das eigene Leben im Bewusstsein der Präsenz Gottes selbstbestimmt und erfüllend zu gestalten. Den Quellen ist zu entnehmen, dass die innere Ruhe und Zufriedenheit dabei vom Einzelnen auf die Familie und in weiterer Folge auch auf die Gesellschaft ausstrahlen kann.

Im Gegensatz zur weit verbreiteten Auffassung innerhalb und außerhalb muslimischer Gemeinschaften, die muslimische Musterfrau sei eine ihrem Mann gehorsame, demütige und dienende Persönlichkeit, zeichnet der Koran Frauen aus, die in vielerlei Hinsicht rebellisch sind, wie Hadia Mubarak (2022) ausführlich erläutert. Im Koran portraitierte vorbildliche Frauen sind v. a. Mariam, die Mutter von Jesus, sowie Asiya, des Pharaos Gemahlin. Beide werden in ihrer Standhaftigkeit und ihrem festen Bekenntnis als Vorbilder für die gesamte Menschheit bezeichnet (Sura 66/11 f.), einerseits weil sie besonders aufrichtige und bewusst gläubige Menschen waren, aber auch bzw. weil sie ihre Stimmen gegen grausame gesellschaftliche Zustände erhoben und ungerechtes Handeln verweigerten. Die Königin von Saba (27/34 u. a.) sowie die „disputierende Frau" (Sure 58) sind weitere positive Frauengestalten aus dem Koran, die so gar nicht dem Bild der braven, willenlosen und alles über sich ergehenden, unterdrückten muslimischen Frau entsprechen wollen. Vielmehr sind es aktive, handelnde Frauenpersönlichkeiten, die den Männern gleich ihren Weg frei wählen und ihnen zugestoßenes Unrecht tatkräftig zurückweisen. Sie nehmen im wahrsten Sinne des Wortes ihr Schicksal in die eigene Hand und gehen selbständig, selbstbewusst und verantwortungsvoll ihren Weg und laden andere dazu ein, ihnen zu folgen. In den EIK Papieren wird dementsprechend die Verpflichtung zur „gegenseitige(n) Verantwortung", die in Vers 9/72 (awliyāʾ baʿḍ) verankert ist und weiterer Beleg für die Gleichheit von Männern und Frauen ist, an zweiter Stelle genannt. Sie entspringt der Partnerschaft zwischen Mann und Frau, die ihren Ausdruck „im gemeinsamen Einsatz für das Gute und dem gemeinsamen Streben nach Gerechtigkeit" (2011a: 45) findet, wobei die AutorInnen kritisch anmerken, dass dieser gemeinsame Einsatz voraussetze, dass gleiche Chancen und Möglichkeiten bestünden – die (und das bleibt unausgesprochen) derzeit nicht vorhanden sind. Wie gleiche Chancen und Möglichkeiten erreicht werden könnten, wird nicht näher ausgeführt, was ein Hinweis dafür sein könnte, dass diese Problematik nicht auf MuslimInnen beschränkt ist und nur mit übergreifenden gesamtgesellschaftlichen Bemühungen gelöst werden kann.

Die Bezugnahme auf die Sachwalterschaft (khilāfa) von Männern und Frauen, von Barlas als dritter Baustein der koranischen Gleichheitskonzeption genannt, wird in der Grazer Erklärung nicht ausdrücklich formuliert. Indirekt kommt er jedoch in der Verpflichtung zur Teilhabe an gesellschaftlichen Prozessen zum Ausdruck, die in den Papieren aus dem Jahr 2006 konkreter erläutert werden: „das Recht auf Lehre und Lernen, auf Arbeit und finanzielle Unabhängigkeit sowie das aktive und passive Wahlrecht." Es wird weiterhin betont, dass „Frauenanliegen (…) von gesamtgesellschaftlichem Interesse" (EIK 2006: 215) seien. In ähnlicher Weise wird „jede Form von Verletzung von Frauenrechten kritisiert und bekämpft (…) Zwangsehe, FGM, Ehrenmorde und familiäre Gewalt haben keine Grundlage im Islam." (EIK 2006: 215)

So wichtig und richtig diese Aussagen auch sind, es wird in den Texten nicht darauf eingegangen, ob in irgendeiner Weise erfasst wurde, inwieweit diese Probleme dennoch in der muslimischen Gemeinschaft in Österreich bestehen, welche Lösungsansätze für familiäre Gewalt, Ehrenmorde etc. angeboten werden und ob überhaupt im Islam gründende Lösungsstrategien entwickelt bzw. eingesetzt wurden. Hier wäre eine Vertiefung, in welcher Imamen und Moscheen konkrete Handlungsschritte angeboten würden, zu erwarten.

Abseits der Verkündung der theologischen Prinzipien geht vor allem das Abschlussdokument aus dem Jahr 2006 sehr deutlich auf gesamtgesellschaftliche Prozesse ein, es wird die Wahrnehmung „der muslimischen Frau" in der Gesellschaft kritisiert und davor gewarnt, „Musliminnen vor allem als ‚Opfer'" zu betrachten. Vielmehr soll eine „solidarische Denkens- und Handlungsweise" gefunden werden, indem z. B. über „traditionelle Rollenzuschreibungen und Stereotype" reflektiert, diese überwunden und „Vernetzung und Zusammenarbeit" gefördert werde, da ansonsten die Gefahr bestünde, „die Religion pauschal verantwortlich für Missstände" zu machen. Zeitgenössische politische Diskurse widerspiegelnd verurteilen die Autoren der Deklaration Kopftuchverbote, „da sie Frauen von wesentlichen Bereichen des Lebens ausschließen. Im Widerspruch zum Recht auf freie Religionsausübung grenzen sie islamisch gekleidete Frauen aus und bewirken damit in vielen Fällen genau jenen Rückzug, den sie zu bekämpfen vorgeben." (EIK 2006: 216). Kopftuchverbote werden weiterhin als „Bevormundung muslimischer Frauen" beschrieben: „indem ein Teil der Glaubenspraxis von außen interpretiert und verurteilt wird, spricht (man) ihnen die Mündigkeit ab und kann damit Polarisierungstendenzen verschärfen." (EIK 2011c: 217). Hier ist eine klare Bezugnahme zu Barlas und Ali erkennbar.

Gleichzeitig wird eine Bedrohung der Selbstbestimmung muslimischer Frauen auch innerhalb der muslimischen Gemeinschaft wahrgenommen und „vermehrter Handlungsbedarf" konstatiert. Wie schon an anderer Stelle wird nicht näher erläutert, wie das Problem geortet wurde und welcher Art der Handlungsbedarf sein könnte, der eingefordert wird. Es wird auch nicht klar, an wen sich die Forderungen richten. Lösungsvorschläge erschöpfen sich in unverbindlichen, offen formulierten Allgemeinplätzen und verweisen auf zukünftig zu entwickelnde Handlungsstrategien: „Gleichzeitig bekennt sich die Konferenz dazu, dass auch im Bereich Ehe und Familie auf Herausforderungen der Moderne auf dem Boden der Theologie neue islamische Antworten gefunden werden sollen." (EIK 2011c: 217).

Weder wird erläutert, was nun die Herausforderungen der Moderne im Bereich Ehe und Familie sind, noch werden Vorschläge gemacht, auf welcher Grundlage neue Antworten gefunden geschweige denn, wie diese Antworten aussehen könnten. Ratlos verbleiben die LeserInnen z. B. bei dem sehr konkreten Vorschlag, Antworten „in einem Wiederentdecken und neu nutzbar gemachtem Element wie dem islamischen Ehevertrag" (EIK 2006: 217) zu finden. Da hilft auch der Verweis auf die Jugend nicht, die „als Zukunftsträger in besonderem Maße die Vision muslimischer Europäer" (ebd.) verkörperten. Eine genaue Beschreibung sowohl der Problemstellung als auch der Lösungsmöglichkeiten würde den Erfordernissen österreichischer bzw. europäischer MuslimInnen sicherlich angemessener entsprechen. Überhaupt erscheinen die Erklärungen der EIK an mancher Stelle zu defensiv und angepasst, manch innerislamische Kontroversen, etwa um die Bedeutung der Qiwāma in zeitgenössischen Lebenswelten, bleiben ausgeklammert oder werden sogar ausgelagert. Wenn etwa in den Papieren gefordert wird, dass folgender Frage „auch theologisch nachgegangen werden" soll: „Wie kann eine Umsetzung der koranischen Prinzipien der Gleichheit und der Partnerschaft von Mann und Frau in den Verbänden und Moscheegemeinden umgesetzt werden!" (EIK 2011a: 47), fragt sich die Leserin, wer hier angesprochen wird und wo dies erfolgen soll, wenn nicht im Rahmen der Europäischen Imame-Konferenzen?

Klarer werden Lösungsvorschläge für die „verstärkte Partizipation muslimischer Frauen" in der Gesamtgesellschaft formuliert, die „Ausgrenzungstendenzen und Diskriminierungen entgegentreten." (EIK 2011c: 216): Genannt werden u. a. „Maßnahmen zur Mädchen- und Frauenförderung, die eine religiöse Grundhaltung anerkennen" sowie „staatlich geförderte kultur- und religionssensible Beratungs- und Hilfseinrichtungen von und für muslimische Frauen" und ein „ungehinderte(r) Zugang zum Arbeitsmarkt" der zu „finaziele(r) Ungebundenheit" führen soll, „damit Väter und Ehemänner nicht vordringlich als Versorger betrachtet werden müssen." (ebd.).

Einen Schritt weiter gehen die AutorInnen des Schlussdokumentes aus dem Jahr 2010, die nicht mehr zu Fragestellungen rund um „die Frau im Islam" tagten, sondern unter dem Motto „Muslimische Männer und Frauen in einer sich verändernden Gesellschaft" (2011a: 45) den Fokus weg von der Frau und hin zur Auseinandersetzung mit Rollenbildern, die sich „parallel zu sozialen, gesellschaftlichen und historischen Veränderungen" entwickelten, richteten. Nachdem bezugnehmend auf die vorherigen Papiere die Prinzipien der Gleichheit bzw. Gleichwertigkeit der Geschlechter, ihre Partnerschaft und gegenseitige Verantwortlichkeit sowie ihre Sachwalterschaft auf Erden betont wurden, richten die AutorInnen ihr Augenmerk nunmehr auf Erneuerungen im Bereich Fiqh und Fatwa, „ein erneuter, prüfender Blick auf viele Fiqh-Regelungen (…) welche die Frau und ihre Rolle und Stellung betreffen" wird verlangt, ohne genauer zu erläutern, welche Regelungen gemeint sind und welcher Art die Erneuerung sein sollte. Dass auch hier kaum Konkretisierung erfolgt, erstaunt angesichts der Bedeutung der Papiere. Nicht nachzuvollziehen ist auch folgende Formulierung:

> Diese Fiqh Regelungen sollen in Relation gebracht werden, so dass sie dem islamischen Verständnis in Koran und Sunna entsprechen und dem Zeitgeist und den jeweiligen Entwicklungen, die in allen Bereichen stattfinden, angepasst werden. (ebd.)

Gehen die AutorInnen etwa davon aus, dass Fiqh-Regelungen *nicht* „dem islamischen Verständnis in Koran und Sunna" entsprechen könnten oder *nicht* „dem Zeitgeist und den jeweiligen Entwicklungen, die in allen Bereichen stattfinden, angepasst" wurden? Der Bereich des Fiqh zeichnet sich doch rechtsschulübergreifend durch seine Flexibilität und Kontextbezogenheit aus und schöpft immer auch aus Koran und Sunna.[12] Verschiedene Deutungen gründen in unterschiedlichen methodischen und inhaltlichen Zugängen und weisen über die Jahrhunderte beachtliche Unterschiede auf.

Bemerkenswert ist dagegen die sehr konkrete Forderung der Einbindung muslimischer Frauen „in den Gremien der Fatwa Findung" (EIK 2011a: 46), ihre Abwesenheit stellt tatsächlich eine bedeutende Ursache für die ungebrochene Rezeption männlicher Deutungen dar. Auch die Forderung, die Präsenz und Mitwirkung von Frauen „sowohl in der Leitung, wie in der Administration muslimischer Organisationen" zu erhöhen und aufzuwerten und „in jeder Moschee eine Frau als Ansprechpartnerin für Frauenfragen" einzusetzen „aber auch in die allgemeine Organisation und Administration sowie Leitung" einzubinden, treffen den Kern der mangelnden weiblichen Präsenz in islamisch geprägten Aktions- und Wirkungsfeldern, die zum Verlust weiblicher Deutungskompetenzen führte. Es bleibt allerdings offen, an wen sich die Forderungen richten, inwiefern Schritte eingefordert und deren Umsetzung verfolgt werden bzw. werden kann.

Ein weiterer Schwerpunkt in der Deklaration aus dem Jahr 2010 ist die Familie, die ausdrücklich als gemeinsame Verantwortung von Männern und Frauen betrachtet wird: So sollen „Mütter und Väter darin unterstützt und gefördert werden, sich gemeinsam um ihre Kinder zu kümmern und gemeinsam die Verantwortung für ihre Erziehung, Bildung und Weiterbildung zu übernehmen." (EIK 2011a: 46). Beide sollen weiterhin „darin unterstützt und gefördert werden, die Erziehung ihrer Kinder und ihre Berufstätigkeit miteinander vereinbaren zu können." Relevant ist auch die Forderung einer „geschlechtergerechten Erziehung. Mädchen müssen im Sinne der Chancengleichheit die gleiche Förderung und die gleichen Freiheiten

---

12 Siehe dafür u. a. Wolfgang Bauer (2013): Bausteine des Fiqh: Kernbereiche der ʿUṣūl al-Fiqh. Reihe für Osnabrücker Islamstudien, Herausgegeben von Bülent Ucar und Rauf Ceylan, Bd. 10, Frankfurt am Main: Peter Lang.

wie Buben erfahren." (EIK 2011 a: 49). Ergänzend zu den allgemein gehaltenen Forderungen aus dem Jahr 2006 wird weiterhin eine Unterstützung muslimischer Familien eingefordert, um aktiv gegen „Phänomene häuslicher Gewalt oder patriarchaler Strukturen, die zu Ungunsten von Frauen gelebt werden", anzukämpfen. Imame werden explizit dazu aufgefordert, durch Seelsorge und Aufklärung für „eine Verbesserung der Situation" zu sorgen, da diese Themen „nicht unter dem schlichten Hinweis, derartiges Verhalten sei unislamisch", zu vernachlässigen seien. Dieser Hinweis gilt natürlich auch den AutorInnen der Abschlusspapiere, denen klar ist, dass einfache Lösungen nicht vorhanden sind. Wohl aus diesem Grund formulierten sie z. B. folgende Frage:

> Wie kann ein Umdenken auch in der Familie konkret forciert werden, damit die Vorgaben des Koran bzgl. einer partnerschaftlichen Beziehung auch im konkreten Alltag und im aktuellen Kontext umgesetzt werden können? (EIK 2011a:47)

Wie schon zuvor bleibt allerdings auch hier offen, an wen sich diese Frage richtet.

Allgemeiner ist wieder die Forderung der Unterstützung „seelsorgerischer Einrichtungen (…) die sich auf die Anliegen der Frauen spezialisieren und diese ernst nehmen und Lösungsstrategien für ihre Probleme entwickeln." Hier könnten weitere Konferenzen ansetzen, so dass in Zukunft mit Imamen und SeelsorgerInnen konkrete, dem Alltag entspringende Problemfelder definiert und Lösungen gesucht werden, die im weiteren Verlauf evaluiert und weiterentwickelt werden, so dass langfristig ein evidenzbasierter Umgang mit zeitgenössischen Herausforderungen gelingen kann.

6. Ausblick (Bewertung)

Die untersuchten Abschlussdokumente der von Anas Schakfeh initiierten europäischen Imame-Konferenzen sind keine theologischen Exzerpte, in denen unterschiedliche Gelehrtenmeinungen vorgestellt, erörtert und miteinander verglichen werden. Sie stellen vielmehr aktuelle Standortbestimmungen mit konkreten Bezügen auch zu tagespolitischen Ereignissen dar (vgl. 2003 zu Amina Lawal). Die Konferenzen spiegelten das Selbstverständnis der IGGiÖ wider, auf österreichischer und europäischer Ebene unverzichtbarer Ansprechpartner der Regierung in Islamfragen zu sein und sich darüber hinaus zu gesellschaftlich relevanten Themenkomplexen zu äußern.

Die formulierten Ansichten und Positionen spiegeln zeitgenössische islamtheologische Diskurse wider, die inzwischen in den Mainstream übergegangen sind: das ausdrückliche Bekenntnis zu Menschenrechten, Demokratie, Gleichheit aller Menschen, Religionsfreiheit u. v. m., deren feste Verankerung im Islam verkündet wird, erfüllt das öffentliche Bedürfnis und die Forderung nach Positionierung und Klarstellung, ebenso das ausdrückliche Bekenntnis zur Gleichheit von Frau und Mann, zu ihrer gegenseitigen Verantwortlichkeit und zu ihrem gemeinsamen Auftrag, sich für das Gute einzusetzen und Unrecht sowie Ungerechtigkeit abzuwehren.

Die Analyse der Dokumente zeigte auf, dass sich die EIK und ÖIK mit ihren Vorschlägen und Forderungen für eine zeitgemäße Interpretation der Rolle der Frau im Islam durchaus am globalen Diskurs um Frauenrechte anlehnen und diesen um ihren Beitrag bereichern, wobei aufgezeigt wurde, dass noch immer ein erhebliches Entwicklungspotential vorhanden ist. Die erhobenen Forderungen erfüllten im Kontext ihrer Zeit eine wichtige Aufgabe, da sie sich an ein breites Publikum richteten: einerseits an die islamischen Verbände und Moscheegemeinden mit ihren Mitgliedern, andererseits an die österreichische Politik und die Medien. Damit erfüllte die IGGiÖ eine ihrer zentralen Aufgaben als staatlich anerkannte Religionsgemeinschaft, ihren Angehörigen richtungsweisende Positionen zu vermitteln und zugleich aus erster Hand öffentlich verfügbare Informationen zum Islam bereitzustellen.

Die Innovation, österreichische bzw. europäische Imame und FunktionsträgerInnen islamischer Organisationen in einem geschützten Rahmen zu einem offenen, inhaltlichen Austausch zusammenzubringen, kann gar nicht ausreichend gewürdigt werden, auch wenn einige Themen nicht in der gewünschten Tiefe bearbeitet wurden. Eine vergleichbare europäische Einrichtung ist nicht bekannt, was den Pioniercharakter der Konferenzen noch weiter verstärkt. Allerdings muss die an einigen Stellen dargelegte Unklarheit der Adressaten kritisch betrachtet werden. Bemerkt werden muss weiterhin, dass einige bedeutsame Themen ihren Weg nicht in die Schlusserklärungen gefunden haben, was zeigt, dass noch weitere Bemühungen vonnöten sind, kontroversielle Themen in geschützten Räumen anzusprechen und diese tiefgründig und ohne Rücksicht auf mediale Diskurse multiperspektivisch zu diskutieren. Die 2010 wahrgenommene „große Dringlichkeit, dass sich religiöse Autoritäten und MultiplikatorInnen auf muslimischer Seite vernetzen und für eine klare Positionierung und auch Orientierung sorgen" (EIK 2011a: 37) kann jedenfalls noch nicht als erloschen betrachtet werden. Angesichts der Schnelligkeit des Wandels in allen Bereichen menschlichen Lebens wäre es vielmehr wünschenswert und notwendig, die Bemühungen Anas Schakfehs um eine regelmäßige Durchführung europäischer Imame-Konferenzen fortzusetzen und den Islam bzw. MuslimInnen in Österreich und Europa betreffende Fragestellungen in vielen weiteren Konferenzen tiefgehend, fundiert und zielorientiert zu bearbeiten. Auf diese Weise kann eine ausgewogene, kontextbezogene und akzeptierte Positionierung erreicht und angeboten und die Verantwortung MuslimInnen wie auch der Mehrheitsgesellschaft gegenüber erfüllt werden, da, wie Barlas treffend festgestellt hat:

„Although the practice of Islam concerns only Muslims, Muslim practices are concern to the community of nations in which we live." (Barlas 2012: xxi)

Literatur

Ahmed, Leila: Women and Gender in Islam: Historical Roots of a Modern Debate, New Haven 1992.
Ali, Zahra: Islamische Feminismen, Wien 2014.
Amir-Moazami, Schirin (Hg.): Der Inspizierte Muslim: Zur Politisierung der Islamforschung in Europa, Bielefeld 2018.
Badran, Margot: Feminists, Islam, and Nation: Gender and the Making of Modern Egypt 1995.
Barlas, Asma: Believing Women in Islam: unreading patriarchal interpretations of the Qur'an, Austin 2019.
Bauer, Thomas: Die Kultur der Ambiguität: Eine andere Geschichte des Islams. Berlin 2011.
Bechari, Mohamed: Conference Islamique Europeenne (EIC/CIE), 2006, http://bechari-mohamed.blogspot.com/2006/03/conference-islamique-europeenne-eiccie.html, letzter Zugriff: 20.10.2022.
Duderija, Adis: „Maqāṣid al-Sharī'a, Gender Non-Patriarchal Qur'ān-Sunna Hermeneutics, and the Reformation of Muslim Family Law," in: Duderija, Adis (Ed.): Maqāṣid al-Sharī'a and Contemporary Reformist Muslim Thought, New York 2014.
EIK: Dritte Europäische Imame Konferenzerklärung 2010, in: IGGÖ (Hrsg.), Wien 2011, S. 33–61.
EIK: Erste Europäische Imame Konferenzerklärung 2003, in: IGGÖ (Hg.): Die Grazer Erklärung der europäischen „Imamekonferenz" vom Juni 2003, Wien 2011, S. 197–203.
EIK: Zweite Europäische Imame Konferenzerklärung, in: IGGÖ (Hg.): Konferenz Europäischer Imame und Seelsorgerinnen, Wien 2011, S. 206–220.
Hafez, Farid: Feindbild Islam. Über die Salonfähigkeit von Rassismus, Wien 2019.
Hafez, Farid: Islamisch-politische Denker. Eine Einführung in die islamisch-politische Ideengeschichte, Wien 2014.
Hallaq, Wael: Restating Orientalism: A Critique of Modern Knowledge, New York 2018.
Heine, Susanne/Lohlker, Rüdiger/Potz, Richard: Muslime in Österreich. Geschichte | Lebenswelt | Religion. Grundlagen für den Dialog, Wien 2012.
Kepplinger, Eva: Die Europäischen Imame-Konferenzen im Kontext moderner muslimischer Debatten: eine ideengeschichtliche Untersuchung. 2023 S. 201–214 in diesem Band.
Khol, Andreas: Nationalratspräsident Khol bei Europäischer Imamekonferenz. Friedliches Zusammenleben in Österreich als Vorbild für Europa. OTS Aussendung zur Imamekonferenz, 2006, https://www.ots.at/presseaussendung/OTS_20060407_

OTS0192/nationalratspraesident-khol-bei-europaeischer-imamekonferenz, letzter Zugriff: 20.10.2022.

Lamrabet, Asma: Women and Men in the Quran, translated by Muneera Salem-Murdock, Cham 2018.

Maurer, Andreas: Schließt sich der Kreis? Der Konvent, nationale Interessen und die Regierungskonferenz. S. 147–198 in: Busek, Erhard/Hummer, Waldemar: Der Europäische Konvent und sein Ergebnis – eine europäische Verfassung, Wien 2004.

Mir-Hosseini, Ziba: Muslim Legal Tradition and the Challenge of Gender Equality, 34–83 in: Mir-Hosseini, Ziba/Al-Sharmani, Mulki/Rumminger, Jana (Ed.): Men in Charge? Rethinking Authority in Muslim Legal Tradition, London 2015.

Mubarak, Hadia: Rebellious Wives, Neglectful Husbands. Controversies in Modern Qur'anic Commentaries, New York 2022.

Plassnik, Ursula: Chancen für einen europäischen Islam, 2007, https://www.bmeia.gv.at/ministerium/presse/reden/2007/konferenz-islam-in-europa/, letzter Zugriff: 20.10.2022.

Pinn, Irmgard/Wehner, Marlies: EuroPhantasien. Die islamische Frau aus westlicher Sicht, Duisburg: Diss. 1995

Riḍā, Muḥammad Rašīd: Nidā' li-l- ǧins al-laṭīf. (Aufruf an das freundliche Geschlecht). Cairo: Maṭba 'a al-Manār, 1932.

Rupp, Leila J./Taylor, Verta: Forging Feminist Identity in an International Movement: A Collective Identity Approach to Feminism, in: Signs 24, 1999, S. 363–386.

Salesny, Georg Ferdinand: Muslimische Positionen zum säkularen Rechtsstaat am Beispiel der Islamischen Glaubensgemeinschaft in Österreich (IGGiÖ). Diplomarbeit Universität Wien 2016.

Shakir, Amena: Islam in Europa – europäischer Islam?, in: Polak, Regina: Religion and Migration. Bd. 4, Interdisciplinary Journal for Religion and Transformation in Contemporary Society, 2017, S. 191–225.

Spindelegger, Michael: Anfragebeantwortung österreichisches Parlament, 2010.

Tucker, Judith: Women in Nineteenth-Century Egypt, 1985.

Wadud, Amina: Qur'an and Woman: Rereading the Sacred Text from a Woman's Perspective, 1999.

Wadud, Amina: Inside the Gender Jihad. Women's Reform in Islam, 2006.

Zaman, Muhammad Qasim: Modern Islamic Thought in a Radical Age: Religious Authority and Internal Criticism, New York 2012.

Zeitungsartikel

Integration nicht auf Knopfdruck. Stefan Beig im Interview mit Anas Schakfeh, in: Wiener Zeitung, 04.01.2007: https://www.wienerzeitung.at/nachrichten/chronik/oesterreich/278237_Integration-nicht-auf-Knopfdruck.html?em_cnt_page=2, letzter Zugriff: 20.10.2022.

Muslimbrüder-Konnex? – „Erfunden!", in: Die Presse, 20.09.2022: https://www.diepresse.com/6192409/muslimbrueder-konnex-erfunden, letzter Zugriff: 20.10.2022.

Eva Kepplinger

Die Europäischen Imame-Konferenzen im Kontext moderner muslimischer Debatten: eine ideengeschichtliche Untersuchung

1. Einführung

Die vergangenen zwei Jahrhunderte bedeuteten für muslimische Gesellschaften enorme Veränderungen. Maßgeblich durch den Kolonialismus ausgelöst, erfuhren diese Kulturen, ihre Strukturen und Institutionen massive Eingriffe: Bis dahin bestandene eigenständige intellektuelle Traditionen und Systeme verloren somit ab 1800 sukzessive ihre Autonomie (vgl. Esposito und Voll 2001: 11f.). Der palästinensisch-amerikanische Islamwissenschaftler Wael Hallaq betont in diesem Kontext, dass der Einfluss der westlichen Moderne aber noch viel weiter ging und tatsächlich seither alle Lebensbereiche muslimischen Lebens, und somit auch intellektuelle Entwicklungen, betrifft. Er erklärt: „Modernity is not only technology and science, […] but also a psychology, an ethic, a set of values, an epistemology, and, in short, a state of mind and a way of life." (2004: 45).[1] Dieser „state of mind and a way of life" hat seit dem Kolonialismus weitreichenden Einfluss auf den Rest der Welt und somit auch auf die muslimische (Bauer 2011: 270).

In diesem kulturell stark geänderten Kontext begannen sich im 19. Jahrhundert muslimische Intellektuelle zunehmend mit dem europäischen Einfluss auf muslimisches Denken auseinanderzusetzen (Rohe 2011: 167). Dabei ergaben sich grundlegende Fragen, etwa: (Wie) kann muslimisch-theologisches Denken in der Moderne funktionieren? Und wenn ja, was sind seine Grundlagen und Methoden, um Antworten auf drängende neue Fragen zu finden? Kann dem jahrhundertelangen muslimischen intellektuellen Erbe dabei eine sinnvolle Rolle zukommen und dieses in der Moderne weitergedacht bzw. darauf aufgebaut werden?

Der pakistanisch-US-amerikanische Autor Fazlur Rahmen (gest. 1988) hält dabei fest, dass die Antworten darauf äußert vielfältig ausfallen und ein breites Spektrum zu erkennen ist von jenen DenkerInnen, die völlig in der Moderne aufgehen und anderen, die nach Wegen der Vereinbarkeit zwischen der eigenen intellektuellen Tradition und modernen Fragestellungen suchen (vgl. 1966: 133). Einige muslimische Intellektuelle und Reformer des ausklingenden 19. Jahrhunderts wie etwa

---

1 Zu dem Einfluss der Moderne auf muslimisches Denken siehe Hallaq 2012 und Hallaq 2018.

Muḥammad ʿAbduh (gest. 1905) und Rašīd Riḍā (gest. 1935)[2] plädierten dabei dafür, dass die islamischen Primärquellen (Koran und Prophetentradition) berücksichtigt und diese im Lichte der aktuellen Bedürfnisse mittels des eigenständigen Räsonnements (*iğtihād*) frisch gedeutet werden sollten, um zeitgemäße Interpretationen zu ermöglichen (Zaman 2012: 75f.).[3] Die darauffolgenden Jahrzehnte zeigen interessante Entwicklungen, bei denen muslimische Intellektuelle für die Notwendigkeit eines eigenständigen muslimischen Denkens plädieren. Als eines unter vielen Beispielen kann etwa der marokkanische Philosoph Taha Abdurrahman genannt werden, der versucht, ein Konzept für eine islamische Ethik zu formulieren, die einerseits den globalen Kontext berücksichtigt, und andererseits auf islamischen Grundlagen gründet und spezifische ethische Charakteristika aufweist.[4]

Eine Diskussion der modernen islamischen Ideengeschichte wäre unzureichend behandelt, würden an dieser Stelle nicht zumindest ansatzweise Entwicklungen der vergangenen zwei bis drei Jahrzehnte und deren Auswirkungen auf muslimisches Denken angesprochen werden. Aus unterschiedlichen Gründen, die hier zu diskutieren zu umfangreich wären, sei deswegen nur kurz angemerkt, dass MuslimInnen immer mehr ins Zentrum der politischen, medialen und gesellschaftlichen Aufmerksamkeit rücken bzw. gerückt werden. Bezeichnend dafür steht etwa der Buchtitel „Der inspizierte Muslim". Darin heißt es: „Muslime […] stehen im Fokus. Sie werden beäugt, beforscht und vermessen" (Amir-Moazami 2018; Hafez 2018). Eine Entwicklung, bei der angenommen werden darf, dass sie einem eigenständigen muslimischen Denken wenig zuträglich ist.

Wie können die EIK nun in diesem – aus Platzgründen nur allgemein erörterten Kontext – verortet werden? Ist die EIK Teil globaler, muslimisch-ideengeschichtlicher Diskurse und wenn ja, woran wird das deutlich? Die Untersuchung der Papiere der EIK zeigt, dass die EIK eindeutig an aktuellen Diskursen und muslimisch-intellektuellen Anliegen teilhabe, was sich anhand unterschiedlicher Aspekte zeigt. Zum einen manifestiert sich dies an den Fragestellungen, die in den Konferenzen teils explizit, teils implizit gestellt werden

---

2 Zur Literatur über ʿAbduh siehe etwa Sedgwick 2009, über Riḍā u. a. Hafez 2014: 91–114.

3 Auch wenn sich das Vorurteil hartnäckig hält, dass zu einem bestimmten Zeitpunkt der islamischen Geschichte das „Tor des *iğtihād*" geschlossen worden wäre (s. z. B. der bekannte Orientalist Joseph Schacht in: 1964), gibt es tatsächlich keinen Hinweis darauf, dass dies tatsächlich passiert sein soll. Hingegen ist eher anzunehmen, dass dem *iğtihād* aus unterschiedlichen Gründen mal mehr, mal weniger intensiv nachgegangen wurde und die Vorstellung von der „Schließung des Tor des *iğtihād*" eher eine Konstruktion ist, als dass sie auf einer tatsächlichen Realität basiert (Hallaq 1984: 3f.). Für eine weitere Publikation, die sich dem Thema kritisch nähert, siehe Dziri und Günes 2018.

4 Für eine Erläuterung der Philosophie von Abdurrahman siehe Eva Kepplinger (2020) und Eva Kepplinger (2022). Bei Abdurrahmans „Trusteeship Paradigm" handelt es sich natürlich bei Weitem nicht um das einzige Konzept, das muslimische Intellektuelle in der Moderne entworfen haben. Weitere Beispiele werden in Folge kurz angesprochen und vorgestellt.

und grundsätzlich um die Problematik kreisen, wie in der Moderne mit dem islamischen intellektuellen Erbe umgegangen und dieses zeitgemäß weitergedacht werden kann (vgl. EIK 2011a: 41). Zum anderen zeigt sich eine direkte Einbettung der EIK in die moderne islamische Ideengeschichte an den Methoden, die eine Reform muslimischen Denkens ermöglichen sollen. Speziell wird dabei auf die Zentralität des *iǧtihād* hingewiesen (vgl. z. B. EIK 2011b: 198). „Modern" macht die EIK zudem, dass die TeilnehmerInnen der EIK durchaus selbstbewusst auf eine muslimische Autonomie im Umgang mit der Religion bestehen. Ein Beispiel dafür ist, wenn die EIK Kritik an Politik und Medien üben, dass theologische Begriffe wie Scharia missbräuchlich verwendet werden, mit diesem Vorgehen Angst verbreitet wird und Spaltungen in der Gesellschaft befürchtet werden. Deswegen fordern die EIK, dieses fahrlässige Vorgehen zu unterlassen und dass theologische Termini aus einem innermuslimischen Verständnis heraus definiert werden müssen und auch so verwendet werden sollen, um damit zu einem friedlicheren Zusammenleben beizutragen (vgl. EIK 2011c: 212f.)

Als Kritikpunkt an den Konferenzbeschlüssen merken wir an, dass die EIK teilweise theologische Fachbegriffe benutzen und für deren Verwendung plädieren, es wird aber in keiner Weise auf die von bekannten muslimischen Intellektuellen geäußerte Kritik an diesen teilweise umstrittenen Konzepten eingegangen.[5] Der Autorin dieses Beitrags ist klar, dass es nicht das Ziel der EIK war, in den Papieren eine tiefgehende theologische Auseinandersetzung vorzunehmen. Dadurch, dass in den Papieren aber auf zentrale Begriffe wie etwa den *iǧtihād* verwiesen wird, wäre es hilfreich zu wissen, wie die EIK die Verwendung des *iǧtihād* vorsehen, ob ein uneingeschränkter Umgang mit den Primärquellen oder eine Verwendung mit bestimmten Vorbehalten angedacht wird. Etwas mehr Klarheit wäre für ein näheres Verständnis der Leserschaft von der Interpretation der EIK von speziellen theologischen Termini nützlich gewesen.

Hinsichtlich des Inhalts und Aufbaus des Artikels sei gesagt, dass die EIK in ihren Papieren sehr viele Themen behandeln, die, ohne eine Priorisierung vorzunehmen, nacheinander vorgestellt werden. Für diesen Beitrag wurden deswegen relevante Inhalte ausgewählt, die in der Moderne intensiv diskutiert werden. So wird nach der Einleitung im 2. Abschnitt das Gottes- und Menschenbild und das Islamverständnis in den EIK besprochen. In Teil 3 werden „Zentrale ethische Themen: Plurales Zusammenleben, Frau und Umwelt" diskutiert. Unter Punkt 4 wird veranschaulicht, wie die EIK juristisch-historische Traditionen verstehen, was als problematisch

---

5 Bekannte Stimmen, die Kritik an manchen modernen Interpretationen des *iǧtihād* üben, sind z. B. Wael Hallaq 1997: 219 und der syrische Gelehrte Muḥammad Saʿīd Ramaḍān al-Būṭī (gest. 2013) mit seinem bekannten Beitrag *Dawābiṭ al-maṣlaḥa fī aš-šarīʿa al-islāmīya* [ungf. Übersetzung: „Bedingungen für die Verwendung der *maṣlaḥa* im islamischen Rechtsdenken"].

erachtet wird und welche Deutung rechtlicher Aspekte die EIK in der Moderne für sinnvoll halten.

2. Gott, Mensch und Islamverständnis in den EIK

Für die Untersuchung der EIK aus einer ideengeschichtlich-islamischen Perspektive scheint es sinnvoll, sich zunächst auf die Suche nach dem Gottesbild in den Papieren der EIK zu machen. Diesbezüglich findet sich erwähnt, dass Gott alle Menschen erschaffen habe und diese gleich an Würde seien, die wiederum unantastbar sei (vgl. EIK 2011b: 199). Aufgrund dieser Besonderheit der Menschen, egal welcher Religion und Weltanschauung, argumentieren die EIK, dass den Islam zu praktizieren bedeute, allen Menschen Wertschätzung entgegenzubringen (vgl. EIK 2011a: 34). Ein zentraler Grund dafür sei, dass Gott die Vielfalt und Diversität in der Schöpfung klar intendiert hätte (vgl. EIK 2011b: 200).[6] Für die EIK ergibt sich daraus, dass aus einer islamisch-theologischen Perspektive niemandem das Recht zustehe, einem Menschen seine Lebensweise abzusprechen (vgl. EIK 2011a: 43f.). Die bisher genannten theologischen Ausführungen in den EIK ergeben aus Sicht der EIK, dass es für MuslimInnen ein „selbstverständlicher Auftrag" sei, für die Menschenrechte einzutreten (vgl. EIK 2011b: 200), da diese einen zentralen Bestandteil des Islams darstellen würden (vgl. EIK 2011b: 199). Neben der Wertschätzung allen Menschen gegenüber würden die drei monotheistischen Religionen noch einmal gemeinsame und besondere Werte und Normen verbinden (vgl. EIK 2011 b: 198). Diese Ausrichtung mag angesichts verbreiteter Publikationen über den Islam und seine vermeintliche Engstirnigkeit stark verwundern, sind doch die Beiträge über die ihm attestierte Rückständigkeit und Rigidität zahlreich.[7] Dabei gehen Publikationen und Stimmen, muslimisch wie nichtmuslimisch, unter, die Gegenteiliges über die Erfahrung islamischer Geschichte berichten. So schreibt etwa der Islamwissenschaftler Thomas Bauer (2011) in seinem Buch „Die Kultur der Ambiguität: eine andere Geschichte des Islams", dass es über Jahrhunderte hinweg bis zum Aufeinandertreffen mit dem europäischen Kolonialismus das Markenzeichen muslimischer Kulturen war, unterschiedliche Elemente natürlich aufzunehmen. Neues oder Fremdes wurde keineswegs als Bedrohung gesehen,

---

6 Das wird an unterschiedlichen Stellen wiederholt bzw. bekräftigt, siehe EIK 2011a: 56 und EIK 2011c: 207.

7 Als Replik auf einen ähnlichen Vorwurf, nämlich dass der Islam eine Aufklärung nach europäischem Vorbild dringend nötig habe, siehe Schulze 1996: 276–325.

das beseitigt werden musste, sondern durfte bestehen bleiben.⁸ Die vormoderne muslimische Fähigkeit, mehrere Wahrheiten nebeneinander stehen zu lassen, ohne dabei den Anspruch zu erheben, eine davon durchsetzen zu müssen, habe laut Bauer zwangsläufig zu multikulturellen und diversen Gesellschaften geführt. Diese Gelassenheit im Umgang mit anderen Sicht- und Lebensweisen bestand aber nicht nur im Umgang mit NichtmuslimInnen, sondern auch innermuslimisch gab es eine große Vielfalt, in der divergierende Sichtweisen, auch bei der Interpretation der Religion, nebeneinander existieren durften (vgl. Abdal Hakim Murad 1998: 3).

Als charakteristisch für muslimische Diskurse in der Moderne finden sich Erörterungen dazu, was den Islam in seiner Essenz tatsächlich ausmacht, wie das etwa bei dem pakistanisch-amerikanischen Islamwissenschaftler Shahab Ahmed (2015) mit „What is Islam?" zu sehen ist. Zudem versuchen zahlreiche Publikationen nicht nur den Kern der Religion zu ergründen, sondern auch ihre grundlegenden Charakteristika und Eigenschaften. Dabei wird häufig das Argument geäußert, dass eines der essentiellen Charakteristika des Islams sei, dass er die Menschen zu einem Mittelweg einlade und Extreme ablehne. Etwa widmet sich der afghanische Jurist Mohammad Hashim Kamali (2015) mit seinem Buch „The Middle Path of Moderation in Islam" diesem Thema. Diese Meinung wird auch von den EIK vertreten, wenn die Papiere mit dem Koranvers „Wir [d. h. Gott] haben euch [Muslime] zu einem Volk der Mitte gemacht" (Koran 2: 143) eröffnet werden. Hinsichtlich der Charakteristika des Islams betonen die EIK wiederholt, dass der Islam auf Mäßigung und Balance abziele und sich eine „klare Absage an jegliche Form von Fanatismus, Extremismus und Fatalismus" in seinen Lehren finden lasse (vgl. EIK 2011b: 199). Die EIK halten diesbezüglich fest, dass es in der Verantwortung muslimischer MultiplikatorInnen wie Imame und SeelsorgerInnen liege, dieses Verständnis des mittleren Weges vorzuleben und zu lehren, auch um damit jedes Anzeichen von Radikalisierung oder Extremismus mit theologischen Argumenten zu widerlegen (vgl. EIK 2011a: 43).

Der Islam wird in den EIK außerdem als eine Religion mit einem dynamischen Charakter verstanden. Erklärend dazu wird gesagt, dass Interpretationen stets den Kontext, in dem neue Deutungen stattfinden, beachten müssten, sodass adäquate Antworten auf neue Fragen erarbeitet werden könnten. Dieser dynamische Charakter ermögliche es auch, dass die Religion überall praktizierbar sei und nicht abhängig von der geographischen Lage oder nur unter konkreten (historischen) Umständen (vgl. EIK 2011a: 58f.). GelehrtInnen hätten in der Vergangenheit im-

---

8 Neben vielen ähnlichen Publikationen, welche die Diversität muslimischen Denkens vor dem Aufeinandertreffen der islamischen Welt mit der europäischen Moderne beschreiben, siehe u. a. Dallal 2018.

mer wieder bewiesen, dass kreative Interpretationen der Primärquellen möglich und notwendig waren. Weil diese Konzepte aber menschengemacht und nicht in Stein gemeißelt seien, spreche aus Sicht der EIK nichts dagegen, neue Modelle des Denkens und Zusammenlebens in der Moderne zu formulieren. Das eigene intellektuelle Erbe wird als „Wissensschatz" (EIK 2011b: 198f.) bezeichnet, das für eine Neudeutung herangezogen werden sollte. In diesem Zusammenhang wird die Rolle des Intellekts hervorgehoben. Dazu äußern die EIK, dass der Islam in seiner Kernbotschaft den Wissenschaften und dem Einsatz der Ratio gegenüber zweifellos aufgeschlossen sei und deren Einsatz einfordere (vgl. EIK 2011b: 198). Dabei handelt es sich um ein Argument, das keinesfalls modernen Diskussionen von MuslimInnen entspringt, sondern ein dem Islam inhärenter Grundgedanke ist und vom Propheten Muhammad selbst wie auch in Folge in der islamischen Geschichte so verstanden wurde. Bezüglich der Zentralität des Verstandes und dessen Einsatz sprach etwa der große Theologe Abū Ḥāmid al-Ġazālī (gest. 1111) davon, dass zu den fünf zentralen Zielen des Islams der Schutz und die Wahrung des menschlichen Intellekts (ḥifẓ al-ʿaql) zählen würden (vgl. al-Ġazālī 1997: 417). In der Moderne weisen zahlreiche Reformer, wie etwa auch der russisch-tatarische Theologe Ataullah Bajazitov (gest. 1911), darauf hin, dass der Islam mit seinen Lehren von der menschlichen Ratio direkt erfassbar sei und deren Einsatz für den Erkenntnisgewinn und die persönliche Entwicklung des Menschen er auch unmissverständlich einfordere (Schäbler 2016: 110–118).[9]

Zum Islamverständnis der EIK sollte hinzugefügt werden, dass sie keineswegs nur reaktiv arbeiten, sondern dass in den Papieren der Wille nach inhaltlicher Autonomie erkannt werden kann. Wenn die EIK etwa beklagen, dass islamisch-theologische Begriffe in Medien und Politik fahrlässig und irreführend verwendet werden, dann beharren sie darauf, dass diese Termini aus einem muslimischen Selbstverständnis heraus erklärt werden müssen. Zu diesen Begriffen werden u. a. Dschihad und Scharia gezählt (vgl. EIK 2011a: 40). Denn wie diese Begriffe aktuell in der Öffentlichkeit verwendet werden, führe dies zu Ängsten in der Bevölkerung. Die EIK rufen deswegen zu notwendiger Sachlichkeit und Verantwortungsgefühl auf (vgl. EIK 2011c: 212). In Bezug auf den Begriff Dschihad wird angemerkt: „Der Begriff des Dschihad muss in seiner Dimension des sich Einsetzens und sich Anstrengens begriffen werden. Es geht vor allem um das persönliche Überwinden niedriger Instinkte, die von einem sozial verträglichen Handeln abhalten." (vgl. EIK 2011a: 56).

---

9 Bajazitov argumentiert in diesem Zusammenhang auch, dass der Islam, als eine vernunftgeleitete Religion den (Natur-)Wissenschaften stets positiv zugetan gewesen sei. An dieser Stelle wäre eine Diskussion über die Beiträge muslimischer WissenschaftlerInnen zu späteren europäischen Entwicklungen spannend, würde aber zu weit gehen. Für eine Lektüre dazu siehe deshalb etwa Bauers *Warum es kein islamisches Mittelalter gab. Das Erbe der Antike und der Orient.*

3. Zentrale ethische Themen: plurales Zusammenleben, Frau und Umwelt

Nachdem die EIK an unterschiedlichen Stellen betonen, dass Gott die Vielfalt in der Schöpfung intendiere, wird dieses Thema auch hinsichtlich der Frage, wie MuslimInnen in den pluralen europäischen Gesellschaften zusammenleben sollten, aufgegriffen. Dabei wird ein Vers zitiert, an dem sich laut dem EIK orientiert werden solle und in dem es heißt: „O ihr Menschen! Wir erschufen euch als Mann und Frau und machten euch zu Völkern und Stämmen, damit ihr einander kennen lernt. Wahrlich, vor Gott ist von euch der Angesehenste, welcher der Gottesbewussteste ist. Wahrlich, Gott ist allwissend, allkundig" (Koran 49: 13). Damit dieses koranische Kennenlernen bzw. Zusammenleben funktionieren kann, fordern die EIK, dass MuslimInnen am öffentlichen Leben partizipieren und sich für das Wohl der Gesellschaft verantwortlich fühlen sollten. Dies entspreche einem islamischen Grundsatz, der eine gegenseitige Bereicherung und ein harmonisches Zusammenleben befürworte. Die EIK sehen speziell in der individuellen Verantwortung (farḍ ʿayn) von Imamen und anderen muslimischen MultiplikatorInnen, sich in Dialogaktivitäten zu engagieren (vgl. EIK 2011a: 41). Aber auch für die Allgemeinheit der MuslimInnen bestehe die Verpflichtung, den Islam auf beste Art und Weise vorzuleben (daʿwa), indem sie bei Bedarf Informationen bereitstellen „und jene Ethik, die ihnen der Islam mitgibt, auch in ihrem persönlichen Leben weitestgehend erlebbar machen" (EIK 2011b: 201). Daraus lässt sich bei den EIK die Überzeugung erkennen, dass der Islam in der modernen Welt durchaus in der Lage ist, Beiträge zu leisten und zum Wohl des Individuums wie auch der Gesellschaft beizutragen. Auch diese Diskussion ist in der Moderne keine fremde. Um nur eines von vielen Beispielen zu nennen, beschäftigt sich etwa der britische Blogger Surkheel Abu Aaliyah in seinem Essay mit der Frage „Is Today's Islam a Failure or Success Story?", die er wiederum anhand interessant gewählter Punkte eindeutig positiv beantwortet.[10]

Wenn die EIK theologisch begründen, dass MuslimInnen den europäischen Gesellschaften, in denen sie leben, positiv gegenüberstehen und ihr Bestes für ihr Wohl tun sollten (vgl. EIK 2011c: 208), dann erinnern diese Worte an jene des britischen Theologen Timothy Winter, alias Abdal Hakim Murad. Dieser spricht sich in diesem Kontext für eine „muslimische Theologie des Mitgefühls" („theology of compassion") aus (Murad 2020: 187–213). Bei dieser Erörterung betonen die EIK, dass ein solches Zusammenleben in der Geschichte Europas kein Novum darstelle, sondern dass zu unterschiedlichen Zeiten in der europäischen Geschichte ein gelungenes und florierendes Zusammenleben von Menschen unterschiedlicher Kulturen und Weltanschauungen möglich war. Als Beispiele aus der Vergangenheit

---

10 Siehe dafür: Is Today's Islam a Failure or Success Story? | The Humble I, aufgerufen am 26.07.2022.

wird vor allem auf Spanien (9.–15. Jahrhundert) und Sizilien (9.–13. Jahrhundert) hingewiesen (vgl. EIK 2011a: 39).

Mit dem Menschenbild zusammenhängend ergibt sich in der Moderne die direkte Frage nach der Frau und dem Rollenbild zwischen den Geschlechtern. Denn wie die beiden Islamwissenschaftlerinnen Barbara Stowasser und Yvonne Yazbeck-Haddad festhalten, stellen Fragen zur Frau und Rollenbilder in der Moderne ein zentrales Feld in den theologischen Beschäftigungen dar (vgl. Yazbeck-Haddad und Stowasser 2004: 3). Dies wird anhand von Publikationen muslimischer Intellektueller deutlich, die sich um 1900 mit zentralen Fragen hinsichtlich der Frau und der Interpretation von Texten in Bezug auf die Frau zu beschäftigen begannen. So wird etwa in dem Werk „al-Waḥī al-muḥammadī"[11] von Rašīd Riḍā argumentiert, dass die Intention des Islams sei, den Frauen dieselben Rechte zukommen zu lassen wie Männern (vgl. Riḍā 1985: 331). Bei den EIK wird zunächst grundsätzlich festgehalten, dass „[w]eibliche und männliche Rollenbilder […] sich parallel zu sozialen, gesellschaftlichen und historischen Veränderungen [wandeln]" (EIK 2011a: 45). Den Koran als Argumentationsgrundlage heranziehend argumentieren die EIK, dass theologisch gesehen Mann und Frau gleichwertige Partner seien (vgl. EIK 200), die von Gott erschaffen wurden (Koran 4:1), vor Gott gleich seien (Koran 49:13), mit Würde ausgestattet (Koran 17:70) und für ihre Taten gleichermaßen vor Gott verantwortlich seien. Zwischen Männern und Frauen als Teile der Gesellschaft gelte „das Prinzip der Partnerschaft und gegenseitiger Verantwortlichkeit" (ebd.). Beide hätten theologisch gesehen die Verpflichtung, sich für das Wohl der Menschen, das Gute und Gerechtigkeit in der Welt einzusetzen. Gottes Lohn würden sie dafür gleichermaßen erhalten. Weiters betonen die EIK, dass zwischen Frau und Mann das Selbstbestimmungsrecht und das Recht, mündig Entscheidungen zu treffen, gelte (ebd.). Auch wenn sich die EIK mit dem Thema aus unterschiedlichen Perspektiven auseinandersetzen, räumen sie ein, dass noch weitergehende Ausarbeitungen nötig seien, denen in Zukunft noch theologisch vertieft nachgegangen werden müsse (vgl. EIK 2011a: 47). An praktischen Maßnahmen wird vorgeschlagen, dass viele rechtliche Regelungen zur Stellung und Rolle der Frau noch neu geprüft werden müssten.[12] Dies solle sowohl von weiblichen als auch von männlichen GelehrtenInnen vorgenommen werden. Neben vielen anderen Maßnahmen nennen die EIK auch, dass Frauen in theologischen Gremien präsent sein sollten, um mit ihrem Mitwirken und Sichtweisen ergänzend und korrigierend zu wirken (vgl. EIK 2011a: 45f.). Zudem solle in jeder Moschee eine Frau als Ansprechperson eingesetzt werden und in Administration und Organisation eingebunden werden.

---

11 Die Publikation wurde als *The Muhammadan Revelation* ins Englische übersetzt.
12 Die EIK führen an dieser Stelle keine konkreten Beispiele an. Zur Verdeutlichung sei aber auf aktuelle Diskussionen zu einer zeitgemäßen Deutung genderspezifischer Passagen aus dem Koran und der Prophetentradition hingewiesen (s. z. B. Kepplinger 2023).

Außerdem sollten Förderprogramme für Mädchen und Frauen erstellt werden wie auch seelsorgerische Einrichtungen, die auf die Bedürfnisse von Frauen fokussieren (ebd.).

Als weiteres zentrales Thema der Moderne findet sich in den letzten Jahrzehnten auch in muslimischen Publikationen, Kampagnen und Initiativen[13] zunehmend eine Beschäftigung mit den Themen Umweltschutz und Ressourcenschonung, sowie Publikationen, die auf die Problematik u. a. mit Buchtiteln wie „Eco-Jihad"[14] bzw. „Green Jihad"[15] hinweisen. Auch die EIK greifen dieses Thema auf, welches in den Papieren unter der Überschrift „Umweltschutz als Verantwortung für die Schöpfung" behandelt wird. Dabei wird davon gesprochen, dass „Umweltschutz [...] für Muslime nicht nur ein Gebot der Stunde aufgrund der aktuellen dramatischen Situation des Planeten [sei], sondern [...] stets ein Auftrag unseres Propheten Muhammad (ass.) [gewesen sei]", denn dieser sei ein Vorbild für einen schonenden, nachhaltigen und gerechten Umgang mit der Schöpfung und ihrer Ressourcen. Sichtbar werde dies anhand zahlreicher Aussprüche des Gesandten zum Thema Ressourcenschonung und Schöpfungsverantwortung, wie auch durch seine bescheidene Lebensweise. Die EIK zeigen auf, dass MuslimInnen ihr Umweltverständnis spirituell begründen sollten und die Wahrung der Schöpfung sowie den Einsatz für Klimagerechtigkeit und Umweltschutz als religiöse Verantwortung sehen müssten (vgl. EIK 2011a: 53). Denn Herausforderungen wie zunehmende Ressourcenknappheit, Klimawandel, schwindende Artenvielfalt, Energieverschwendung u. v. m., verlangten nach dringenden Lösungen. An praktischen Vorschlägen nennen die EIK etwa einen „autofreien Tag der Moschee", Vernetzung mit NGOs im Umweltschutzbereich, Umweltseminare in Moscheen, die Einrichtung religiöser Stiftungen (sing. *waqf*, pl. *awqāf*) für Umweltschutz, u. v. m. (vgl. EIK 2011a: 53–55). Die EIK sprechen in diesem Kontext einen interessanten Punkt an, der für eine vertiefte Diskussion spannend wäre. Nämlich heißt es in den Papieren, dass die „Umweltkrise [...] als Ausdruck einer spirituellen Krise verstanden" wird (EIK 2011a: 54). Leider wird bei dieser Aussage nicht weiter ausgeholt, es wäre aber interessant zu wissen, wie die EIK zu den Überlegungen des iranischstämmigen Philosophen Seyyd Hossein Nasr stehen, der argumentiert, dass der rücksichtslose Umgang mit der Natur auf den inneren Zustand des modernen Menschen zurückzuführen sei. Der Umgang mit der Natur liege in dem Verlust von Innerlichkeit und einer spirituellen Verankerung („inwardness") begründet. Deswegen argumentiert der Professor für

---

13 Für eine deutsch-muslimische Organisation siehe etwa NourEnergy – Lights Up Nature & Soul – NourEnergy e.V. (nour-energy.com). Für eine Untersuchung globaler Initiativen siehe Fatima Kowanda-Yassin 2018.
14 Siehe z. B.: https://en.qantara.de/content/islamic-environmentalism-the-call-to-eco-jihad, aufgerufen am 28.07.2022.
15 Siehe z. B.: https://doaj.org/article/5cfa6f49df2246ce9502c470e0782e53?, aufgerufen am 28.07.2022.

Islamwissenschaft, dass Projekte zum Umweltschutz zwar anzuerkennen seien, aber wenn das Ziel sei, mit dem Planeten verantwortungsvoll und nachhaltig umzugehen, sei eine Spiritualität-basierte, innere Haltung dafür unabkömmlich (vgl. Nasr 1988: 3f.).

4. Islamrechtliche Überlegungen

Hinsichtlich rechtlicher Aspekte muslimisches Denken betreffend, finden sich bei den EIK ähnliche Motive wieder, wie sie bereits unter Punkt 2 und 3 beschrieben wurden. So wird etwa betont, dass Flexibilität und die Wertschätzung von Pluralismus zentrale Charakteristika muslimischen Rechtsdenkens darstellen würden. Auch wird darauf hingewiesen, dass das islamische Recht einen dynamischen Charakter habe und die zeitlichen wie gesellschaftlichen Rahmenbedingungen bei dessen Formulierung unbedingt beachtet werden müssen, damit auf neue Fragen adäquat geantwortet werden könne (vgl. EIK 2011a: 58f.).[16] Damit dies gelingt, müsse auch hier auf das reiche ideengeschichtliche Erbe des Islams zurückgegriffen werden (vgl. EIK 2011b: 198), dessen Vielfalt sich u. a. dadurch ergab, dass unterschiedliche Herangehensweisen für die Interpretation der Quellen die Scharia-Tradition unvermeidlich plural werden ließen (vgl. Brown 2016: 101f.). Dass gerade die in Europa tagenden EIK auf diese Weise argumentieren, ist nicht dem Zufall geschuldet. Denn diese Idee lässt sich häufig in der Debatte im islamischen Minderheitenrecht (*fiqh al-aqalliyāt*) finden, das die spezielle Situation von der MuslimInnen im Westen berücksichtigt und für diesen Kontext versucht, Antworten für neu auftauchende Fragen auszuarbeiten.[17]

Bei der Frage, welche Methode für ein zeitgemäßes rechtliches Denken herangezogen werden sollte, wird in der Moderne häufig auf den *iğtihād* verwiesen. Dabei handelt es sich um ein Konzept, das seit Jahrhunderten von muslimischen TheologInnen verwendet wird, um eine zeitgemäße Deutung islamischer Quellen und Normen zu ermöglichen. Grundsätzlich intensiv in der islamischen Geschichte praktiziert, wurde über die Jahrhunderte auf den *iğtihād* mit wechselnder Intensität zurückgegriffen. In der Moderne erfährt dieses Konzept sehr starkes Interesse und seine zentrale Rolle bei der Reform muslimischen (Rechts-)Denkens wird überaus

---

16 Dabei handelt es sich um kein typisch modernes Argument, sondern es findet sich durchgehend in der Geschichte islamischen Rechts artikuliert und angewendet.

17 Bei diesem Konzept wird argumentiert, dass muslimische Minderheiten, vor allem jene, die im Westen leben, eine spezielle neue juristische Interpretation benötigen, die diesen besonderen Kontext und spezielle Bedürfnisse berücksichtigt, die sich von der Situation von MuslimInnen in muslimischen Mehrheitsgesellschaften unterscheiden. Siehe etwa Schlabach 2009.

häufig betont.[18] Ganz im Sinne reger Diskussionen zu diesem Konzept verweisen auch die EIK auf den *iǧtihād*, der dabei helfen solle, „mit dem Wissensschatz der verschiedenen Rechtsschulen kreativ und dialogisch umzugehen" (EIK 2011b: 198). Wenn bei ʿAbduh und anderen DenkerInnen der Verwendung des *iǧtihād* die Frage voranging, wie mit menschengemachten Konzepten im Laufe der islamischen Geschichte umzugehen sei, ob sie einfach verworfen werden könnten, wenn sie zu einer anderen Zeit nicht mehr den Bedürfnissen der Menschen entsprechen, so findet sich dieser Gedanke auch bei den EIK wieder. Dies ist etwa der Fall, wenn die EIK die prämodernen Konzepte des „Gebiets des Islams" und des „Gebiets des Krieges" als für die heutige Zeit irrelevant erklären (vgl. EIK 2011b: 199).

Außerdem im Zusammenhang mit dem *iǧtihād* lässt sich in der Moderne ca. ab 1900 ein stetig zunehmendes Interesse an dem sogenannten Konzept der „Ziele der Scharia" (*maqāṣid aš-šarīʿa*) erkennen. Dieser Begriff, erstmalig von dem bereits erwähnten Theologen Abū Ḥāmid al-Ġazālī definiert (1997: 416) und in Folge von dem andalusischen Gelehrten Abū Isḥāq aš-Šāṭibī (gest. 1388) zu einem Konzept ausgearbeitet (vgl. aš-Šāṭibī 2006), erlebt dieses in der Moderne eine enorme Zuwendung. Wie der Islamwissenschaftler Rüdiger Lohlker ausführt, beschreibt dieser Fachausdruck „die Ziele, die durch die gelehrte Arbeit aus den autoritativen Texten erschlossen werden können" (Lohlker 2012: 175). Es handelt sich hierbei also um die „ethisch-religiöse […] Logik, die den Rahmen der Tätigkeit der Rechtsgelehrten bestimmt" (ebd.). In der Moderne werden die *maqāṣid* als Mittel verstanden, um das islamische (Rechts-)Denken ethischer auszurichten. Etwa wird argumentiert, dass zu den Zielen der Scharia die Beachtung der Menschenrechte (vgl. Bassiouni 2014), eine egalitäre Beziehung zwischen den Ehepartnern (vgl. Duderija 2014: 193–219), Umweltschutz[19], u. v. m. zählen würden. Auch hier beweisen die EIK, dass sie mit globalen Diskursen dazu vertraut sind. So erwähnen sie die Notwendigkeit der Beachtung der *maqāṣid* für den Bereich der Wirtschaft, wo unter der Überschrift „Impulse islamischer Wirtschaftsethik" dargelegt wird, dass wirtschaftliches Handeln auf bestimmten islamischen Grundsätzen fußen müsse. Darunter zähle „Fairness unter Einhaltung der Maqasid-as-Scharia (Intention der islamischen Lebensauffassung)" (vgl. EIK 2011a: 51).

Auch im Bereich des islamischen Rechts setzen sich die EIK mit Belangen der Frau auseinander und bestätigen damit die Meinung des Rechtswissenschaftlers Mathias Rohe (2011: 171), der beschreibt, dass „[i]m Kernbereich des islamischen Rechts […] sich die Reformen vor allem auf eine Verbesserung der Rechtsposition von Frauen [richten]". Etwa wird für notwendig befunden, dass „ein erneuter prüfender Blick auf viele Fiqh-Regelungen geworfen wird, welche die Frau und

---

18 Siehe dafür z. B. Haj 2009.
19 https://www.iiibf.com/maqasid-al-shariah-sdgs-and-environment/, aufgerufen am 29.07.2022.

ihre Rolle und Stellung betreffen." Über spezifische Regelungen, die aber nicht im Detail angesprochen werden, wird gesagt, dass sie in Relation mit dem Geist und den ethischen Zielen von Koran und Prophetentradition gebracht und auch gesellschaftliche Umstände dabei berücksichtigt werden müssten. Für konkrete Verbesserungen wird vorgeschlagen, dass ExpertInnen und ForscherInnen der islamisch-theologischen Studien sich um eine solche Interpretation bemühen sollten, um zeitgemäße Deutungen zu erarbeiten (vgl. EIK 45f.). Denn insgesamt gehe es darum, und dieses Anliegen schließt das Thema Frau ein, dass Bemühungen stattfinden müssten, um einerseits ein zeitgemäßes Verständnis der Quellen zu erarbeiten. Andererseits gelte es aufzuklären, was an muslimischen Praktiken auf die Religion und was auf kulturelle Gepflogenheiten zurückzuführen ist. Denn was an menschengemachten Traditionen islamischen Prinzipien wie der Gerechtigkeit widerspreche, müsse überwunden werden (vgl. EIK 2011a: 50).

5. Conclusio

Zu Beginn dieses Artikels standen die Fragen, ob die Papiere der EIK in die islamische Ideengeschichte eingeordnet werden können und wenn ja, wie diese Einbettung aussieht. Um darauf Antworten geben zu können, wurde zunächst in der Einleitung auf diverse Schwierigkeiten hingewiesen, die sich einem eigenständigen muslimischen Denken in der Moderne stellen. Die EIK aus einer ideengeschichtlichen Perspektive betrachtend, wurden zentrale Inhalte vorgestellt und in einen aktuellen globalen Kontext gesetzt. Wie mit dieser Untersuchung gezeigt wurde, kann eine unmittelbare Verortung der Inhalte der EIK in aktuell intensiv diskutierte Themen festgestellt werden. Dies konnte anhand der Themensetzungen aber auch mittels der in den EIK erwähnten Methoden ausgemacht werden, von deren Einsatz sich eine zeitgemäße Interpretation der islamischen Primärquellen versprochen wird. Die Einbindung der EIK in internationale ideengeschichtliche Diskurse wurde versucht deutlich zu machen, indem immer wieder auf zentrale muslimische Intellektuelle und signifikante Publikationen hingewiesen wurde.

Literatur

Amir-Moazami, Schirin (Hg.): Der Inspizierte Muslim: Zur Politisierung der Islamforschung in Europa, Bielefeld 2018.
Bassiouni, Mahmoud: Menschenrechte zwischen Universalität und islamischer Legitimität, Berlin 2014.
Bauer, Thomas: Warum es kein islamisches Mittelalter gab. Das Erbe der Antike und der Orient, München ²2019.

Bauer, Thomas: Die Kultur der Ambiguität: Eine andere Geschichte des Islams, Berlin 2011.

Brown, Jonathan A. C.: Reaching into the Obscure Past: The Islamic Legal Heritage and Reform in the Modern Period, in: Kendall, Elisabeth/Khan, Ahmad (Hg.): Reclaiming Islamic Tradition Modern Interpretations of the Classical Heritage, Edinburgh 2016, S. 100–136.

al-Būṭī, Muḥammad Saʿīd Ramaḍān: Ḍawābiṭ al-maṣlaḥa fī aš-šarīʿa al-islāmīya, Damaskus ⁴2005.

Dallal, Ahmad S.: Islam Without Europe: Traditions of Reform in Eigtheenth-Century Islamic Thought, Chapel Hill 2018.

Duderija, Adis: „Maqāṣid al-Sharīʿa, Gender Non-Patriarchal Qurʾān-Sunna Hermeneutics, and the Reformation of Muslim Family Law," in: Adis Duderija (Hg.), Maqāṣid al-Sharīʿa and Contemporary Reformist Muslim Thought, New York 2014, S. 193–218.

Dziri, Bacem/Günes, Merdan: Niedergangsthesen auf dem Prüfstand, in: Reihe für Osnabrücker Studien Bd. 38, Berlin 2018.

Esposito, John L./Voll, John O.: Introduction: Muslim Activist Intellectuals and Their Place in History, in: Esposito, John L./Voll, John O. (Hg.): Makers of Contemporary Islam, Oxford 2001, S. 3–22.

EIK: Dritte Europäische Imame Konferenzerklärung 2010, in: IGGÖ (Hg.), Wien 2011, S. 33–61.

EIK: Erste Europäische Imame Konferenzerklärung 2003, in: IGGÖ (Hg.), Die Grazer Erklärung der europäischen „Imamekonferenz" vom Juni 2003, Wien 2011, S. 197–203.

EIK: Zweite Europäische Imame Konferenzerklärung, in: IGGÖ (Hg.), Konferenz Europäischer Imame und Seelsorgerinnen, Wien 2011, S. 206–220.

Al-Ghazālī, Abū Ḥāmid: Al-Mustaṣfa min ʿilm al-uṣūl. Beirut: Muʾassasa al-Risāla, Vol. 1, 1997.

Hafez, Farid: Zwischen Fundamentalismus und Emanzipation. Die Frage nach dem muslimischen Subjekt vor dem Hintergrund des antimuslimischen Rassismus/der Islamophobie, in: Neue Praxis – Zeitschrift für Sozialarbeit, Sozialpädagogik und Sozialpolitik (Special Issue: Rassismus in der Sozialen Arbeit und Rassismuskritik als Querschnittsaufgabe), Sonderheft 15, 2018, S. 70–77.

Hafez, Farid: Islamisch-politische Denker: eine Einführung in die islamisch-politische Ideengeschichte, 2014.

Haj, Samira: Reconfiguring Islamic Tradition: Reform, Rationality, and Modernity, Stanford 2009.

Hallaq, Wael: Restating Orientalism: A Critique of Modern Knowledge, New York 2018.

Hallaq, Wael: ‚Can the Shariʿa Be Restored?', in: Haddad, Yvonne Yazbeck/Freyer Stowasser, Barbara (Ed.): Islamic Law and the Challenges of Modernity, Walnut Creek, CA 2004, S. 21–53.

Hallaq, Wael: A History of Islamic Legal Theories: An Introduction to Sunnī Uṣūl al-Fiqh, Cambridge 1997.

Hallaq, Wael: Was the Gate of Ijtihad Closed?, in: International Journal of Middle East Studies, 16/1, Cambridge 1984, S. 3–41.

Kamali, Mohammed Hashim: The Middle Path of Moderation in Islam: The Qur´anic Principle of Wasatiyyah, Oxford 2015.

Kepplinger, Eva: Toward a ‚Hermeneutics of Trust' in the Current Discussion on a Gender-Just Interpretation of Islamic Primary Texts, in: Aghdassi, Abbas/Hughes, Aaron (Hg.): New Methodological Perspectives in Islamic Studies, Bd. 2, Leiden 2023.

Kepplinger, Eva: Rationalität im ethisch-juristischen Denken von Taha Abdurrahman, in: El Kaisy-Friemuth, Maha/Hajatpour, Reza (Hg.): Rationalität in der Islamischen Theologie: Band II: Die moderne Periode, Berlin 2022, S. 253–272.

Kepplinger, Eva: Taha Abderrahmane and Abū Isḥāq al-Shāṭibī: Comparative Reflections on Legal Thought and Ethics, in: Hashas, Mohammed/al-Khatib, Mutaz (Hg.): Islamic Ethics and the Trusteeship Paradigm: Taha Abderrahmane's Philosophy in Comparative Perspectives, Studies in Islamic Ethics, Leiden 2020, S. 62–77.

Kowanda-Yassin, Fatima: Öko-Dschihad: Der grüne Islam – Beginn einer globalen Umweltbewegung, Wien 2018.

Lohlker, Rüdiger: Islamisches Recht, Wien 2012.

Murad, Abdal Hakim: Travelling Home: Essays on Islam in Europe, Cambridge 2020.

Murad, Abdal Hakim: Understanding the Four Madhhabs: The Facts about Ijtihad and Taqlid, New York 1998.

Nasr, Seyyed Hossein: Man and Nature: The Spiritual Crisis of Modern Man, London 1988, S. 3f.

Rahman, Fazlur: The Impact of Modernity of Islam, in: Islamic Studies, Vol. 5, No. 2 (Juni 1966), Islamic Research Institute, International Islamic University, Islamabad 1966, S. 113–128.

Riḍā, Muḥammad Rašīd: al-Waḥy al-Muḥammadī, Beirut 1985.

Rohe, Mathias: Das islamische Recht, Geschichte und Gegenwart, München ³2011.

Schäbler, Birgit: Moderne Muslime. Ernest Renan und die Geschichte der ersten Islamdebatte 1883, Bielefeld 2016.

Schlabach, Jörg: Scharia im Westen: Muslime unter nicht-islamischer Herrschaft und die Entwicklung eines muslimischen Minderheitenrechts für Europa, Wien 2009.

Schulze, Reinhard: Was ist die islamische Aufklärung?, in: Die Welt des Islams, Vol. 36, Issue 3, 1996, S. 276–325.

Sedgwick, Mark: Muhammad Abduh, London 2009.

Aš-Šāṭibī, Abū Isḥāq: Al-Muwāfaqāt. Bd. 2: Kitāb al-maqāṣid. 2. Aufl., Ar-Riyāḍ ²2006.

Schacht, Josef: An Introduction to Islamic Law, Oxford 1964.

Yazbeck-Haddad, Yvonne und Freyer Stowasser, Barbara: Introduction: Islamic Law and the Challenge of Modernity, in: Haddad, Yvonne Yazbeck/Freyer Stowasser, Barbara (Hg.): Islamic Law and the Challenges of Modernity, Walnut Creek 2004, S. 1–17.

Zaman, Muhammad Qasim: Modern Islamic Thought in a Radical Age: Religious Authority and Internal Criticism, New York 2012.

Wolfgang J. Bauer

Verortung und Reflexion der theologisch-methodischen Grundlagen der Abschlusserklärungen der Europäischen Imamekonferenzen

Einführung

Die theoretischen Islamrechtswissenschaften wurden entwickelt, um eine stringente Vorgehensweise bei der Ergründung, Begründung und Anwendung islamischer Religionspraxis zu gewährleisten. Sie sollen dazu verhelfen, mit einer möglichst hohen Wahrscheinlichkeit das von Gott tatsächlich gemeinte Verständnis Seiner offenbarten Religion zu erschließen und sie versuchen, einen Rahmen für legitime Deutungen des Islams zu stecken. Unterschiede im methodischen Vorgehen bilden die Grundlagen unterschiedlicher Rechtsschulen. Auch bei neu auftretenden oder veränderten Fragestellungen muslimischen Lebens wird unter Berücksichtigung methodischer Grundlagen versucht adäquate Antworten zu finden. Fundiertheit und Stringenz der methodischen Grundlagen gewährleisten die Akzeptanz der Schlussfolgerungen unter muslimischer Gelehrsamkeit. Durch breite Akzeptanz unter muslimischen Gelehrten erhöht sich in Folge auch indirekt potenziell der Einfluss dieser Religionsdeutungen auf die Glaubenspraxis der religiösen muslimischen Allgemeinheit.

In den Abschlusserklärungen der Europäischen Imamekonferenzen ist man daher wiederholt bemüht, eine solide methodische Argumentation und breite Akzeptanz unter religiösen Persönlichkeiten und Institutionen hervorzuheben. In seinem Vorwort zu den veröffentlichten Abschlusserklärungen der drei Europäischen Imamekonferenzen (2003, 2006 und 2010) schreibt Anas Schakfeh über die Abschlusserklärung der ersten Konferenz 2003, dass die teilnehmenden Imame und SeelsorgerInnen „grundsätzliche, neue und durchaus mutige Antworten auf die essenziellen Fragen des Islams und der Muslime in Europa" (IGGÖ 2011: 6) gegeben hatten. In dieser Abschlusserklärung selbst steht: „Einigkeit bestand auch in der theologischen Wahl der Mittel, um zu einem konstruktiven Umgang zu gelangen." (EIK 2011a: 197f.).

Dieser Beitrag beleuchtet die „theologischen Mittel", auf die in den Abschlusserklärungen explizit oder implizit Bezug genommen wird und mit welchen formulierte Antworten begründet werden. Diese Mittel werden im Rahmen der entsprechenden theologischen Fachwissenschaften verortet und ihre Anwendung in den Abschlusserklärungen reflektiert. Dabei sollen auch Relevanz, Stringenz und Innovation der Argumentationen beleuchtet werden.

Ihre Betrachtung erfolgt hier beginnend mit Islamrechtsquellen. Dabei werden auch Aspekte der Islamrechtsprinzipien/*Qawā'id fiqhiyyah*, Islamrechtstheorie/ *Naẓariyyāt fiqhiyyah* und Maximen/*Maqāṣid* der Scharia beleuchtet, da diese abgeleitete allgemeine Orientierungsmaßstäbe in der Islamrechtsfindung darstellen. Im Anschluss werden theoretische Regeln in Bezug auf islamische Normen/*'Aḥkām* genannt. Danach werden prinzipielle Fragen des *Iǧtihād* und *Taqlīd* angeführt. Ein abschließendes Resümee fasst die Ergebnisse dieser Untersuchung zusammen.

1. Islamrechtsquellen

1.1 Koran und (annehmbar authentische) Sunna als übergeordnete Primärquellen

Obwohl in den Abschlusserklärungen immer wieder auf die Relevanz gesellschaftlicher Rahmenbedingungen als auch auf die Bedeutung rationaler Argumentationen in der Islamrechtsfindung hingewiesen wird, bleiben diese Aspekte dennoch prinzipiell den beiden Primärquellen, Koran und annehmbar authentischer Sunna, nachgereiht.

Dies zeigt sich speziell in der Zurückweisung von Traditionen aufgrund ihrer Unvereinbarkeit mit den islamischen Quellen, wie etwa „Zwangsehe, FGM, Ehrenmorde und familiäre Gewalt" (vgl. EIK 2011b, 215). Generell wird als eine Rolle des islamischen Religionsunterrichts genannt „Differenzen zwischen Tradition [*'Urf*] und islamischer Lehre aufzuzeigen und zu überwinden" (EIK 2011a: 201; vgl. EIK 2011b: 211).

Darüber hinaus werden selbst traditionell gängige Islamrechtsauffassungen relativiert, insofern sie nicht deutlich durch die Primärquellen begründet sind. So wird die früher gängige binäre Einteilung der Welt in „Dār al-Ḥarb" und „Dār al-'Islām" mit der Begründung abgelehnt, dass diese Einteilung keine Grundlage in den Primärquellen Koran und Sunna hat (vgl. EIK 2011a: 199).

Die der gegebenen Situation angepasste Neubewertung traditionell gängiger Islamrechtsauffassungen erfolgt wiederum auch im Rahmen der Deutungsmöglichkeiten der beiden Primärquellen. „Denn im Islam sind gesellschaftliche Rahmenbedingungen unbedingt bei der Beantwortung religiöser Fragen auf Basis der Quellen zu berücksichtigen." (EIK 2011b: 209). Es wird eine Neuüberprüfung der Fiqh-Regelungen bezüglich der Rolle und Stellung der Frau angeregt, „dem Zeitgeist und jeweiligen Entwicklungen […] angepasst", jedoch im Einklang mit Deutungsmöglichkeiten von Koran und Sunna (vgl. EIK 2011c: 45).

Die „Betonung des dynamischen Charakters bei der Auslegung der Quellen" (EIK 2011b: 212f.) – gemeint sind offensichtlich die Primärquellen Koran und Sunna – impliziert die generelle Annahme, dass die Primärquellen Koran und Sunna selbst als grundsätzlich statisches verbindliches Fundament verstanden werden und nur deren Deutung eine gewisse Dynamik beinhaltet.

Nähere Differenzierungen der Relevanz unterschiedlicher Authentizitätsgrade überlieferter Sunna oder Beschreibungen des Rahmens von Deutungsmöglichkeiten der Primärquellen erfolgen in den Abschlusserklärungen nicht. Aufgrund der ersichtlichen Linie und Zusammensetzung der Teilnehmenden ist jedoch davon auszugehen, dass dies auch im Rahmen gängiger sunnitischer und eventuell auch dschafaritischer Auffassungen der *Uṣūl al-fiqh* liegt.

1.2 'Urf ṣaḥīḥ/gültige gesellschaftliche Gewohnheiten und Maßstäbe als berücksichtigungswürdige Aspekte im Islamrecht

In allen drei Abschlusserklärungen wird gesellschaftlichen Rahmenbedingungen eine essenzielle Bedeutung bei der adäquaten Islamrechtsfindung beigemessen (vgl. EIK 2011a: 198; EIK 2011b: 209; EIK 2011c: 58f.). Manche Formulierungen suggerieren dabei womöglich sogar eine Vorrangstellung von verbreiteten gesellschaftlichen Maßstäben gegenüber anderen Quellen. Als ein Ziel der Etablierung islamischer Theologie an europäischen Universitäten wird genannt: „Von islamischen Fakultäten aus soll das Entstehen eines neuen Rechtssystems [gemeint ist offenbar islamrechtliches Verständnis] begünstigt werden, das mit der europäischen Gesellschaft in Einklang steht." (EIK 2011a: 201; vgl. auch ebd.: 35). Dies wird aber bereits durch die Ablehnung von Assimilation mit Aufgabe von Religion und Kultur relativiert (vgl. EIK 2011b: 208). Es wird auf eine selbstbestimmte Identität bestanden, die nicht vom 'Urf – den gängigen Maßstäben und Konventionen der Dominanzgesellschaft bestimmt werden darf.

Obwohl sich folgende Aussage auf die Bewertung von bestimmten, nach Europa importierten gesellschaftlichen Konventionen bezieht, muss sie genauso auch auf den 'Urf der europäischen Mehrheitsgesellschaft zutreffend verstanden werden. „In der kulturellen Ausformung gibt es Praktiken, die sich aus dem Islam ableiten, welche, die mit dem Islam übereinstimmen und welche, die der islamischen Lehre entgegengesetzt sind. Wichtig ist nun zu erkennen, was länder- oder auch regionsspezifisch kulturell geprägt ist, und was wiederum dem ‚eigentlichen Islam' entspricht." (EIK 2011c: 50; vgl. auch EIK 2011a: 201; EIK 2011b: 215). Nach der Erwähnung von Praktiken, die sich direkt aus den Quellen ableiten, werden solche thematisiert, die sich aus gesellschaftlichen Konventionen und Bräuchen ableiten. Hierbei erfolgt die Differenzierung zwischen jenen, die mit islamischen Quellen kompatibel sind – 'Urf ṣaḥīḥ/islamrechtlich gültige gesellschaftliche Gewohnheiten und Maßstäbe – und jenen, die nicht mit den Quellen vereinbar sind – *'Urf fāsid*/ islamrechtlich ungültige gesellschaftliche Gewohnheiten und Maßstäbe.

Mit dieser Differenzierung werden gesellschaftlich verbreitete Traditionen und Maßstäbe in der Islamrechtsfindung in allen vier sunnitischen Rechtsschulen berücksichtig. Entweder werden sie als eigene Islamrechtsquelle in den *'Uṣūl al-fiqh* als „*'Urf*/Gewohnheitsrecht" erwähnt oder in den *Qawā'id fiqhiyyah*/ Islamrechtsprinzipien als „*al-'Ādah muḥakkamah*/Rechtsbrauch bestimmt" als berücksichtigungswürdiger Aspekt angeführt (vgl. Bauer 2013: 113f.; al-Ǧuday' 1997: 211–214; az-Zuḥaylī 2007: Bd. 2, 109f., Šabīr 2006: 229, 233).

1.3 Konsensorientierung von Fachleuten als berücksichtigungswürdiger Maßstab

Sowohl in den Abschlusserklärungen als auch im Vorwort und durch die Auflistung der Teilnehmenden wird unterstrichen, dass breiter Konsens von Fachleuten über die Standpunkte angestrebt und erreicht wurde. Die fachliche Expertise oder offizielle islamische Autorität der beschließenden Teilnehmerinnen und Teilnehmer wird hervorgehoben. Bei der Publikation über die ersten beiden Imamekonferenzen verzichtet man noch auf eine detaillierte Auflistung der einzelnen Fachleute. Bei der ersten Konferenz wird die religiöse Autorität und Relevanz der Initiatoren und (Co-)Veranstalter speziell erwähnt. Mustafa Ceric as Reis-ul-Ulema (Vorsitzender der Gelehrten von Bosnien und Herzegowina), Anas Schakfeh als Präsident der Islamischen Glaubensgemeinschaft in Österreich (IGGÖ), die heutige Organisation der islamischen Welt für Bildung, Wissenschaft und Kultur (ICESCO, damals ISESCO) als international anerkannte Institution, die Islamische Glaubensgemeinschaft in Bosnien und Herzegowina sowie die Europäische Islamische Konferenz (EIC) (vgl. EIK 2011a: 197). Die EIC versuchte zwar ursprünglich, viele offizielle europäische islamische Autoritäten und Institutionen zu vereinen, scheint aber trotz ursprünglich großer Ambitionen wenig praktische Relevanz gewonnen zu haben und mittlerweile praktisch nicht mehr zu existieren. Sie hat online offenbar keine aktuelle Präsenz. In einem Onlineblog ihres Generalsekretärs Mohamed Bechari aus Frankreich 2006 befindet sich eine Darstellung der EIC mit Angabe ihres Gründungsjahrs 2001 (vgl. Bechari 2006).

Die Teilnehmenden der letzten Konferenz werden hingegen vollständig angeführt (IGGÖ 2011: 12–19). Darunter befinden sich Persönlichkeiten mit offizieller religiöser Autorität (Russia Mufties Council, Muftis aus Estland, Kroatien, Novi Pazar, Kosovo, Tatarstan, Serbien), Persönlichkeiten tertiärer islamischer Bildungseinrichtungen, ziviler muslimischer Institutionen mit autoritativem Charakter unter Muslimen (z. B.: Muslim Council of Britain, Rat der Imame und Gelehrten in Deutschland, Islamisches Zentrum Hamburg (schiitisch), Swedish Imam Council), sowie einzelne Persönlichkeiten mit breiterer religiöser Akzeptanz und Einfluss unter Muslimen.

Die Einigkeit der Teilnehmenden wurde suggeriert oder explizit beansprucht durch Aussagen wie: „Übereinstimmung in der Bewertung [...] wurde spürbar" oder: „Einigkeit bestand auch in der theologischen Wahl der Mittel, um zu einem konstruktiven Umgang zu gelangen" (EIK 2011a: 197f.). Möglichst breitem Konsens von Fachleuten und religiösen Autoritäten wird viel Wert beigemessen. Dies zeigt sich auch in der Anregung aus der ersten Schlusserklärung, im europäischen Rahmen eine Gelehrtenkommission zu gründen (vgl. EIK 2011a: 202) und im Beschluss der „Gründung eines ständigen Rates der Imame und muslimischen SeelsorgerInnen in Europa" (EIK 2011a: 203). Beides hat aber zumindest heute offenbar keine praktische Existenz oder Relevanz mehr. Auch die Imamekonferenzen selbst wurden nicht weiter fortgeführt, obwohl die Intention bekundet wurde, sie als eine fortlaufende Einrichtung zu etablieren (vgl. IGGÖ 2011: 6f.).

Gelehrtenkonsens/*Iğmāʿ* wird in den vier sunnitischen Hauptrechtsschulen als eine zwar von den Primärquellen abgeleitete, aber eigene Quelle des Islams bewertet. Dabei wird jedoch die Einigung sämtlicher zu einem Zeitpunkt existierender Gelehrter vorausgesetzt. Mehrheitlich muss diese Einigung durch eine explizite Zustimmung aller Gelehrten bestätigt sein (*Iğmāʿ ṣarīḥ*), um selbst als verbindlicher Beleg zu gelten. Bei den Hanafiten reicht die fehlende Äußerung eines Widerspruchs der restlichen Gelehrten unter Kenntnis der Fragestellung und der geäußerten Auffassung anderer Gelehrter dazu, ohne Vorliegen offensichtlicher anderer Gründe des Schweigens außer der eigenen Zustimmung (*Iğmāʿ sukūtī*). Manche sehen in Letzterem nur einen berücksichtigungswürdigen, nicht aber verbindlichen Beleg (vgl. Bauer 2013: 74f.; al-Ǧudayʿ 1997: 160f., 164–166; az-Zuḥaylī 2007: 524–532).

Beim angestrebten und zum Teil artikulierten Konsens der teilnehmenden Persönlichkeiten an den Imamekonferenzen handelt es sich aber nur um einen Konsens eines Teils der Gelehrtenpersönlichkeiten aus Europa und keinen weltweiten. Selbst beim Begnügen mit einem schweigend angenommenen Gelehrtenkonsens/*Iğmāʿ sukūtī* müssten theoretisch die Abschlusserklärungen allen Gelehrten weltweit unterbreitet werden.

Ein islamrechtlich verbindlicher *Iğmāʿ* wird von den Imamekonferenzen aber auch nicht beansprucht. Es ist die Rede von der „Einstellung des Mainstream[s]", der breiten Mehrheitsmeinung der Gelehrten (*Ǧumhūr*) (vgl. EIK 2011c: 37), die an sich in den *Uṣūl al-Fiqh* als Beleg keine Relevanz hat (vgl. al-ʾAšqar 1976: 34–36). Dennoch sieht man in den Imamekonferenzen offenbar in einem derartigen eingeschränkten Konsens oder in der von der breiten Mehrheit getragenen Auffassung eine argumentative Stärkung der geäußerten Positionen. Es wird vermutlich eine geringere Fehlermöglichkeit und größere Treffsicherheit im *Iğtihād* angenommen, d. h. eine höhere Wahrscheinlichkeit, dass die von der Mehrheit der Gelehrten als korrekt erachtete Auffassung tatsächlich bei Allah zutreffend sei (vgl. al-ʿUmarī 1985: 265f.).

Mit dieser Annahme könnte die Bestätigung eines breiten Konsenses praktisch als eine schwache Art eines *Dalīl ẓannī*/wahrscheinlich sicheren Belegs erachtet werden. Obwohl er keine islamrechtliche Verbindlichkeit bewirkt und anderen wahrscheinlich sicheren Belegen nachgereiht werden müsste, sollte er auch von Gelehrten in ihrem *Iǧtihād* nicht unberücksichtigt bleiben.

Eine ähnliche Vorgangsweise findet man in der malikitischen Schule unter dem Begriff „*Murāʿāh al-Ḫilāf* /Berücksichtigung der Meinungsverschiedenheit". Um der Meinungsverschiedenheit zu entgehen, handelt man als Vorsichtsmaßnahme entsprechend einer anderen anerkannten Gegenmeinung mit akzeptablen Belegen, wenn man diese Handlungsweise noch als zulässig erachtet, obwohl man aufgrund der Belegslage eine andere Handlungsweise an sich als treffender erachtet (vgl. al-Būrnū 2003: Bd. 5, 278f., Bd. 10, 560f.). So betrachten Malikiten es letztendlich im Gebet als vorzuziehen, die *Basmalah* vor der *Sura al-Fātiḥah* zu rezitieren, da dies von den Schafiiten als eine Bedingung für die Gültigkeit des Gebets gewertet wird [und mehrheitlich als verpflichtend], obwohl die Malikiten eigentlich aus den Belegen selbst schlussfolgern, dass dies das Gebet zwar nicht ungültig macht, aber zu vermeiden (*makruh*) wäre (vgl. al-Būrnū 2003: Bd. 5, 279, az-Zuḥaylī 2006: Bd. 1, 673).

Noch deutlicher als die erachtete Relevanz einer breiten Mehrheitsauffassung für den *Iǧtihād* von Gelehrten ist deren Bedeutung für den *Taqlīd* der Allgemeinheit der Muslime. Der *Taqlīd* beschreibt das Befolgen von Gelehrtenmeinungen in der Religionspraxis ohne eigenständige Herleitung aus den Quellen (vgl. Mourad/ Toumi 2009: 135f., 138; al-Ǧudayʿ 197: 391). Hierbei wird offenbar eine Orientierung am Mainstream vorgezogen. In Folge wird auch davon ausgegangen, dass eine derartige mehrheitlich vertretene Religionsdeutung auch eher von der breiten Masse der Muslime angenommen wird und in ihr Religionsverständnis und ihre Religionspraxis einfließt (vgl. EIK 2011c: 37).

Obwohl in der Publikation vor allem in Bezug auf die letzte Konferenz mehr Klarheit über die Konferenzteilnehmerinnen und -teilnehmer und deren Qualifikation geschaffen wurde, wäre eine klare Darstellung des Zustandekommens der Beschlussfassung und Konsensfindung wünschenswert. Dadurch wäre der Nachweis des erlangten Konsenses oder einer geäußerten Mehrheitsauffassung nachvollziehbarer belegt, gesicherter und überzeugender. Auf welche Art und Weise erfolgten Diskussionen, Beschlussfindung und die Bestätigung aller Teilnehmenden oder ihr eventueller Widerspruch? Sind die Schlusserklärungen vor ihrer Beschließung allen Teilnehmenden in einer von ihnen verständlichen Sprache unterbreitet worden? Ist allen ausreichend Zeit und Möglichkeit zu Reflexion und Kommentar eingeräumt worden und wie wurde ihre Bestätigung der Schlusserklärungen eingeholt oder angenommen?

1.4 Relevanz von rationalitätsbasierten Quellen

Die „zentrale Rolle des Intellekts [ʿAql]" wird speziell im Zusammenhang mit Iǧtihād hervorgehoben (EIK 2011a: 198), ohne jedoch näher zu konkretisieren, welche und wie rationalitätsbasierte Belege in die Islamrechtsergründung und -formulierung einfließen.

Spezielle Bezüge werden zu unterschiedlichen Maqāṣid/Maximen der Scharia hergestellt, welche auch auf rational nachvollziehbaren weisen Nutzen und Zwecken hinter islamischen Bestimmungen beruhen. Dies soll aber später eigens thematisiert und beleuchtet werden.

Ein weiterer Bezug zu rationalitätsbezogenen Argumentationen lässt sich in der Aussage erkennen, „dass der Islam einen dynamischen Charakter hat, denn die islamischen Quellen Koran und Sunna müssen im Fiqh unter den Umständen Zeit, Ort und gesellschaftlichen Rahmenbedingungen behandelt werden." (EIK 2011c: 58f.). Damit sind offenbar auch rational ergründbare ʿIlal (Wirkungsursachen), Ḥikam (zugrunde liegende Weisheiten), ʾAsbāb (äußere Ursachen), Šurūṭ (Voraussetzungen) und Mawāniʿ (Hindernisgründe) für die tatsächliche Gültigkeit und praktische Anwendbarkeit von in Quelltexten behandelten Bestimmungen gemeint. Diese werden aus den Quelltexten und deren Rahmenbedingungen teils mit rationalen Argumentationen geschlossen und müssen auch bei einer konkreten Anwendung berücksichtigt werden. (vgl. Bauer 2013: 35, 84–87; al-Ǧudayʿ 1997: 52–61, 177–181).

Auch wenn keine weiteren Bezüge zu konkreten rationalitätsbezogenen Belegen in den Abschlusserklärungen hergestellt werden, ist anzunehmen, dass diesen eine weitreichende Akzeptanz beigemessen wird. Aufgrund der breiten Zustimmung in allen vier Hauptrechtsschulen werden sicher auch unterschiedliche Formen von Qiyās als zulässiges methodisches Mittel angenommen. Qiyās bezeichnet die analoge Übertragung von in Quelltexten beschriebenen Bestimmungen auf neue, sinngemäß gleichbedeutende oder ähnliche Fragestellungen. Als legitime Islamrechtsquellen erachtet werden wohl auch prinzipiell Istiṣlāḥ (Zuschreibung von islamrechtlichen Beurteilungen basierend auf unerwähnten relevanten Nutzen (Maṣlaḥah mursalah) und Istiḥsān (abweichende Ausnahme von Regelfällen aufgrund belegbarer Sonderfälle) (vgl. Bauer 2013: 99–107; al-Buġā 2007: 35f., 41, 122).

Generell werden in den Abschlusserklärungen Ausmaß und Grenzen rationalitätsbasierter Argumentationsweisen im Islamrecht, sowie ihre Relation zu Wortlaut in Quelltexten nicht näher beschrieben und differenziert.

1.5 Allgemeine abgeleitete Orientierungsmaßstäbe in der Islamrechtsfindung

Bei den folgenden Argumentationsformen handelt es sich nicht um eigenständige Quellen oder feste Regeln in der Quelleninterpretation wie üblicherweise in den *Uṣūl al-fiqh*. Es sind allgemeine Charakteristika, die aus der Summe oder aus Bereichen des Islamrechts ersichtlich werden. Sie werden in weiterer Folge wiederum als Orientierungsmaßstäbe und Regelannahmen für islamrechtliche Schlussfolgerungen herangezogen. Ihre generelle Verbindlichkeit hängt von der Verbindlichkeit ihrer zugrunde liegenden Islamrechtsbelege ab. (vgl. Mourad/Toumi 2009: 160–173, 213f.; Lohlker 2012: 56–62; al-Ǧudayʿ 1997: 13f., 328; az-Zuḥaylī 2006: Bd. 1, 22–28; Šabīr 2006: 16–18, 24–32, 83–87).

1.5.1 Übergeordnete *Maqāṣid*/Maximen der Scharia

a) *Gewährleistung und Sicherung der „Würde des Menschen"/Ḥifẓ al-ʿIrḍ*: wird als zentraler Bestandteil des Islams bezeichnet (vgl. EIK 2011a: 199f.).
b) *Gewährleistung und Sicherung der Grundbedürfnisse* ist Teil von *Ḥifẓ al-Māl*/der Güter und *Ḥifẓ an-Nafs*/des Lebens: wird in einem Teil der Zweckbeschreibung islamischer Wirtschaftsprinzipien und der Zakah genannt (vgl. EIK 2011b: 214).
c) *Gewährleistung und Sicherung von gesellschaftlichem Frieden und Sicherheit/Ḥifẓ as-Salām wa al-ʾAmn*: ist im geäußerten Zweck der Vermeidung von „gesellschaftlichen Spannungen" beinhaltet (vgl. ebd.).

In frühen Werken und Standardwerken werden *Ḥifẓ al-Māl* und *Ḥifẓ an-Nafs* und teilweise auch *Ḥifẓ al-ʿIrḍ* bereits als existenzielle Notwendigkeiten/*Ḍarūriyyāt* angeführt (vgl. Lohlker 2012: 175; aš-Šāṭibī 1997: Bd. 1, 31; Ibn ʿĀšūr 2001: 301–307; al-Yūbī 1429 n. H.: 271f.; al-Ǧudayʿ 1997: 331–334).

Letzteres wird in frühen Werken nicht speziell erwähnt, lässt sich aber auch gut durch solide Belege aus Koran und Sunna begründen und als Konsequenz der essenziellen fünf oder sechs *Maqāṣid* bzw. *Ḍarūriyyāt* betrachten und sichert letztendlich auch *Ḥifẓ an-Nafs* (vgl. Mourad/Toumi 2009: 178–181, 211).

1.5.2 Bereichsspezifische *Maqāṣīd*/Maximen der Scharia und *Qawāʾid fiqhiyyah*/Islamrechtsprinzipien in unterschiedlichen Bereichen des Islamrechts

Im Bereich islamischer Wirtschaftsbestimmungen werden folgende Maximen bzw. Prinzipien erwähnt:
a) *Ḥurriyyah/„Freiheit ist Grundelement der Vertragsparteien" im Rahmen islamisch-konformem Handelns* (vgl. EIK 2011c: 50).

Dieses Grundelement wird durch die folgenden höheren Ziele oder Prinzipien relativiert und eingeschränkt:
b) „*Soziale Ungerechtigkeit [ist] zu vermeiden*" (ebd.).
c) *'Adālah/„Gerechtigkeit" ist zu gewährleisten*, dabei speziell: „gerechte Einkommensverteilung", *Inṣāf* / „Fairness" und „Risikoteilung" (vgl. ebd.: 50f.).
d) *Soziale Verantwortung, Milde und Nachsicht sind geforderte Prinzipien*: zusammengefasst als „Geschwisterlichkeit"sowie *Unzulässigkeit von „Monopolbildung" insbesondere bei Nahrungsmitteln als Lebensgrundlage* als auch *Ausgewogenheit „zwischen individuellem Wohl und gesellschaftlichen Interessen*" (vgl. ebd.: 51). Dies ist auch die Grundlage der Äußerung: „[…] Zerstörung und Unrecht […] und eine Wirtschaftsweise, die die Ressourcen der Erde ausbeutet und keine Rücksicht auf künftige Generationen nimmt, sind zutiefst ungerecht und widersprechen jeglicher islamischer [sic] Ethik." (ebd.: 55).
e) „*Schura[Beratungs]-Prinzip der Fachkundigen*" (ebd.: 51) damit die Verwirklichung des nächsten Ziels unterstützt wird.
f) *Effektive Investitionstätigkeit im Geld- und Produktionskreislauf* (vgl. ebd.), was wiederum der Bewahrung und Förderung der Güter/ *Ḥifẓ al-Māl* als Lebensgrundlage dient.
g) „*Transparenz und Klarheit der Verträge*" (ebd.) zur Vermeidung von Unklarheit (*Ǧahālah*), Täuschung und Betrug (*Ġarar*), was wiederum auch gesellschaftlichen Konflikten vorbeugen soll.

Im Bereich des Familienlebens wird folgendes Prinzip genannt:
– „*Gewalt gegen Frauen [ist] als gegen den Geist des Islam eindeutig abzulehnen*" (ebd.: 56).

Im Bereich des gesellschaftlichen und gemeinschaftlichen Zusammenlebens können weitere Prinzipien herausgelesen werden aus der Aussage: „Europäische Werte wie Demokratie, Freiheit, Gleichheit [vor dem Recht], Recht auf Religionsfreiheit, Meinungsfreiheit, Redefreiheit etc. sind auch im Islam verankert." (EIK 2011c: 59).
a) *Gegenseitige Beratung/Šūrā als Basis gesellschaftlicher und staatlicher Beschlussfindung.*
b) *Die Gleichheit/al-Musāwāh aller Bürger vor dem Recht und Rechtsstaatlichkeit.*
c) *Die Gewährleistung und Sicherung der Freiheit*, darunter auch Religions- oder Überzeugungsfreiheit, Meinungsfreiheit und auch die Freiheit, diese Meinung zu äußern/*Ḥifẓ al-Ḥurriyyah* – als ein *Maqṣad*/Maxim der Scharia sowie auch Islamrechtsprinzip.

Diese sehr allgemeine Aussage bedürfte wahrscheinlich näherer Differenzierungen und Einschränkungen, wie dies auch bei den allgemein anerkannten *Maqāṣid* oder *Qawāʿid fiqhiyyah*, als auch in europäischen Rechtssystemen der Fall ist. Diese

Äußerung hebt die grundsätzliche Vereinbarkeit islamischer Lebensweise mit dem europäischen Kontext hervor. Die letzten beiden werden bereits von Ibn ʿĀšūr in differenzierterer Form genannt (vgl. Ibn ʿĀšūr 2001: 329–336, 391–399; Mourad/Toumi 2009: 184–186, 197).

Die genannten bereichsspezifischen *Maqāṣid* und *Qawāʿid fiqhiyyah* sind teilweise auch in gängigen Fachwerken erwähnt (vgl. Mourad/Toumi 2009: 202–211). Der Umfang vereinzelter Prinzipien, wie etwa die weitreichende Gleichstellung aller Bürger vor dem Recht, ist jedoch erst vermehrt in neueren Schriften mit theologischen Begründungen hervorgehoben, obwohl auch schon früher vereinzelte Gelehrte wie etwa ʿAbdulġanī an-Nabulusī (gest. 1731.) davon ausgingen (vgl. Ġanūšī 2012: 153–158, 165f., 172–195; Lohlker 2012: 38f.).

1.5.3 Übergeordnete *Qawāʿid fiqhiyyah*/Islamrechtsprinzipien

– *al-Wasaṭiyyah/die Ausgewogenheit ist das erstrebenswerte Maß der Dinge.*

Der Anspruch der Ausgewogenheit wird in den Imamekonferenzen immer wieder hervorgehoben und als Leitsatz herangezogen. Sowohl die gesamte Publikation *Islam in Europe – Europäische Imame-Konferenzen* als auch die Schlusserklärung der letzten Konferenz stehen unter diesem Motto, verkörpert durch den Koranvers: „Und so haben Wir euch zu einer Gemeinschaft der Mitte gemacht …" (Koran 2:143, übersetzt nach IGGÖ 2011: 1, 3, 32). Der Titel des ersten Vortrags der dritten Konferenz von Mevlud Dudic lautet: „Islam – Theology of the Middle Path […] as an essential part of the original religious thought" (IGGÖ 2011: 23). Bereits in der ersten Konferenz wird hervorgehoben: „Die islamische Botschaft ist auf Mäßigung gebaut" (EIK 2011a: 199) und in der dritten Schlusserklärung wird als Aufgabe von Religionsvertretern festgehalten, „den Weg der Mitte zu propagieren und ihre Mainstream-Haltung zu verbreiten" (EIK 2011c: 57). Hierin liegt auch ein Hinweis, wie dieser Weg der Mitte identifiziert werden soll. Eine Orientierung an der „Mainstream-Haltung", der Auffassung der breiten Mehrheit der Gelehrten soll gewährleisten, sich von extremen Randmeinungen jeglicher Richtung fernzuhalten und somit zu einem ausgewogenen Religionsverständnis der Mitte zu führen. Praktisch kann dieser erstrebenswerte „Weg der Mitte" auch durch das Fernhalten von extremen Verhaltensweisen identifiziert werden. Ein praktisches Beispiel hierfür: „Das Gebot des ‚Maßhaltens' konkretisiert sich rund um das Thema der Nahrung. […] ‚Weg der Mitte', hier zwischen Genuss und Gesundheitsbewusstsein, zwischen Konsum und Bewusstheit für größere wirtschaftliche Zusammenhänge, die nicht zum Schaden der Umwelt, seien es Mitmenschen oder Natur gereichen dürfen." (EIK 2011b: 219f.).

Praktisch bleibt aber ein großer subjektiver Ermessensspielraum, was als ausgewogene Mitte erachtet wird, und auch Vertreter von „extremen" Positionen werden von sich meist behaupten, einen ausgewogenen Zugang zu vertreten. Dennoch bietet dieses Prinzip auch der Allgemeinheit einen gewissen Orientierungsmaßstab in ihrer persönlichen Auswahl der verfolgten Auffassungen.

In klassischen Abhandlungen über *Maqāṣid* und *Qawāʿid fiqhiyyah* ist *Wasaṭiyyah* als solches nicht oder kaum Thema. Ibn ʿĀšūr erwähnt sie sinngemäß mit dem Begriff „*Iʿtidāl*/Gemäßigtheit" (vgl. Ibn ʿĀšūr 2001: 268). Dennoch wird ihre Bedeutung für diese Gebiete in manchen Schriften thematisiert (vgl. al-ʾAšqar 1976: 70f.) oder Publikationen werden der generellen Relevanz von *Wasaṭiyyah* im Islam gewidmet.

1.5.4 *an-Naẓariyyat al-fiqhiyyah*/Islamrechtstheorien

Im Bereich der Islamrechtstheorie des Anrechts und der Zuständigkeit/*Ḥaqq* werden auch Unterscheidungen zwischen verschiedenen Inhabern eines Anrechts/*Ṣāḥib al-Ḥaqq* getroffen. Eine Art eines Inhabers von Anrechten und Zuständigkeiten ist der Souverän, die Regierung eines unabhängigen Staates/*as-Sulṭān*. Dazu findet sich in der Abschlusserklärung der Unterpunkt:
– „*Den Krieg zu erklären ist nur einem Staat erlaubt und dann lediglich zu Verteidigungszwecken.*" (EIK 2011c: 50).

2.   Theoretische Regeln in Bezug auf islamische Normen/*ʾAḥkām*

In den *ʾUṣūl al-Fiqh* werden auch allgemeine theoretische Regeln in Bezug auf islamische Normen formuliert. In den Abschlusserklärungen sind diesbezüglich folgende Regeln erkennbar:
a) *Normen islamisch ethischen Handelns umfassen sämtliche Lebensbereiche eines Muslims.*
   Die Aussage: „Ökonomie ist Bestandteil der religiösen gelebten Praxis und somit von zentraler Bedeutung für jede/n Muslim/Muslimin" (EIK 2011c: 50) bezieht sich zwar nur auf einen Bereich menschlichen Handelns, da es sich dabei aber um einen sehr „weltlichen" Bereich des menschlichen Lebens handelt und es auch dem Konsens islamischer Rechtsgelehrter entspricht, kann daraus geschlossen werden, dass sämtliche Lebens- und Handlungsbereiche Thema islamischer Betrachtung und Bewertung sind.
b) *Eine gemeinschafltiche Verpflichtung/Farḍ kifāyah wird bei nicht ausreichend abgedecktem Bedarf für zur Erfüllung befähigte Personen zur individuellen Verpflichtung/Farḍ ʿayn.*
   Diese Regel zeigt sich darin, dass Dialogaktivitäten speziell für Imame in der europäischen Situation als individuelle, und nicht (mehr) gemeinschaftliche

Verpflichtung gewertet werden (vgl. EIK 2011c: 41; vgl. az-Zuḥaylī 2007, Bd. 1, 69–71). Aus dieser Annahme ergibt sich weiter die folgende Regel:

c) *Islamische Normen können unter Umständen entsprechend veränderter relevanter Rahmenumstände auch wandelbar sein.*

Diese Rahmenumstände fließen in Form von *ʾAsbāb* (äußere Gründe) und *ʿIlal* (Wirkungsursachen), *Šurūṭ* (Voraussetzungen) oder *Mawāniʿ* (Hindernisgründe) ein (vgl. Bauer 2013: 35, 84–87; al-Ġudayʿ 1997: 52–61; az-Zuḥaylī 2007, Bd. 1, 100–102). Weitere Bestätigungen dieser Regel liegen zum Teil auch in der Anregung der theologischen Reflexion der Bedeutung, Anwendbarkeit und des Zutreffens „überlieferter Klassifizierungen" wie *Kāfir*, *Murtadd*, *Zindīq* und Leute des Buches (vgl. EIK 2011c: 41), sowie in der Anregung der Neuüberprüfung von Fiqh-Regelungen bezüglich Rolle und Stellung der Frau (vgl. ebd: 45). Siehe dazu auch die Anmerkungen zuvor zu rationalitätsbasierten Quellen. Andererseits ist es aber auch möglich, dass frühere Bewertungen nicht aufgrund veränderter relevanter Rahmenbedingungen oder Belege als gewandelt, sondern in einer Revision überhaupt als ursprünglich verfehlt erachtet werden. Siehe dazu auch die Anmerkungen zu Meinungsverschiedenheiten/*Iḫtilāf al-Muǧtahidīn* im Anschluss.

3. Prinzipielle Fragen des *Iǧtihād* und *Taqlīd*

In den *ʾUṣūl al-fiqh* werden sowohl prinzipielle Fragen des *Iǧtihād* (der eigenständigen Ab- und Herleitung islamischer Bestimmungen aus den Quellen durch fachlich befähigte Personen) als auch des *Taqlīd* (des Befolgens von Gelehrtenmeinungen in der Religionspraxis ohne eigenständige Herleitung aus den Quellen) thematisiert.

3.1 Voraussetzungen für *Iǧtihād*

Obwohl die Interpretation der Religion grundsätzlich allen Muslimen offensteht und sich nicht auf einen offiziell befugten Klerus beschränkt, bedarf es fachlicher Fähigkeiten, um zu einer fachlich soliden, schlüssigen und legitimen Deutung gelangen zu können. Gelehrte haben daher fachliche Mindestvoraussetzungen für einen legitimen *Iǧtihād* formuliert. Darüber hinaus haben sie eine weitere charakterliche Eigenschaft eines *Muǧtahids* gefordert, um auch von der muslimischen Allgemeinheit als legitime Informationspersönlichkeit über die Religion herangezogen werden zu können (vgl. Mourad/Toumi 2009: 126–129; az-Zuḥaylī 2007, Bd. 2, 332–339; al-ʿUmarī 1985: 116f.). Aus den Abschlusserklärungen sind auch hierzu zwei Voraussetzungen herauszulesen.

3.1.1 'Adālah/religiöse Integrität als Voraussetzung des Muǧtahids und Forderung der Unabhängigkeit, Eigenständigkeit und Authentizität im Iǧtihād

Als 'Adālah wird die religiöse Integrität einer Person, hier des Muǧtahids bezeichnet. Von dieser wird bei offensichtlicher Konformität des Lebenswandels mit islamischen Geboten und mit gesellschaftlich akzeptablem Benehmen ausgegangen (vgl. Mourad/Toumi 2009: 126; az-Zuḥaylī 2007: Bd. 2, 332f.; al-'Ašqar 1976: 26f.; al-'Umarī 1985: 60f., 107–109). Der Hintergrund dieser Voraussetzung liegt in der Annahme, dass eine wahrscheinlich ausreichend gegebene Ehrfurcht vor Allah eine Person davon abhält, aufgrund niedriger Beweggründe wider besseren Wissens Aussagen über die Religion Allahs zu tätigen, die nicht der eigenen Überzeugung entsprechen.

Obwohl diese Voraussetzung in den Abschlusserklärungen nicht explizit behandelt wird, soll die Bemühung um Bestätigung der Unabhängigkeit offenbar eventuelle Bedenken über fehlende Aufrichtigkeit und Authentizität der geäußerten Positionen zerstreuen. Im Vorwort Schakfehs werden teilweise externe Anlässe und Initiatoren für die ersten beiden Imamekonferenzen angegeben, die den Anschein einer inhaltlichen Abhängigkeit geben könnten: Graz 2003 als europäische Kulturhauptstadt und die Anregung der Weiterführung der Konferenz durch die damalige Außenministerin Österreichs Ferrero-Waldner, die Organisation der Konferenz 2006 im Rahmen der EU-Präsidentschaft Österreichs. So wird im Vorwort hervorgehoben, dass die „Eigenständigkeit" und „Beständigkeit" der Einrichtung der Imamekonferenzen durch die Konferenz 2010 bestätigt wurde, um zu verdeutlichen, dass es sich hierbei um ein intrinsisches authentisches Anliegen der Muslime handelt, das nicht von Außeninitiativen abhängig ist (vgl. IGGÖ 2011: 6). Dieses Argument wird wiederum aber dadurch etwas getrübt, dass keine weitere „Beständigkeit" gegeben war und es seither keine weiteren Imamekonferenzen mehr gab. Auch die Tatsache, dass die dritte und letzte Konferenz vom damaligen Minister für europäische und auswärtige Angelegenheiten, Michael Spindelegger, eröffnet wurde und dieser die Weiterführung der Konferenz als ein Anliegen seines Ressorts bezeichnete, relativiert das Argument der Eigenständigkeit womöglich (vgl. ebd.: 7). Dies muss aber der Sachlichkeit und Ernsthaftigkeit und inhaltlichen Eigenständigkeit keinen Abbruch tun. Es zeugt von einer damaligen engen Kooperation und gegenseitigem Vertrauen und bedeutet nicht automatisch staatliche Diktion oder Einmischung in innere Angelegenheiten der Glaubensgemeinschaft der Muslime. Auch die weit gefächerte umfangreiche Teilnehmerliste – 58 gelistete Imame und SeelsorgerInnen, bedeutende muslimische Funktionäre und Persönlichkeiten der muslimischen Zivilgesellschaft aus zahlreichen, vorwiegend europäischen Ländern und Institutionen – stärkt die Annahme der inhaltlichen Unabhängigkeit (vgl. ebd.: 12–15).

Die Notwendigkeit der Unabhängigkeit und Eigenständigkeit der Islamrechtsfindung wird weiter explizit durch die Forderung der unabhängigen freien Entwicklungsmöglichkeit in der Imame-Ausbildung hervorgehoben (vgl. EIK 2011c: 43) wie auch durch die Aussage, dass „Religionsgemeinschaften eigenständig und unabhängig von staatlicher Einmischung in innere Angelegenheiten" sein müssen (vgl. ebd.: 44).

3.1.2 Umfassendes Verständnis der Fragestellung und ihrer Umstände als Voraussetzung für legitimen *Iğtihād*

Die Forderung dieser fachlichen Voraussetzung (vgl. Mourad/Toumi 2009: 128f., ʾUṯmānī (2011): 303f.; al-ʿUmarī 1985: 104f., 110, 265) ist erkennbar in der Annahme, dass „ausländische Gutachten […] immer wieder die Problematik in sich bergen, […] der konkreten Situation [nicht] völlig angemessen zu sein" (EIK 2011b: 2013).

3.2 Ausreichende Anforderung an Imame in Europa ist geringer als die Befähigung zu eigenständigem *Iğtihād*

In der dritten Konferenz werden zahlreiche Anforderungen an eine „Imame-Ausbildung" in Europa gestellt, die aber geringer ausfallen als die üblichen Mindestvoraussetzungen für *Iğtihād*. So wird beispielsweise die Fähigkeit zur „ansatzweise[n] Bewertung der unterschiedlichen Argumentationen" oder bloß „gute Kenntnis der arabischen Sprache" als ausreichend für einen Imam erachtet (vgl. EIK 2011c: 42f., vgl. az-Zuḥaylī 2007, Bd. 2, 365–369).

3.3 Regeln der *Fatwā*-Erteilung/ *Ḍawābiṭ al-Iftā'*

Eine für den *Iğtihād* qualifizierte Person muss bei der konkreten Erteilung und Zuweisung von islamischen Handlungsanweisungen unterschiedliche gegebene Aspekte der betroffenen Personen und ihrer Umgebung berücksichtigen. Diese können unter den Sammelbegriffen *Ḍawābiṭ-*, *ʾUṣūl-* oder *Manāhiğ al-Iftā'* thematisiert werden (vgl. ʾUṯmānī 2011, al-ʾAšqar 1976; ad-Dūskī 2007). Diese Regeln sind aber auch für geringer qualifizierte Imame und andere Auskunftspersonen über islamische Bestimmungen zu berücksichtigen, damit negative unerwünschte Konsequenzen für die Auskunft Suchenden und andere betroffene Personen vermieden werden. Zu einer dieser Regeln kann in den Abschlusserklärungen ein Bezug hergestellt werden:

3.3.1 Ma'āl al-Fatwā/zu erwartende Folgen der Fatwā müssen bei der konkreten
Fatwā-Erteilung berücksichtigt werden (vgl. 'Arbāwī 2019)

Über die Erklärung aus 2003 wird festgehalten, dass sie ein „innermuslimisch wichtiges Zeichen der Orientierung" setzt, der „Integrations- und Identifikationsprozess der Muslime [...] befördert werden" und sie „auch nach außen ein wichtiges aufklärendes Signal" sendet „um das friedliche und von gegenseitigem Verständnis und Respekt getragene Miteinander zu bestärken". Weiters wird festgehalten: „In der theologischen Argumentation liegen schließlich große und erprobte Möglichkeiten, nachhaltige Bewusstseinsveränderungen herbeizuführen." (EIK 2011b: 206f.). Diese Äußerungen halten nicht bloß gegebene Ergebnisse fest, sondern beschreiben offenbar bezweckte positive Konsequenzen, die bei der Formulierung der Beschlüsse im Auge behalten wurden.

3.4 Meinungsverschiedenheiten der Gelehrten – Iḫtilāf al-Muǧtahidīn

3.4.1 Iḫtilāf maḥmūd – legitime positive Meinungsvielfalt

Meinungspluralismus innerhalb des Islams wird in den Abschlusserklärungen grundsätzlich als legitim erachtet und „eine Verengung auf eine einzig religiöse Perspektive [als] unzulässig" (EIK 2011b: 216). Diese „innere Vielfalt [wird] als ‚Barmherzigkeit'" verstanden, als „im Islam eindeutig positiv besetzt" erachtet und soll zu einem fruchtbaren innermuslimischen Dialog führen (vgl. EIK 2011c: 39, 43). In der „Freiheit mit dem Wissensschatz der verschiedenen Rechtsschulen kreativ und dialogisch umzugehen" wird als ein „Reichtum an Optionen zur Lösung von neu auftauchenden Fragen" gesehen (EIK 2011a: 198).

Offenbar werden aber positiver Meinungspluralität auch Grenzen gesetzt. Einerseits ist speziell die Rede von Meinungen der Rechtsschulen, andererseits wird eine Notwendigkeit der Definition und Differenzierung von positiv konnotierter „Vielfalt" als zu klärende theologische Frage erwähnt (vgl. EIK 2011c: 41).

Rahmen, Grenzen und Differenzierungen positiv gewerteter Meinungsvielfalt sind bereits in früheren islamrechtlichen Schriften Thema (vgl. al-Yūsuf 2004: 44–47, 74f.).

3.4.2 Einheit in Vielfalt

Mit der Zulässigkeit von Meinungspluralismus wird aber auch die grundsätzliche religiöse Einheit der Religion hervorgehoben. Diese Einheit besteht in der Homogenität des Minimalkonsenses über die göttliche Einheit und Gesandtschaft des Propheten Muhammad – Segen und Friede auf ihm – im Glaubensbekenntnis. Daraus ergibt sich der einheitliche Kernbezug auf islamische Kernquellen: den

Koran, und prinzipiell auch die Sunna, wobei sich im konkreten Verständnis von Sunna schiitisch imamitische Richtungen von sunnitischen Vorstellungen durchaus gröber unterscheiden. Der Begriff „europäischer Islam" wird abgelehnt und darin eine Unterscheidung in verschiedene Arten des Islams gesehen, was der prinzipiellen Einheit des Islams widersprechen würde (vgl. EIK 2011a: 198). „Der Islam [ist] ungebunden an einen bestimmten Ort" (EIK 2011c: 58). Stattdessen wird die Bezeichnung „Islam in Europa" favorisiert, aber auch vom „Islam europäischer Prägung" gesprochen (vgl. EIK 2011a: 198), wobei Letzteres doch die Möglichkeit von unterschiedlichen – speziell auch europäischen – Erscheinungen von islamischen Verständnissen und Lebensweisen suggeriert. Letztendlich scheint es aber eher eine Frage der Definition, was konkret mit den unterschiedlichen Begriffen gemeint ist, als eine Frage der Verwendung dieser unterschiedlich interpretierbaren, verwandten Begriffe.

3.5 Prinzipielle Fragen des *Taqlīd* und Rückschlüsse für *'Iftā'/Fatwā*-Erteilung

Muslime, die nicht die Voraussetzungen zu eigenständigem *Iğtihād* erfüllen, müssen sich vor allem in ihrem Islamrechtsverständnis und ihrer Religionspraxis an Auffassungen von Gelehrten orientieren, auf deren wissenschaftliche Befähigung und religiöse Integrität sie vertrauen. Dieses Befolgen von Gelehrtenmeinungen in der Religionspraxis ohne eigenständige Herleitung aus den Quellen wird *Taqlīd* genannt (vgl. al-Ğudayʿ 1997: 391–393). Dabei stellt sich auch die Frage, ob es für sie legitim ist, zwischen Auffassungen unterschiedlicher Gelehrter oder Rechtsschulen zu mischen und ferner auch sich das für sie Leichtere daraus auszusuchen. Diesbezüglich lassen sich aus den Abschlusserklärungen folgende Regeln schließen:

3.5.1 Legitimität des Mischens von Auffassungen unterschiedlicher Rechtsschulen und anerkannter Gelehrtenpersönlichkeiten

„Eine Verengung auf eine einzig religiöse Perspektive [wird als] unzulässig" erachtet (EIK 2011b: 216).

3.5.2 Legitimes Erstreben leichterer Rechtsschulauffassungen/*Tatabbuʿ ar-Ruḫaṣ*, speziell zur Abwendung von Schwierigkeiten und Herausforderungen in der Religionspraxis

In der Meinungsvielfalt von Gelehrten generell und in den Rechtsschulen im Speziellen wird ein Lösungsansatz für neu auftretende, herausfordernde Fragen gesehen (vgl. EIK 2011a: 198). Daraus ergibt sich, dass das Mischen von anerkannten Auffassungen zur Erleichterung der Religionspraxis als legitim erachtet wird. Ob dies auch zur bloßen Vereinfachung aus Gemütlichkeit verfolgt werden kann, ist nicht deutlich ersichtlich.

3.5.3 Die Orientierung an von breiter Mehrheit/*Ǧumhūr* der Gelehrten vertretenen Auffassungen ist im *Taqlīd* in der Regel erstrebenswert

Diese Regel kann aus der Argumentation mit der Einigung der teilnehmenden Fachleute geschlossen werden (vgl. EIK 2011c: 37; siehe auch die Erläuterungen zuvor zu 1.3. Konsensorientierung).

3.5.4 Die Distanzierung von extremen Positionen und das Verfolgen von gemäßigten Meinungen ist erstrebenswert

Siehe dazu die Ausführungen zuvor zu *Wasaṭiyyah*/Ausgewogenheit unter den übergeordneten *Qawāʿid fiqhiyyah*/Islamrechtsprinzipien.

Resümee

Obwohl die Abschlusserklärungen der drei Imamekonferenzen häufig sehr allgemein formuliert sind und oft nicht näher auf die methodischen Grundlagen und zugrunde liegenden Argumentationen eingegangen wird, können durchaus stringente methodisch theologische Grundlagen nachgewiesen werden. Dabei handelt es sich in der Regel um anerkannte methodische Vorgehensweisen, die großteils bereits zuvor schon in entsprechender Fachliteratur zu finden sind. Einzelne Grundlagen, vor allem im Bereich der *Maqāṣid* und *Qawāʿid fiqhiyyah* bieten ergänzende erweiterte Perspektiven, die in gängigen früheren Schriften in dieser Form nicht hervorgehoben wurden.

Die Feststellung der neuen innovativen Zugänge (IGGÖ 2011: 6) scheint begrenzt zutreffend. So ist die Vorgehensweise, „Vielfalt auch als Reichtum an Optionen zur Lösung von neu auftauchenden Fragen zu nutzen" und „sich dieser vielfältigen Betrachtungsweise auf dem Boden einer Religion bewusst zu machen" auch in dieser Form nicht unbedingt eine „neue Tatsache" (vgl. EIK 2011a: 198). Die legitime Möglichkeit des Mischens unterschiedlicher Gelehrtenauffassungen zur Erleichterung der Religionspraxis wurde bereits von frühen Gelehrten unterschiedlicher Rechtsschulen, wie etwa von al-Kamāl ibn al-Humām (hanafitisch) oder al-ʿIzz ibn ʿAbd as-Salām (schafiitisch) als erstrebenswertes Vorgehen bewertet (vgl. al-Zuḥaylī 2007: Bd. 2, 432f.). Zur Lösungsfindung für aktuell fordernde Fragestellungen wird allgemein von zeitgenössischen anerkannten Gelehrtenpersönlichkeiten und *Fatwā*-Räten schon vor 2003 auf Meinungs- und Methodenvielfalt im *Iǧtihād* zurückgegriffen. Auch Bemühungen gemeinschaftlicher Beschlussfindung von Gelehrten wurden schon zuvor verfolgt und in unterschiedlichen Fatwa-Räten institutionalisiert (vgl. as-Sabr 1430/31 n. H.; Halawa o. D.).

Neu scheint die Bemühung um Debatte und Einigung eines so umfangreichen, differenzierten und repräsentativen Personenkreises islamischer Persönlichkeiten im europäischen Kontext zu solch umfangreichen aktuellen grundsätzlichen Themen. Speziell bei der Konferenz 2010 sind Anzahl und Vielfältigkeit der teilnehmenden Persönlichkeiten und Institutionen muslimischer Autorität hervorzuheben.

Über die Arbeitspapiere der teilnehmenden Persönlichkeiten an der letzten Konferenz 2010 wird festgehalten, dass sie umfangreich waren und „neue Maßstäbe des Wissens und der Sachlichkeit" gesetzt haben (IGGÖ 2011: 7). Vermutlich würden daraus noch umfangreichere, differenziertere und innovativere Argumentationen und deren methodisch-theologische Grundlagen ersichtlich. Da diese Arbeitspapiere jedoch nicht Teil der Einigung der Konferenzteilnehmerinnen und -teilnehmer und auch nicht öffentlich zugänglich sind, beschränkt sich diese Analyse auf die veröffentlichten Abschlusserklärungen.

Abschließend ist zu unterstreichen, dass eine Weiterführung der Europäischen Imamekonferenzen in einer derartig umfassenden Zusammenstellung und mit Erschließung neuer und aktueller Themenfelder wertvoll und wichtig wäre.

Literatur

ad-Dūskī, Muḥsin: Ḍawābiṭ al-fatwā fī aš-šarī'ah al-'islāmiyyah, Mekka 2007.
al-Buġā, Muṣṭafā: ʾAṯar al-ʿadillah al-muḫtalaf fī-hā fī al-fiqh al-ʾislāmī, Damaskus ⁴2007.
al-Būrnū, Muḥammad Ṣidqī: Mawsūʿah al-qawāʿid al-fiqhiyyah, 13 Bde., Beirut 2003.
al-Ġanūšī, Rāšid: ad-Dīmuqrāṭiyyah wā ḥuqūq al-insān fī al-islām, Beirut/Doha 2012.
al-Ǧudayʿ, ʿAbdullāh: Taysīr ʿilm uṣūl al-fiqh, Beirut 1997.
al-Yūsuf, ʾAbdullāh: Šarʿiyyah al-iḫtilāf – dirāsah taʾṣīliyyah manhaǧiyyah li-r-raʾy al-ʾāḫar fī al-fikr al-ʾislāmī, Beirut ²2004.
al-ʿAšqar, Muḥammad Sulaymān: al-Futyā wa manāhiǧ al-ʾiftāʾ, Kuwait 1976.
al-ʿUmarī, Nādyah: al-Iǧtihād fī al-ʾislām, Beirut ³1985.
ʿArbāwī, al-Ḥāǧǧ ʿAlī: Maʾālāt al-fatwā: dawābiṭ wa taṭbīqāt, in: al-Multaqā ad-duwalī ar-rābiʿ: Ṣināʿah al-fatwā fī ẓill at-taḥaddiyāt al-muʿāṣirah – 13.–14. November 2019, Konferenzband, El Oued (Algerien): Universität University of El Oued, S. 185–198, [online] http://dspace.univ-eloued.dz/handle/123456789/4654, letzter Zugriff: 28.08.2022.
as-Sabr, Saʿd: al-Maǧāmiʿ al-fiqhiyyah wa al-hayʾāt aš-šarʿiyyah fī al-ʿālam al-ʾislāmiyyah – drāsah ʿāmmah, Seminararbeit, Qism al-fiqh al-muqāran, Universität Ǧāmiʿah al-ʾimām muḥammad bn saʿūd al-ʾislāmī, Riad, 1430/31 n. H., [online] https://www.noor-book.com/----------pdf, letzter Zugriff: 28.08.2022.
aš-Šāṭibī, ʾAbū ʾIsḥāq: al-Muwāfaqāt, 7 Bde., Khobar (Saudiarabien) 1997.

az-Zuaylī, Muammad Muafā: al-Qawā'id al-fiqhiyyah wa tabīqātuhā fī al-maḏāhib al-'arba'h, 2 Bde., Damaskus 2006.

az-Zuḥaylī, Wahbah: 'Uṣūl al-fiqh al-'islāmiyy, 2 Bände, Damaskus ¹⁵2007.

Bauer, Wolfgang: Bausteine des Fiqh – Kernbereiche der 'Uṣūl al-Fiqh – Quellen und Methodik der Ergründung islamischer Beurteilungen, Frankfurt a. M. 2013.

Bechari, Mohamed: Conference Islamique Europeenne (EIC/CIE), 2006, Website, [online] http://bechari-mohamed.blogspot.com/2006/03/conference-islamique-europeenne-eiccie.html, letzter Zugriff: 22.07.2022.

EIK – Europäische Imamenkonferenz: Abschlusserklärung der 1. Europäischen Imamekonferenz 2003: Die Grazer Erklärung der europäischen „Imamekonferenz" vom Juni 2003, in: IGGÖ (Hg.): Islam in Europe – Europäische Imame-Konferenzen Graz 2003 – Wien 2006 – Wien 2010, Wien 2011, S. 195–203.

EIK – Europäische Imamenkonferenz: Abschlusserklärung der 2. Europäischen Imamekonferenz 2006: Konferenz Europäischer Imame und Seelsorgerinnen Wien 2006, in: IGGÖ (Hg.): Islam in Europe – Europäische Imame-Konferenzen Graz 2003 – Wien 2006 – Wien 2010, Wien 2011, S. 205–220.

EIK – Europäische Imamenkonferenz (2011c): Abschlusserklärung der 3. Europäischen Imamekonferenz 2010: Schlusserklärung der 3. Konferenz europäischer Imame und Seelsorgerinnen vom 14. bis 16. Mai [2010] in Wien, in: IGGÖ (Hg.): Islam in Europe – Europäische Imame-Konferenzen Graz 2003 – Wien 2006 – Wien 2010, Wien 2011, S. 33–61.

Halawa, Hussein: About the European Council for Fatwa and Research, in: Said Fares Al-Falah Foundation (Hrsg.), Fatwas of European Council for Fatwa and Research, Kairo, S. 1–7.

Ibn 'Āšūr, Muḥammad aṭ-Ṭāhir: Maqāṣid aš-šarī'ah al-'islāmiyyah, Amman ²2001.

IGGÖ: Islam in Europe – Europäische Imame-Konferenzen Graz 2003 – Wien 2006 – Wien 2010, Wien 2011.

Lohlker, Rüdiger: Islamisches Recht, Wien 2012.

Mourad, Samir/Toumi, Said: Methodenlehre der Ermittlung islamischer Bestimmungen aus Koran und Sunna – Usul al-Fiqh – Maqasid asch-Scharia – al-Qawa'id al-Fiqhijja, Karlsruhe ²2009.

Šābir, Muḥammad 'Uṯmān: al-Qawā'id al-kulliyyah wa aḍ-ḍawābiṭ al-fiqhiyyah fī aš-šarī'ah al-'islāmiyyah, Amman 2006.

'Uṯmānī, Muḥammad Taqī: 'Uṣūl al-'iftā' wa 'ādābuh, Karatschi 2011.

Amani Abuzahra

Identität & Zugehörigkeit

Eine Untersuchung der Europäischen Imamekonferenzpapiere

> Eine dauernde Sorge um seine Identität führt entweder zum Prahlen oder zum Klagen; man prahlt damit, dass man genau weiß, wer man ist (…), oder man beklagt sich darüber, dass man nicht weiß, wer man ist. (Erikson 1974:140)

Hinführung

Anas Schakfeh initiierte mehrere Imamekonferenzen in Österreich in den Jahren 2003, 2006 sowie 2010, die allesamt in schriftlichen Ergebnissen festgehalten sind. In diesem Beitrag sollen Fragen nach Identität und Zugehörigkeit in den Schriften analysiert werden. Hier gilt vorauszuschicken, dass die Ergebnisse der Imamekonferenzen im Kontext der jeweiligen Zeit zu deuten und zu lesen sind. Fast 20 Jahre später erfolgt die Erörterung zu den Zusammenkünften von europäischen sowie österreichischen Imamen. Anas Schakfeh gilt in vielen Belangen des muslimisch-organisierten Lebens Österreichs als Vorreiter: in seiner Funktion als langjähriger Präsident der Islamischen Glaubensgemeinschaft in Österreich (IGGÖ) von 1999–2011 mit seinen Bemühungen, umfassende Reformen durchzuführen und die Professionalisierung und Demokratisierung der IGGÖ voranzubringen. Die Novellierung des damalig gültigen Islamgesetzes von 1912 war ihm ebenso ein Anliegen, wenn auch aus einer anderen Prämisse heraus, als es dann unter dem nachfolgenden Präsidenten der IGGÖ Fuat Sanac (2011–2016) erfolgte: nämlich selbstbestimmt, mit eigenen Ideen und Vorstellungen, wie es bei bisherigen österreichischen Religionsgesetzen und betreffenden Religionsgemeinschaften Usus war. Denn Religionsgesetze sind paktierte Gesetze im österreichischen Kontext. Die österreichisch-politische Kultur, vor allem die Religionspolitik, beruht auf einer Kultur des Konsenses. Gemäß dem korporatistischen System werden die betroffenen Religionsgesellschaften in den politischen Entscheidungsprozess bei den jeweiligen Religionsgesetzen eingebunden. Es wird üblicherweise wie ein Vertrag ausverhandelt, bevor es in Gesetzesform gegossen wird (vgl. Potz 2015: 363).

Der damalige Präsident der IGGÖ, Anas Schakfeh, legte dem Unterrichtsministerium einen Entwurf[1], orientiert an dem des Protestantengesetzes von 1961, vor. Das Ziel war primär, das alte Islamgesetz aus dem habsburgischen Kontext und damit den staatskirchenhoheitlichen Spuren zu lösen sowie eine Gleichstellung zu der evangelischen Kirche zu bewerkstelligen.

Weiters zeigte Anas Schakfeh Profil, als ein Vorläufer des Dialogforums Islam unter seiner Leitung installiert werden sollte: Er wehrte eine solche Initiative bei der damaligen Innenministerin Maria Fekter ab, die sich für eine Islamkonferenz nach dem deutschen Vorbild[2] einsetzte. Doch dem widersetzte sich Anas Schakfeh mit der Begründung, dass die IGGÖ die offizielle Ansprechpartnerin für den österreichischen Staat und umgekehrt das Kultusamt für die IGGÖ sei.

Aus dieser Haltung heraus sind auch die Papiere der Imamekonferenz zu verstehen. Muslimische Geistliche beschäftigen sich selbstbestimmt mit drängenden gesellschaftspolitischen, religiösen, globalen Fragen. Verschiedene Perspektiven wurden hierbei bemüht – nicht nur die Innenperspektive der MuslimInnen, sondern auch Fremdbilder und Erwartungen der Dominanzgesellschaft[3]. Wie verorten sich MuslimInnen und was wird ihnen vorgegeben, wie sie sich zu verorten haben? Dies ist ein Spannungsfeld, das auch in den Konferenzen sowie Abschlusspapieren Berücksichtigung findet.

Identität & Zugehörigkeit

Identität, Zugehörigkeit, Ethnie, Kultur haben ein hohes Maß an Aktualität erreicht. Widersprüchliche Theorien werden publiziert, die das Feld der Auseinandersetzung unübersichtlich machen. „One hears today of identity and its problems more often than ever before in modern times." (Bauman 1996:18) Identität ist omnipräsent und vage zugleich. In Identitätsdiskursen finden viele Themen ihren Platz, seien es Kämpfe der Anerkennung, Fragen rund um Staatsbürgerschaften oder der politische Umgang mit kulturellen/religiösen/ethnischen/sprachlichen Differenzen:

---

1 Doch der Entwurf wurde aus nicht bekannten Gründen nicht weiterbearbeitet.
2 Die deutsche Islamkonferenz steht ebenso stark in der Kritik. Hier nachzulesen: Hernandez Aguilar, Luis. Governing Muslims and Islam in contemporary Germany: Race, time, and the German Islam conference. Brill, 2018.
3 Dominanzkultur ist „ein Geflecht verschiedener Machtdimensionen […], die in Wechselwirkung zueinander stehen" (Rommelspacher 1995: 22f.). Dominanzkultur verdeutlicht einen Blick, wie die Welt aus der Perspektive der „Mächtigen" oder der „Mehrheitsgesellschaft" gelesen und wirkmächtig gedeutet wird. Diesen Blick können sich auch Menschen aneignen, die einer sogenannten Minderheit angehören.

Yet whether we call the current movements „struggles for recognition" (Charles Taylor, Nancy Fraser and Axel Honneth), „identity/difference movements", (Iris Young, William Conolly), or „movements for cultural rights and multicultural citizenship" (Will Kymlicka), they signal a new political imaginary that propels cultural identity issues in the broadest sense to the forefront of political discourse. (Benhabib 2002: viii)

Heinz Abels (2010) hat in seinem Lehrbuch Identität einen umfassenden Überblick zu vielen Identitätstheorien geliefert. Er (2010: 16) fasst die Grundfragen rund um Identität folgendermaßen zusammen:
1. „Wie bin ich geworden, was ich bin?"
2. „Wer will ich sein?"
3. „Was tue ich?"
4. „Wie sehen mich die Anderen?"

Diese Fragen ergeben je nach Zugang und Perspektive verschiedene Hinweise und Antworten. Das Fundament vieler geisteswissenschaftlicher Theorien zu Identitätsarbeit ist die Arbeit an sich (Selbstbild), an der Gemeinschaft (Gruppenbild) sowie an den Ansprüchen an andere (Fremdbild). Die Wechselwirkung kann beeinflusst werden, wenn Faktoren wie Globalisierung, Rassismus, rasanter Lebens- und Gesellschaftswandel miteingerechnet werden. Diverse Ursachen wie zum Beispiel Entkolonialisierungsprozesse und neokoloniale Entwicklungen stellen ein komplexes System aus Wechselwirkungen dar.

Stuart Hall hat die diskursive Auseinandersetzung mit Identität, Rassismus und Krise nachhaltig geprägt. Identität unterliegt einer Krise aufgrund der vielen Transformationen, die die Gesellschaften aufgrund der wirtschaftlichen, kulturellen und technischen Dimensionen der Globalisierung durchlaufen. Die Folgen sind, dass Identitäten zunehmend „,dezentriert', ,zerstreut' und fragmentiert" sind. Die Bezugspunkte der Identität sind keine festen Anker mehr. Hall hebt neben der Globalisierung weitere Prozesse hervor, die für die Entstehung des aktuellen Booms der kulturellen Identität mitverantwortlich sind, wie Migration und Postkolonialismus:

> Identität ist zugleich im Verhältnis zu Prozessen der Globalisierung zu denken, die sich meiner Meinung nach mit „Modernität" überschneiden [...]; und auch im Verhältnis zu Prozessen erzwungener und „freier" Migration, die zu einem globalen Phänomen der so genannten „postkolonialen" Welt geworden sind. (Hall 2004: 170)

In diesem Beitrag orientiere ich mich an einer dekonstruktivistischen Lesart, nämlich Abels vier Identitätsfragen und Stuart Halls Theorie.

In der Verortung von Identität ist grenzüberschreitendes Denken gefragt. Identität ist weder konstant noch feststehend, sondern vielmehr abhängig von sich verändernden Referenzpunkten; sie ist hybrid und artikuliert sich im steten Machtkampf. Identität als „eine Erzählung, eine Art der Repräsentation" (Hall 1997: 74).

Identität ist ein Prozess, den es stets neu auszuverhandeln gilt und der doch nie abgeschlossen ist. In diese Gleichung gilt es die Komponente einer rassistisch geprägten Gesellschaft mit hineinzunehmen: andere verorten und verweisen, wo der jeweilige Identitäts(-platz) in den Machtstrukturen zu sein hat. So dient beispielsweise die explizite Benennung „der Anderen" als *die* Muslim:innen zur Schaffung eines Wir-Narrativs, das sich durch das „Nicht-muslimisch-Sein" versteht. „Die Fixierung der ‚religiösen Identität', ‚muslimischer Subjekte' ermöglicht in dieser Praxis erst die Konstruktion des Selbstbildes eines komplementären ‚Wir'" (Mecheril/Thomas-Olalde 2010: 46). Diese Stabilisierung der Identität beruht primär auf der Abgrenzung und Degradierung „des Islams" und seiner Anhänger:innen.

Franz Fanon beschreibt in seinem Buch „Schwarze Haut, Weiße Masken" eine einschneidende Stelle zur Identitätsfrage: Er trifft auf ein weißes Kind und dessen Mutter in Paris. Das Kind zeigt auf ihn mit folgenden Worten: „Sieh nur Mama, ein schwarzer Mann."[4] Fanon schreibt über diese Begegnung: „Das erste Mal in meinem Leben wusste ich, wer ich bin. Das erste Mal fühlte ich mich, als sei ich in dem Blick, dem gewalttätigen Blick des Anderen explodiert und gleichzeitig neu zusammengesetzt worden." (Fanon 1980: 71)

Der Blick des Anderen kann zum bestimmenden werden, jener, über den man sich auseinandersetzt, hinwegsetzt, ein neues Bild zusammensetzt. Subjektpositionen werden in der Auseinandersetzung mit dem Außen, mit dem Anderen ausgelotet. Dies ist insbesondere im Hinblick auf das zunehmende Erstarken von Islamophobie der Fall (Bayraklı und Hafez F 2015–2022).

Europäische Narrative – Islam und Europa

„Wir sind die Geschichten, die wir über uns zu erzählen vermögen." (Assmann 1997: 34) Welche Geschichten kursieren um MuslimInnen, um *den Islam*, welche finden Eingang in das Selbstbild muslimischer Gemeinschaften und welche werden von Imamen vermittelt oder sollten zumindest Ziel der Vermittlung sein gemäß den Imamekonferenzpapieren?

Folgendes ist in den Papieren von 2003 zum Thema Verortung und Zugehörigkeit zu finden:

> Muslime stellen in Westeuropa mit einer Anzahl von 14 bis 18 Millionen eine beachtenswerte Minderheit dar, die sich bei Einbeziehung Russlands, des Balkangebietes und

---

4 Das Kind verwendete das N* Wort.

Südosteuropas auf 50 Millionen erhöht. Der Islam kann also nicht als ein vorübergehendes „Gastarbeiterphänomen" behandelt werden, sondern ist ein lebendiger Bestandteil im von Vielfältigkeit geprägten Zusammenleben der Menschen dieses Kontinents. Historische und kulturelle Verflechtungen zeigen den Islam zudem als untrennbar mit der Geschichte Europas verbunden. Nicht zuletzt sind es Muslime in Europa selbst, die ihre Identität gleichzeitig an ihrer Religion und an ihrem Zugehörigkeitsgefühl zur europäischen Gemeinschaft festmachen. (EIK 2011a: 33)

In diesem kurzen Abschnitt des Papiers zur ersten Europäischen Imamekonferenz in Graz im Jahre 2003 werden gleich mehrere Punkte in Bezug auf die Identitätsfragen Abels genannt. Zunächst erfolgt eine Standverortung, wie viele Muslim:innen in Europa leben[5]. Die Präsenz der Muslim:innen wird als Beleg gegen den Vorwurf des Gastarbeiterdaseins verwendet. Hier wird die Frage nach (1) „Wer will ich sein?" mit „Kein Gastarbeiter", sondern „ein lebendiger Bestandteil im von Vielfältigkeit geprägten Zusammenleben" (EIK 2011a: 33) wiedergegeben. Auch auf historische Gegebenheiten wird verwiesen und damit die Frage nach (1) „Wie bin ich geworden, was ich bin?" abgehandelt: „Historische und kulturelle Verflechtungen zeigen den Islam zudem als untrennbar mit der Geschichte Europas verbunden." (EIK 2011a: 33)
Das Historisieren ist als ein Akt des Widerstands zu deuten, denn „Rassismen enthistorisieren (…)" (Hall 1994: 135). Sich in das kollektive Gedächtnis einzuschreiben, während andere Muslim:innen an die Grenzen Europas geschichtlich verortet werden, ist eine Form der Selbstrepräsentation und der konstruktiven Identitätsarbeit.

Über die Jahre hinweg beharrte Papst Johannes Paul II. (wie auch sein Nachfolger Papst Benedikt XVI.) auf der formalen Anerkennung von ‚Europas gemeinsamen christlichen Wurzeln' im endgültigen Entwurf zur Europäischen Verfassung (ein Beharren, das sich letztendlich nicht durchsetzte). Ist es nicht offensichtlich, dass ein solcher Diskurs unter dem Deckmantel scheinbarer Einheit die Gefahr von Diskriminierung birgt? Wie kann man nur so blind sein, zu übersehen, dass der Verweis auf eine angeblich gemeinsame christliche Identität in Wirklichkeit gegenüber anderen Kulturen, wie etwa der jüdischen und muslimischen und – warum nicht? – auch einer atheistischen, respektlos ist? (Berti 2014: 93)

---

5 „Heute leben offiziellen Schätzungen zufolge zwischen 35 und 53 Mio. Muslime in Europa, also 5–8 % der Gesamtbevölkerung Europas, ca. ein Drittel davon in Russland, 16 Mio. in der EU und knapp 6 Mio. im europ. Teil der Türkei." (Renger 2020).

Ein Bezug auf Gott im christlichen Kontext in der Verfassung ist nicht nur ein Verweis auf „das christliche Erbe" Europas, sondern käme vielmehr einer Exklusion des jüdisch-muslimischen Erbes gleich.

Dabei ist erwähnenswert, dass die Islamische Glaubensgemeinschaft in Österreich unter der Präsidentschaft Schakfehs im Zuge des nicht von Erfolg gekrönten Österreichischen Verfassungskonvents eine Inklusion Gottes in die Verfassung abgelehnt hatte. So meinte damals die Sprecherin der Glaubensgemeinschaft in ihren abschließenden Bemerkungen:

> Im Islam speist sich das Engagement für die Gemeinschaft aus dem Bewusstsein, sich vor ihrem, seinem Schöpfer für das eigene Handeln verantworten zu müssen. Menschenwürde ist für uns als Religionsgemeinschaft nur im Vertrauen auf Gott zu begründen. Insofern ist ein Gottesbezug, der kongruent mit den vorherigen Überlegungen ausformuliert wird, für uns nachvollziehbar. Allerdings halten wir es für sinnvoller, weniger den Gottesbezug anzusprechen, als vielmehr das aus dem Glauben oder auch aus der Weltanschauung entspringende Verhalten eines sozial verträglichen und verantwortlichen Miteinanders, das religiösen, oder aus anderen Motiven verantwortungsvoll denkenden Menschen zu Eigen ist und die Basis einer funktionierenden Gesellschaft bildet. Durch diese konkretere und zugleich von der Allgemeinheit eher nachvollziehbare Herangehensweise ließe sich auch die Österreich eigene, bewährte Umgangsweise mit dem zivilgesellschaftlichen Potential von bekenntnisorientierten Menschen widerspiegeln (Österreich-Konvent 2003: 56).

Es ist nicht nur respektlos, sondern erfordert auch viel Arbeit, dagegen vorzugehen und in der Geschichte und Werdung Europas seinen Platz einzufordern, um dies nachhaltig im kulturellen Selbstverständnis zu verankern.

Verschiedene Akteur:innen verhandeln, was Europa ausmacht, wofür Europa steht. Europa als Diskursfeld ist somit Verhandlungssache. Die Veränderungen und die Durchsetzung der Europabilder beruhen auf unterschiedlich mächtigen Diskursakteur:innen. Die Fähigkeit zur Etablierung eines bestimmten Europabildes im historischen und gegenwärtigen Kontext ist eine Machtfrage (Foucault 1998).

In den Konferenzpapieren wird das Wissen um die eigene reiche Geschichte als wichtiges Element in der Verortung der Muslim:innen in Europa angeführt. Allerdings gibt es keine konkreteren Beispiele, auf die aufgebaut werden könnte, oder sonstige Verweise auf Literatur, mit der Betroffene arbeiten und sich informieren könnten, was nicht Aufgabe einer Abschlusserklärung darstellt, aber gerade von den muslimischen Gemeinschaften, die diese Erklärung mitgetragen haben, unternommen werden sollte.

Auf die Frage (3) „Was tue ich?" wird das Verhalten der Muslim:innen proaktiv beschrieben: „(…) Muslime in Europa selbst, die ihre Identität gleichzeitig an ihrer Religion und an ihrem Zugehörigkeitsgefühl zur europäischen Gemeinschaft festmachen." (EIK 2011a)

Dies wird auch an einer anderen Stelle betont, die Halls Verständnis von Identität als Prozess und Arbeit unterstützt. Ziel ist: „Hervorhebung der eigenen, selbständigen Identität als europäische Muslime. Der Islam in Europa soll eine authentische, aber doch unabhängige Prägung erfahren." (EIK 2011a). Allerdings wird auch hier nicht konkret darauf eingegangen, wie dies zu erfolgen hat. Es klingt, als wäre allen Beteiligten die Umsetzung klar. Die Ausrichtung auf Europa und ein selbstständiges Verständnis des Islams in Europa ist eine klare Zielausrichtung, die vorgegeben wird.

In Bezug auf Identitätsarbeit ist theologisch in den Imamekonferenzpapieren nicht viel zu finden. Dass es keinen theologischen Widerspruch zum Leben als Muslim:in und Europäer:in zugleich gibt, wird zwar erwähnt, aber nicht mit Koranversen oder Sunna oder anderen Quellen wie Fatwas belegt.

„Die europäischen Muslime sind sich ihrer religiösen Identität als Muslime und ihrer gesellschaftlichen Identität als Europäer gleichermaßen bewusst. Die Einbürgerung stellt keinen Widerspruch in theologischer Hinsicht dar." (EIK2011a)

Einen Kernbereich der Konferenz bildet das Thema der islamischen Identität:

Hier erfolgt zunächst eine Negativdefinition durch Abgrenzung, wer man nicht ist beziehungsweise wovon man sich distanziert: „Die islamische Botschaft ist auf Mäßigung gebaut. Daraus resultiert die klare Absage an jegliche Form von Fanatismus, Extremismus und Fatalismus." Diese Botschaft zeigt, wie Muslim:innen gedeutet und verstanden werden.

Die Konferenz von 2003 findet im Geiste von 9/11 statt, der zeitliche Abstand ist auch sehr kurz und insofern wird es ein Anliegen gewesen sein, sich von extremistischen Tendenzen loszusagen. Hier spielt in der Identitätsfindung das Fremdbild eine Rolle. „Identität als Prozess, als Erzählung, als Diskurs wird immer von der Position des Anderen aus erzählt." (Hall 1997: 74)

9/11 verschärft das Verständnis, den Islam als Unterscheidungsmerkmal zwischen Fortschritt und Rückschritt, Zivilisation und Barbarei, ‚Wir' und ‚die Anderen' zu verwenden. Die mediale Berichterstattung verstärkt einen verkürzten, entzerrten Blick, wenn von Muslim:innen primär als Terrorist:innen, Fundamentalist:innen oder Islamist:innen berichtet wird.

Der Islam wird zur anderen, zur fremden Religion. Dies geschieht innerhalb und durch vielfältige (mediale, gesellschaftspolitische, akademische etc.) Praktiken der Ausgrenzung, Zuschreibung, Hierarchisierung, Differenzierung, Homogenisierung und Essentialisierung. Die religiös Anderen sind different und weil sie different sind, fraglos nicht am richtigen Platz. (Lingen-Ali/Mecheril 2016: 19)

Das Credo: „Der Islam ist der Feind." (Hamburger 2009: 53) wird wiederholt und durch die Wiederholung zu einer Wissensressource für das kollektive Gedächtnis. Der wichtige Punkt ist, dass die Andersmachung bewusst geschieht und durch verschiedene Praktiken gestützt wird. Die Rolle „der Anderen" wird im Kontext des religiösen Othering anhand der „rückschrittlichen MuslimInnen" im Gegensatz zu den „aufgeklärten EuropäerInnen" ausbuchstabiert (Müller-Uri 2014: 10). Die Repräsentation „der Anderen" erfolgt in diesem Sinne entlang des muslimischen Subjekts, das zum Objekt degradiert und verzerrt wird. Insofern ist auch folgende Stelle bei den Imamekonferenzpapieren zu verstehen, wo auf die Notwendigkeit eingegangen wird, aufzuzeigen, dass Europas und die muslimische Lebensweise im Einklang seien:

> Diese Erklärung ist ein wichtiger Baustein in einem Prozess, der in einem immer konkreteren und praktische Fragen aufgreifenden innermuslimischen Diskurs die Identität der MuslimInnen in Europa stärken soll. Weitere Konferenzen sollten folgen. Die Kompatibilität einer muslimischen Lebensweise in Europa verlangt nach innen wie außen sichtbar gemacht zu werden. (EIK 2011b)

Dieses Zitat suggeriert, dass die europäisch-muslimische Identität zu beweisen wäre. Hiermit wird deutlich, wie stark der Assimilationsdruck ist, wenn in den Imamekonferenzpapieren mehrmals das Zugehörigkeitsgefühl zu Europa wiederholt wird. Das Konzept Europas offenbart sich als ein exklusiver Verband, bei dem man als nicht weiße, nicht christliche Person per se keinen Zugang gewährt bekommt. Vielmehr steht man als Muslim:in unter einem gewissen Rechtfertigungszwang, inwiefern die religiöse Identität mit einer nationalen beziehungsweise in dem Fall überstaatlichen Identität vereinbar sei.

Es finden sich noch einige weitere Stellen, die den Druck spürbar machen und den Kontext der damaligen Konferenzen verdeutlichen: „Die Muslime müssen ihre Loyalität der Verfassung und dem Gesetz gegenüber auch in deren säkularer Struktur kundgeben." (EIK 2011a). Eine Positionierung zum Staat, der Verfassung oder dem Gesetz bedeutet, dass dies in Frage gestellt und nicht als selbstverständlich angesehen wurde.

Die Konferenzpapiere zeigen, dass es einer Korrektur überholter Vorstellungen bedurfte, in der Verortung in dieser Welt – es erfolgt eine Abgrenzung zu den Konzepten von „dar al harb" und „dar als [sic] islam" und Klarstellung, dass dies keine Grundlage in den islamischen Primärquellen – Koran und Sunna – habe (vgl. EIK 2011a).

Identität und Jugend

Jugendliche werden in ihrer Rolle als „Zukunftsträger" und als Visionsträger:innen „muslimischer Europäer – europäischer Muslime" verstanden, „die durch ihre als selbstverständlich wahrgenommene Identitätszugehörigkeit in beide Richtungen Brückenbauer und Bindeglieder zwischen den Kulturen sein können." (EIK 2006). In den Papieren wird hier auch gesondert darauf unter „Muslimische Jugend in Europa – ‚Perspektiven und Herausforderungen'" (EIK 2011a: 47) eingegangen, dass dies vor allem über den Islamunterricht gewährleistet werden soll und ein Augenmerk auf die Etablierung von Bildungseinrichtungen in Europa für Muslim:innen gelegt werden soll. Der Religionsunterricht wird als „wirksames Instrument der Integration" (EIK 2011b) propagiert, das das Zugehörigkeitsgefühl zu Gesellschaft, Europa und dem Islam fördert. „Darüber hinaus trägt Religionsunterricht zur Identitätsbildung aktiv bei, indem Unterschiede zwischen religiöser Lehre und kulturell bedingten Traditionen aufgezeigt werden und das Bewusstsein als Teil der europäischen Gemeinschaft gestärkt wird." (EIK 2011b)

Ebenso wird die Moschee als ein wichtiger Ort für Identitätsarbeit angeführt. Um eine „authentische Entwicklung der Identität eines ‚Islam in Europa'" (EIK 2011b) zu ermöglichen, wird die Wahrung der Unabhängigkeit hervorgehoben.

Muslimische Jugendliche stehen vor besonderen Herausforderungen. Da ist zum einen die zu leistende Identitätsarbeit als Heranwachsender, eine generelle Aufgabe für alle Pubertierenden, die einiges abfordert, bedenkt man die eingangs erwähnten Krisen rund um Zugehörigkeit und Identität. Zusätzlich haben muslimische Jugendliche nicht nur ihre europäisch-muslimische Identität zu navigieren, sondern auch die verschiedenen Herkünfte im Sinne einer multiplen Identität zu integrieren (vgl. EIK 2011a: 48). Multiple Identitäten zu haben bedeutet, sich nicht nur einer Heimat, sondern mehreren Heimaten zugehörig zu fühlen.

> Sie tragen die Spuren besonderer Kulturen, Traditionen, Sprachen und Geschichten, durch die sie geprägt wurden, mit sich. Der Unterschied ist, dass sie nicht einheitlich sind und sich auch nie im alten Sinne vereinheitlichen lassen wollen, weil sie unwiderruflich das Produkt mehrerer ineinandergreifender Geschichten und Kulturen sind und zu ein und derselben Zeit mehreren ‚Heimaten' und nicht nur einer besonderen Heimat angehören. Menschen, die zu solchen *Kulturen der Hybridität* gehören, mussten den Traum oder die Ambition aufgegeben, irgendeine ‚verlorene' kulturelle Reinheit, einen ethnischen Absolutismus, wiederentdecken zu können. (Hall 1994: 6)

Menschen, die sich ihrer multiplen Identität bewusst sind, haben eine höhere Chance, eine Funktion als „Brückenmenschen" (Foroutan/Schäfer 2009) einzunehmen, statt von einer „inneren Zerrissenheit" (EIK 2011a: 48) bestimmt zu werden. „Diese können als Träger konstruktiver Identitätsangebote im Sinne einer vertieften politischen und kulturellen Partizipation in den europäischen Mehrheitsgesellschaften fungieren." (Foroutan/Schäfer 2009). Das birgt ein Potential in sich, das dem Geist der Imamekonferenzpapiere gerecht wird: Inklusion und Partizipation vor dem Hintergrund der Marginalisierung und Rassifizierung durch die Dominanzgesellschaft. (Hafez 2019: 79–102). Das Einbringen ist insofern nicht nur Identitätsarbeit (vgl. Abels 2010), sondern auch ein Akt der Positionierung in einem Narrativ, das die Menschen nicht als konstruktiven Teil vorsieht. (vgl. Hall 1994: 73)

Zusammenfassung

Meine Analyse der Themenkomplexe Identität und Zugehörigkeit in den Papieren der Imamekonferenzen von 2003, 2006 und 2010 zeigt, dass die Zusammenkünfte von der post-9/11-Ära sowie steigender Islamophobie gekennzeichnet sind. Imame und weitere Engagierte innerhalb der muslimischen Gemeinschaften setzten sich mit diversen Inhalten auseinander. In meinem Beitrag beleuchte ich hautsächlich Identität und Zugehörigkeit: Beide sind Konzepte, die in den Sozial- und Geisteswissenschaften als omnipräsent und vielfältig definierbar gelten. Abels (2010) und Halls (2004) Perspektiven bieten den Rahmen für die Untersuchung.

Es lässt sich zusammenfassend feststellen, dass das Narrativ des vermeintlich „christlichen Europas" im kollektiven Gedächtnis verankert ist, da sich dazu einige Gegen-Positionierungen finden, um eine europäisch-muslimische Identität zu stärken. Mit einem gewissen Selbstbewusstsein der Imame lässt sich eine Lossagung einer „Gastarbeiter-Mentalität" in den Papieren erörtern und Betonung auf die muslimisch kulturell-historisch reiche Geschichte des Islams in Europa feststellen. Um dies zu vermitteln, nachhaltig zu verankern, wird auf die Jugend und den Rahmen des Islamischen Religionsunterrichts verwiesen.

Die Positionierung im Identitäts- und Zugehörigkeitsdiskurs ist klar auf Europa und den Islam als sich nicht widersprechende Bezugssysteme ausgerichtet. Es hinterlässt den fahlen Beigeschmack, dass man sich hierfür immer wieder zu behaupten und zu rechtfertigen hätte.

Literatur

Abels, Heinz: Identität. Über die Entstehung des Gedankens, dass der Mensch ein Individuum ist, den nicht leicht zu verwirklichenden Anspruch auf Individualität und die Tatsache, dass Identität in Zeiten der Individualisierung von der Hand in den Mund lebt, Wiesbaden 2010.

Assmann, Jan: Das kulturelle Gedächtnis. Schrift, Erinnerung und politische Identität in frühen Hochkulturen, München 1997.

Bayraklı E., Hafez F. (Hg.): European Islamophobia Report, 2015–2022, Wien 2015–2022.

Bauman, Zygmunt: From Pilgrim to Tourist – or a short History of Identity, in: Hall, Stuart/Du Gay, Paul (Hg.): Questions of Cultural Identity, London 1996, S. 18–36.

Benhabib, Seyla: The Claims of Culture: Equality and Diversity in the Global Era, Princeton 2002, S. viii.

Berti, Silvia: Aufklärung überdenken. Der religiöse, geistige und politische Weg zum Antichristianismus, in: Israel, Jonathan I./Mulsow, Martin: Radikalaufklärung, 2014, S. 92–119.

EIK: Erste Europäische Imame Konferenzerklärung 2003, in: IGGÖ (Hg.), Die Grazer Erklärung der europäischen „Imamekonferenz" vom Juni 2003, Wien 2011, S. 197–203.

EIK: Zweite Europäische Imame Konferenzerklärung, in: IGGÖ (Hg.), Konferenz Europäischer Imame und Seelsorgerinnen, Wien 2011, S. 206–220.

EIK: Dritte Europäische Imame Konferenzerklärung 2010, in: IGGÖ (Hg.), Wien 2011, S. 33–61.

Foroutan, Naika/Schäfer, Isabel: Hybride Identitäten: muslimische Migrantinnen und Migranten in Deutschland und Europa. BPB. Hybride Identitäten – muslimische Migrantinnen und Migranten in Deutschland und Europa, 2009 | bpb.de online, letzter Zugriff: 01.08.2022.

Foucault, Michel: Überwachen und Strafen. Die Geburt des Gefängnisses, Frankfurt am Main 1998 (1975).

Hall, Stuart: Ideologie, Identität, Repräsentation. Ausgewählte Schriften 4, Hamburg, 2004.

Hall, Stuart: Rassismus und kulturelle Identität. Ausgewählte Schriften 2, Hamburg, 1994.

Hafez, Farid: Feindbild Islam. Über die Salonfähigkeit von Rassismus, Wien 2019.

Hernandez Aguilar, Luis: Governing Muslims and Islam in contemporary Germany: Race, time, and the German Islam conference, 2018.

Müller-Uri, Fanny: Antimuslimischer Rassismus. INTRO. Eine Einführung, Wien 2014.

Österreich-Konvent. Tonbandabschrift 5. Sitzung, Carla-Amina Baghajati. Seite 54–56. Freitag, 21. November 2003, http://www.konvent.gv.at/K/DE/KSITZ/KSITZ_00005/fnameorig_012803.html, letzter Zugriff: 19.12.2022.

Potz, Richard: Überlegungen zum Entwurf eines neuen Islamgesetzes, in: Khol, Andreas/Ofner, Günther/Karner, Stefan/Halper, Dietmar (Hg.): Österreichisches Jahrbuch für Politik 2014, Wien 2015, S. 361–373.

Renger: Das Europalexikon. Islam und Europa. Islam und Europa, 2020 | bpb.de, letzter Zugriff: 20.07.2022.

Rommelspacher, Birgit: Dominanzkultur. Texte zu Fremdheit und Macht, Berlin 1995.

Anhang

Fahrplan für die Befriedung Syriens & Verfassungsprinzipien

Genfer Konferenz 2

(Ein gemeinsames Bekenntnis zur Einheit, Unabhängigkeit, territorialen Integrität und Souveränität des syrischen Staates innerhalb seiner international und völkerrechtlich anerkannten Grenzen)

1. **Übergangsperiode (Dauer 2 Jahre):**
   - Bildung einer gemeinsamen Übergangsregierung (bleibt im Amt bis zum Ende der 1. Übergangsperiode).
   - Einsetzung einer gesetzgeberischen Übergangskörperschaft aus 100 Personen (Darin sollen Regierungspartei, Opposition, religiöse Gemeinschaften, ethnische Gruppen, Frauenbund, Wirtschaftskammer, Rechtsanwaltskammer, Ärztekammer, Arbeitergewerkschaft und Bauernverband vertreten sein.). Diese Übergangskörperschaft darf nur einfache Gesetze, aber keine Verfassungsgesetze beschließen.
   - Der amtierende Präsident beruft den bestehenden Volksrat (Parlament) zu einer einzigen Sitzung. In dieser Sitzung beschließt der Volksrat die Aussetzung der Verfassung von 2012 und die Wiederanwendung der syrischen Verfassung von 1950. Diese Verfassung tritt dann sofort in Kraft und bleibt bis zur Beschlussfassung einer neuen Verfassung durch einen später zu konstituierenden Verfassungskonvent gültig und rechtskräftig.
   - Der amtierende Präsident löst den bestehenden Volksrat auf.
   - Der amtierende Präsident bleibt bis zum Ende der ersten Übergangsperiode im Amt.
   - Waffenstillstand tritt mit Abschluss der Genfer Konferenz in Kraft.
   - Freilassung aller politischen Gefangenen mit Abschluss der Genfer Konferenz.
   - Die gesetzgebende Übergangskörperschaft beschließt eine allgemeine Amnestie für alle Syrer, die durch Kampfhandlungen während des Bürgerkriegs Sach- und/oder Personenschäden verursacht haben. Kriminelle Handlungen gegen unbewaffnete Zivilpersonen bleiben strafbar.
   - Die Übergangskörperschaft beschließt ein Entschädigungsgesetz für die Vergütung von Geschädigten unter der Zivilbevölkerung (Entschädigungsfonds gespeist von internationalen Hilfsgeldern).

- Die Übergangsregierung bildet eine gemeinsame Einsatztruppe aus der regulären und der freien Armee um die bewaffneten Gruppen, die sich ihrer eigenen Entwaffnung widersetzen, durch Gewaltandrohung bzw. Gewaltanwendung mit Unterstützung der fünf ständigen Mitgliedstaaten des UN-Sicherheitsrates (durch Beratung, Ausbildung, Bewaffnung, Nachrichtendienst und Luftwaffeneinsätze) zu entwaffnen.
- Auszug aller ausländischen bewaffneten Gruppen (Hisbollah, Iranische Revolutionsgarde, Abolfadl-Alabbas, Daesh [ISIS], Al-Nousrah, etc.) aus Syrien.
- Heimholung der Flüchtlinge aus dem Ausland und der Übersiedler im Inland und deren Unterbringung in den Heimatortschaften oder in Camps in der Umgebung dieser Ortschaften.
- Bildung von politischen Parteien und freien Gewerkschaften.
- Zulassung von freien Medien und Abschaffung der Zensur.
- Reorganisation der Geheimdienste und deren Reduzierung auf zwei Behörden: Verfassungsschutz und Militärnachrichtendienst (der Letztere darf sich nicht in die Politik einmischen).
- Reorganisation der Streitkräfte (Berufsheer, kleiner und moderner, Stationierung weit entfernt von den Städten und zivilen Siedlungen, Abstinenz von jeglicher politischen Tätigkeit).
- Aufstellung einer Gendarmerietruppe für die innere Sicherheit.
- Bildung einer unabhängigen Wahlbehörde zur Vorbereitung und Durchführung von allgemeinen, freien Wahlen einer Deputiertenversammlung in den letzten drei Monaten der ersten Übergangsperiode. Diese Wahlen müssen von Organen der UN und sonstigen Wahlbeobachtern überwacht werden.

2. **Übergangsperiode (Dauer 2 Jahre):**
- Die gewählte Deputiertenversammlung konstituiert sich sowohl als Verfassungskonvent als auch als gesetzgebende Körperschaft (Parlament). Präzedenzfall: Die syrische Deputiertenversammlung 1949/1950.
- Das Parlament wählt unmittelbar nach seiner Konstituierung einen neuen Präsidenten der Republik.
- Der neugewählte Präsident betraut den Obmann der stärksten Parlamentsfraktion mit der Bildung einer Regierung. Diese muss das Vertrauen der Parlamentsmehrheit gewinnen.
- Der Verfassungskonvent muss eine neue ständige Verfassung ausarbeiten und innerhalb eines Kalenderjahres beschließen.

– Die neue Verfassung tritt in Kraft, wenn eine qualifizierte Mehrheit des syrischen Wahlvolkes diese durch eine allgemeine und freie Abstimmung bestätigt.

Grundprinzipien für die neue Verfassung:
1. Einheit, Unabhängigkeit, territoriale Integrität und Souveränität des syrischen Staates innerhalb seiner international und völkerrechtlich anerkannten Grenzen.
2. Alle Syrer sind vor dem Gesetz gleich. Sie genießen gleiche Rechte und tragen gleiche Bürgerpflichten, unabhängig von der ethnischen Herkunft, der Religion, des Geschlechts, der politischen Haltung oder der gesellschaftlichen Stellung. Alle haben die gleiche unantastbare Menschenwürde. Die einzig gültige Grundlage dafür, gleiche Rechte zu genießen, ist die syrische Staatsbürgerschaft.
3. Syrien ist eine souveräne, demokratische, rechtstaatliche, pluralistische, und föderative Republik. Es gilt die Gewaltentrennung (Legislative, Exekutive, Judikative). Alles Recht geht vom Volk aus.
4. Die bis 2011 bestandenen 14 Präfekturen werden mit Inkrafttreten der neuen Verfassung in föderative Gouvernements (Wilayat) umgewandelt. Die föderative Ordnung beruht auf dem regionalen und nicht auf dem ethnischen oder konfessionellen Prinzip. Sinn der föderativen Ordnung ist die weitgehende Demokratisierung und Volksnähe.
5. Jedes Gouvernement erhält eine, vom Volk gewählte, legislative Körperschaft, die einen Gouverneur und einen Exekutivrat wählt.
6. Die föderative legislative Körperschaft besteht dann aus zwei Kammern:
   1) Einer Deputiertenversammlung, die durch eine allgemeine, direkte und freie Wahl gewählt wird, und
   2) einem Bundesrat, der aus je sechs Vertretern der 14 Gouvernements, die jeweils von der legislativen Körperschaft jedes einzelnen Gouvernement entsandt werden, zusammengesetzt wird.
   3) Die Zentralregierung wird von der Mehrheit in der Deputiertenversammlung gebildet.
   4) Der Republikpräsident wird von der Bundesversammlung (Deputiertenkammer und Bundesrat) gewählt.
   5) Die Agenden der Zentralregierung sind vor allem: Außenpolitik, Justiz, innere Sicherheit (Innenressort), Verteidigung, Finanzen, Wirtschaft, Hochschulwesen, Forschung und Verkehr.
   6) Die Deputiertenkammer wählt auf Antrag der Zentralregierung die Mitglieder des Obersten Gerichts. Diese sind dann unabhängig und bis zu deren Pensionierung unabsetzbar.

7) Die Deputiertenkammer wählt auf Antrag der Zentralregierung und nach Zustimmung des Präsidenten der Republik den Präsidenten des Rechnungshofes. Dieser ist für die gesamte Amtsperiode der Deputiertenkammer unabsetzbar.
8) Die Einkünfte des Staates werden zwischen der föderativen Verwaltung (Zentralorgane und Zentralregierung) und den einzelnen Gouvernements (auf Grundlage der Einwohnerzahlen) aufgeteilt.
9) Minderheitenrechte: Da die arabische Sprache die nationale Amts- und Unterrichtsprache ist, bekommen Syrer, deren Muttersprache Kurdisch ist, das Recht ihre Muttersprache als Amtssprache zu verwenden, wenn ihre Anzahl mindestens 30 % der Einwohner einer Ortschaft ausmacht. Ihre Muttersprache wird in öffentlichen Schulen unterrichtet, sobald dies von einer Gruppe von zehn Schülern beantragt wird. Auch in öffentlichrechtlichen Medien müssen Sendungen und Programme in kurdischer Sprache ausgestrahlt werden.
10) Da die Aramäer (Soryan, Assyrer, Chaldäer) Ureinwohner Syriens sind (sie sind die Namensgeber des Landes: das Wort Syrien ist eine Ableitung von dem Wort Soryoyo), verdient ihre Muttersprache eine besondere Förderung. Auf Grund dessen sollen Aramäisch sprechende Syrer das Recht bekommen, ihre Muttersprache als Amtssprache zu verwenden, wenn ihre Anzahl mindestens 10 % der Einwohner einer Ortschaft ausmacht.
11) Ihre Muttersprache wird in öffentlichen Schulen unterrichtet, sobald dies von einer Gruppe von fünf Schülern beantragt wird. Auch in öffentlichrechtlichen Medien müssen Sendungen und Programme in aramäischer Sprache ausgestrahlt werden.
12) Die Turkmenisch sprechenden Syrer können ähnliche sprachliche und kulturelle Förderung genießen, wenn die Republik Türkei bereit sein wird, den Arabisch und Aramäisch sprechenden türkischen Staatsbürgern die gleiche kulturelle Förderung zu gewähren (principium reciprocum).
13) Alle ethnischen Minderheiten (Armenier, Tscherkessen, Albaner, Bosniaken, etc.) haben das Recht, in ihrer Muttersprache mündlich und schriftlich zu kommunizieren, sie medial zu verwenden und an privaten Schulen zu lehren und zu lernen.
14) Die individuelle Gewissens- und Glaubensfreiheit ist für alle und ohne Einschränkung garantiert. Die gemeinsame, öffentliche freie Ausübung der Religion für alle staatlich anerkannten Religionsgemeinschaften ist garantiert und geschützt. Das Hauptkriterium für die staatliche Anerkennung einer Religionsgemeinschaft ist, dass die Anzahl ihrer Anhängerschaft 0,2 % der Gesamtbevölkerung des Landes ausmacht. Von dieser Voraussetzung sind bisher bestehende und anerkannte Konfessionen ausgenommen.

15) Politische Parteien und Vereinigungen, die die Zielsetzung verfolgen und propagieren bzw. sich dafür einsetzen, die territoriale Integrität Syriens durch Teilung oder Trennung zu zerstören oder die Unabhängigkeit und die Souveränität des Staates durch Eingliederung in übergeordnete Staatswesen, ethnischnationaler arabischer, kurdischer oder großsyrischer Prägung, oder islamischer religiöser Prägung zu untergraben oder aufzugeben, sind als verfassungsfeindlich abzuqualifizieren und durch Gerichtsurteile zu verbieten.

16) Bilaterale und/oder multilaterale Verträge und Abkommen zur Zusammenarbeit, Koordinierung oder Beistandleistung politischer, wirtschaftlicher oder kultureller Natur, ohne die Souveränität und die territoriale Integrität Syriens zu tangieren oder zu gefährden, sind nur durch Beschlussfassung der föderativen Legislativorgane möglich und zulässig.

– Die in der 2. Übergangsperiode amtierende Regierung muss unmittelbar nach Rechtskraft der neuen Verfassung mit ihrer Umsetzung beginnen und die gesetzlichen und praktischen Maßnahmen treffen, um die Zentralorgane der Föderation und Organe der Gouvernements innerhalb des letzten Jahres der 2. Übergangsperiode zu wählen und ihnen ihre Amtsagenden ordnungs- und verfassungsgemäß zu übertragen.
– Die 2. Übergangsperiode endet mit der Wahl und Konstituierung der Legislativ- und Exekutivorgane der Föderation und der 14 Gouvernements.

(Die Vereinbarungen der Genfer Konferenz müssen zu ihrer tatsächlichen Umsetzung durch einen Beschluss des Sicherheitsrates der UN bestätigt und unter Chapter VII der Charta gestellt werden).

Wien, Dezember 2013
Anas Schakfeh

Autor*innenverzeichnis

Amani Abuzahra ist promovierte Philosophin und derzeit postdoctoral researcher an der Sigmund Freud PrivatUniversität Wien.

Omar Al-Rawi ist Abgeordneter zum Wiener Landtag und Gemeinderat der Stadt Wien, Bauingenieur und Vorsitzender des Angestelltenbetriebsartes der STRABAG AG Bereich Ost in Österreich.

Carla Amina Baghajati ist ehemalige Medienreferentin der Islamischen Glaubensgemeinschaft und Mitgründerin der „Initiative muslimischer ÖsterreicherInnen".

Wolfgang Johann Bauer promovierte an der Universität Wien in Islamwissenschaft (Arabistik). Er lehrt am Institut für Islamische Religion an der KPH Wien/Krems und forscht mit Schwerpunkt *Uṣūl al-fiqh* (Islamische Quellen- und Methodenlehre) am Institut für Islamische Theologie (IIT) an der Universität Osnabrück.

Farid Hafez ist habilitierter Politikwissenschaftler und Distinguished Visiting Professor of International Studies am Williams College sowie Senior Researcher bei The Bridge Initiative an der Georgetown University.

Susanne Heine ist Professorin em. an der Evangelisch-Theologischen Fakultät in Wien für Praktische Theologie und Religionspsychologie und im interreligiösen Dialog tätig.

Eva Kepplinger ist promovierte Islamwissenschaftlerin und wissenschaftliche Mitarbeiterin an der Friedrich-Alexander-Universität Erlangen-Nürnberg. Sie lehrt und forscht zu den Themen islamisches Recht und Ethik in der Moderne.

Raoul F. Kneucker ist emeritierter Professor für Rechtswissenschaft an der Universität Wien und war Sektionsleiter im Ministerium für Bildung, Wissenschaft und Forschung.

Richard Potz ist emeritierter Professor für Religionsrecht an der rechtswissenschaftlichen Fakultät der Universität Wien.

Edith Riether ist akad. geprüfte Übersetzerin und Magistra der katholischen Theologie. Sie gründete 2003 die Initiative Weltethos Österreich und ist seit 2010 deren Präsidentin.

Dr. *Wolfgang Schüssel* ist Bundeskanzler der Republik Österreichs a. D. (2000-2007) und war von 1995 bis 1999 Außenminister.

Amena Shakir ist die Leiterin der Interdisziplinären Forschungsstelle Islam und Muslim*innen in Europa (IFIME) an der Sigmund Freud Privat Universität in Wien und Herausgeberin der ersten kompetenzorientierten 8-bändigen Schulbuchreihe „Islamstunde" für den Islamischen Religionsunterricht.

Peter Stöger ist Erziehungswissenschaftler (Schwerpunkt: Pädag. Anthropologie, Interk. Lernen), Professor am Institut für LehrerInnenbildung und Schulforschung der Universität Innsbruck.

Hannes Swoboda ist ehemaliger Stadtrat in Wien, war Abgeordneter zum Europäischen Parlament (1996–2014) und Vorsitzender der Fraktion der Progressiven Allianz der Sozialdemokraten. Derzeit ist er Präsident des International Institute for Peace, Vienna.

Selma Turgut ist im Vorstand der Gemeinnützigen Privatstiftung Anas Schakfeh seit ihrer Gründung (2010).

Medina Velić ist promovierte Kulturanthropologin in Graz.

Gerhard Weißgrab ist Präsident der Österreichischen Buddhistischen Religionsgesellschaft und Mitglied im Vorstand der Initiative Weltethos Österreich.

Paul Zulehner ist Professor emeritus für Pastoraltheologie an der Universität Wien. Er ist Autor von mehr als 50 Büchern.